THE HOLY WAR

거룩한 전쟁

세계
기독교
고전

THE HOLY WAR

거룩한 전쟁

존 번연 | 고성대 옮김

CH북스
크리스천
다이제스트

현대인을 위한 해설

조지 오포르(George Offor, 1787-1864)가 최종 편집하여 1851년에 출판한 존 번연(1628-1688) 저작 전집은 2절판형의 세 권 분량으로 만들어진 기념비적인 전집입니다. 이 전집 가운데 한 권인 「천로역정」(*The Pilgrim's Progress*, 1678)으로 인해 번연은 불후(不朽)의 유명 저자가 되었습니다. 다른 네 권의 책들도, 즉 「죄인의 괴수에게 넘치는 은혜」(*Grace Abounding to the Chief of Sinners*, 1666), 「악인 씨의 삶과 죽음」(*The Life and Death of Mr. Badman*, 1680), 「거룩한 전쟁」(*The Holy War*, 1682) 그리고 「천로역정 제2부」(the second part of *The Pilgrim's Progress*, 1684) 등도 오늘날까지 계속해서 인쇄되고 있습니다. 그의 나머지 저작들에는 논문, 팸플릿, 교리 연구서와 몇 편의 시들이 있습니다. 주저 이외의 이 나머지 저술들은 번연의 시대를 공부하는 학생들이나, 번연의 생애와 그의 신학적 견해 및 그 밖의 생각들을 탐구하고자 하는 사람들, 또는 대중들의 관심에서 벗어난 지 오래된 논쟁들이나 신학적인 토론들(물론 어떤 주제들은 지금도 여전히 유의미한 관련성을 종종 지니기도 하지만) 속에 나타난 그의 특징적인 열정적 글쓰기를 즐기고자 하는 사람들을 제외하고는 거의 잘 읽히지 않는 것들입니다.

그의 주요 저작들이라고 할 만한 다섯 권의 책들 중에서 이 「거룩한 전쟁」은 가장 쉽게 읽을 수 있는 책이라고 할 수 있습니다. 이 책에 표현된 기본적인 풍유(allegory)는 이해하기가 쉽습니다(번연은 친절하게도 자신이 의도한 풍유를 시 형식으로 적은 자신의 서론[introduction]에서 개괄하였습니다). 다채롭고 세세한 그 풍유적 표현들, 즉 마을에 있는 여러 문들은 인간의 다섯 가지 감각을 의미하고, 성벽은 디아볼루스가 인간 양심을 어둡게 하기 위해 세운 것을 의미하는 등의 표현들은 오늘날의 풍유 문학에서도 친근한 문학 장치들입니다. 예를 들어, 어린이들을 위한 만화인 비저(Beezer, 아동용 영국 만화 — 역주) 시리즈에 나오는 "바보들"(The Numskulls)에서도 인간의 감각을 다섯 개의 문에 비유하는 동일한 기법을 정확하게 사용하고 있습니다.

번연의 다른 주저들과 마찬가지로, 이 「거룩한 전쟁」도 그가 파란만장한 인생을 살면서 겪은 많은 사건들의 다양한 면모들을 반영하고 있습니다. 그는 1628년 베드포드셔(Bedfordshire)에 있는 엘스토우(Elstow)에서 땜장이의 아들로 태어나 변변치 못한 기초 교육만 받았습니다. 그는 영국 내전(English Civil War, 청교도혁명[Puritan Revolution]이라고도 불리며, 왕당파와 의회파 사이에서 일어난 영국의 내전[1642~1651] — 역주)에서 의회파 군사로 입대한 1644년까지 땜장이로 살았으며, 전쟁에 참여해서도 전혀 두각을 나타내지 못한 채 1647년까지 병사로 지냈습니다. 그 당시의 심정에 대해 그는 "나는 신앙에 대해 생각만 해도 마음이 너무 슬펐다"(넘치는 은혜, 제10절—역주)라고 적었습니다. 그러던 중 그는 크롬웰의 신형군(The New Model Army, 청교도혁명 기간 중인 1645년에 창설되어 왕정복고 후인 1660년에 해체된 군대로, 한 지역에 기반을 두지 않고 전 지역에 걸쳐 전쟁에 나가도록 조직되었다 — 역주)이 세상을 변화시키기 위한 의도로, 기독교가 가진 도전적인 메시지를 전하고 급진적인 청교도 신앙을 설파하는 "설교하는 장군들"을 보면서 큰 감명을 받았습니다. 그가 군대 생활을 하며 겪은 군병으로서의 일상적인 경험들은 「거룩한 전쟁」에서 군사들의 전투하는 모습과 전쟁 장비들에 대한 설명에서 생생하게 묘사되고 있습니다. 성을 포위하여 공격하는 공성(攻城)법의 설명 또한 그의 개인적인 경험에서 우러나온 것이었습니다.

군대를 떠난 후 그의 행로를 살펴보면, 나중에 「넘치는 은혜」에 기록된 바와 같이, 그는 격심한 영적 혼란을 겪었습니다. 그는 1648년에 결혼을 했고, 결혼할 때 아내가 가져 온 신앙서적들을 읽으면서 죄를 깊이 뉘우치고 지옥을 두려워하게 되었습니다. 자신이 소일거리로 삼던 춤추기와 종치기 등을 포기하면서 시작된, 경건한 신앙을 향한 긴 세월 동안의 탐구는 베드포드에 있는 독립 회중 교회에 출석하여 구원의 확신을 얻은 1653년이 되어서야 비로소 끝나게 되었습니다. 그는 설교 자격이 없는 비국교도 설교자로서 설교를 하기 시작했습니다. 당연히 그는 몇몇 종파들과는 다른 그저 분리파 교회의 한 신도였을 뿐입니다. 그러자 곧 그는 자신이 초기에 썼던 글들로 인해 많은 논란과 논쟁에 연루되었습니다. 그 논쟁들 가운데 몇몇 주제들은 연설의 형태로 「거룩한 전쟁」에 남아 있으며, 그 논쟁과 관련된 몇몇 이름들도 등장인물들의 이름으로 설정되어 있습니다.

1658년에 그의 아내가 죽고, 이듬해에 그는 재혼하였습니다. 찰스 2세 (Charles II, 1660년부터 1685년까지 재위한 영국의 국왕으로, 의회와 대립하여 처형당한 아버지 찰스 1세의 뒤를 이어 왕위에 올랐다 — 역주)가 1660년에 새로운 정권 하에서 왕위에 다시 오르자, 번연과 다른 많은 비국교도들은 자신들의 자유가 갑작스럽게 위협받고 있음을 감지하였습니다. 즉, 영국 국교회를 영국의 유일한 교회로 만들고 베드포드 회중 교회 같은 교회들을 모두 해체하거나 모임을 갖지 못하도록 하는 법안들이 계속해서 세워졌습니다. 그로 인해 번연은 영국 정부가 세운 국교회 예배에 참석하기를 거부하고, "불법적인 모임"에서 설교하였다는 혐의로 기소되었습니다. 그는 재판에서, 설교하기를 중단하겠다는 약속을 하라는 요구를 받았지만 끝내 거절하였습니다. 그 결과 그는 그의 일생 중 12년이 넘는 세월을 감옥에서 보내야 했습니다. 법정에서 겪었던 자신의 경험을 토대로 쓴 번연의 책들 가운데 이 「거룩한 전쟁」만 있는 것은 아닙니다.

1672년 찰스 왕의 관용령(Declaration of indulgence, 찰스 2세가 비(非)국교도들에게 어느 정도 종교 의식의 자유를 허용한 선언 — 역주)으로 인해 번연은 석방되었습니다. 물론 관용령이 선포되었다고 해서 종교의 자유가 완전히 주어진 것은 아니었습니다. 번연은 수감 기간 동안 주요 신학 저작을 몇 권 썼으며, 두 권 분량의 여러 시들과 영적 자서전 격인 「넘치는 은혜」(Grace Abounding)를 기록하였습니다. 또한 그는 이 기간에 천로역정에 대한 구상을 시작하였습니다. 마침내 그는 감옥에서 석방되었고, 설교할 수 있는 자격을 얻어 베드포드 회중들에게 설교할 수 있는 지위를 얻었습니다. 그는 여러 곳을 순회하며 설교를 하였고, 저 멀리 런던까지 가서 설교하기도 하였습니다. 하지만 그는 이내 신학적인 논쟁에 다시 휘말려들게 되었습니다. 그가 개입된 논쟁에는 특별히 이신칭의(以信稱義, justification by faith) 교리도 관련되어 있었는데, 이 주제와 연관되어 영국 국교회를 대표하는 성직자인 에드워드 파울러(Edward Fowler, 1632-1714, 글로스터[Gloucester]의 주교로 계시의 도덕적 의도를 강조하면서 백스터 [Richard Baxter]와 번연 등과 논쟁을 벌였다 — 역주)는 번연을 아주 표독스럽게 비판하였습니다. 양 당사자가 펴낸 출판물들의 제목을 통해서도 이들 간에 벌어진 논쟁이 얼마나 공격적이고 분노에 차 있었는지를 실감할 수 있습니다(번연의 열띤 공격에 대해 파울러 측에서는 "더러운 것은 흔적도 없이 아주 없애버려라"[Dirt wip' d off]는 제목의 소책자를 만들어 공격하였습니다). 번연이 감옥에 있으면서도 엄연히 파울러의 책들을 읽었다는 사실은, "사슬에 매인 땜장이"에 대한 다소 우호적인 설명이 지금까지 말해 주던 것보다 더 많은 편의가 번연에게 허용되었다는 것을 암시해 줍니다.

관용령이 철회되자, 박해가 다시 시작되었습니다. 번연은 한동안 원수들을 피해 다닐 수 있었지만, 결국 체포되어 1677년 다시 6개월간 감옥에 투옥되었습니다. 이 기간에 「천로역정」이 완성되었다고 알려져 있습니다. 이 책은 출판되자마자 성공적인 반응을 보였으며, 이 책으로 인해 번연이 쓴 다른 책들도 유명해지게 되었습니다. 이 책이 나오고 나서, 지금까지 그가 출판한 책들 가운데서는 그렇게 잘 볼 수 없었던 사실주의 시각의 작품인 「악인 씨의 삶과 죽음」(The Life and Death of Mr. Badman)이 출판되었습니다. 이 책에는 영국에 만연된 사회악의 문제를 고발하여 탐구하는 내용이 들어 있습니다 (이 책을 통해 우리는 경제에 대한 번연의 생각들을 추론해 볼 수 있습니다). 그 다음에 나온 책이 바로 1682년에 출판된 「거룩한 전쟁」입니다. 이 때가 되어서야 비로소 번연은 유명한 저자로 알려지게 되었습니다.

번연의 마지막 주요 저작은 1684년에 출판된 「천로역정」 제2부(the second part of The Pilgrim's Progress, 1684)였습니다. 이 작품은 어느 정도 기대에 못 미친다는 평을 듣기도 했습니다. 그래서 어떤 다른 저자들이 천로역정 속편을 쓰려고 한다는 말을 듣고 번연이 화를 내기도 했습니다. 하지만 번연이 쓴 이 천로역정 제2부는 그 자체로 특징을 가지고 있습니다. 다시 말해, 천로역정 제1부가 주인공인 크리스천이 한 개인으로 구원에 이르는 길을 묘사한다면, 제2부는 그리스도인들이 한 개인으로 고립되어서는 성도의 삶을 제대로 살아갈 수 없으며, 오직 "그리스도의 몸", 즉 눈에 보이는 지역 교회의 한 일원이 되어야만 비로소 제대로 된 성도의 삶을 살아갈 수 있다는 것을 보여주고 있습니다. 기독교 공동체의 상호의존성이 다양한 방식으로 그 책에서 묘사되고 있기 때문입니다. 천로역정 제2부의 주인공인 크리스티아나는 자기 자녀들과 함께 세상에 널리 알려진 자기 남편을 따라 천상의 나라(Celestial Country)에 이르고자 하는 여정을 통해서 갖가지 상황에 맞닥뜨리게 됩니다. 2부에도 1부와 마찬가지로 멋진 구절들이 들어 있는데, 1부에 있는 주옥 같은 구절들과 마찬가지로, 2부 마지막 쪽에 기록되어 있는 말씀은 물론이고 불굴의 진리(Valiant-for-truth) 씨가 하는 말도 죽음을 승리로 묘사하는 멋진 구절들입니다.

번연은 1688년 설교하기 위해서 말을 타고 가던 중 열병에 걸려 이 땅을 떠나게 되었습니다. 특징적인 것은 그가 마지막으로 기획한 이 여정은 한 가정에서 갈등을 빚고 있던 두 가족을 서로 화해시키기 위해 떠났다는 점입니다. 그는 폭우가 쏟아지는 중에도 런던까지 말을 타고 갔던 것입니다. 그는 런던에 있는 비국교도들을 위한 묘지인 번힐 필즈(Bunhill Fields)에 묻혔습니다. 번연이 눈을 감은 때는 제임스 2세가 가톨릭교도들과 개신교 비국교도들에게 관용 정책을 펼치는 시기였지만, 번연은 그 기간 중에 잠시 되살아난 박해와 철권 반동정책이라는 불운의 시기에 숨을 거두었습니다. 제임스 왕은 이 유명한 작가에게 정치적인 지위를 주어서 임명하기를 매우 원하였다는 말이 전해지기도 합니다. 하지만 번연은 그 제의를 거절하였던 것으로 보입니다. 그럼에도 불구하고 그는 제임스의 공공 개혁 정책 가운데서 자신이 맡고 있던 베드포드 회중들의 권익을 위해 정부를 상대로 협상을 벌이기도 했습니다. 그에게 지워진 유명세와 함께 점점 죄어져 오는 그에 대한 오명에도 불구하고, 그는 신실하게 지속적으로 이 회중들을 섬겼습니다.

「거룩한 전쟁」에는 익히 「천로역정」에서 발견할 수 있었던 그런 깊이가 부족한 것이 사실입니다. 「거룩한 전쟁」의 여러 등장인물들 가운데 주인공 격이라 할 수 있는 자유의지와 양심은 상징성을 띠고 있기는 하나, 여전히 하나의 풍유적인 틀에 속해 있습니다. 다시 말해 「거룩한 전쟁」에서 드러나는 풍유적인 틀은 그리스도인이 걸어가는 서사성을 띤 여정에 대한 설명이라기보다는, 성경에 한층 더 단단히 결부된 모습을 보여줍니다. 「거룩한 전쟁」에서 번연은 하나의 신학적인 논문을 드라마로 만들어 가고 있는 중이라면, 「천로역정」에서는 하나의 드라마를 창조하고 있는 중이라고, 즉 인간영혼이 만들 수 있는 최고의 드라마를 창조해 가고 있는 중이라고 말할 수 있습니다. 「거룩한 전쟁」에서 번연은 한 성을 방문했다고 주장하고 있다면, 「천로역정」에서는 한 꿈을 꾸었다고 주장하고 있는 셈입니다.

이 모든 특징들에도 불구하고 「거룩한 전쟁」은 매력적이며 우리의 주의를 끄는 책입니다. 이 책의 구성은 너무나 흡입력이 있고 다채롭기 때문에, 이것을 다시 읽어 본다면, 이 책이야말로 번연이 얼마나 많은 풍유의 층들로 책을 구성하여 배치했는지 알게 되는 그런 책입니다. 번연은 많은 풍유적인 장치들이 가미된 자신의 책을 읽을 독자들에게 도움을 주기 위해서 가장자리에 난외주들을 써 놓았습니다. 번연은 대단한 이야기꾼답게 처음에 임마누엘 장군이 인간영혼 성을 탈환할 때 우리에게 안도의 한숨을 내쉬게 합니다. 그러면서도 잠재적인 파국으로 이어질 어떤 씨앗들을 항상 곳곳에 뿌려두고 있습니다. 우리가 고대 최고의 여러 이야기들을 대할 때처럼, 번연의 이 이야기가 어떤 식으로 결말을 맞게 될 것인지를 우리가 미리 알게 된다는 것은 조금도 중요하지가 않습니다. 우리는 그가 말하는 이 이야기가 어떤 방식으로 어떻게 진행되고 있는지에 그저 마음을 빼앗길 뿐입니다.

이런 이유로 이 책은 한 편의 그림을 즐기며 감상하듯이, 다시 말해 그림에 칠해진 하나하나의 붓 터치와 주제를 살펴보고 때로는 뒤로 물러서서 전체 작품의 의도 등을 음미하듯이, 그렇게 음미하며 읽어갈 때 이 책은 가장 잘 감상하게 됩니다. 인간영혼 마을과 그 원수들 사이에서 벌어지는 전투라는 풍유는 많은 부분이 하나님의 전신갑주를 입으라는 사도 바울의 가르침에 크게 빚지고 있는 문학 장치이며, 청교도 작가인 리처드 버나드(Richard Bernard, 1568-1641, 영국 청교도 성직자이자 작가 — 역주) 같은 많은 작가들이 실제로 사용한 문학 기법이기도 합니다. 「천로역정」에서는 주인공 크리스천이 지금까지 알아왔고 사랑했고 신뢰했던 이 세상을 떠나서, 산들에서 불이 뿜어져 나오고 길에는 거인들이 가랑이를 벌리고 서 있는 세상을 가로질러 가는 여행이 진행됩니다. 번연은 「천로역정」에서 보이는 이와 같은 역동적이고 박진감 넘치는 묘사를 「거룩한 전쟁」에서는 하지 않습니다. 「천로역정」에서 드러나는 이런 역동성은 청교도들이 변혁의 주체인 것을 문학에서 보여주는 것입니다. 그러므로 번연이 「천로역정」을 저술하지 않았다면, 이런 청교도들의 역동성을 이 「거룩한 전쟁」이 감당하기에는 역부족이었을 것입니다. 인간과 세상에 대한 번연의 성경적 관점을 정확하게 파악하기 위해서는 이 두 권의 책을 함께 보아야 할 필요가 있을 것입니다. 거룩한 전쟁의 마지막 부분에서 임마누엘 왕자가 친히 등장하는데, 이것은 틀림없이 예수 그리스도가 임마누엘 왕자로 묘사된 것으로, 분명한 사실입니다. 이 임마누엘 왕자께서 입을 열어 하시는 그 위엄 있는 성경 말씀들은 다소 허약한 인물묘사를 보완하기 위한 자구책일 것입니다. 그리고 그의 입을 통해 나오는 이 성경 말씀으로 인해 이 책은 번연이 지금까지 쓴 여러 책들과 비교해서 가장 성경에 충실한 작품이라는 평을 받기도 합니다.

이 이야기를 진술하고 있는 언어들, 즉 일상 언어가 주는 리듬과 어휘를 바탕으로 평범한 사람들과 항상 직접적으로 소통하는 진술하고 창의적이며 유머러스한 언어들은, 이 책을 써 내려갈 때 사용된 흠정역 성경(Authorised Version)에 나오는 단어들을 배경으로 한 것들이어서 무한한 매력을 한껏 풍깁니다. 임마누엘 왕자가 인간영혼 마을 사람들을 맞을 때, 그들에게 교훈이 될 만한 수수께끼를 내는 장면이나, 임마누엘 왕자의 군대가 노련한 전략으로 백성들의 혼을 빼놓는 장면, 또한 정복당한 디아볼루스의 앞잡이들이 저항하는 구슬픈 소리들이나 열광적으로 기뻐하는 구원받은 백성들의 모습 등은 17세기 영국의 삶을 글로 다시 표현한 것이며, 용감한 그리스도인들인 베드포드 회중들의 삶과 증언들을 한 번 더 생생하게 재현한 것입니다. 베드포드의 땜장이가 지닌 지적이면서도 당당한 모습은 그가 쓴 이야기들 속에서 뿐만 아니라, 오포르(Offor, 19세기 존 번연 전집 편집자)가 편집한 책의 앞부분에 실은 번연의 동판 인쇄에서도 분명히 드러납니다. 전집 앞부분에 실린 작은 여러 개의 초상화들 가운데 하나를 통해서 우리는 번연이 실제 어떤 모습이었는지를 알 수 있습니다. 인쇄된 동판에는 청교도 복장을 한 그의 모습과 함께 인간영혼 마을의 개략적인 구조가 그려진 특징적인 그림으로 덧붙여져 있기 때문입니다. 그 그림에는 그 시대의 사람들이 사는 모습이 반영되어 있지만, 그 인물의 얼굴은 우리가 알고 있는 다른 자료들과 비교해 볼 때 존 번연의 얼굴이 분명합니다.

　이「거룩한 전쟁」을 "현대적으로 만들려는" 많은 시도들이 지금까지 있어 왔습니다. 하지만 제가 편집한 이 판에서는 그런 시도들을 전혀 하지 않았습니다. 번연의 언어에는 참신함과 직접성이 있습니다. 이런 특징들은 쉽게 놓쳐서는 안 되는 것들입니다.「천로역정」의 경우에는 현대적으로 만들어진 많은 판본들이 나오면서 그런 특징들을 모두 잃게 되었습니다. 사실, 흠정역 성경을 그럭저럭 읽을 수 있는 사람이라면 누구든지 번연의 책을 읽어내는데 그리 큰 어려움은 없을 것입니다. 그래도 책의 장(章) 구분은 추가되었습니다. 물론 번연은 이 책을 장으로 구분하지 않았습니다. 그래서 일진일퇴(一進一退)하는 전쟁의 변화하는 정세와 인간영혼 마을 안에서 벌어지던 밀고 당기는 논쟁들을 독자들이 중단 없이 이해하도록 번연은 이상적으로 책의 구성을 배열하였습니다. 하지만 번연의 시대가 지나간 이후로 독서 습관이 변했습니다. 그리고 오늘날의 독자들은 300쪽에 달하는 다양한 풍유들을 아무런 구분 없이 읽어나가기에 익숙하지가 않습니다. 따라서 저는 책의 전체 구조를 구분하는 표시들이 적어도 책을 읽는 시작점에는 있어야 하지 않을까 생각하였습니다.

그래도 번연의 난외주는 다른 문제입니다. 그가 시 형태로 적은 해설에서 말한 바와 같이, 그는 이 난외주들을 자신의 풍유들이 지닌 영적 의미들을 파악하게 해주는 "창문"으로 여겼습니다. 이 난외주들은 현재 진행되고 있는 이야기들의 핵심을 전달해 주거나 그 이야기에 담긴 풍유에 또 다른 차원을 제시해 주기도 합니다. 그렇다고 해서 그가 쓴 모든 난외주들이 그런 역할을 하는 것은 아닙니다. 어떤 난외주들은 부제목의 역할을 하기도 하고, 이야기의 새로운 국면을 소개하거나 새로운 등장인물이 처음으로 등장할 때 사용되기도 합니다. 또 어떤 난외주들은 실제로 전혀 설명이 없는 곳에 분명한 설명을 해주기도 하며, 그 본문에 대해 간략한 요약을 해주기도 합니다.

데이비드 포터(DAVID PORTER)

차례

57   제1장   점령된 인간영혼 마을

내용 — 샤다이의 지배 아래 있던 인간영혼 마을의 본래의 아름다움과 영광 — 그 마을의 고귀한 성(城)에 대한 설명 — 마을의 다섯 문들 — 마을 주민들의 완전함 — 디아볼루스의 기원 — 디아볼루스의 교만과 타락 — 복수를 꾀하다 — 인간영혼 마을을 속일 최고의 수단을 논의하기 위한 전쟁회의 — 마을을 향해 진군하여 눈문 앞에 진을 친 디아볼루스 — 디아볼루스의 연설 — 살해된 저항 장군 — 무흠 경의 피살 — 점령된 마을

75   제2장   디아볼루스가 통치를 시작하다

내용 — 디아볼루스가 성을 장악하다 — 시장인 이해 씨(Mr. Understanding)가 물러나고, 시장의 집 앞에 벽이 세워져 그 집이 어두워지다 — 양심 씨인 양심 서기관이 그 직에서 물러나고, 디아볼루스와 마을 주민들에게 아주 밉상스러운 사람이 되다 — 디아볼루스의 대의를 진심으로 지지하는 자유의지 경이 마을의 주요 통치자가 되다 — 샤다이의 형상이 훼파되고, 디아볼루스의 형상이 그 자리에 세워지다 — 욕망 경(Lord Lustings)이 시장이 되고, 망선 씨(忘善, Mr. Forget-good)가 서기관이 되다 — 새로운 의원들이 임명받다 — 샤다이 왕의 공격에서 마을을 지키기 위해 세 요새가 건설되다

92   제3장   샤다이 왕의 대응

내용 — 샤다이 왕의 궁에 전해진 혁명의 소식 — 이 반역에 대한 그분의 대노(大怒) — 인간영혼을 회복하시려는 그분의 은혜로운 계획 — 이를 선포하는 몇 가지 공고들 — 이 계획을 알지 못하게 하려는 디아볼루스의 수작 — 인간영혼 마을을 확고히 하고 샤다이 왕의 복귀를 막으려는 디아볼루스의 계략

내용 — 샤다이 왕은 보아너게, 확신, 심판, 집행 등 네 장군의 지휘 아래 인간영혼 마을을 진압하기 위해 사만 명의 군대를 보내어, 온 힘을 다해 주민들에게 말하게 했지만 별 성과가 없었다 — 디아볼루스, 불신, 망선과 다른 사람들이 항복하지 않도록 간섭하다 — 육십 명의 말을 듣지 못하는 자들과 함께 귀문을 지키는 편견

내용 — 전투를 벌이기로 결정한 장군들 — 인간영혼이 필사적으로 저항하여, 장군들이 겨울 진지로 물러나다 — 전통, 인간의 지혜, 인간의 고안 등이 보아너게 장군의 군대에 편입되었지만, 포로로 사로잡혀 디아볼루스에게 끌려갔고, 보아너게 장군의 수하에서 디아볼루스를 위해 싸우는 병사가 되기로 하다 — 적개심이 다시 회복되어, 인간 영혼 마을이 많은 고통을 받다 — 마을에 닥친 궁핍과 폭동 — 평화교섭을 위해 나팔을 부는 인간영혼 마을 — 제안들이 제시되고 거절당하다 — 이해와 양심이 불신과 말싸움을 하다 — 잇따른 접전과 양측에 초래된 피해들

내용 — 이해 경과 양심 경이 폭동의 주동자로 투옥되다 — 마을을 포위한 장군들이 한마음이 되어 샤다이 왕의 후속 지원을 간청하는 회의를 갖다 — 그 간청이 샤다이 왕의 궁에서 재가를 받다 — 샤다이 왕의 아들인 임마누엘 왕자가 그 마을을 정복하기 위해 지명되다 — 큰 군대가 행진하여 인간영혼에 이르러, 임마누엘을 대적하기 위해 견고히 요새화된 그 마을을 포위하다

내용 — 인간영혼 마을을 대상으로 전쟁을 준비하는 임마누엘 왕자 — 디아볼루스가 거만 씨를 통해 평화협정 조건들을 제시하다 — 임마누엘 왕자에게 무례한 이 조건들이 모두 거절당하다 — 인간영혼 마을을 개혁하는 일에 디아볼루스가 임마누엘 왕자의 부관(副官)이 되겠다는 식으로, 개혁을 구실로 평화협정 조건을 수정하여 디아볼루스가 다시 제의하다 — 이 제안은 다시 거절당하다 — 전투를 위한 새로운 준비를 하다 — 인간영혼 마을을 포기할 수밖에 없다는 예상에 엄청난 해악을 끼치는 디아볼루스 — 귀문이 파성퇴(破城槌)로 무차별적 공격을 받아 결국 함락되고, 산산조각으로 부서져 열리게 되다 — 임마누엘 왕자의 군대들이 인간영혼 마을로 진입하여, 양심 서기관의 집을 소유하다 — 해악을 끼치던 몇몇 디아볼루스의 추종자들이 살해되다

내용 — 유혈 병사들로 이루어진 새로운 군대가 박해자로 나타나 인간영혼 마을을 공격하였지만, 믿음, 인내 등을 선두로 한 인간영혼 마을 사람들에 의해 포위되다 — 몇몇 지도자들의 자질 점검 — 악한 질문이 몇몇 의심 병사들을 환대하였으나, 부지런함 씨에 의해 발각되다 — 주요 의심 병사들이 기소되고 유죄가 입증되어 처형당하다

내용 — 다른 디아볼루스 무리들도 재판을 받고 유죄 판결을 받다 — 감탄할 만한 임마누엘 왕자의 연설로 이 작품이 끝이 나다. 이 연설은 임마누엘 왕자가 행한 일들을 다시 언급하고, 휘황찬란한 영광 가운데 마을을 다시 세우려는 의도를 백성들에게 알리며, 다시 세워질 그때까지 그들이 해야 할 합당한 행동들에 대해 권면하는 내용이 포함되어 있다

편집자의 해제 ADVERTISEMENT BY THE EDITOR

번연이 쓴 「거룩한 전쟁」은 참으로 탁월한 책으로서, 독창성과 탐구성 및 영적 지혜에 있어서 「천로역정」보다 훨씬 더 뛰어난 책입니다. 몽고메리(James Montgomery [1771-1854], 영국 편집자 겸 찬송가 작사자 — 역주)의 말을 빌리자면, "이 책은 마비상태나 정지상태에 있는 동지(同志)들을 열정, 성실, 성공 등으로 일깨우는 특권을 가진 장인(匠人)의 지혜가 느껴지는 작품"입니다.

이 책은 「천로역정」의 초판과 마찬가지로 작은 판형의 책자로 1682년에 초판이 출간되었으며, 후에 판이 거듭되면서 매우 우수한 판형으로 인쇄되어 오늘에 이르게 되었습니다. 책 표제에 실린 초상화는 화이트(Robert White, 1645-1703)가 그린 번연의 모습으로, 여기에 나타난 이 흉상은 우리의 위대한 풍유가(allegorist)의 실제 모습과 틀림없이 똑같을 것입니다(화이트가 선각판화 형식으로 새긴 이 그림의 원본은 영국 박물관의 회화 부문에 보존되어 있으며, 번연의 전집 앞에 이 그림의 세밀한 복사본이 붙어 있다 — 원주). 이와 함께 저자의 전신(全身)을 그린 그림도 있습니다. 그 그림을 보면, 그의 왼쪽 가슴에는 마음성(Heart-castle)이 있고, 그의 뒤로는 인간영혼 마을(the town of Mansoul)의 일부가 보입니다. 임마누엘과 그의 군대는 번연의 심장 근처에 있고, 디아볼루스와 그의 용들은 번연의 오른쪽에 있습니다. 1682년에 출판된 이래 대중적인 인기를 끌었던 이 책은 계속해서 인쇄되었고, 지금까지 발행된 권수는 헤아리기가 불가능할 정도입니다. 세월이 흐를수록 존 번연의 풍유가 담긴 이 「거룩한 전쟁」이 점점 더 대중들의 인기를 받았던 것은 부인할 수 없는 분명한 사실입니다. 중생한 영혼과 그의 철천지원수들 간의 내적 갈등과 영적 전쟁이 계속되는 한, 이 책은 더욱더 인기를 얻게 될 것입니다.

풍유적인 측면에서 매우 탁월한 책임에도 불구하고, 이 책은 「천로역정」

만큼 다른 나라 언어로도 많이 번역되지 않았고, 영어로도 「천로역정」만큼 그렇게 많이 읽히지 않았습니다. 이것은 아마도 천성을 향해 나아가는 순례 길이 「거룩한 전쟁」보다는 좀 더 단순하고 자연스러운 이야기이기 때문인 것 같습니다. 「천로역정」에는 아주 충격적인 장면과 사건들이 가득해서, 구빈원(救貧院)에 있는 어린 아이로부터 심오한 사고를 하는 기독교 철학자들에 이르기까지 모든 부류의 사람들이 매우 흥미진진하게 읽을 수 있는 책입니다. 그 책에서 풍유가 가진 힘으로 사람들의 마음에 영향력을 끼치고자 의도된 여러 사실들은, 그리스도인들이 많은 연구를 하지 않아도 분명하게 드러나고 인식될 수 있는 것들입니다. 반면에 「거룩한 전쟁」은 풍유적으로 대변되기는 하나 그것이 그렇게 선명하게 드러나지 않습니다. 이 책에서 마을 (town)이라는 비유로 상징되는 인간의 영혼은 교활하고도 치명적인 원수에게 굴복하지만, 전쟁의 모든 '화려한 행렬'을 갖춘 합법적인 주권자에게 포위당해, 그 철천지원수가 쫓겨나고 그에게서 마을을 되찾아, 마을은 새롭게 재정비되고, 임마누엘이 주둔하게 됩니다.

　그리스도인에게 삶의 목적이자 목표는 평화입니다. 따라서 이들에게 전쟁이란 매우 금지된 어떤 것으로 인식되는 경향이 있습니다. 그리스도인은 피로 얼룩진 옷도 보기 싫어하고, 부상당한 자들이 외치는 죽음의 신음소리도 듣기 싫어하며, 사별한 이들, 특히 과부와 고아가 된 자들이 가슴을 쥐고 울부짖는 소리도 듣고 싶어 하지 않습니다. 강탈이나 강도 행위는 하나님의 자녀들이 일삼는 소일거리가 아니며, 잔인한 행동도 그들의 행복이나 평화를 이루는 요소가 아닙니다. 전쟁의 장면들을 읽는 것은 흥미로운 일일 수도 있지만, 이런 흥미들은 결국 고통스럽기만 할 뿐입니다. 그리고 그런 감정들은, 「천로역정」에서 그 가련한 순례자가 고난 가운데서 절망의 늪을 통과하고, 시내 산에서 떨어지는 공포의 불들을 두려워하며, 바알세불의 성에서 쏘아대는 화살에 해를 입지 않고 통과하고, 쪽문에서 피난처를 발견하는 장면 등을 보며 느끼는 기쁨의 감정에 비하면, 그다지 강력하고 열정적이지 않습니다. 그럼에도 불구하고 가장 품위 있는 그리스도인은 단호한 전사(戰

士)가 되어야 하는 것이 옳습니다. 다시 말해, 가장 예민한 귀로 디아볼루스 (Diabolus)가 치는 북소리에 경각심을 가져야 하고, 때로는 이루 형언할 수 없는 내적 신음소리를 느껴야 하며, "불 시험"(벧전 4:12)을 이기고, "그리스도 예수의 좋은 병사로"(딤후 2:3) 고난을 받아야 하는 것입니다. 그러다가 어느 순간 우리는 승리를 경험하고는 의기양양하게 "누가 우리를 그리스도의 사랑에서 끊으리요?"(롬 8:35)라고 소리치게 될 것입니다. 우리는 믿음의 선한 싸움을 싸워야 합니다. 그러지 않으면 우리는 결코 영생을 움켜잡을 수 없을 것입니다. 우리는 이 거룩한 전쟁에 동참해야만 합니다. 이 전쟁에서 우리는 원수들을 쳐부수어야 합니다. 그러지 않으면 우리가 멸망하게 될 것입니다. 여기에는 중립지대도 없으며, 심판 날까지 연기할 수 있는 핑곗거리도 없습니다. 그러므로 그리스도의 좋은 구원 장군(Captain of salvation)을 신뢰해야 합니다. 이 장군은 믿음의 방패와 투구와 호심경(護心鏡)과 양날 선 검을 가졌으며, 그 영혼은 성령으로 옷 입고 하나님의 완전한 무기를 갖추었습니다. 교황주의자들은 고문대 위에서 섬세하고 유식하며 경건했던 앤 애스큐(Anne Askew [1521-1546], 헨리 8세의 궁신의 딸로 훌륭한 교육을 받았으나 가톨릭의 화체설을 부인하여 화형을 당한 개신교 순교자이다 — 역주) 부인의 모든 뼈와 힘줄을 갈랐습니다. 그 때 그녀는 앞서 말한 그 장군처럼 안전하고 신비로운 방식으로 무장하여, 그 고통을 이기고 승리할 수 있는 능력을 갖게 되었습니다. 적그리스도에게 경배하기를 거부한다는 이유로 스미스필드(Smithfield, 16세기에 이단자를 화형에 처하던 곳이다 — 역주)에서 화형을 당하게 되자, 그녀는 자신이 가진 영적 무기로 화형대 위에서도 하나님을 찬양하며 인내할 수 있었습니다. 그리고 나서 그녀의 영혼은 불타오르는 병거를 타고 하늘로 올라갔습니다. 이와 동일한 영적 무기와 우리를 지휘하시는 그 동일한 장군과 우리를 거룩하게 하시는 동일한 성령님과 우리를 축복하시는 동일한 아버지로 말미암아, 우리는 호시탐탐 우리를 노리는 강력한 원수들을 쳐부술 수 있습니다. 이 책에서 묘사된 거룩한 전쟁은 노년의 경험 많은 신실한 한 전사에 의해 설명되고 있으며, 이 책은 마음의 깊은 곳을 살피며 마음을 꿰뚫어볼 수 있는 능력을 지닌 한 장인의 손으로 기록된 풍유적인 이야기입니다. 또한 이 책은, 허세와 허영과 정욕과 매혹과 내면에 잠재된 많은 것들의 도움을 받아 천사처럼 위장하여 천사인 척하지만 실제로는 영락없는 마귀들인 큰 원수와 저자 자신이 정면으로 맞서 크게 싸운 이야기입니다. 더욱이 이 책은 거의 무한한 상상력을 가진 저자가, 멸망에서 천성으로 나아가는 순례의 길보다 더 심오하고 더 영적으로 깊이 있게 써내려간 작품입니다. 따라서 이 책에 숨겨진 영적 의미를 이해하기 위해서는 중생한 마음에서 나오는 면밀하고 성숙한 적용이 요구됩니다. 하지만 애석하게도, 이런 영적 분별력의 축복을 받은 자들은 상대적으로 소수이며, 이 책을 지적으로 탐구하고 조사해 보려는 자들 또한 소수입니다. 이것이 바로 이 책이 「천로역정」만큼 대중적인 책이 될 수 없었던 이유입니다. 책 읽는 시간에 제약을 받는 독자들을 돕기 위해, 다시 말해 고어(古語)가 된 단어들과 관습들을 설명하여 독자들이 이 책의 아름다움을 음미하고 그 풍유의 의미를 잘 이해할 수 있도록 하단에 각주들이 달려 있습니다. 이 중요한 주제를 연구함으로써 저자가 시온의 전사들에게 열정적으로 전하고자 했던 그 위로와 교훈과 위안과 능력 등을 많은 사람들이 풍성하게 누렸으면 하는 것이 저의 간절한 바람입니다.

「천로역정」에 긴 서론을 쓰면서 저는 번연의 모든 작품들에 두드러진 독특한 천재성과 독창성에 일찍이 주목했습니다. 그리고 이런 천재성과 독창성은 그의 풍유적인 작품들에서 가장 분명하게 드러나고 있습니다. 그 천재성은 감옥이라는 연단과 열정적인 성경 연구 및 다양한 종파와 교단에 속한 대단한 사람들과의 논쟁들을 거치면서 거룩해지고 성화되었습니다. 번연의 독창적인 천재성은 「거룩한 전쟁」에서 가장 아름답게 빛나고 있습니다. 저자 자신의 깊고도 풍부한 경험에서 우러나오는 새로움과 진실함이 이 책 전체에 스며들어 있습니다. 사실 이런 아름다움은 그가 「죄인의 괴수에게 넘치는 은혜, 즉 그리스도 안에서 그의 불쌍한 종인 존 번연에게 베풀어 주신 하나님의 지극한 자비에 대한 간략하고도 신실한 이야기」(*Grace Abounding to the Chief of Sinners, or a brief and faithful relation of the exceeding mercy of God, in Christ,* *to his poor servant John Bunyan)*라는 제목으로 출판한 책에서도 동일하게 나타나고 있습니다. 「죄인의 괴수에게 넘치는 은혜」에서 드러나는 단순하고도 마음에 감동을 주는 그 이야기는 「거룩한 전쟁」에서도 풍유적으로 묘사되어 나타나고 있습니다. 번연이 죄를 자각하고, 하나님께 회심하게 된 모든 상황들이 그 책 속에 들어 있습니다. 이런 상황들에 대해 그는 놀랄 만한 관심을 가지고 자신이 처음으로 경고의 말씀을 듣게 된 것부터 잘 묘사하고 있습니다. 즉, 그가 죽은 사람처럼 무기력한 상태에서 깨어나게 된 것이나, 하나님의 은혜를 거부한 것, 임마누엘의 초대를 거절한 것, 그러다 결국 하나님께서 베푸신 은혜의 기념비, 다시 말해 자신이 성령의 전이 되어 항복하게 되는 것입니다. 그런 다음에도 그는 여전히 육신의 안녕을 도모하며 비참한 상태로 있게 됩니다. 그가 최종적으로 재탈환되어 그의 마음이 항구적으로 임마누엘에게 사로잡히기 전까지는 말입니다. 「거룩한 전쟁」의 저자가 쓴 난외주(欄外註, margianl notes)가 기재된 「넘치는 은혜」는 이 풍유의 신비를 푸는 아주 귀중한 열쇠를 제공해 줍니다. 어떤 구절들은 이런 도움이 없었다면 심오한 신비라는 미궁 속으로 빠지게 되어 이해하기가 어려웠을 것입니다. 하나님의 진리로 조명된 모든 자들과 저자가 겪었던 그 깊은 시련을 체험해 본 소수의 사람들은 풍유로 제시된 이 신비에 대해 감을 잡을 수 있겠지만, 이들을 제외하고는 알려지지도 않았고 느껴지지도 않았고 보이지도 않았던 어떤 장면과 그런 감정과 소망과 두려움과 기쁨들이 이 풍유 전체를 통해 드러나고 있다는 사실을 기억할 때, 그런 신비들은 결코 특별한 것으로 여겨질 수 없을 것입니다.

「거룩한 전쟁」에서는 번연의 개인적인 감정이 풍유적으로 묘사되고 있습니다. 이런 사실은 이 책의 서두에 첨부된 시적인 서론, 즉 "독자들에게"(TO THE READER) 보내는 글에서 분명히 언급됩니다. 그는 자신이 꾸며낸 책들을 언급하면서, 다음과 같이 엄숙하게 말하고 있습니다.

"헛된 이야기들로 그대들을 괴롭히기보다는,

내게는 이야기할 뭔가 다른 것이 있다오.

......

내 처지를 말하자면, 나는 (내 자신도) 그 마을에 있었소.

그 마을이 세워질 때도 있었고, 완전히 몰락했을 때도 말이오.

나는 디아볼루스가 그 마을을 자기 수중에 장악하는 것도 보았소.

그렇소. 그 마을 사람들이 그를 군주로 추대할 때도 나는 거기 있었소."

번연이 회심하기 이전의 자신의 상태를 묘사하고 있는 주목할 만한 구절도 있습니다.

"인간영혼 마을 사람들은 거룩한 것들을 짓밟고,

돼지들이 그러하듯이 오물 가운데서 뒹굴었소.

그리고 그들은 자체적으로 무장을 하고서,

임마누엘과 싸우며 그분의 영광을 경멸하더군.

그 때도 나는 거기 있었고,

디아볼루스와 인간영혼 마을 사람들이

그렇게 한마음이 되는 것을 보고서 나는 기뻐하였소."

어떤 편집자는 번연이 이런 상황을 보고서 기뻐할 수 없었을 것이라고 생각하였습니다. 하지만 이는 「넘치는 은혜」제4절에서 번연 자신이 한 말, 즉 "마귀의 뜻대로 그에게 사로잡히는 것이 나의 **기쁨**이었다"고 한 말을 잊고 있었기 때문에 그렇게 추측한 것입니다. 그리하여 이 편집자는 위의 인용부분을 다음과 같이 수정하였습니다.

"그 때도 나는 거기 있었고,

디아볼루스와 인간영혼 마을 사람들이

그렇게 한마음이 되는 것을 보고서 나는 슬퍼하였소."

위와 같이 저자의 의도를 왜곡한 이런 수정은 1752년 런던 판(London edi-tion)에 나타났으며, 이런 왜곡은 현대 다른 판들에도 거듭되었고, 심지어 메이슨과 버더(Mason and Burder) 판까지 이어졌습니다(이 왜곡은 내가 1806년에 출판한 판에서 바르게 수정되었다 — 원주).

위에서 인용한 구절을 통해 자신의 회심하지 않은 상태를 묘사한 저자는 계속해서 다음과 같은 말로 자신이 확신하고 있는 바를 정확히 서술하고 있습니다.

> "여기서 보고서
> 내 자신이 알게 된 것들은,
> 내가 감히 말하지만 사실이오.
> 무장한 왕자의 군대들이 내려오는 것을 나는 보았소.
> 장군들도 나는 보았소.
> 나팔 소리도 나는 들었소.
> 그렇소. 그들이 전열(戰列)을 가다듬은 모습을,
> 나는 죽는 날까지 잊지 못할 것이오."

"독자들에게"(TO THE READER) 보내는 글에 기록된 모든 내용들은 저자가 보고, 느끼고, 들었던 것을 기술한 것입니다.

> "내가 무슨 말을 더 하리오?
> 나는 백성들이 울부짖는 소리를 들었으며,
> 그 왕자가 인간영혼 사람들의 눈에서 눈물을 닦아주는 것을 보았소.
> 나는 신음소리들을 들었고,
> 많은 사람들이 기뻐하는 모습 또한 보았소.
> 이 모든 것들을 그대들에게 말하려고 생각도 해봤으나,
> 나는 그렇게 하지 않을 것이며, 할 수도 없을 것 같소.
> 지금까지 내가 한 말들로도,

인간영혼 마을의 전쟁은 어디에도 비길 데 없는 사건이며,
결코 우화들(fables)이 아니라는 사실을 그대들은 알 것이오."

이 파란만장한 전쟁 이야기는 하늘 아버지의 섭리의 손길로 억제되고 교
정된 저자 자신의 감정에 의해 그 진정성이 입증되고 있습니다. 다시 말해,
번연 자신의 중생과 그 이후의 체험들, 즉 어둠에서 기이한 빛으로, 죄의 비
참한 속박으로부터 복음의 영광스러운 자유로 옮겨진 것으로써 자신의 이
야기가 참이라는 사실을 입증하고 있습니다. "독자들에게"(TO THE READER)
라는 이 글은 우리 모든 독자들이 항상 명심해야 할 아주 중요한 것을 말함
으로써 끝을 맺고 있습니다. 그것은 풍유로 들어가는 저자의 열쇠이며, 그
의 난외주이기도 합니다.

"그대는 내가 주는 열쇠 없이는
그리로 들어가지 말기를 바라오.
(사람들은 이 신비한 이야기 속에서 길을 잃게 될 거요.)
그대가 내 수수께끼를 알고 싶다면,
그래서 내 암송아지로 밭 갈게 하려면,
그 열쇠를 오른쪽으로 돌려야 할 거요.
그 열쇠는 저기 창가에 있소. 그대의 건승을 기원하오.
그 다음에 나는 그대의 죽음을 알리는
조종(弔鐘)을 울려야 할지도 모르오."

위 인용구 중 마지막 줄은 번연이 청년 시절에 아주 많이 탐닉했던 종치는
습관, 즉 독한 술과 맥주를 마시는 것 같은 그 쾌락을 끊기가 얼마나 어려웠
는지를 우리에게 강하게 피력하고 있습니다. 이 종치는 쾌락에 대해서는 그
의 「넘치는 은혜」의 제33절과 제34절에 기록되어 있습니다("아주 격렬하게 땀
흘리며 수고한 사람들인 위대한 조상들에게 해당되는 '안식일을 거룩하게 지키라' 는 말씀과

관련된 설교를 거룩한 안식일에 듣기가 얼마나 낯설었는지 모른다 ― 원주). 「거룩한 전쟁」에 나오는 이야기의 형식과 순서는 이와 유사한 전쟁에 가담해 본 자들에게 아주 아름답고 깊은 흥미를 불러일으킵니다. 이 책은 인간의 타락에 대해 짧지만 분명하게 이야기하고 있습니다. 이 이야기들을 훑어보기만 해도 우리의 감정은 개인적으로 흥분하게 됩니다. 왜냐하면 우리의 아버지이며 하나님이신 그분이 보여주신 은혜의 방식, 즉 마귀에게 종 노릇 하는 자기 백성들의 자연적인 상태에서 이들을 구해내신 증언에 우리는 감탄할 수밖에 없기 때문입니다. 사리에 밝은 독자들이라면 임마누엘의 초대를 거부하며 애쓰던 자신의 과거 모습을 회상해 볼 때, 이 책에서 일어나는 많은 사건들을 보면서 엄숙하고 강력한 인상을 받을 것입니다. 사랑과 은혜로 말미암는 용서의 감정이 그의 영혼에 엄습할 때 그는 거룩한 즐거움을 느낄 것이며, 의심과 두려움과 유혈병사들(bloodmen)과 갈등할 때 그는 두려움을 느낄 것입니다.

젊은 독자들은 자기 영혼의 안전을 위해 의심과 두려움에 굴복하지 않도록 주의해야만 합니다. 왜냐하면 번연은 한 영역에서 특별하게 쓰임을 받았지만, 의심과 두려움에 굴복한 청년들은 번연이 느꼈던 것처럼 자신이 쓰임을 받고 있다는 감정을 절대로 가질 수 없기 때문입니다. 하나님께서는 자신의 무한한 지혜와 은혜에 합당한 방식으로 자기의 어린 양과 양 떼들을 우리 안으로 이끄십니다. 어떤 사람들은 선전 포고를 하자마자 항복하기도 하지만, 어떤 사람들은 비참하게 포위된 채로 오랫동안 저항하기도 합니다. "하나님의 길은 우리의 길과 다름이라." 우리가 염려하는 모든 질문은 다음과 같은 것입니다. 즉, 임마누엘이 과연 마음성(Heart-castle) 안에 계실까? 그분께서 내 안에서 "영광의 소망"(골 1:27)을 이루실까? 부하든 가난하든, 유식하든 무식하든 "누구든지", "무릇 살아서 나를 믿는 자는 영원히 죽지 아니하리니"(요 11:26)라고 분명하게 선포하신 그분을 내가 과연 믿고 살아갈 수 있을까? 나의 구원과 관련하여 그 포위기간이 길었든 아니면 짧았든, 그것은 전혀 중요하지 않습니다. 핵심 질문은 다음과 같은 것입니다. 즉, 내 마음

은 정복되었는가? 나는 임마누엘을 사랑하고 있는가? 만약 내가 그분을 사
랑하고 있다면, 그것은 그분께서 나를 먼저 사랑하셨으며, 나를 변함없이 사
랑하시기 때문입니다. 나를 이기신 그분에게 심려를 끼쳐드린 만큼, 나 또
한 그분의 명령에 기쁘고 거룩한 마음을 가지고 열정적으로 순종해야만 합
니다. 많은 죄를 사함 받은 자들에게는 많은 것이 기대되는 법입니다. 승리
하신 그분께서는 우리에게 특별한 사명을 주십니다. 다시 말해, 그분께서는
우리가 그분의 나라를 확장하는데 헌신하기를 원하십니다.

　주의 깊은 독자들이라면, 인간영혼 마을은 사탄의 지배에 자발적으로 항
복하였고, 자신을 구원하고자 아무런 노력도 하지 않았다는 사실을, 이 전쟁
의 역사를 통해 알게 될 것입니다. 그 성벽 안에는 디아볼루스의 통치를 막
고자 하는 그 어떤 영적 감정도 없었으며, 구원을 바라는 그 어떤 진심어린
기도나 탄식도 없었습니다. 인간영혼 마을은 자신의 타락이나 위험을 전혀
감지하지 못했습니다. 그 마을은 아직 살아 있다고는 하나 죽은 마을이었습
니다. 다시 말해 죄악 가운데 죽은 마을이었습니다. 수많은 마을들이 그러
했듯이, 이런 상태로부터 몰락이 시작되었습니다. 즉, 영적이며 일시적인 사
망으로부터 영원하며 돌이킬 수 없는 멸망으로 떨어졌습니다. 그런 끔찍한
위험으로부터 그 마을을 구원하기 위한 첫 번째 구원계획은 그 마을을 창조
하신 하늘의 궁정에서 수립됩니다. 즉, 은혜가 그 기초를 놓고, 그 위에 높은
돌담을 쌓아올린 것입니다. 따라서 구원받은 하나님의 모든 백성들은 연합
하여 한 목소리로 찬양하게 될 것입니다. "여호와여 영광을 우리에게 돌리
지 마옵소서 우리에게 돌리지 마옵소서 오직 주는 인자하시고 진실하시므
로 주의 이름에만 영광을 돌리소서"(시 115:1). 인간영혼 마을을 구원하기 위
해 언약이 체결되고 모든 것들이 규모 있게 확실히 준비되어 나갑니다. 이
언약에서부터 그 거대한 계획들, 즉 인간영혼을 구하기 위한 귀한 계획들이
시작되고, 이 위대한 목적을 성취하기 위해 모세의 율법이 등장합니다. 그
모든 두려움에도 불구하고 이 율법은 정복하거나 멸망시키기 위해 줄지어
선 무서운 군대의 모습으로 등장합니다. 이것은 "용맹하고도 강인한 훈련을

받아, 전쟁의 돌파구를 찾고, 노련한 검술로 뚫고 나아가는"(「거룩한 전쟁」 제4
장 — 역주) 4만 명의 병사로 이루어진 군대로 풍유적으로 표현됩니다. 이들
은 네 장군의 지휘 아래 있습니다. 이 네 장군에게는 각자 기수(旗手)가 있
습니다. 보아너게 장군(Captain Boanerges)에게는 우레 씨(Mr. Thunder), 확신 장
군(Captain Conviction)에게는 애통 씨(Mr. Sorrow), 심판 장군(Captain Judgment)에
게는 공포 씨(Mr. Terror), 집행 장군(Captain Execution)에게는 공의 씨(Mr. Justice)
가 있습니다. 디아볼루스는 이 세력에 저항하기 위해서 마을 사람들이 무장
하도록 하고, 그들의 양심을 완악하게 하며, 이성도 어둡게 합니다. 그는 나
이 많은 편견 씨(Mr. Prejudice) 수하의 말을 듣지 못하는 자들(DEAF MEN)을 귀
문(Eargate)에 두어 경비하게 하고, 이 중요한 문 위에 두 개의 대단한 대포인
자고한 마음(Highmind)과 무모함(Heady)을 배치합니다. 또한 그는 인간영혼
마을을 사탄이 제공하는 무기로 무장시킵니다. 이런 모습들은 마치 그림을
보는 듯 생생하게 묘사되어 있습니다. 디아볼루스는 그 후로도 연이어 사람
들을 소집하지만, 이렇게 계속된 소집은 더 이상 인간영혼 마을 사람들의 주
목을 끌지 못합니다. 친구들의 죽음, 질병, 그리고 여러 고난들을 당하지만,
이 모든 것은 그들에게 그 어떤 영향도 전혀 끼치지 못하고 허사로 끝나고
말기 때문입니다. 그들은 "술사의 홀리는 소리도 듣지 않고 능숙한 술객의
요술도 따르지 아니하는"(시 58:5) 자들이 되어 있었습니다. 마침내 그 마을은
맹렬한 공격을 받게 되고, 그 양심이 두려워 떨게 됩니다. 그러나 아직 그 의
지는 완고합니다. 마을을 에워싸고, 깃대를 세우고, 포대(砲臺)를 급조하고,
도저히 저항할 수 없을 만큼 투석기로 돌을 던지고, 도전적인 열변을 통해
사람들의 마음을 흔들어놓고, 특히 귀문(Eargate)을 열고자 파성퇴(破城槌, 과거
성문이나 성벽을 두들겨 부수는 데 쓰던 나무 기둥같이 생긴 무기 — 역주)를 배치하며,
공의를 두려워하고 죄 지은 자들이 마땅히 받을 끔찍한 형벌을 생생하게 무
서워하는 것 등, 이 모든 것들이 군사용어와 군사전략에 대한 비상한 지식과
함께 묘사되고 있습니다. 샤다이(Shaddai) 수하의 보아너게 장군의 군대에 입
대한 전통 씨(Mr. Tradition), 인간의 지혜 씨(Mr. Human-wisdom), 그리고 인간의

고안 씨(Man's-invention) 등의 세 사람에 관한 이야기는 아무도 흉내 낼 수 없을 만큼 아름답습니다. 그들은 자신이 속한 군대의 후미에 있다가 포로로 사로잡힙니다. "그들은 믿음을 따라 살아가기보다는 오히려 정해진 운명에 따라 살아가는"(「거룩한 전쟁」 제5장 — 역주) 자들이었는데, 디아볼루스를 섬기다가 무엇이든 장군(Captain Anything)의 부대에 합류하게 된 것입니다. 또한 몇 번의 매서운 맹공격이 있은 후, 죄책감을 느끼고 양심에 경각심이 생겨, 디아볼루스의 새로운 여섯 관리들이 한 방에 몰살되는 일도 일어납니다. 그들의 이름도 주의해서 생각해 볼 만한 충분한 가치가 있습니다. 이것들은 공공연한 악덕으로서, 이 이름들은 보응의 공포를 처음으로 무서워하게 된 영혼이라면 마땅히 버리게 되는 것으로 묘사되어 있습니다. 그들의 이름은 욕설 씨(Mr. Swearing), 매춘 씨(Mr. Whoring), 격분 씨(Mr. Fury), 항상 거짓말 씨(Mr. Stand-to-lies), 술취함 씨(Mr. Drunkenness), 그리고 속임수 씨(Mr. Cheating)입니다.

공포는 밤낮으로 계속됩니다. 이 공포는 인간영혼 마을 사람들 사이에서 "이 마을을 기쁘게 하던 모든 것들이 한순간에 사라져, 아름답기는커녕 불에 다 타버려서 죽음의 그림자만 보일 뿐이다"(「거룩한 전쟁」 제5장 — 역주)라는 말이 들리기까지 계속됩니다. 이런 상황은 다음과 같은 다윗의 경우와 같습니다. "내 영혼이 내 속에서 낙심이 되므로 내가 요단 땅과 헤르몬과 미살 산에서 주를 기억하나이다 주의 폭포 소리에 깊은 바다가 서로 부르며 주의 모든 파도와 물결이 나를 휩쓸었나이다"(시 42:6-7).

하지만 모세와 율법의 모든 공격들은 효과가 없습니다. 그 문들은 그 마을의 왕이신 하나님을 대적해 여전히 닫힌 채로 있기 때문입니다. 시내 산의 우레와 예언자들의 음성을 통해 경고하지만, 인간영혼 마을은 정복되지 못합니다. 여러 장군들이 우레처럼 큰 소리를 내며 두려워하면서 하늘 궁정에 호소하자, '하나님께서 우리와 함께 하심'이란 뜻의 임마누엘께서 이 전쟁을 수행해 승리를 얻기 위해 내려오십니다. 하늘나라의 사자들인 허다한 천사들도 이 광경을 보고자 간절히 원합니다. 이런 소문들은 "번개처럼 삽시간에 궁정 안에 두루 퍼졌으며"(「거룩한 전쟁」 제6장 — 역주), 가장 큰 사자들이 임마누엘의 수하에서 이 사명을 감당하기를 갈망합니다. 임마누엘과 함께 이 대장정에 참여한 장군들은 믿음(Faith, 본문에는 신뢰[Credence]로 나옴 — 역주) 장군, 소망(Hope, 본문에는 선한 소망[Good-Hope]으로 나옴 — 역주) 장군, 자애(Charity) 장군, 무흠(Innocence) 장군, 인내(Patience) 장군 등입니다. 인간영혼은 그 마을 사람들이 설득을 당해 그들의 구세주를 받아들일 때만 정복될 수 있습니다. 이러한 계획의 대가는 실로 어마어마한 것입니다. 그 군대는 우리가 할 수 있는 생각의 숫자만큼이나 무수히 많은 수의 병사를 거느리기 때문입니다. 누가 감히 "허다한 그분의 생각"을 헤아려볼 수나 있겠습니까? 우리가 난외주(margin)에서 언급한 바와 같이, 파성퇴(破城槌)와 투석기들은 성령의 능력으로 우리에게 주어지는 거룩한 성경의 각 권들을 의미합니다. 임마누엘은 압도적입니다. 그래서 인간영혼 마을은 탈환되고 맙니다. 디아볼루스는 끌려나오고 갑옷이 벗겨져, "쉬기를 구하되 쉴 곳을 얻지 못하는"(마 12:43), 소금 땅에 있는 바싹 마른 황량한 곳으로 보내집니다.

처음에 인간영혼 마을의 사람들은 자신들의 반역에 합당한 형벌을 받게 되면 어떡하나 두려워하면서 마음을 졸이지만, 이제 그 마을은 하나님의 진노가 내리는 곳이 아니라, 합법적인 왕의 보좌가 자리하는 곳이 됩니다. 그런 곳에 그분의 용서와 축복이 선포됩니다. 그러자 인간영혼 마을은 기쁨과 행복과 영광으로 충만해집니다.

독자 여러분, 여러분은 새롭게 태어나는 중생의 두려움과 소망, 공포와 경고들을 겪은 후, 그분께서 주시는 은혜의 기이(奇異)함들을 기리기 위해 처음으로 주님의 성찬대 앞에 앉았을 때, 그 순간 여러분의 영혼을 사로잡았던 그 평안과 거룩한 기쁨을 기억할 수 있습니까? 그 일로 여러분은 영원이라는 충만한 소망으로 즐거워하였습니다. 그래서 여러분은 다음과 같이 환호성을 질렀을 것입니다. "오, 소식이로다! 기쁜 소식이로다! 기쁘고도 기쁜 소식이로다. 내 영혼에 큰 기쁨의 소식이로다!"(「거룩한 전쟁」 제9장 — 역주). "그러고 나서 그들은 너무나 기쁜 나머지 담벼락을 껑충껑충 뛰어다니면서, 임마누엘 만세! 라고 소리쳤다." 그런 다음에 여러분은 영화롭게 된 여러분의 영혼이 천성에 들어가기까지 여러분에게 남은 순례의 길에 행복이 확보되었음을 기쁘게 생각했습니다.

하지만 너무 안타깝게도, 여러분의 원수들은 아직 죽지 않았습니다. 이 원수들은 여러분이 방심하여 잘 모르는 순간이 오기를 엿보고 있습니다. 다시 말해, 여러분이 게을러서 깨어 있지 않고, 형식적으로 기도드리며, 육신의 안일을 도모할 때, 그 순간에 그 원수들은 여러분의 마음에 침입합니다. 뜨거웠던 여러분의 사랑이 식어가고, 천국과의 교통도 서서히 뜸해지지만, 여러분은 이것을 거의 알아차리지 못합니다. 그 때 임마누엘은 마음성을 떠나시고, 공중의 권세 잡은 자들은 해롭지 않은 쾌락이라는 미명(美名) 하에 여러분으로 하여금 어설픈 생각들을 하게 하여, 반역을 도모할 뿐만 아니라 반란을 조장합니다. 여러분의 마음에서 일어난 이런 변화의 소식은 곧 디아볼루스에게 전달됩니다. 하지만 극악무도한 회합(會合), 즉 마귀들이 모여 서로 말하는 대화들은 우리의 저자에 의해 드러나게 됩니다. 우리의 저자는 영적인 쇠퇴의 과정과 그 경로를 유심히 살펴본 사람으로서, 사탄에 대해 모르고 있는 사람이 아닙니다. "우리는 그 계책을 알지 못하는 바가 아니로라"(고후 2:11).

사탄의 계략으로 묘사된 그 악의에 찬 섬세한 재간들은 일반적인 상상을 훨씬 뛰어넘는 방식으로 기술되고 있습니다. 여기서 풍유가들의 왕자인 존 번연이 지닌 아주 풍성한 자원, 즉 그의 창의성과 천재성이 독보적으로 유감없이 발휘되고 있습니다. 이런 묘사는 종교개혁가인 베르나르디노 오치노(Bernardino Ochino[1487-1564, 이탈리아 종교개혁가 — 역주])가 1549년에 쓴 소위 「하나의 비극, 다시 말해 불의하게 강탈한 로마 주교 수위권에 대하여 말함」(A Tragedy or Dialogue of the unjust usurped Primacy of the Bishop of Rome)이라는 희귀한 저작에서 루시퍼와 바알세불 사이의 대화를 생각나게 합니다. 교황을 따르는 로마 가톨릭을 수립함으로써 기독교를 멸망하게 하려는 루시퍼의 의도가 그 대화에서 묘사되고 있기 때문입니다. 루시퍼는 마귀들이 모인 자신들의 비밀회의에 대해 다음과 같이 말하고 있습니다.

"내가 고안해 낸 일종의 새로운 나라는 우상 숭배, 미신, 무지, 오류, 허위, 거짓, 속임수, 강제, 착취, 배반, 싸움, 불화, 학대와 잔인함이 가득하며, 약탈, 살인, 야망, 추잡함, 상해, 당쟁, 파벌, 사악함과 해악으로 충만한 나라이다. 이 나라에서는 온갖 종류의 가증스러운 일들이 자행될 것이다. 이처럼 그 나라에 온갖 사악한 것들이 가득 쌓여 있다 해도, 신앙 고백까지 한 그리스도인들조차 이 나라를 영적인 나라로, 가장 거룩하고 가장 경건한 나라로 여길 것이다. 이 나라의 최고 머리 또한 악하고 가증스러운 도둑이자 강도일 것이며, 그는 악 그 자체이고, 가증스러움 그 자체일 것이다. 그러나 이 모든 것에도 불구하고, 그는 그리스도인으로, 이 땅에 있는 하나님으로 여겨질 것이며, 가장 사악한 자들인 그의 나라 백성들도 가장 거룩한 사람들로 불릴 것이다. 하나님께서는 자기 아들을 세상에 보내셨으며, 그 아들은 인간을 구원하기 위해 친히 십자가의 죽는 데까지 낮아지셨다. 그러므로 나도 내 아들을 세상에 보낼 것이다. 그는 인간의 파멸과 정죄를 위해 스스로 나아가 하나님과 대등하게 되고자 할 것이다." "나는 환한 얼굴과 거룩한 예식의 아름다움으로 미신과 우상 숭배를 가리고 덮는 일을 열심히 그리고 교묘하게 할 것이다. 그래서 사람들이 이렇게 외형적이고 화려한 외식에 크게 놀라며 취하는 가운데, 그 자신들이 우상 숭배와 미신이라는 큰물에 빠져서 진리와 거짓을 분간하지 못하게 될 것이다." "나는 이들이 하나님의 집을 사모하는 열심인 척하면서, 그리스도와 그 백성들이 가장 잔인한 폭군과 학살자들이 되도록 할 것이다. 그리하여 이들은 위선이라는 극도로 넓은 외투와 영광스럽게 빛나는 직함들을 가지고 자신의 부정함과 더러운 행위를 가릴 것이다."

이 대담한 종교개혁가는 교황을 따르는 로마 가톨릭의 기원과 발전과 그 황폐함을 공격하는 포문을 그렇게 열었던 것입니다. 사탄의 계책을 이와 동일하게 알고 있었던 비국교도(Nonconformist)인 번연도 디아볼루스가 젊은 그리스도인들을 타락의 상태로 이끄는 여러 수단들을 보여주고 있습니다. "인간영혼 마을에 있는 디아볼루스를 따르는 우리의 친구들을 죄악으로 이끌도록 하라. 왜냐하면 죄악만큼 인간영혼 마을을 삼키기에 좋은 것은 없기 때문이다. 따라서 우리는 그 마을을 공격하기 위해 의심 군대 가운데서도 불굴의 무시무시한 용사들을 이삼만 명 정도 파병할 것이다. 죄악은 인간영혼을 병들고 무기력하게 만들며, 의심들은 이 죄악으로 인해 더욱더 맹렬해지고 강해지기 때문이다"(「거룩한 전쟁」 제13장 ― 역주).

마침내 디아볼루스와 그의 의심 군대는 지옥문 언덕(Hellgate Hill)에서 인간영혼 마을로 행진해 나갑니다. 이 군대들이 배치된 순서와 장군들의 이름은 호기심을 불러일으키기에 충분할 뿐만 아니라 매우 교훈적이기까지 합니다. 선택(Election) 의심 병사들을 지휘하는 격분(Rage) 장군, 소명(Vocation) 의심 병사들에게 명령을 내리는 발광(Fury) 장군, 은혜(Grace) 의심 병사들을 이끄는 저주(Damnation) 장군, 믿음(Faith) 의심 병사들을 지휘하는 불만족(Insatiable) 장군, 견인(Perseverance) 의심 병사들을 지휘하는 유황(Brimstone) 장군, 부활(Resurrection) 의심 병사들을 지휘하는 고통(Torment) 장군, 구원(Salvation) 의심 병사들을 지휘하는 평안없음(Noease) 장군, 영광(Glory) 의심 병사들을 통솔하는 무덤(Sepulchre) 장군, 지복(至福, Felicity) 의심 병사들을 이끄는 허망(Pasthope) 장군 등이 있었으며, 불신(Incredulity)은 수석 경(Lord-general)이었고, 디아볼루스가 왕이자 최고 사령관이었습니다(「거룩한 전쟁」 제14장 ― 역주).

시끄럽게 울려퍼지는 북소리, 지옥 불! 지옥 불! 하며 귀에 쩌렁쩌렁하게 울리는 병사들의 군호 소리, 이들의 맹렬한 공격들, 허다한 의심 병사들, 마음이 분산된 가련한 인간영혼 마을의 당혹스러움 등, 이 모든 것들이 훌륭하게 사실적으로 묘사되고 있습니다. 인간영혼 마을은 야간 기습작전을 감행하지만, 야간전투에 노련한 디아볼루스와 그의 병사들은 이들의 공격을 물리치고, 믿음 장군, 소망 장군, 경험 장군 등은 중상을 입습니다. 디아볼루스와 의심 군대 병사들은 다시 문들을 공격합니다. 특히 이번에는 감각들을 통해 문을 열고 들어가는데 성공합니다. 하지만 아직 마음까지는 뚫고 들어가지 못합니다. 인간영혼 마을은 지금까지 볼 수 없었던 가장 큰 궁핍함과 슬픔 가운데 낙담하게 됩니다. 이런 극한 상황 속에서도 임마누엘에게 드리는 기도는 쉬지 않고 이어집니다. 하지만 오랜 기간 동안 만족할 만한 그 어떤 기도응답도 그들은 받지 못합니다. 인간영혼과 디아볼루스, 양 당사자들은 여전히 서로 경계를 늦추지 않고 있습니다. 그러는 중에 디아볼루스는 반역 행위나 자신의 의심 군대 병사들이 행하는 투석 공격으로도 인간영혼의 마음성(Heart-castle)을 점령하기란 불가능하다는 것을 알게 됩니다. 전쟁의 전반적인 정세가 악화되면서, 의심 군대 병사들은 죽임을 당하고, 자신들의 무기와 함께 매장됩니다. 그리하여 결국 디아볼루스의 의심 군사들은 아무 흔적도 없이 모두 사라지게 됩니다.

그러자 그 철천지원수는 이제 새로운 공격모드로 전환합니다. 즉, 그는 공세를 강화하기 위해 새로운 병사들을 구하러 사람들을 보내고, 선(善)-혐오(Loath-Good) 지역 출신의 유혈병사(Bloodmen) 만 오천 명을 뽑아 군대를 만듭니다. 이 외에도 나이 든 불신(Incredulity) 대장이 통솔하는 만 명의 새로운 의심병사들을 추가로 영입합니다. 이 유혈병사들은 "포악한 악당들이며, 지금까지 여러 업적들을 이룬 자들"(「거룩한 전쟁」 제17장 ― 역주)이었습니다. "이들은 마스티프(mastiff, 털이 짧고 덩치가 큰 맹견[猛犬] ― 역주)들로서, 아버지든, 어머니든, 형제든, 심지어 만왕의 왕이든 관계없이 누구든 물려고 하는 자들이었습니다. 이 장군들 가운데는 교황 장군(Captain Pope)도 있었고, 이 군대의 군기는 화형대, 불꽃, 그리고 그 속에 있는 선한 사람이었습니다." 저는 이들 장군들 가운데 감히 한 장군만 더 추가하여 그 특징을 살펴보고자 합니다. 그것은 국가-종교(State-religion)라는 장군입니다. 이 장군이 내세우는 기치는, 습하고 쓸쓸한 지하 감옥에서 앞을 못 보는 자신의 불쌍한 자녀(번연에게는 메리[Mary]라는 눈먼 딸이 있었다 ― 역주)를 발치에 앉혀놓고 들려줄 목적으로 「천로역정」을 쓴 비국교도인 존 번연을 통해 묘사되고 있습니다. 오, 박해자여, 당신은 비국교도들을 화형에 처하거나 투옥하거나 종교 재판정에 세워 괴롭혔소. 그뿐 아니라 당신은 적그리스도적인 것으로 생각되는 형식이나 예식들을 지원하기 위해 비국교도들의 재산을 강탈하기도 하였소. 당신이 이처럼 행하였으니, 당신의 지휘관은 늙은 불신이며, 당신의 왕은 디아볼루스로다!

유혈 병사들은 불과 칼로 위협하면서 파멸을 언급하는 등, "발갛게 달아오른 뜨거운 다리미 같은" 항복 요구서를 인간영혼 마을에 보냈습니다. 그러나 하나님께서는 감옥에 있던 우리의 경건한 저자를 찾아가 그를 귀히 여기시며, 박해받던 그 십 이년간의 고통을 위로해 주셨습니다. 바로 그 하나님께서 인간영혼을 구원하기 위해 오셨습니다. 디아볼루스의 군대는 발본색원(拔本塞源) 되고, 도망간 몇 명을 제외하고는 모든 의심 병사들은 살해됩니다. 박해자였던 유혈 병사들은 살해되지 않고 생포됩니다. 감옥에 투옥된 죄수들은 법이 제공하는 모든 형식과 위엄을 갖춘 재판에 넘겨집니다. 그리하여 이 「거룩한 전쟁」의 전체 이야기는 임마누엘의 아주 훌륭한 명령, 즉 인간영혼이 항상 기도하며 깨어 있는 상태를 유지할 것을 명하는 것으로 대단원의 막을 내립니다. 하지만 원수들은 여전히 인간영혼 마을 안에 숨어 있기에, 그 마을은 항상 겸손하게 자신이 하나님께 의지하고 있음을 느끼며, 그분과 교제하면서 많은 것을 발견하게 될 것입니다. 임마누엘이 말합니다. "너희를 향한 나의 사랑은 항상 변함없음을 믿어라. 이것을 내가 올 때까지 깨어 굳게 붙잡으라"(「거룩한 전쟁」 제18장 ― 역주).

이 전쟁이 전개되는 전체적인 세부묘사는 아주 특별한 기법으로 제시되어 있습니다. 아주 뛰어난 기억력과 풍부한 상상력의 도움을 받아, 자기보다 앞서 갔던 모든 것을 예리하게 관찰하는 사람은, 우리보다 앞서 순례의 길을 갔던 이 믿음의 선조로부터 짧은 시간에 아주 많은 지식을 얻을 수 있을 것입니다. 그는 사병으로 영국 내전(the Civil War, 1642-1651년 벌어진 찰스 1세 및 왕당파와 의회파의 싸움 ― 역주)에 참여하여, 레스터(Leicester, 잉글랜드 중부에 있는 지역 ― 역주)에서 포위되어, 루퍼트 왕자(Prince Rupert, 1619-1682, 영국 왕 찰스 1세의 조카이자 왕당군의 기병대장으로 많은 활약을 하였다 ― 역주)에게 사로잡혔습니다. 이런 경험으로 그는 트럼펫, 즉 나팔 소리가 뜻하는 바에 대한 지식을 얻게 되었습니다. 인간영혼을 돕기 위해 임마누엘께서 빨리 오시기를 기대하면서, 나팔수들은 자신이 연주할 수 있는 최고의 음악을 연주하였습니다.

그러자 디아볼루스는 다음과 같이 소리쳤습니다. "이 미친 자들이 도대체 무슨 짓을 하고 있는 거지? 나팔수들이 내는 이 소리는 말을 탈 준비를 하라는 소리도 아니고, 마차에 말을 매라는 소리도 아니고, 말을 풀라는 소리도 아니고, 공격하라는 소리도 아닌데"(「거룩한 전쟁」제16장 — 역주).

번연은 양심 때문에 약 10년 동안 지루하고도 모진 투옥생활을 하게 되었습니다. 감옥에서 풀려나오자 그는 「거룩한 전쟁」을 출판하였습니다. 이 휴식기에도 그는 쉬지 않고 영혼들을 그리스도에게 인도하는 수고를 아끼지 않았습니다. 그러면서도 그는 지식에 대한 끊임없는 갈증을 충족시킬 시간을 확보했던 것이 틀림없습니다. 따라서 그는 자신이 전하고자 하는 지식을 얻어 그 지식을 나누었을 뿐만 아니라, 이로써 자신의 지성도 풍성하게 증대시켰습니다. 그는 우리 청교도들의 저작과 비국교도들의 작품들을 틀림없이 읽었을 것입니다. 그래서 우리는 프리뭄 모빌레(primum mobile, 번연 당시 많은 저자들이 자주 사용하던 용어로 '영혼'을 뜻한다 — 원주)라는 라틴어 단어를 그가 사용하고 있는 것을 보게 됩니다. 난외주(margin)를 자세히 살펴보면 그 단어는 "영혼"(the soul)을 뜻한다는 것을 알 수 있습니다. 그 후로도 그는 피톤(Python: 아폴로가 델피에서 죽인 거대한 비단뱀 — 역주), 케르베로스(Cerberus: 세 개의 머리와 뱀 꼬리 모양을 가진 지옥을 지키는 개 — 역주), 신화에 나오는 복수의 여신들 등에 관해 알게 된 지식들을 모아두었다가, 그 이름들을 이 전쟁에서 사용하면서 이들 각각의 이름과 특징들을 자세하게 묘사하고 있습니다(「거룩한 전쟁」제14장 — 역주).

원수들이 공격하고 또한 지켜내야 할 대상은 오직 한 사람, 다시 말해 영원한 하나의 인간영혼(Mansoul)을 담고 있는 하나의 인간 육체일 뿐인데, 그 도성 안팎을 둘러싸고 있는 군대들의 수가 너무나 많다는 점을 생각할 때, 처음에 보면 좀 이상하다고 느낄지도 모릅니다. 하지만 모든 병사들은 각자 하나의 생각을 묘사하고 있다는 것을 염두에 둔 독자라면, 생각이 달라질 것입니다. 인간이 하는 허다한 생각들의 수를 누가 감히 헤아릴 수 있겠습니까? 죄악이라는 질병으로 남자, 여자, 어린 아이들을 포함해 만천 명의 사람들이 인간영혼 마을에서 죽었습니다! 이것을 번연은 다음과 같은 뜻으로 해석하고 있습니다. 즉, 남자는 "좋은 생각들"로, 여자는 "좋은 개념들"로, 어린아이는 "좋은 욕망들"로 해석합니다(「거룩한 전쟁」 제13장 ― 역주). 이 마을은 삼사 만이나 되는 의심들로부터 공격을 받는데, 이는 아주 호기심을 불러일으키기에 충분한 방법론적인 구성입니다.

난외주(margianl notes)들의 가치는 아주 대단한 것으로서, 어려운 많은 구절들에 직접적인 빛을 제공하고 있습니다. 많은 독자들은 창문처럼 사각형 형태로 둘러쳐진 공간(margin)에 있는 그 열쇠를 자유롭게 사용할 수 있습니다. 이 핵심 단어들의 가치는 몇 가지 경우만 인용해도 바로 드러납니다. 예를 들어, 디아볼루스가 그 마을을 공격했을 때, 이성 경(Lord Reason)은 머리를 다쳤고, 이해 씨(Mr. Understanding)인 용감한 시장(Lord Mayor)은 눈을 다쳤으며, "그 하위 부하들 또한 부상을 입었을 뿐만 아니라 즉사하기도 하였다"(「거룩한 전쟁」 제14장 ― 역주)라는 부분이 있습니다. 이에 대해서 난외주는 "희망적인 생각들"이라고 설명합니다. 감각문(Feelgate)을 통한 원수들의 야간 기습 공격으로 그 마을이 점령당했을 때, 그 장면은 전쟁의 모든 참상에 동반되는 공포로 묘사되고 있습니다. 이것은 아마도 레스터에서 루퍼트의 기병대에 의해 지속적으로 자행된 잔학행위보다 더 잔인하게 묘사되었을 것입니다. "어린 아이들의 몸도 갈가리 찢어졌으며, 뱃속의 태아들까지 살해되었다", "여인들은 짐승처럼 학대를 받았다"(「거룩한 전쟁」 제15장 ― 역주)고 말입니다. 이 부분은 두 개의 난외주로 해석되어 있습니다. "선하고도 온유한 생각들", "선에 대한 거룩한 구상들."

레스터의 급습은 밤에 일어났습니다. 이 광경을 두 눈으로 목격한 번연은 군기를 올리는 것과 도성을 포위하는 것, 그리고 문을 강제로 여는 것 등에 대한 올바른 개념을 가지고, 생생하게 보았던 그 파멸들을 기술하고 있습니다. 인간영혼 마을에서 살인이 자행되고 황폐화되는 그 강탈의 과정을 그는 아주 끔찍하게 설명하고 있습니다. 하지만 이것은 레스터를 급습한 루퍼트 왕자와 그의 기병대가 저지른 만행에 대한 훌륭한 묘사로도 입증될 수 있을 것입니다. 디아볼루스라는 이름을 지우고 그 자리에 루퍼트를 넣어보십시오. 그리고 인간영혼(Mansoul) 대신에 레스터(Leicester)를 넣어보십시오. 그러면 번연의 전쟁 설명은 왕실 군대가 자행했던 잔인한 만행에 대한 정확한 설명이 될 것입니다. 왕실로부터 호의를 얻기 위해 기록을 남긴 클래런던 경(Lord Clarendon, 1609-1674, 영국의 정치가이자 역사학자로서, 청교도혁명 직전 의회에서 국왕 찰스 1세의 실정과 전제를 비난하였으나, 1642년 이후 혁명 중에는 왕당파로 기울어 국왕을 지지하였다 — 역주)은 우리에게 다음과 같이 말하고 있습니다. 즉, 루퍼트 왕자와 왕이 레스터를 점령했을 때, "정복자들은 통상적으로 허용된 강탈과 도륙의 면허를 가진 것처럼 그 이점을 충분히 누렸다. 군대는 사람이나 지역에 어떤 차별도 두지 않고, 온 마을을 무차별적으로 처참하게 약탈하였다. 집들은 말할 것도 없고, 교회들과 병원들까지도 탐욕으로 격분한 군사들에게는 먹잇감이 되었다. 이에 대해 왕은 크게 후회하고 있다"(「영국의 반란과 내전의 역사」[History of the Rebellion and Civil Wars in England] 제2권, 588쪽 — 역주). 클래런던은 계속해서 찰스 왕의 큰 후회에 대해 서술하고 있습니다. 왜냐하면 자신의 신실한 친구들 가운데 많은 수가 강탈과 도륙의 이 잔인한 장면을 기억에서 지우지 못해 고통 받았기 때문입니다.

번연이 「거룩한 전쟁」에서 보여준 묘사들은 그의 앞에 존재했던 어떤 저자들을 모방한 것은 아닌가 하는 의심을 받을 수 있습니다. 하지만 지금까지 그런 의심은 한 번도 받은 적이 없고, 또한 사실 그런 의심이 가능하지도 않습니다. 에라스무스(Erasmus), 구지(Thomas Gouge, 1609-1681, 영국 장로교 성직자 — 역주), 그리고 우리의 종교개혁자들과 청교도들과 비국교도들 가운데 많은 사람들이 그리스도인의 갑옷과 무기들에 대해 많은 이야기들을 했습니다. 이 「거룩한 전쟁」이 등장했을 무렵에, 벤저민 키치(Benjamin Keach, 1640-1704, 영국 침례교 설교자 — 역주)는 「마귀와의 전쟁, 즉 어둠의 세력들과 벌이는 젊은이의 갈등」(War with the Devil, or, the Young Man's Conflict with the Powers of Darkness)이란 책을 출판하였습니다. 이 책은 일련의 훌륭한 시적 대화로 이루어져 있으며, 청년기의 부패와 허영, 끔찍한 죄의 본성, 타락한 인간의 개탄스

러운 상태 등이 양심과 참된 회심의 원칙과 더불어 거론되고 있습니다. 하
지만 이 책에는 풍유적인 것이 하나도 없습니다. 그 대신 실제적인 경고와
권면들이 풍성하게 들어 있습니다. 중생한 사람 안에 있는 마음과 어둠의 세
력들 간의 내적 갈등을 기술하기 위한 어떤 풍유적인(allegory) 방식은 그때
까지 시도조차 되지 않았습니다. 다시 말해, 악한 생각들이나 악한 상상들
이 들어와, 이 악한 생각들이 다양한 감정들과 자연스럽지 못하게 결합되고,
이러한 결합의 후예들이 디아볼루스의 추종자라는 이름으로 생겨나며, 이
추종자들은 인간영혼이 기도하고 깨어 있을 때에도 담벼락 사이에 숨어(「거
룩한 전쟁」 제15장 — 역주) 있다가 드디어 배도의 상태가 되면 공개적으로 거리
를 나다니도록 허용되고 권장된다는 식의 풍유적인 묘사 방식은 여태껏 없
었다는 것입니다.

　어떤 이들은 요한 크리소스토무스(John Chrysostomus)가 언급한 지옥의 무리
들과 인간들 간의 전쟁이 존 번연의 「거룩한 전쟁」과 다소 비슷한 점이 있다
고 추측하기도 합니다. 하지만 그럴 개연성은 전혀 없습니다. 왜냐하면 헬
라어로 기록된 크리소스토무스의 「성직론」(On the Priesthood)은 번연 당시까
지 영어로 번역되지 않았기에, 번연은 크리소스토무스가 쓴 내용을 알지 못
했을 것이기 때문입니다. 또한 우리는 경건한 사도성을 물려받은 땜장이(번
연의 원래 직업이 땜장이였다 — 역주)의 작품과 학식 있는 헬라 교부의 작품 간에
어떤 유사성도 찾을 수 없을 것이기 때문입니다. 전쟁에 대한 크리소스토무
스의 묘사는 바실(Basil)에게 보낸 편지에 들어 있는 것으로, 이는 바실로 하
여금 복음의 사역자가 되도록 권면하는 내용을 담고 있습니다. 그가 생각하
는 전쟁은 결국 다음과 같은 말로 표현되고 있습니다. "우리는 마치 어떤 감
옥 안에 있는 것처럼 그렇게 이 육신 속에 갇혀 있습니다. 그렇다고 해서, 우
리가 눈에 보이지 않는 세계에 대해서는 그 어떤 것도 볼 수 없다고 말하는
것은 지나친 표현입니다. 만약 그대가 이 음침한 마귀의 군대와 그들의 광
기어린 싸움을 보고자 한다면, 그대는 이 엄청나고도 끈질긴 전쟁에 증인이
될 수 있습니다. 이 전쟁에는 놋쇠나 철도 없고(번연이 묘사한 디아볼루스의 모든

군대는 철갑옷을 두르고 있다 — 원주), 말이나 바퀴 달린 병거도 없고, 불이나 화
살도 없습니다. 하지만 이 전쟁에는 이것들보다 훨씬 더 가공(可恐)할 만한
다른 도구들이 있습니다. 이 전쟁에는 흉배나 방패나 칼이나 단도(短刀)도
없습니다. 이 저주스런 무리들을 보니, 이들의 유일한 목적은 하나님으로부
터 용기를 받지 못한 영혼, 그리고 용맹보다 더 위대한 앞날에 대한 안목을
가지지 못한 영혼을 단 한 명이라도 마비시키는 것이며, 그들은 이 일에 아
주 만족하는 것처럼 보입니다. 그대가 이 모든 전열(戰列)과 이들과의 싸움
을 조용히 살펴본다면, 그대는 강을 이룬 것 같은 피나 수많은 시체들을 볼
수는 없을 것입니다. 그대 눈에 보이는 것은 타락해 쓰러진 영혼들뿐일 것
입니다! 그대는 인간들의 전쟁에서 일어나는 아주 처참한 상처들을 아주 경
악스러운 눈으로 보게 될 것입니다. 하지만 사탄으로 인해 날마다 쓰러지는
수많은 영혼들을 보는 것과 비교하면, 이 육신의 전쟁은 그저 어린아이의 장
난이나 한가한 놀이에 불과한 것으로 보일 것입니다"(「성직론」 제6권 — 역주).
학식 있는 이 헬라 교부는 사탄과 그의 무리들이 모든 인간을 대적하는 이
큰 전쟁을 이처럼 아주 설득력 있게 표현하고 있습니다. 그러나 인간의 내
적 갈등에 대한 기술에 있어서, 즉 디아볼루스와 그의 군대인 의심 병사들과
유혈 병사들이 인간영혼의 권력을 대적해 전열을 가다듬었던 부분에서, 번
연은 독보적 위치에 있으며, 가장 아름답게 빛나고 있습니다.

　인간의 이러한 내적 전쟁에서는 사탄을 대적하기 위해서 영혼들이 연합
할 수도 없으며, 이렇게 처참한 전투에서는 인간이 가진 그 어떤 모양의 능
력도 우리에게 도움이 될 수 없습니다. 오, 나의 독자 여러분, 여러분과 저는
인간 동료들의 도움 없이 이 전쟁터에 홀로 서야 합니다. 우리는 우리 마음
에 있는 모든 자원들을 사용해야만 합니다. 우리 안에 있는 마음이 그 어떤
저항이나 반역 없이 하나 된 마음일 때, 다시 말해 성령님께서 의지와 이성
과 양심과 감정들을 강하게 이끄시어, 우리의 모든 능력들이 사탄을 대항하
는데 하나가 되도록 하셨을 때, 그 때 하나님께서는 우리를 위해 싸우시며,
우리의 마음도 우리를 도우시는 임마누엘의 은혜로운 미소로 말미암아 안

전하게 됩니다. 우리의 영적 생명은 육신과 마찬가지로 우리로 하여금 살며 기동하며 존재(행 17:28)하게 하시는 그분을 전적으로 의지해야 합니다. 우리는 이 사실을 절대 잊지 말았으면 합니다. 그러나 의심이 우리를 연약하게 하고, 유혈 병사들이 우리를 괴롭힐 때, 우리는 사람으로부터 도움을 받을 수 없습니다. 교황이나 추기경이나 대주교나 사제나 그 어떤 인간의 능력도 우리에게 도움이 될 수 없습니다. 우리의 모든 소망은 오직 하나님께 있습니다. 구원을 위한 모든 노력은 마음과 양심에서 우러나온 뜨거운 기도와 간구로 하나님을 직접적으로 향해야 합니다. 우리의 간구는 성령님으로 말미암아 이루어져, 샤다이(Shaddai) 그분에게 드려져야 합니다. 사제나 고위 성직자로 말미암은 것이 아니라, 유일한 조정자이자 중보자이며 우리의 임마누엘이신 예수 그리스도로 말미암아야 합니다.

　번연의 작품들을 주의 깊게 읽은 독자라면 「천로역정」에서 믿음(Faithful)이 재판을 받는 것과, 「거룩한 전쟁」에서 죄수들이 반역죄로 재판정에 불려 나오는 것의 차이를 눈치 챌 수 있을 것입니다. 재판장과 배심원들이 믿음에게 훨씬 더 고압적인 모습을 보이며, 디아볼루스의 추종자들에게보다 훨씬 더 거만하게 믿음을 대합니다. 이 점은 모든 사람들이 동의하는 아주 두드러진 특징입니다. 죄수들은 모두 자신의 유죄나 결백을 입증하기 위해 재판정으로 끌려 나온 것이 아니라, 그저 정죄와 처형을 받기 위해서 나온 것이기 때문입니다. 모든 죄수들은 사슬에 결박당한 채 끌려 나옵니다. 이것은 그 당시 널리 통용되던 관습으로서, 보편적인 것은 아니라 해도, 이제는 지나간 과거 시대에서 행해진 하나의 잔인한 관습으로 비쳐질 뿐입니다.

　또한 이 이야기 속에는 몇 가지 수수께끼들이 들어 있습니다. 그 수수께끼들을 풀어본다면 독자들에게 교훈이 되기도 하고 재미있기도 한 몇 가지 질문들이 있습니다. 인간영혼 마을을 그토록 공포에 떨게 만들었던 그 디아볼루스의 북소리는 도대체 무슨 뜻이겠습니까? 이에 대해서는 갈라디아서 3장 10절, 히브리서 6장 4절에서 8절, 요한일서 5장 16절, 히브리서 12장 29절을 참고하십시오. 인간영혼 마을의 죄와 의와 심판에 대하여 경고하고 깨달

도록 하기 위해 군대가 무리지어 올라왔을 때, 그들의 수는 4만 명으로 계수
되지만, 임마누엘의 군대는 계수되지 않습니다. 그 이유는 무엇이겠습니까?
이에 대해서는 여호수아 4장 13절과 히브리서 12장 22절을 보십시오. 인간
영혼이 회심한 이후에, 의심 병사들은 살해되거나 마을에서 쫓겨납니다. 패
잔병들인 그들은 온 나라를 두루 다니며 미개한 자들을 종으로 삼습니다(난
외주에 따르면, 불신자들은 의심 병사들을 대적해서 결코 싸우지 않는다고
합니다). 그런데 왜 이들은 5명씩, 9명씩, 17명씩(「거룩한 전쟁」 제17장 — 역주)
그렇게 짝을 지어 다니는 것일까요? 이 각각의 홀수들은 디아볼루스(Diabo-
lus), 바알세불(Beelzebub), 루시퍼(Lucifer), 레기온(Legion), 그리고 아볼루온(Apol-
lyon), 이렇게 타락한 다섯 천사들의 명령을 받는 의심 부대의 아홉 무리들과
유혈 병사들 여덟 무리들을 가리키지 않을까요? 타락하여 가련한 죄인들을
대적하는 이 두려운 홀수들은, 바로 다섯의 악한 영들, 의심 병사들로 이루
어진 아홉 부대들, 그리고 이 아홉 부대의 의심 병사들과 연합한 여덟 부류
의 유혈 병사들 내지 박해자들을 가리킵니다.

　이 책은 저자가 체험한 사실들로 이루어진 명백한 이야기를 기반으로 하
고 있었지만, 고도로 풍유적인 작품이었기에, 편집자는 많은 수의 각주
(notes)들을 추가해야 할 필요성을 느꼈습니다. 이 각주들에는 다른 주석서
들에 있는 설명이나 예화로 보이는 것들이 모두 들어 있습니다. 물론 그 중
에 많은 수는 독창적인 것들입니다. 이제는 사용하지 않는 고어(古語)들과
관습들을 설명하고 있으며, 참조할 만한 내용들은 「넘치는 은혜」에서 50구
절 가량 뽑아 제시하고 있습니다. 주의 깊은 독자라면 항상 이 유쾌한 풍유
로 제시된 장엄한 진리들에 직접 나아가기를 원할 것입니다. 편집자의 이 수
고가 결과적으로 원본을 훼손하지 않으리라는 소망으로 편집자는 위로를
얻고자 합니다. 영적인 전쟁을 깊이 체험한 자들은 그 체험으로 인해 이 풍
유를 이해하고 즐길 것입니다. 그런 사람들은 각주들을 지나쳐도 좋습니다.
반면에 깊은 체험을 하지 못한 가련한 영혼들은, 다시 말해 이 전쟁에 연루
된 많은 수의 영원한 영혼들은 그 안에서 시작된 싸움에서 승리를 쟁취하

고, 은혜롭고 위대한 임마누엘에게 영원한 찬송을 외치게 될 그 때까지 이 각주들로부터 도움을 받고 인내할 수 있는 힘을 얻게 될 것입니다.

　독자 여러분, 저는 이제 더 이상 여러분을 붙들어 둘 수 없을 것 같습니다. 이제는 이해하려는 마음을 지닌 모든 자들에게 아주 깊이 있는 관심을 불러 일으킬 만한 이 이야기 속으로 들어가는 기쁨을 여러분이 직접 만끽할 차례 입니다. 이 풍유는 아주 많은 사람들이 믿고 있는 바와 같이, 어떤 천재적인 인간도 지금까지 그 어떤 언어로도 결코 써보지 못한 아주 아름답고 비범한 것입니다. 오, 영원한 한 영혼의 가치를 생각할지어다! 하나님께서는 모세 와 선지자들인 자기 종들에게 투석기와 파성퇴(破城槌)를 주셨을 뿐만 아니 라, 초기 선지자들에게는 위대하고 귀한 약속들을 주셨습니다. 이들이 신실 하게 그 약속들을 우리에게 전해 주었습니다. 그래서 임마누엘과 그의 하늘 군대들이 와서, 이 모든 반대세력들을 제압하고 인간영혼을 구원하였습니 다! 피 흘림이 없은즉 사함이 없습니다(히 9:22). 황소와 염소의 피가 우리의 허물을 깨끗이 할 수 없습니다. 우리는 그리스도의 신비로운 몸의 한 부분 으로 그리스도 안에서 발견되어야 합니다. 그래서 그 거룩한 율법에 온전히 순종해야 합니다. 그 때 하나님과 동등하며 영원한 아들이신 임마누엘의 속 죄제사를 통해 한 정결한 샘이 죄와 부정한 자들을 위해 열려, 그 샘에서 우 리 영혼들은 정결하게 되고 구원의 옷을 입게 될 것입니다. 하나님께서는 그 에게 속한 영원한 영혼들을 구속하시기 위해 친히 그 귀한 값을 치르셨습니 다. 그런즉, 누가 감히 그 귀한 영혼의 가치를 계산할 수 있겠습니까! 이 책 을 읽는 모든 독자들의 바람이 다음과 같은 것이기를 원합니다. 오, 내 영혼 도 이 거룩한 전쟁에 참여하여, 내 두 귀가 디아볼루스의 극악무도한 북소리 를 듣고 놀라, 나의 마음성이 구원의 왕을 받아들이고, 거기서 그리스도께서 영광의 소망으로 발견되기를 원하노라. 그러므로 이제 우리는 육적인 안일 함을 대적하며, 또한 타락하여 그 결과 다시 비참해지지 않도록 항상 깨어 있어야 합니다. 우리는 이런 필요성을 엄히 깨달아야 합니다.

　떠돌아다니면서 땜질이나 하는 불쌍한 땜장이가 세상이 아는 한에서 가장 위대한 한 풍유 작가가 되었습니다. 그가 그럴 수 있는 그 비범한 지식을 어떻게 얻을 수 있었는지에 대해 세상은 그저 의아해할 뿐입니다. 세상의 그런 반응은 어쩌면 당연할 것입니다. 하지만 그 이유는 분명합니다. 그는 계시된 하나님의 뜻이라는 섭리 가운데서 살며 기동하며 존재(행 17:28)하였기 때문입니다. 그가 아침 날개를 펼치고서 눈에 보이는 세상 끝까지가 아니라 보이지 않는 세상까지 날아가, 빛과 영혼의 장면들을 누리며 이 책을 쓰게 된 이유가 바로 그것입니다. 마치 천사 가브리엘이 천국에서 나사렛까지 날아가 마리아에게 그녀를 향한 하나님의 최고의 뜻, 즉 그녀의 아들이 약속된 구세주가 될 것이며, 그 아들은 우주의 정사를 메었고 그의 이름은 기묘자라, 모사라, 전능하신 하나님이라, 영존하시는 아버지라, 평강의 왕(사 9:6)이며, 임마누엘, 하나님이 우리와 함께 하는 분이 될 것을 계시한 때를 회고하는 것처럼 말입니다.

번연의 근면과 성실은 불을 보듯 분명한 사실입니다. 그는 단 한순간도 수치스럽고 파멸적인 방식으로 "영혼아 … 평안히 쉬고 먹고 마시고 즐거워하자"(눅 12:19)라고 말할 수 없었습니다. 그의 두 손은 생계를 위해 수고해야 했으며, 가장 모범적인 아내와 네 자녀들의 필요를 위해 노력해야만 했습니다. 네 명의 자녀들 중 한 명은 앞을 보지 못했습니다. 고매한 나의 모든 능력들아, 이제 먹고, 마시고, 즐거워하라고 자기 영혼에게 말할 수 있었던 순간은 그의 일생 가운데 단 한 때도 없었습니다. 사실 이렇게 먹고 마시고 즐기는 삶은 한갓 동물들이 누리는 기쁨일 뿐입니다. 거룩한 전쟁, 즉 구원이냐 영원한 멸망이냐가 달린 엄중한 결과들, 임마누엘에게 영광 돌리기를 바라는 간절한 마음, 자기 식구들을 먹여 살리기 위해 필요한 수고들을 부지런히 감당해야 하는 복을 받은 까닭에, 그는 퓨지주의자(Puseyite: 옥스퍼드의 퓨지 교수를 따르는 의식(儀式)중시주의자들 — 역주)나 독일 합리주의자처럼 자기 영혼이 얽히고설켜 헤어나지 못하는 궤변이나 현학처럼 의미 없는 거미줄을 엮어 낼 기회조차 없었습니다. 시내 산의 우레와 번개가 그 궤변과 현학의 나무와 건초와 그루터기들을 모두 불살라 버렸고, 그는 어린 아이와 같은 단순한 마음으로 성령님을 의지하였습니다. 또한 그는 성경 말씀에서 모든 위로를 찾았으며, 그 말씀 안에서 모든 영적인 자양분들을 공급받았습니다.

「거룩한 전쟁」에서 듣게 되는 번연의 이야기는 인간의 타락으로부터 출발해서 임마누엘의 영광스러운 말씀으로 끝이 납니다. 편집자는 이 번연의 이야기를 지금까지 40년 넘게 연구해 오고 있습니다. 편집자의 소망은 앞으로 남은 생애 동안에도 이렇게 장엄하고 영혼을 각성시키며 즐거움을 주는 이야기를 계속해서 읽었으면 하는 바람뿐입니다.

1851년 4월, 해크니(Hackney)에서

조지 오포르(George Offor)

독자들에게 TO THE READER

이상합니다.
사람들은 오래 전 일들에 대해 말하기 좋아하고,
역사에 버금가는 유례가 없는 이야기들을 말하기는 좋아하면서도,
정작 인간영혼(Mansoul)의 전쟁에 대해서는 한 마디도 말하지 않고,
이 전쟁을 오래된 우화나 그저 그런 가치 없는 것으로 여겨,
독자들에게 아무 유익도 끼치지 못하는 죽은 송장처럼 여기니 말입니다.
그러므로 사람들이 스스로 이 이야기를 하지 않는다면,
그들이 이 이야기를 알게 될 때까지 내버려 둘 수밖에 없습니다.

나도 온갖 이야기들에 대해 잘 알고 있습니다.
작가들의 상상력으로 잘 만들어진,
나라 안팎의 이런저런 이야기들 말입니다.
그런 책들을 보면서 어떤 사람은 작가들을 상상하기도 합니다.

어떤 이들은 일어나지도 않았고,
일어나지도 않을 근거 없는 이야기들을 꾸며냅니다.
사람들, 법들, 나라들, 왕들에 관한
이런저런 이야기들을 지어내면서,
이야기들은 산더미처럼 높이 쌓여갑니다.
그런 이야기들은 매우 지혜로운 것처럼 보이고,
한 면 한 면이 모두 중요한 것처럼 보이지만,
그 책은 속표지부터 모든 것이 헛되다고 쓰여 있습니다.
그럼에도 불구하고 그 이야기는 널리 읽히며 제자들까지 생겨납니다.

참된 그리스도인들

그러나 독자들이여, 나는 그런 헛된 이야기들로
여러분을 괴롭히고 싶지 않습니다.
나는 여러분에게 뭔가 다른 것을 이야기하고 싶습니다.
여기서 내가 하려는 이야기를 매우 잘 알고 있는 이들이 있습니다.
그들은 눈물과 기쁨으로 그 이야기를 할 수 있을 것입니다.

성경

인간영혼 마을은 많은 사람들에게 잘 알려져 있습니다.
그 마을의 역사를 잘 알고,
인간영혼 마을이 겪은 전쟁들을 자세히 살펴본 사람이라면,
그 마을의 고통을 결코 의심하지 않을 것입니다.

자, 이제 내가 하는 말에 귀 기울여 보십시오.
인간영혼 마을과 그 마을의 상황에 관해 말하겠습니다.
그 마을이 어떻게 타락해서 포로가 되고 노예가 되었는지,
그리고 그 마을을 구원하려는 그분을
그들이 어떻게 대적했는지 말입니다.
그렇습니다. 그들은 적대적인 태도로 주님을 거부하고,
원수와 짝을 맺었습니다.
이것은 사실입니다. 만약 이것을 부인하려는 사람이 있다면,
그는 최고의 기록들을 비방해야 할 것입니다.
내 입장을 말하자면, 나도 그 마을에 있었습니다.
그 마을이 세워질 때도 있었고, 완전히 몰락할 때도 있었습니다.
나는 디아볼루스가 그 마을을 수중에 장악하는 것을 보았고,
인간영혼이 그의 압제 하에 있는 것을 보았습니다.
그렇습니다.

그 마을 사람들이 원수를 군주로 추대할 때도 나는 거기 있었습니다.
그들은 하나같이 그에게 순복했습니다.

그분의 경륜들

그 때 인간영혼 마을 사람들은 거룩한 것들을 짓밟고,
돼지들처럼 오물 가운데서 뒹굴었습니다.
그러고는 자체적으로 무장을 하고,
임마누엘과 싸우며 그분의 영광을 경멸했습니다.
그 때도 나는 거기 있었고,
디아볼루스와 인간영혼 마을 사람들이
그렇게 한마음이 되는 것을 보고서 기뻐하였습니다.

그러므로 사람들은 나를 한갓 우화나 지어내는 사람으로 여기거나,
내 이름을 조롱해서는 안 됩니다.
거기에서 보고
내가 알게 된 것들은,
감히 말하지만 사실입니다.

무장한 왕자의 군대들이 내려오는 것을 나는 보았습니다.
수천 명씩 무리지어 그 마을을 에워싸는 것을 보았습니다.
나는 장군들을 보았고, 나팔 소리를 들었습니다.
그의 군대가 온 지면을 어떻게 뒤덮는지도 보았습니다.
그렇습니다. 나는 그들이 전열(戰列)을 가다듬은 모습을,
죽는 날까지 잊지 못할 것입니다.

그 마을의 영혼

그들은 바람에 나부끼는 깃발들을 들고,

내부에 전열을 가다듬더니,
인간영혼을 멸하고,
지체 없이 그 마을의 영혼을
제거해 버렸습니다.

나는 산들이 그 마을을 향해 무너져 내리는 것을 보았고,
투석기들이 그 마을을 무너뜨리기 위해 배치되는 것을 보았습니다.
돌들이 내 귓가에 쌩 하고 지나가는 소리도 들었습니다.
그 때의 두려움이 내 마음에 얼마나 오랫동안 지속되었는지 모릅니다.

죽음

나는 돌들이 떨어지는 소리를 들었고,
그 떨어진 돌들로 인해 무슨 일이 일어났는지,
늙은 모르스(Mors, 로마 신화에 나오는 죽음의 신 ― 역주)가
인간영혼의 얼굴을 자기 그림자로 어떻게 가렸는지를 보았습니다.
그러고는 "화로다, 이 날이여,
이 죽음의 날에 내가 죽으리로다!"라고 하는
그 마을의 울부짖음을 들었습니다.

나는 투석기들이 배치되어 귀문(Ear-gate)을 공격하는 것을 보았습니다.
이 투석기로 인해, 귀문뿐만 아니라
마을까지 함락되면 어떡하나 하는 걱정이 들었습니다.
나는 싸움들을 지켜보았고, 장군들의 고함소리를 들었으며,
전투에서 돌아선 자들을 한 명 한 명 보았습니다.
나는 부상당한 자들과 죽은 자들도 보았습니다.
그리고 죽었지만 누가 다시 생명을 얻게 될 자인지도 보았습니다.

정욕들

나는 부상당한 자들이 고통을 호소하는 소리를 들었습니다.
한쪽에서는 마치 두려움을 모르는 사람처럼
병사들이 싸우고 있었고,
다른 한쪽에서는 "죽여라, 죽여라" 하는
고함소리가 내 귀에 들렸습니다.
피가 흘러야 할 도랑에는 정작 눈물이 흐르고 있었습니다.

사실 장군들이 항상 싸우는 것은 아니었습니다.
하지만 그들은 우리를 밤낮으로 괴롭혔고,
"일어나 **공격하라**, 마을을 점령하라"고 소리치는 그들의 외침 때문에
우리는 잠을 잘 수도 없었고 편히 쉴 수도 없었습니다.

성문이 무너져 열렸을 때도 나는 거기 있었습니다.
그 때 인간영혼은 소망을 잃었습니다.
장군들이 마을을 습격하여 싸우고,
마을 사람들을 칼로 무찌르는 것을 보았습니다.

나는 왕자가 보아너게 장군에게 명하여 성에 올라가서
거기 있는 원수들을 사로잡아 오라고 말하는 것을 들었습니다.
그 후에 왕자와 그의 부하들이 큰 치욕의 사슬에 그 원수를 묶어서
온 마을에 끌고 다니는 것을 보았습니다.

나는 임마누엘이 인간영혼 마을을 탈환하고,
그 마을이 그분에게서 용서를 받고 그분의 율법을 따라 살았을 때,
인간영혼이라는 그 멋진 마을이
얼마나 큰 축복을 받는지 보게 되었습니다!

디아볼루스의 추종자들이 사로잡혀서,
재판에 넘겨져 형이 집행될 때,
그 때도 나는 거기 있었습니다. 그렇습니다.
인간영혼 사람들이 그 반역자들을 십자가에 처형할 때도,
나는 그 옆에 서 있었습니다.

나는 또한 인간영혼 사람들이 모두 흰옷을 입고 있는 것을 보았습니다.
그리고 왕자가 그 마을을 일컬어
"내 마음의 기쁨"이라고 말하는 것을 들었습니다.
나는 그분이 그 마을을 금목걸이와
금반지와 금팔찌로 아름답게 꾸미는 것을 보았습니다.

내가 무슨 말을 더 하겠습니까?
나는 백성들이 울부짖는 소리를 들었고,
왕자가 인간영혼 사람들의 눈에서 눈물을 닦아주는 것을 보았습니다.
나는 신음소리들을 들었고,
많은 사람들이 기뻐하는 모습을 보았습니다.
이 모든 것들을 여러분에게 말하려고 생각해 봤으나,
나는 그렇게 하지 않을 것이고, 그렇게 할 수도 없습니다.
지금까지 내가 한 말들로도,
인간영혼 마을의 전쟁은 그 어디에도 비길 데 없는 사건이며,
결코 우화들(fables)이 아니라는 사실을 여러분은 알 것입니다.
인간영혼 마을이여! 그대는 두 왕자가 바라던 바였습니다.
한 왕자는 자신이 얻은 것을 지키려고 하였고,
또 다른 왕자는 자신이 잃은 것을 다시 얻으려고 하였습니다.
디아볼루스는 "그 마을은 내 것이다"라고 소리쳤고,
임마누엘은 하나님께서 자신에게 주신 인간영혼에 대한

합당한 권리를 주장하였습니다.
그래서 결국 두 왕자는 격돌하게 되었던 것입니다.
그러자 인간영혼은 "전쟁으로 이 마을은 멸망하게 될 것이다"라고
외쳤습니다.

인간영혼 마을이여!
그 마을에서 일어나는 전쟁은
그대가 보기에 끝나지 않을 것처럼 보일 것입니다.
그대는 한 왕자로부터 잃은 바가 되었으며,
그것은 또 다른 왕자의 자랑이 되었습니다.
그러자 그대를 마지막으로 잃은 왕자는
"내가 그 마을을 취하든지 아니면
그 마을을 찢어 산산조각 내리라"고 맹세하였습니다.

인간영혼! 이 마을이 바로 전쟁의 격전지였습니다.
그러므로 그 마을의 고통은
그곳에서 들리는 전쟁소리보다,
그곳에서 번득이는 칼들의 공포보다,
그곳에서 결전을 벌이는 소접전보다,
그곳에서 치러질 것이라 상상되는 생각의 싸움보다 훨씬 더 컸습니다.
그 마을은 병사들의 칼날이 붉게 물드는 것을 보았습니다.
그리고 부상당한 병사들의 신음소리를 들었습니다.
그러니 그 마을이 당한 고통은,
이런 전쟁의 고통을 잘 모르는 자들보다 얼마나 더 컸겠습니까?
이 고통이 크지 않았다면, 전쟁을 알리는 북치는 소리만 듣고도
두려움에 사로잡혀 집과 가정을 떠난 자가
하나도 없어야 하지 않겠습니까?

인간영혼은 나팔 소리를 들었을 뿐만 아니라,
땅에서 숨을 헐떡이는 디아볼루스의 군사들도 보았습니다.
우리는 그 마을이 그런 자들과 함께 안식할 수 있었다고
생각할 수 없습니다.
그 군사들은 가장 심각한 상황에서도 기껏해야 조롱밖에 할 줄 모르며,
거세게 몰아칠 듯 위협하는 큰 전쟁에서도
적들과 타협하거나 헛소리만 늘어놓을 뿐이니 말입니다.

인간영혼, 그대가 치른 엄청난 전쟁들,
이것은 그대의 화(禍)와 복(福),
그리고 끝없는 영원한 세계를 예고합니다.
그러므로 두려움으로 똑같은 날을 시작하고 끝내는 자들보다,
이 마을에 더 많은 관심을 두어야 합니다.
비록 목숨을 잃고 수족(手足)을 잃는다 해도,
이 마을에서는 그 어떤 해도 입지 않을 것이기 때문입니다(육신의
죽음이나 수족의 상실 등은 영원한 영혼을 영원히 상실하는 것과
비교조차 될 수 없다는 의미 — 역주).
지금 우주 가운데 거하고 있는 모든 자들은
이 마을에서 일어난 일들을 고백해야 하고,
이 이야기를 널리 전할 수 있어야 합니다.
사람들을 놀라게 하려고 별들 위에 앉아
사람들로 하여금 주목하게 만들어,
상당한 확신을 가진 척하는 자들로 나를 여기지 마십시오.
그런 사람들은 지금 각자 용감한 피조물로 살아가면서,
자신만의 별에서 하나의 세상을 갖고 있을 것입니다.
그 세상에 대해 이성적으로 설명하거나,
누구에게나 분명히 알려줄 수 있는 기술이 없다 해도 말입니다.

이런, 그대를 현관에서 너무 오래 세워둔 것 같습니다.
횃불로 그대에게 비치는 태양빛을 막았습니다.
자, 이제 앞으로 나아가 문 안으로 들어가십시오.
거기서 그대는 마음을 기쁘게 하고, 두 눈을 만족하게 할
온갖 내면의 진귀한 것들을
오백 배나 더 많이 보게 될 것입니다.
그대가 그리스도인이라면, 그대는 결코 작은 것이 아닌,
가장 큰 것들을 보게 될 것이오.

그대는 내가 주는 열쇠 없이는
그리로 들어가지 말기를 바랍니다
(사람들은 이 신비한 이야기 속에서 길을 잃을 것입니다).
그대가 내 수수께끼를 알고 싶다면,
그래서 내 암송아지로 밭 갈게 하려면,
열쇠를 오른쪽으로 돌려야 할 것입니다.
그 열쇠는 저기 창가에 있습니다.
그대의 건승을 기원합니다.
다음에 나는 그대의 죽음을 알리는
조종(弔鐘)을 울려야 할지도 모르겠습니다.

존 번연(JO. BUNYAN)

제1장

점령된 인간영혼 마을

내용 — 샤다이의 지배 아래 있던 인간영혼 마을의 본래의 아름다움과 영광 — 그 마을의 고귀한 성(城)에 대한 설명 — 마을의 다섯 문들 — 마을 주민들의 완전함 — 디아볼루스의 기원 — 디아볼루스의 교만과 타락 — 복수를 꾀하다 — 인간영혼 마을을 속일 최고의 수단을 논의하기 위한 전쟁회의 — 마을을 향해 진군하여 눈문 앞에 진을 친 디아볼루스 — 디아볼루스의 연설 — 살해된 저항 장군 — 무흠 경의 피살 — 점령된 마을

샤다이의 지배 아래 있던
인간영혼 마을의 본래의 아름다움과 영광

많은 지역과 나라들을 두루 다니다가 나는 우연히 우주(Universe)라는 유명한 땅에 이르렀다. 그곳은 매우 넓고 광활했다. 우주는 두 개의 축과 하늘들의 네 지점 사이에 펼쳐져 있었다. 거기에는 샘물이 흘러넘쳤고, 절경을 이루는 언덕과 계곡들이 즐비하여 장관을 이루고 있었다. 최소한 내가 있었던 곳을 포함하여 대부분의 지역에서 아주 탐스러운 과실이 열렸으며, 사람들은 잘 살고 있었고, 공기는 아주 달콤했다.

그곳에 사는 사람들은 피부색뿐만 아니라 언어, 생활양식, 종교적 태도 등에 있어서 전혀 같지 않았다. 하늘의 뭇 별들만큼이나 아주 다양하였다. 여기보다 더 못한 곳에서도 그런 것처럼, 이곳에서도 옳은 사람과 악한 사람들이 함께 있었다.

이미 말한 바와 같이, 내가 이곳에 이르게 된 것과 이곳을 두루 다니게 된

것, 게다가 그들이 쓰는 말을 충분히 배우고, 그들과 어울려 살면서 그들의
관습과 생활양식에 익숙할 정도로 오랫동안 지낸 것은 내게 행운이었다.

육신을 즐겁게 하는 자연상태

솔직히 말하면, 나는 그들과 지내면서 많은 것들을 보고 들었다. 그곳에서
보고 듣는 것들이 내게는 큰 기쁨이었다. 정말 그랬다. 만일 내 주인[1]께서
나를 그분의 집으로 보내어 그분을 위한 일, 즉 감독하는 일을 맡기지 않으
셨다면, 나는 틀림없이 그곳의 사람들과 함께 살다가 죽었을 것이다.

인간영혼 마을

자, 그런데 이렇게 멋진 우주라는 나라 안에 아름답고 섬세한 마을, 즉 인
간영혼(Mansoul)[2]이라 불리는 하나의 자치 지역이 있었다. 그 마을의 건축물
은 아주 특이할 뿐만 아니라, 입지 조건도 매우 넓고 편리했다. 더구나 그 마
을에서 누릴 수 있는 혜택도 아주 많았다. 지금 내가 하는 말은 그 마을의 처
음 상태를 가리키는 것이다. 어쨌든 그 마을에 관해 말하자면, 땅이 놓이기
전에 온 하늘 아래 그 마을에 비길만한 곳은 아무데도 없었다.

이 마을의 위치에 대해 말하자면, 이 마을은 두 세계 사이에 놓여 있었다.
이 마을의 첫 설립자이자 건축자는, 내가 모을 수 있는 가장 확실하고 신빙
성 있는 자료[3]에 따르면, 한 분이신 샤다이(Shaddai)이시며, 그분은 자신의 기
쁨을 위해 이 마을을 지으셨다고 기록되어 있다. 그분은 이 마을이 자신이
만든 모든 만물을 비추는 거울이자 영광이 되도록 하셨다.

다시 말해, 그분이 이 나라에서 행한 모든 업적들 가운데서 이 마을이 최
고의 작품이 되도록 하셨다(창 1:26). 정말 그랬다. 누군가는 인간영혼이라는
이 멋진 마을이 처음 세워질 때, 하늘의 천사들도 이 마을을 보기 위해 내려

---

1) 그리스도 — 원주
2) 인간
3) 성경

와서 기쁨의 노래를 불렀다고 한다. 샤다이는 이 마을을 보기에 아름답도록 만들었을 뿐만 아니라, 그 주위 모든 나라들을 다스릴 수 있는 능력도 주었다. 그래서 모든 나라들은 인간영혼을 본국으로 삼도록 명령받았고, 이 인간영혼에 경의를 표하는 것을 기쁨으로 여겼다. 이로써 그 마을은 모든 나라들이 자신을 섬기도록 요구할 수 있고, 어떤 식으로든 이를 거부할 시 그 나라를 제압하여 복종시킬 적극적인 사명과 권한을 왕으로부터 부여받았다.

마음

이 마을의 중심에는 아주 유명하고 웅장한 궁전[4]이 세워져 있었다. 이 궁전은 매우 견고하여 가히 성(城)이라 불릴 만했고, 그곳의 즐거움은 낙원과 같았으며, 그 규모는 온 세상을 다 품을 만큼 거대하였다(전 3:11). 이 궁전은 샤다이 왕이 오직 자신만을 위해 세운 것이었기에, 다른 자들과 함께 할 수 없었다. 이 궁전은 부분적으로 왕 자신의 기쁨을 위해 세운 것이기도 했지만, 부분적으로는 낯선 자들의 위협과 침입을 막기 위해 지어진 것이었다.

영혼의 능력들

샤다이는 이 지역에 수비대를 배치하여, 오직 마을 사람들만이 궁전을 지키도록 위임하였다. 이 마을의 성벽도 견고하게 지어졌다. 마을 사람들이 스스로 허물지 않는 한, 이 성벽은 영원히 요동하거나 무너지지 않을 만큼 단단하고 굳건하게 이음새가 맞물리도록 아주 촘촘하게 돌들을 쌓아올려 만들었다.

바로 여기에서 이 인간영혼을 세운 자의 탁월한 지혜가 엿볼 수 있었다. 이렇게 지어진 성벽들은 마을 사람들이 허락하지 않는 한, 아무리 강한 능력을 가진 원수라 해도 결코 무너뜨리거나 훼손할 수 없었다.

4) 마음

이 유명한 인간영혼 마을에는 다섯 개의 문들이 있어서, 그 문으로 들어가고 나올 수 있었다. 이 문들도 성벽만큼이나 견고하게 지어졌기 때문에, 문 안에 있는 사람들의 의지로 허락되어야 열리지, 그러지 않으면 결코 열리지도 않고 강제로 부술 수도 없었다.

다섯 가지 감각들

이 문들의 이름은 귀문(Ear-gate), 눈문(Eye-gate), 입문(Mouth-gate), 코문(Nose-gate), 감각문(Feel-gate)이었다.

인간영혼 마을에는 또 다른 특징들이 있었다. 만일 여러분이 이런 특징들에 관심을 가지고 인간영혼 마을을 좀 더 자세히 살펴본다면, 이 곳에 대해서 앞서 언급한 것들보다 훨씬 더 큰 영광과 능력을 발견하게 될 것이다.

인간영혼 마을의 처음 상태

이 성벽 안에는 항상 충분한 양의 양식이 비축되어 있었고, 그 당시 세상에 존재하는 법 가운데 가장 건전하고 탁월한 최고의 법이 구비되어 있었다. 그래서 그 성벽 안에는 악당이나 사기꾼이나 반역자들이 하나도 없었다. 마을 사람들은 모두 진실했으며, 서로 강하게 결속되어 있었다. 알다시피 이 결속은 매우 중요한 문제였다. 이런 특징들 외에도, 이 마을이 왕이신 샤다이에게 신실함을 유지하는 한, 그 마을은 항상 그분의 얼굴을 뵙고 그분의 보호를 받으며 그분의 기쁨이 되는 것은 물론, 그분에게서 나오는 다른 많은 것들이 그 마을과 함께 하는 특징이 있었다.

디아볼루스의 기원

자, 한편 그 때 힘센 거인인 디아볼루스(Diaboulus)라는 자가 있었는데, 그는 이 유명한 인간영혼 마을을 비난하면서 이 마을을 취하여 자신의 거처로 삼고자 하였다. 이 거인은 흑인들, 즉 니그로(negro)들의 왕이었으며, 미쳐 날뛰는 광란의 왕자였다. 여러분이 원한다면, 우리는 먼저 이 디아볼루스의 기원에 대해 말하고, 다음으로 이 디아볼루스가 어떻게 해서 이 유명한 인간 영혼 마을을 취하게 되었는지를 말하고자 한다.

이 디아볼루스는 참으로 크고 강한 왕자였지만, 가난하고 궁핍한 거지와 같았다. 그의 기원에 대해 말하자면, 그는 원래 샤다이 왕의 종들 가운데 하나였다. 왕은 그를 만들고 취하여 가장 높고 능한 곳에 앉게 하셨다. 그래서 그는 왕에게 속한 영토와 주권의 최고 권력자가 되었고, "아침의 아들"(son of the morning)이라는 이름의 멋진 지위도 얻게 되었다(사 14:12). 하지만 그의 마음은 결코 만족할 줄 몰랐으며, 마치 지옥처럼 커져만 갔다. 그에게 이런 마음만 없었다면, 루시퍼(Lucifer)의 마음을 가진 그는 많은 영광과 부귀와 수입으로 만족할 수 있었을 것이다.

자, 그러나 그는 자신을 위대하고 명예로운 자로 높이면서, 맹렬하게 더 높은 위치와 지위를 탐하다가, 급기야 자신이 어떻게 하면 만물의 주인으로 추대 받을 수 있을지, 어떻게 하면 샤다이 아래에서 권력을 독점할 수 있을지 생각하기 시작했다! 하지만 그 때는 이미 왕께서 자기 아들을 점지하여, 그 권력을 아들에게 넘겨주신 때였다. 그래서 디아볼루스는 어떻게 하는 것이 최선일지 혼자서 고민하다가, 드디어 이런 생각에 동의하는 동료 몇몇에게 마음을 털어놓았다. 논의 결과, 그들은 왕의 아들을 죽이고 그 유업을 가로채자는 최종 결론에 이르게 되었다. 이 반역의 내용을 간단히 말하자면, 그들은 반란 시간을 정했고 이것을 공지하여 반역자들을 모아서 공격을 감행하기로 했던 것이다. 하지만 왕과 그 아들은 **모든 것**(ALL)이 되시며 항상 **눈**(EYE)이 되시기에, 자신의 영토에서 오고가는 모든 것을 알지 못할 수가 없었다. 왕은 항상 아들을 자신처럼 사랑하셨기에, 이 반란을 보고 크게 노하셨다. 그분은 분내지 않을 수 없었다. 그래서 왕은 그들이 반역하려던 찰나에 그들을 사로잡으셨다. 공모한 계획을 시작하기도 전에, 그분은 그 끔찍한 반란죄와 그들의 음모에 유죄를 선고하고 벌을 내리셨다. 그로 인해 그들은 신임, 권리, 명예, 높은 자리 등, 그 모든 지위를 박탈당했다. 그런 다음 왕은 이들을 궁에서 내쫓으셨고, 쇠사슬로 단단히 결박하여 무시무시한 무

디아볼루스와 그의 추종자들이 인간영혼을 찾다.

저갱에 던져 넣으셨다. 이제 그들은 왕의 손에서 그 어떤 은혜도 받기를 기대할 수 없었으며, 왕이 내린 심판에 영원히 복종해야만 했다(벧후 2:4; 유 6).

그들은 이렇게 신임, 권리, 명예 등 예전의 모든 지위를 박탈당했을 뿐만 아니라, 자기들이 섬기던 왕자의 은혜도 영원히 잃었으며, 자기들이 있던 궁에서 쫓겨나 끔찍한 무저갱에 떨어졌다는 것을 알게 되었다. 이를 통해 여러분도 분명히 예상할 수 있는 바와 같이, 그들은 예전의 교만, 즉 샤다이 왕을 대적하고 그의 아들을 대적하던 적개심과 분노를 가능한 한 더 많이 품게 되었다. 따라서 그들은 왕의 소유인 것은 무엇이든 찾아내어, 그것을 파괴함으로써 왕에게 복수할 수 있다는 생각으로, 맹렬히 화를 내면서 이리저리 찾아다니고 있었다(벧전 5:8). 그러다가 마침내 우연히 그들은 우주라는 이 광활한 나라를 발견하였고, 결국 인간영혼 마을로 향하게 되었다. 그들은 이 마을이야말로 샤다이 왕이 만든 주요 작품들 중 하나이며, 그분이 기뻐하는 곳임을 알고는, 서로 회의를 한 후, 이 마을을 공격하기로 하였다! 사실 그들은 인간영혼이 샤다이 왕에게 속한 것을 알고 있었다. 왕께서 이 마을을 지으시고, 자기를 위해 이 마을을 아름답게 꾸미실 때, 거기에 그들도 있었기 때문이다. 따라서 그들이 그런 그곳을 발견했을 때, 그들은 미친 듯이 기쁨의 함성을 질렀고, 마치 먹이를 찾은 굶주린 사자처럼 포효하였다. "이제 우리가 목표를 찾았으니, 샤다이 왕이 우리에게 한 대로 똑같이 그에게 복수하자."

인간영혼 마을을 공격하기 위해
디아볼루스와 동료들이 소집한 전쟁회의

그들은 함께 앉아서 전쟁 회의를 하며 어떤 방법과 전략으로 공격해야 이 유명한 인간영혼 마을을 손쉽게 얻을 수 있을지 논의하였다. 그 결과 다음의 네 가지가 고려해야 할 점으로 제시되었다. 첫째, 인간영혼 마을에 그들이 모두 자신을 드러내는 것이 최선인가? 둘째, 지금처럼 남루하고 거지 같은 행색으로 인간영혼을 공격해 들어가서 진을 치고 있는 것이 최선인가? 셋째, 인간영혼 마을 사람들에게 그들의 의도와 생각들을 말하는 것이 최선인가, 아니면 거짓말과 속임수로 공격하는 것이 최선인가? 넷째, 전쟁에서 유리한 고지를 점령하기 위해, 그들 중 몇 명에게 개인적인 명령을 내리는 것, 즉 그들이 마을의 주요 인사들을 한두 명 보게 되면 즉시 사살하라는 명령을 내림으로써, 그들의 취지와 계획이 더욱 힘을 얻게 되는 것이 최선인가?

첫째 제안에 대하여

첫째, 이 제안들 가운데 첫째 제안에 대해서는 부정적인 대답이 첫째 제안에 대하여 나왔다. 즉, 모두가 그 마을 앞에 모습을 드러내는 것은 최선이 아니라는 결론이 났다. 왜냐하면 대부분 그들의 외모로 인해 마을 사람들이 당황하고 놀랄 것이었기 때문이다. 그래서 그들은 한 명이나 소수의 인원이 마을에 들어가게 된다면, 그런 일은 일어나지 않을 것이라고 생각했다. 그들은 이 생각을 좀 더 자세하게 살펴보기로 했다. 그 때 디아볼루스가 다음과 같이 말했다. "만약 인간영혼 사람들이 놀라거나 당황하게 된다면, 우리가 그 마을을 취하기란 불가능한 일이 될 것이오. 그 마을은 마을 사람들이 동의하지 않으면 절대로 들어갈 수 없기 때문이오. 그러므로 한 명이나 몇 명의 인원만이 인간영혼을 공격하도록 해야 하오. 내 생각에는 내가 들어가는 것이 좋을 것 같소." 그러자 이 생각에 대해 그들은 모두 동의하였다. 그 다음으로는 둘째 제안에 대해서 논의하였다.

둘째 제안에 대하여

둘째, 지금처럼 남루하고 거지같은 행색으로 인간영혼 마을을 공격해 들어가서 진을 치는 것이 최선인가 하는 둘째 제안에 대해서도 부정적인 결론이 나왔다.

절대로 그래서는 안 된다는 의견이었다. 비록 인간영혼 마을 사람들이 눈에 보이지 않는 존재들에 대해 알고 있고 그와 관련이 있기는 하지만, 막상 칙칙하고 흉악한 몰골인 자기들의 모습을 마을 사람들은 아직까지 한 번도

아볼루온의 충고

본 적이 없다는 이유에서였다. 이것은 난폭한 알렉토(Alecto)[5]의 생각이었다. 그러자 아볼루온(Apollyon)[6]이 말했다. "그의 의견이 타당할 것 같소. 우리 가운데 하나라도 지금 이 모습으로 그들에게 나타난다면, 그들도 우리가 우려한 바와 같은 생각을 하면서, 대경실색(大驚失色)하여 우리를 경계할 것이 너무나 분명하오. 그러므로 알렉토 경이 방금 말한 것처럼 우리의 모습이 칙칙하고 흉악한 몰골 그대로 비쳐지는 상황이 벌어지면, 우리가 그 마을을 취하려는 생각이 허사로 돌아갈 것이요." 여기까지가 아볼루온의 말이었다. 그러자 힘센 거인인 바알세불(Beelzebub)이 말하였다.

5) 그리스 신화에 나오는 복수의 여신(Furies)들 중의 하나로, 편집자에 따르면 번연은 이 여신을 남신으로 묘사했다고 한다 — 역주
6) 헬라어로 '밑바닥을 알 수 없는 깊은 구렁[무저갱]의 마왕' 이라는 뜻 — 역주

"이미 언급한 생각들이 안전할 것 같소. 인간영혼 사람들이 과거의 우리 모습들을 본 적이 있다 해도, 지금의 우리 모습은 한 번도 본 적이 없었을 거요. 그러므로 내 생각에는 그 마을 사람들 사이에 아주 친근하고 일상적인 모습으로 변장하여 나타나는 것이 최선일 것 같소." 이렇게 해서 그들이 합의에 이르자, 다음으로 그들은 디아볼루스가 인간영혼을 자기 것으로 삼으러 갈 때, 어떤 모습으로 비쳐지는 것이 제일 좋을지, 어떤 모습과 어떤 빛깔이 좋을지, 즉 어떻게 변장해야 할지를 논의하였다. 어떤 이는 이런 의견을, 또 어떤 이는 저런 의견을 내는 등, 생각들이 분분하였다. 그러자 마지막으로 루시퍼(Lucifer)가 대답하였다. "내 생각에는 나의 주인께서 그 마을을 다스리는 지도자의 형체로 변장하는 것이 최선이라 생각하오. 그런 모습은 그들에게 친근하기도 하고, 또 그들은 그 지도자들의 수하에 있기 때문에, 이런 모습을 한 이가 마을을 공격하리라고는 전혀 상상하지도 못할 것이오. 그들 모두를 속이기 위해서는 인간영혼 마을 사람들이 다른 모든 것보다 더욱 똑똑하다고 여기는 동물들 가운데 하나의 형태를 취하게 해야 하오(창 3:1; 계 20:1-2)." 이 안에 대해서 모두가 만장일치로 박수를 쳤다. 그래서 거인 디아볼루스가 큰 뱀인 용의 모습으로 변장하기로 결정되었다. 왜냐하면 그 당시 인간영혼 마을 사람들에게 있어서 용은, 마치 오늘날의 어린이들이 새를 좋아하는 것처럼, 친근한 동물이었기 때문이다. 원시 상태에 있던 그들을 놀라게 하는 것은 아무것도 없었다. 이제 그들은 계속해서 셋째 제안에 대해 논의하였다.

셋째 제안에 대하여

셋째, 인간영혼 마을 사람들에게 그들이 그 마을에 온 의도와 계획들을 보여주는 것이 최선인지 아닌지의 문제에 대해서도 그들은 부정적으로 대답하였다. 그것은 앞서 언급된 이유들과 마찬가지로 중요한 이유가 있었다. 인간영혼 사람들은 강한 백성들이었다. 다시 말해 강한 마을에 살고 있는 강한 백성들이었기 때문에, 그들의 성(城)은 말할 것도 없고 성벽과 문들까지 모두 난공불락(難攻不落)이었다. 그러므로 마을 사람들의 자발적인 동의 없이는 절대로 그 마을을 취할 수가 없었다. 레기온은 이 점에 대해서 다음과 같이 말하였다. "그뿐 아니라, 만약 우리의 의도가 발각된다면, 그들은 도움을 청하러 왕에게 사람들을 보낼 것이오. 정말 그런 일이 일어난다면 생각만 해도 끔찍하오. 게다가 내가 알기로 그런 일은 우리에게 속히 일어날 것이오. 그러니, 우리는 온갖 거짓말과 아첨과 감언이설(甘言利說)로 우리의 의도들을 숨긴 채, 결코 일어날 수 없는 일도 일어날 수 있는 것처럼 속이고, 그들이 받을 수 없는 약속들도 그들에게 하는 등, 그럴 듯한 모든 미명(美名)하에 그들을 공략하는 게 좋을 것 같소. 이것이 바로 인간영혼을 얻는 방법이오. 그들로 하여금 스스로 우리에게 문을 열도록 하는 방법 말이오. 그렇소, 우리가 그들에게 들어가는 것을 그들도 바라도록 하는 것이오. 내가 왜 이런 생각을 했는가 하면, 인간영혼 사람들은 모두 하나같이 단순하고 순진하며, 전부 솔직하고 진실하기 때문이오. 그들은 지금까지 교활함이나 기만, 위선 등으로 공격을 받아본 적이 없소. 거짓말이나 이간질하는 말들에 대해서도 매우 낯설어 하는 자들이오. 그러므로 우리가 변장만 잘한다면, 그들은 우리를 전혀 알아차릴 수 없을 거요. 그들은 우리가 하는 거짓말을 참된 말로, 우리가 하는 계략을 올바른 협상으로 여길 것이오. 우리가 하는 모든 약속으로 인해 그들은 우리를 믿을 것이며, 특히 우리의 모든 거짓말과 가식으로 인해 그들은 우리가 그들을 크게 사랑하는 것처럼 여길 것이오. 따라서 우리의 계획도 그들에게는 매우 유익하고 명예로운 것으로 보일 것이오." 이 안에 대해 조금도 이의를 제기하는 이는 없었다. 이 제안은 물이 가파른 계곡으로 떨어지듯, 거기 있던 모든 이들의 마음에 깊숙이 새겨졌다. 이제 그들은 마지막 제안에 대해 생각했다.

넷째 제안에 대하여

넷째, 그들 중 몇 명에게 명령을 내려, 그 마을의 주요 인사 한두 명을 보게 되면 바로 사살하게 함으로써, 그들의 계획이 더욱더 힘을 얻게 하는 것이 최선이지 않는가 하는 문제였다.

이 제안은 긍정적으로 검토되었다. 이 계략을 따라 살해하기로 한 마을의 주요 인사는 저항 씨(Mr. Resistance), 즉 저항 장군(Captain Resistance)으로 불리는 자였다. 이 저항 장군은 인간영혼 마을에서 대단한 사람이었다. 거인 디아볼루스와 그의 군대가 인간영혼 마을 사람들 전체보다 이 저항 장군을 더 두려워할 정도였다. 그렇다면 누가 과연 그를 살해하는 일을 맡아야 하겠는가? 그들은 '호수의 분노'라는 이름을 가진 티시포네(Tisiphone)[7]를 지명하였다.

이렇게 그들은 전쟁 회의를 마친 후 곧장 일어나 자신들이 결정한 바를 시행하였다. 그들은 인간영혼을 향해 진군했다. 오직 한 사람만 제외하고는, 모두 눈에 보이지 않는 모습으로 행진하였다. 디아볼루스는 자신의 모습이 아니라 용의 형태와 몸으로 그 마을에 다가갔다.

그렇게 해서 인간영혼에 도달한 그들은 귀문 앞에 진을 쳤다. 눈문은 모든 상황을 볼 수 있는 곳이었지만, 귀문은 마을 밖에서 나는 모든 소리를 들을 수 있는 곳이었기 때문이다. 이미 말한 바와 같이 용의 모습으로 변장한 디아볼루스는 대열을 이룬 병사들과 함께 미끄러지듯 올라와서, 병사들을 마을 가까이 매복시켜 놓고는 저항 장군이 사정거리 내에 들어오면 화살을 쏘도록 지시하였다.

마을까지 진군하여 자신의 말을 들어달라고 요구하는 디아볼루스

이 거인은 그 성문 가까이에 올라가 인간영혼 마을 사람들에게 자신의 말을 들어달라고 요구하였다. 그는 '만사 휴식'(All-pause)[8]이라는 단 한 명 외에는 아무도 데리고 가지 않았다. 이 만사 휴식은 디아볼루스가 어려운 일이 있을 때마다 그의 말을 전하는 대변인이었다. 이미 말한 바와 같이 디아볼

---

7) 그리스 신화에 나오는 복수의 여신 중 하나 — 역주
8) 이 위험천만한 원수가 처음으로 소개된 초판에서는 '만사 휴식'으로 불렸다가, 그 후에는 항상 '악한 휴식'[Ill-pause]으로 불렸다 — 원주

루스는 그 당시의 용이 하던 풍습에 따라 문으로 미끄러지듯 올라가서 자기 말을 마을 사람들이 듣도록 나팔을 불었다.

인간영혼의 수장들이 나타나다

그러자 인간영혼 마을의 주요 인사들인 무흠(Innocence) 경, 자유의지(Will-be-will) 경, 시장(Mayor), 양심 서기관(Recorder)[9], 그리고 저항 장군이 성벽으로 다가와, 누가 거기 있는지, 거기서 무슨 일이 벌어지는지를 보려고 내려왔다. 문을 둘러보던 자유의지 경은 문 앞에 누가 서 있는 것을 보고서 그가 누구인지, 어디서 왔는지, 왜 그렇게 특이한 소리로 인간영혼 마을을 소란하게 하는지를 물었다. 그러자 디아볼루스는 마치 한 마리의 어린 양처럼 다음과 같이 말하였다.

디아볼루스의 연설

"명예로운 인간영혼 마을에 사는 친애하는 여러분! 저는 여러분이 보는 바와 같이 여러분에게서 그리 멀지 않은 가까운 곳에 사는 자로서, 여러분에게 경의를 표하고 여러분을 극진히 섬기라는 명을 왕에게서 받고 왔습니다.

그리하여 저는 여러분을 신실하게 섬기고자 합니다. 제게는 여러분에게 전해야 할 소식이 있습니다. 부디 여러분이 제 말에 귀를 기울여 끝까지 참고 들어주기를 바랍니다. 무엇보다도 먼저 여러분에게 분명히 하고 싶은 말은, 이것은 결코 저 자신을 위한 것이 아니라 여러분을 위한 것이라는 점입니다. 제가 추구하는 것은 저의 유익이 아니라 여러분의 유익입니다. 지금부터 제가 여러분에게 하는 말을 들어 본다면, 다시 말해 여러분을 위해 제가 마음 문을 열고 하는 이 말을 듣는다면, 여러분은 제 진심을 분명히 알게 될 것입니다. 친애하는 여러분, 저는 여러분에게 진실을 말하겠습니다. 여

9) 이 서기관은 우리의 판단 근거이자, 우리의 모든 것을 기록하는 '양심'이라고 한다. 신약 성경에 나오는 서기관에 대한 선입견을 배제하기 위해 '양심 서기관'으로 번역하였다 — 원주

러분은 지금 자신도 모른 채, 뭔가에 속아서 노예상태로 지내고 있습니다. 저는 여러분이 이런 구속 상태에서 벗어나, 어떻게 하면 위대하고 풍성한 해방을 얻을 수 있을지 여러분에게 보여주고자 여기에 오게 되었습니다." 이 말에 인간영혼 마을 사람들은 귀를 쫑긋 세우고, 그게 무엇일까, 정말 그게 무엇일까 생각하면서, 그에게 부디 말해 달라고 요청하였다. 그러자 그는 계속해서 말하였다.

인간영혼의 주목을 끌다

"저는 여러분의 왕과 그분의 법과 여러분 자신에 대해 다소 말할 것이 있습니다. 여러분의 왕에 대해 말하자면, 저도 그분이 위대하고 능력이 많은 줄 알고 있습니다. 그러나 그 모든 것에도 불구하고, 그분이 여러분에게 한 말씀은 사실이 아니며, 여러분의 유익을 위한 것이 아니라는 것입니다. 첫째, 왕의 말이 사실이 아닌 것은 다음과 같은 이유에서입니다. 그분이 금한 명령에 대해 여러분은 지금도 두려워하며 지키고 있으나, 실제로 여러분이 그 명령을 어긴다 해도, 여러분에게는 아무 일도 일어나지 않을 것이고, 달라지는 것도 전혀 없을 것이기 때문입니다. 설령 위험이 따른다 해도, 작은 열매 하나를 따먹었다고 하는 그 작고 사소한 일로 인해, 이렇게 큰 형벌을 두려워하며 항상 노예상태로 살아야 하겠습니까? 둘째, 그분의 법에 대해 말하고 싶은 바인데, 그분이 정한 법은 비합리적이고 애매하며 무자비하기 때문입니다.

세세하게 고안해 낸 디아볼루스의 거짓말들

합리적이지 않다는 것은 앞서 잠시 말한 바대로, 범죄에 대한 형벌이 적절하지 않다는 것입니다. 목숨의 가치와 열매 한 개의 가치 사이에는 큰 차이가 있으며, 이 둘을 비교한다는 것 자체가 말이 되지 않습니다. 그럼에도 여러분의 왕인 샤다이의 법에 따르면, 그 열매를 따 먹으면 목숨을 잃어야만 합니다. 게다가 그분의 법은 애매하기도 합니다. 그분은 처음에는 여러분이 모든 것을 먹어도 된다고 말씀하셨다가, 나중에는 그 하나를 먹지 못하게 하셨기 때문입니다. 마지막으로 그분의 법은 무자비하기까지 합니다. 왜냐하면 여러분이 먹을 수도 있는 열매이기도 하고, 또 먹기만 하면 지금까지 알지 못하던 선한 것을 여러분이 알게 되는데도 불구하고, 그분은 그것을 먹지 못하도록 금지하셨기 때문입니다. 이 열매가 선한 것이라는 사실은 그 나무의 이름에서 분명히 드러나고 있습니다. 그 나무의 이름은 '선과 악을 알게 하는 나무' 였습니다. 여러분은 선과 악에 대해서 알고 있습니까? 모르고 있을 것입니다. 여러분은 절대로 모르고 있을 것입니다. 여러분이 왕이신 그분의 명령에 매여 있는 한, 여러분은 선악을 알아 현명하게 되는 것이 얼마나 좋고, 얼마나 기쁘며, 얼마나 바랄 만한 것인지 상상조차 할 수 없을 것입니다. 왜 여러분은 이런 무지몽매한 상태로 살아가려고 합니까? 왜 여러분은 여러분의 지식과 이해를 좀 더 넓히려고 하지 않습니까? 아! 명예로운 인간영혼 마을에 사는 여러분이여, 여러분에 대해 정확하게 말하자면, 여러분은 결코 자유로운 백성들이 아닙니다! 여러분은 속박과 노예상태에 있습니다. 그것도 비참한 협박에 의해 그렇게 된 것입니다. 여러분이 그런 상태에 놓인 것은, '내가 원하노니 그렇게 될지어다' (I will have it, so it shall be)라고 한 그분의 말씀 외에는 아무 이유도 없습니다. 여러분에게 금지된 바로 그 일을 하기만 하면 여러분은 지혜로워질 뿐만 아니라 명예도 가질 수 있는데, 여러분은 이런 생각조차 하지 않고 있으니, 이 얼마나 비참한 일입니까! 만약 여러분이 그 금지된 일을 한다면, 여러분의 두 눈은 열리게 되고, 여러분은 신들과 같이 될 것입니다."

이런 말과 함께 그는 계속해서 다음과 같이 말하였다. "어떤 군주 아래에서 여러분이 지금 당하고 있는 이 속박보다 더 큰 속박과 노예생활을 하겠습니까? 여러분은 이미 똘마니가 되었기에, 지금 제가 분명하게 보여준 여러분의 적나라한 모습을 애써 외면하려고 할 뿐입니다. 장님처럼 몽매한 가운데 사는 것보다 더 큰 속박이 어디 있겠습니까? 눈이 없는 것보다 눈을 가지고 자유롭게 사는 것, 그것이 어둡고 냄새나는 동굴에 처박혀 사는 것보다

훨씬 낫지 않겠습니까? 이것이 이치에 더 맞지 않겠습니까?'

　디아볼루스가 이런 말을 인간영혼 사람들에게 하고 있는 바로 그 때, 티시포네(Tisiphone)는 성문에 서 있던 저항 장군을 향해 활을 쏘았다.

저항 장군이 살해되다

　그러자 저항 장군은 머리에 치명상을 입고 꼬꾸라져 성벽 밖으로 떨어져 죽었다. 이에 인간영혼 사람들은 경악을 금치 못했고, 디아볼루스의 사기는 충천하였다. 그 마을의 유일한 전사(戰士)였던 저항 장군이 이렇게 죽자, 불쌍한 인간영혼 사람들은 완전히 낙담하여 저항해 볼 마음조차 사라져 버렸다. 이것이 바로 마귀가 원하는 것이었다. 그 때 디아볼루스가 데리고 다니던 대변인 '악한 휴식' (Ill-pause)이 앞으로 나아와, 인간영혼 마을 사람들에게 연설하였다. 그가 거기서 한 말의 요지는 다음과 같았다.

인간영혼 마을을 향한 악한 휴식의 연설

　"친애하는 여러분, 제 주인은 오늘 아주 잘 배우는 청중들 앞에 서게 된 것에 대해 기뻐하고 있습니다. 우리는 여러분이 그 선한 제의를 저버리지 않기를 바랍니다. 제 주인은 여러분을 아주 많이 사랑하고 있습니다. 그분은 자신의 이런 행동이 샤다이 왕의 분노를 살 수 있다는 것을 잘 알고 있습니다. 하지만 여러분을 향한 사랑 때문에 이보다 더한 위험도 감수할 마음을 가지고 있습니다. 그분의 말씀에 한 마디라도 더 보탤 필요는 없을 것 같습니다. 왜냐하면 그분이 진리의 말씀을 하셨기 때문입니다. 그분의 말씀 중에서 자명하지 않은 말은 단 한 마디도 없습니다. 그 나무의 이름 자체가 이 주제와 관련된 모든 논쟁에 종지부를 찍어줄 것입니다. 그러므로 저는 이 시간에 제 주인께서 미천한 저에게 감히 허락하신다면, 여러분에게 다음과 같은 한 가지 조언만 더 드리고자 합니다(그는 이 말과 함께 디아볼루스를 향해 크게 몸을 낮춰 큰 절을 하였다). 그분의 말씀들을 생각해 보고, 그 나무와 그 나무에서 약속된 열매를 살펴보십시오. 또한 여러분은 아직도 이에 대

저항 장군의 죽음

해 별로 아는 것이 없으며, 그 열매를 먹는 것이 바로 더 많은 것을 알게 되는 길이라는 사실을 기억하십시오. 이렇게 선한 조언에도 불구하고, 이것이 이치에 맞지 않는다고 여러분이 이를 받아들이지 않는다면, 여러분은 제가 생각하던 사람들이 아닌 것으로 판단할 것입니다."

　이 말을 듣고서 마을 사람들이 그 나무를 보자, 나무는 먹음직도 하고 보기에도 아름다우며 사람을 지혜롭게 할 만한 것처럼 보였다. 그래서 그들은 늙은 악한 휴식이 일러준 대로 나무 열매를 따서 먹었다. 이 일 이전에 여러분에게 일러줄 이야기가 있다. 조금 전에 악한 휴식이 마을 사람들에게 연설을 하던 때, 무흠 경은 자신이 서 있던 자리에서 쓰러져 다시 숨을 쉬지 못했다.

무흠 경의 죽음

거인의 진영에서 날아온 화살 때문이었는지, 아니면 급작스럽게 찾아온 현기증으로 인한 졸도였는지, 아니면 비열한 악당인 늙은 악한 휴식이 숨 쉴 때마다 내뿜는 고약한 악취 때문이었는지 분명하지는 않았지만, 내 생각에는 이 악취가 가장 유력한 이유였던 것 같다. 이렇게 해서 저항 장군과 무흠경, 두 용감한 사람들이 죽었다. 나는 이들을 용감한 사람들이라고 부르고자 한다. 왜냐하면 이들이 그 마을에 살아있는 한, 그들은 인간영혼 마을의 아름다움이자 영광이었기 때문이다. 이제 인간영혼 마을에는 고귀한 영혼이 더 이상 남아 있지 않게 되었다. 마을 사람들은 모두 디아볼루스 앞에 엎드려 복종을 다짐하며 그의 종과 봉신이 되었기 때문이다. 이에 대한 자세한 이야기는 앞으로 듣게 될 것이다.

이 두 사람이 죽자, 마을의 나머지 사람들도 마찬가지로 죽은 사람처럼 되었다. 그리하여 그 마을은 바보들의 낙원이 되어 버렸다. 앞서 말한 바와 같이 그들은 이 거인의 말이 사실인지 확인해 보고 싶어졌다.

마을이 장악되는 과정

먼저 그들은 악한 휴식이 가르쳐준 대로 해보았다. 그들은 금지된 열매를 보면서 그 열매를 먹으면 자신들이 어떻게 될지를 생각하였다. 그러고는 열매를 따서 먹었다. 그 열매를 먹자마자, 그들은 즉시 열매에 취해 정신을 잃게 되었다. 그로 인해 그들은 선한 샤다이 왕과 그분의 법과 그 법을 위반했을 때 가해지는 엄숙한 경고 등을 완전히 잊은 채, 눈문과 귀문을 모두 열고 디아볼루스와 그 군대들이 모두 들어오도록 해주었다.

제2장

디아볼루스가
통치를 시작하다

내용 — 디아볼루스가 성을 장악하다 — 시장인 이해 씨(Mr. Understanding)가 물러나고, 시장의 집 앞에 벽이 세워져 그 집이 어두워지다 — 양심 씨인 양심 서기관이 그 직에서 물러나고, 디아볼루스와 마을 주민들에게 아주 밉상스러운 사람이 되다 — 디아볼루스의 대의를 진심으로 지지하는 자유의지 경이 마을의 주요 통치자가 되다 — 샤다이의 형상이 훼파되고, 디아볼루스의 형상이 그 자리에 세워지다 — 욕망 경(Lord Lustings)이 시장이 되고, 망선 씨(忘善, Mr. Forget-good)가 서기관이 되다 — 새로운 의원들이 임명받다 — 샤다이 왕의 공격에서 마을을 지키기 위해 세 요새가 건설되다

이제 마을의 문들을 통해 진입에 성공한 디아볼루스는 좀 더 확실하게 마을을 정복하기 위해서 중심부로 진군해 들어갔다. 이번에는 마을 사람들도 자신에게 호감을 갖고 있다는 것을 확인하고는, 쇠뿔도 단김에 빼야 한다는 생각에 다음과 같이 더 대담한 속임수로 그들에게 말하였다. "아, 불쌍한 인간영혼 마을 사람들이여! 저는 여러분의 명예를 드높이고, 여러분의 자유를 진작시키기 위해 진심으로 이렇게 여러분을 섬겼습니다. 하지만 오, 너무나 안타깝게도, 불쌍한 인간영혼 마을 사람들이여!, 이제 여러분에게는 여러분을 보호해 줄 한 사람이 필요하게 되었습니다. 왜냐하면 샤다이 왕이 이 모든 일들을 듣게 되면 틀림없이 이곳으로 오실 것이기 때문입니다. 여러분이 그분과의 약속을 깨뜨리고 그분의 법을 멀리한 것에 대해 그분은 심히 유감

으로 여기실 것입니다. 이제 여러분은 어떻게 할 것입니까? 신장된 여러분의 특권들이 다시 유린되고 사라지게 하겠습니까? 여러분은 어떻게 이 문제를 해결할 작정입니까?" 그러자 그들은 모두 한 목소리로 이 가시나무에게 "너는 와서 우리 위에 왕이 되라"(삿 9:14 — 역주)라고 말하였다. 디아볼루스는 이 제의를 받아들이고, 인간영혼 마을의 왕이 되었다.

왕으로 추대된 디아볼루스

이렇게 일이 진행되자, 그 다음으로 그는 성(城)을 자신의 소유로 삼고, 마을의 모든 권세들도 자기 것으로 삼았다. 그래서 그가 출입하게 된 성은 이제 거인 디아볼루스의 소굴과 거처가 되어버렸다. 사실 그 성은 샤다이 왕이 자신의 기쁨과 즐거움을 위해 세운 것이었다.

이제 웅장한 궁전, 즉 성을 차지하게 된 그는 자신을 호위하는 수비대를 만들고, 이 마을을 탈환하여 다시 자신에게 순종하게 하려는 샤다이 왕의 공격을 대비해 온갖 군비를 증강하는 등 그 성을 강화하고 요새화하였다.

마을을 신축하는 디아볼루스

이렇게 하고도 안심이 되지 않자, 그는 마을을 새롭게 다시 지어야겠다고 생각하였다. 그는 자신이 하고 싶은 대로 이런저런 건물을 세우기도 하고 헐기도 하였다. 그리고 이해 경(Lord Understanding)이라 불리는 시장(Lord Mayor)과 양심 씨(Mr. Conscience)라 불리는 양심 서기관(Recorder)을 그 자리와 권력에서 파면시켰다.

시장의 경우, 그는 분별력이 있는 사람이었음에도 불구하고, 이 거인이 인간영혼 마을로 들어오는 것을 마을의 다른 사람들과 함께 허락한 사람이기도 했다.

자리에서 물러나게 된 시장

그래도 디아볼루스는 그 시장이 이전의 명예와 영광을 그냥 지니고 있는 것이 적절치 않다고 생각하였다. 그는 볼 수 있는 눈을 가진 사람(a seeing man)이었기 때문이다. 그런 이유로 디아볼루스는 그에게서 시장의 지위와 권력을 박탈했을 뿐만 아니라, 높고 거대한 탑을 그가 사는 집의 창들 앞에 세웠다(고후 10:4-5). 빛이 비치던 그의 창들에 햇빛이 전혀 들지 않자, 그 집과 그가 거처하는 모든 곳이 온통 칠흑 같은 암흑천지가 되어버렸다. 이렇게 빛에서 소외되자, 그는 나면서부터 앞을 보지 못하는 사람(엡 4:18,19)과 같이 되고 말았다. 게다가 이 이해 경은 감옥에 있는 것처럼 집안에 감금되었다. 설사 나갈 수 있다고 해도, 그는 정해진 지역을 절대로 벗어나서는 안 되었다. 이런 상황이다 보니, 그가 인간영혼을 위해 뭔가 하려는 마음이 있다 해도, 그는 마을을 위해 어떤 유익한 일도 할 수 없었다. 더구나 인간영혼이 디아볼루스의 권력과 통치 하에 있는 한, 전쟁이라도 일어나서 디아볼루스의 손아귀에서 벗어나지 않는 한, 인간영혼 마을은 여전히 그에게 순복하며 그의 지배를 받을 것이기 때문에, 시장은 이 유명한 인간영혼 마을에 유익은커녕 방해만 될 뿐이었다.

양심 서기관의 경우, 그는 이 마을이 점령되기 전까지 샤다이 왕의 법에 정통한 자였을 뿐만 아니라, 용감하고 신실하여 모든 사안마다 진리를 말하는 사람이었다. 그는 판단력으로 가득한 머리뿐만 아니라 용감한 혀까지 가지고 있었다. 따라서 디아볼루스는 이 사람을 도저히 가만히 둘 수 없었다.

자리에서 물러나게 된 양심 서기관

디아볼루스가 마을에 들어오는 것을 양심 서기관이 동의하기는 했지만, 디아볼루스는 자신이 쓸 수 있는 모든 계략, 음모, 술수, 방책 등을 사용해도 그를 온전히 자기 사람으로 만들 수 없다는 것을 알고 있었기 때문이다. 사실, 양심 서기관은 옛 왕에게서 너무 멀어진 상태로 지금은 이 거인의 많은 법과 통치에 대해 상당히 호의를 보이긴 하였지만, 그가 전적으로 디아볼루스의 사람이 되지 않는 이상, 이 모든 것은 별 의미가 없었다. 양심 서기관은 틈틈이 샤다이 왕을 생각하며 자신에게 내릴 그분의 법의 심판을 두려워하였으며, 가끔 사자가 포효하듯 디아볼루스를 대적하여 큰 음성으로 말하기도 하였다.

자신의 첫 번째 왕에 대해 때때로 말하는 양심 서기관

게다가 그에게 발작 증세라도 일어난다면, 그는 아마 자신의 음성으로 인간영혼 마을 전체를 뒤흔들어 놓을 수 있었을 것이다. 반드시 알아야 할 사실은 그가 때때로 극심한 발작증세를 보였다는 점이다. 그러니 지금 인간영혼의 왕이 된 디아볼루스는 그를 가만히 둘 수 없었다.

그럼에도 불구하고 디아볼루스는 인간영혼 마을에 살아남은 그 어떤 사람들보다도 이 양심 서기관을 더욱 두려워하였다. 왜냐하면 이미 말한 바대로, 그가 하는 말은 마을 전체를 뒤흔들어 놓을 수도 있었기 때문이다. 그가하는 말들은 마치 콰르릉 하는 천둥소리 같기도 했고, 우레와 같은 박수 소리 같기도 했다. 이런 그를 거인은 완전히 자기 사람으로 삼을 수 없었다. 그래서 디아볼루스는 어떻게 하면 이 늙은 신사를 타락시킬 수 있을지 고민하면서 모든 것을 알아보았다. 그 결과 디아볼루스는 그를 타락시켜 지성을 마비시킨 다음, 다양한 허영심으로 그의 마음을 완악하게 만들기로 작정했다. 그 계획을 실행하자, 양심 서기관은 디아볼루스의 의도대로 되었다. 그는 양심 서기관을 타락시켰고, 그 노인은 조금씩 죄와 사악함에 가까이 다가가더니, 마침내 불결한 사람이 되었을 뿐만 아니라, 이제는 말하기 민망할 정도로 죄에 대한 양심의 가책마저 상실하게 되었다. 양심 서기관과 관련해서는 여기까지가 디아볼루스의 계략이었기 때문에, 그는 또 다른 계략을 생각해냈다. 그것은 바로 양심 서기관이 미쳤으니, 이제는 그의 말에 귀를 기울이지 않아도 된다고 마을 사람들에게 설득하는 것이었다. 이에 대한 증거로 디아볼루스는 양심 서기관의 발작증세를 들었다. "만약 양심 서기관이 제정신이라면, 왜 그는 항상 발작을 일으키겠습니까? 미친 사람들이 발작을 하고 헛소리를 지껄이듯, 이 늙고 노망한 신사양반도 그래서 헛소리를 지껄이는 것입니다"라고 디아볼루스는 말하였다.

이렇게 온갖 수단들을 다 동원하여, 디아볼루스는 신속하게 인간영혼 마을 사람들로 하여금 양심 서기관이 무슨 말을 하든지, 그의 말을 대수롭지 않게 여기고 무시하며 경멸하게 하였다. 그뿐만 아니라 디아볼루스는 이 늙은 신사가 기분이 좋을 때, 자신이 발작증세에서 확언했던 말들을 모두 취소하고 부인하게 하는 방법마저 강구해 놓았다. 사실 이것은 그를 우스운 사람으로 만드는 간접적인 조롱이었으며, 아무도 그를 존경하지 못하게 하는 방법이었다. 이제 양심 서기관은 자발적으로는 샤다이 왕에 대해 말하지 않았고, 강요나 요구에 의해서도 그분에 대해 말하는 일이 없었다.

양심이 육적인 사람들처럼 조롱받게 되는 과정

게다가 그는 다른 때 같으면 평정심을 보였을 문제에 대해 아주 열을 내기도 하였다. 이렇게 그는 이제 자신의 행동에 있어서 일관성이 없었다. 어떤 때는 깊은 잠에 빠진 것 같기도 하고, 또 어떤 때는 거의 죽은 것 같기도 했다. 그럴 때면 인간영혼 마을의 모든 사람들은 허영을 쫓아 내달리기도 하고, 이 거인이 부르는 피리소리에 따라 춤을 추기도 하였다.

이따금씩 인간영혼 마을 사람들은 양심 서기관이 내는 천둥 같은 음성에 놀라기도 하였다. 그럴 때면 사람들은 디아볼루스에게 이 사실을 알렸다. 그 때마다 디아볼루스는 그 늙은 신사가 하는 말은 모두 자신을 사랑해서 하는 것도 아니고, 마을 사람들을 긍휼히 여겨서 하는 것도 아니라, 단지 말하기를 좋아하는 어리석은 사람의 헛소리일 뿐이라고 대답하였다. 이렇게 디아볼루스는 모든 사람들의 입을 다물게 하고는 다시 침묵 가운데 마을이 조용하도록 만들었다. 양심 서기관에 대해서 더 이상의 논란이 없도록 하기 위해, 그는 확신에 차서 다음과 같이 말했다. 사실 그는 다음과 같은 말을 자주 했었다. "오, 인간영혼 사람들이여! 이 늙은 신사가 홧김에 고성과 우레 같은 말을 시끄럽게 내뱉으면서 많은 말을 했지만, 그 말들 가운데 샤다이 왕에 관한 말은 한마디도 없었습니다. 여러분, 한 번 생각해 보십시오." 디아볼루스가 한 이 말은 얼마나 거짓되고 기만적인 말인지 모른다! 양심 서기관이 인간영혼의 죄악에 대해 외친 말들은 모두 하나님께서 그를 통해 마을 사람들에게 하신 하나님의 음성이었다. 그런데도 디아볼루스는 계속해서 다음과 같이 말했다.

사탄의 웅변

"여러분도 알다시피, 샤다이 왕은 인간영혼 마을을 잃든 말든, 여기서 반역이 일어나든 말든 전혀 관심이 없습니다. 여러분이 스스로 이 마을을 제게 준 것에 대해 책망하지도 않을 것이며, 이것을 문제로 여기지도 않을 것입니다. 비록 이전에는 여러분이 그분의 소유였지만, 지금 여러분은 합법적으로 제 소유가 되었습니다. 그분도 이것을 알고 계십니다. 그러므로 이제 우리도 이 문제에 대해 서로 신경 쓰지 말도록 합시다. 그분은 지금 우리에게서 완전히 손을 떼신 상태입니다."

디아볼루스는 계속해서 말했다. "오, 인간영혼 마을 사람들이여! 제가 여러분을 어떻게 섬겼는지 생각해 보십시오. 저는 할 수 있는 모든 능력으로 여러분을 섬겼습니다. 제가 가진 최고의 것으로 여러분을 섬겼고, 이 세상에서 구할 수 있는 모든 것을 가져다가 여러분을 섬겼습니다. 그리고 감히 말하건대, 여러분이 지금 지키고 있는 법과 관습들은 처음에 여러분이 누렸던 그 낙원의 법과 관습들보다 여러분에게 더 많은 위로와 만족을 주고 있습니다. 그로 인해 여러분은 제게 경의를 표하고 있습니다. 여러분도 잘 알고 있듯이, 여러분은 저로 인해 더 많고 넓은 자유를 누리고 있습니다.

제가 여러분을 처음 보았을 때, 여러분은 완전히 감금된 백성들이었습니다. 저는 지금까지 여러분에게 어떤 제재도 가하지 않았습니다. 여러분에게는 여러분이 두려워 떨 만한 법이나 규정이나 심판이 없습니다. 저는 여러분의 행동에 전혀 책임을 묻지 않을 것입니다. 오직 미친 사람에 대해서만 책임을 물을 것입니다. 여러분은 제가 지금 누구를 말하고 있는지 알 것입니다. 저는 여러분 각자가 마치 왕자처럼 자신이 하고 싶은 대로 하며 살아가도록 허용합니다. 여러분이 저를 간섭하지 않는 것처럼, 저도 여러분을 간섭하지 않을 것입니다."

양심 서기관이 마을 사람들을 성가시게 할 때마다, 디아볼루스는 이런 식으로 사람들을 입막음해서, 인간영혼 마을을 조용하게 만들었다.

사람들은 때로 자기 양심 때문에 화를 낸다

그리고 이런 식으로 귀찮게 구는 그 늙은 신사에게 마을 사람 전체가 맹렬하게 화를 내고 저주의 말을 퍼붓기도 하였다. 때로는 악한 부하들을 시켜서 이 양심 서기관을 파멸시키려고도 하였다. 종종 마을 사람들은 그를 수천 마일 떨어진 먼 곳으로 추방했으면 하고 바라기도 하였다. 그들은 특히 예전에 그 양심 서기관이 자기들을 어떻게 위협하고 정죄했는지를 기억하면서, 그와 함께 한 교제, 그가 한 말들, 그의 모습 등, 그 모든 것들이 그들의 마음을 위협하고 그들에게 극심한 상처를 주었다고 하였다.

그러나 이 모든 바람들은 수포로 돌아갔다. 샤다이 왕의 능력과 그분의 지혜가 아니고는 어떻게 그런 일이 일어났는지 알 수 없었다. 양심 서기관은 그들 가운데서 건재하였다. 게다가 그의 집도 성처럼 확고했으며, 마을의 요새처럼 든든히 서 있었다. 그뿐만 아니라 언제라도 디아볼루스의 부하나 졸개들이 그를 없애고자 공격해오면, 그는 수문(水門)을 열어 많은 물로 자기를 둘러싼 모든 자들을 익사시켰다.

의지

양심 서기관에 대한 이야기는 이 정도로 하고, 이제는 유명한 인간영혼 마을의 또 다른 주요인사인 자유의지(Will-be-will) 경에 대해 말하겠다. 자유의지 경은 인간영혼 마을의 다른 사람들처럼 좋은 가문에서 태어났다. 그리고 그 곳에 사는 많은 사람들보다 더 많은 땅은 아니었어도, 넉넉한 토지를 보유하고 있었다. 게다가 내 기억이 확실하다면, 그는 그 유명한 인간영혼 마을에서 독특한 특권을 가진 사람이었다. 이 외에도 그에게는 큰 능력과 결단력과 용기가 있었다. 그와 관련된 일이라면 어느 누구도 외면할 수 없었

다. 여기서 내가 하고 싶은 말은, 그가 그런 자신의 지위나 특권, 능력 등에
대해 자랑스러워했는지는 잘 모르겠지만, 어쨌든 그는 예전에 자신이 가진
것에 대해 자부심을 가진 것만은 확실했다. 하지만 이제 그는 인간영혼 마
을에서 샤다이 왕의 종으로 살아가는 것을 조롱했다. 그는 디아볼루스 밑에
서 한 자리를 맡아, 인간영혼 마을에서 작은 권력자나 통치자가 되어, 과거
처럼 권력을 누리며 살아가기로 결심했기 때문이다. 이런 무모한 행동에 대
해 그는 절호의 기회를 잡은 것으로 생각했다. 자유의지 경은 예전에 디아
볼루스가 귀문에서 연설을 할 때, 그의 말에 제일 먼저 동의했다. 그는 디아
볼루스의 제의를 건전한 것으로 받아들이고, 문을 열어 디아볼루스가 마을
안으로 들어오게 한 장본인이었다. 그리하여 디아볼루스는 그에게 호의를
베풀었으며 한 자리 내줘야겠다고 생각했다. 디아볼루스는 자유의지 경의
용기와 고집을 눈치 채고, 자신이 하고자 하는 큰 일들 중 하나를 자유의지
경이 맡아서, 그 최고 관심 사안에 맞게 행동하고 처신해 줄 것을 간절히 바
랐다.

　디아볼루스는 자유의지 경을 불러, 그에게 가슴속 깊은 곳에 있는 이야기
까지 나누었다. 자유의지 경의 경우는 양심 서기관과는 달리 자기 사람으로
만드는데 그리 많은 설득이 필요하지 않았다.

디아볼루스 밑에서 한 자리를 차지한 의지

　디아볼루스가 마을에 들어오는 것을 맨 먼저 반겼던 그가 이제 마을 안에
서 디아볼루스를 기꺼이 섬길 수 있게 된 것이었다. 자신을 기꺼이 섬기고
자 하는 이 자유의지 경의 마음을 눈치 챈 그 폭군은 그를 성벽을 다스리고,
인간영혼의 문들을 지키는 성 장군(captain of the castle)으로 즉시 임명하였다.
그가 이런 임무를 맡게 된 데는 그럴만한 이유가 있었다. 그가 없이는 인간
영혼 마을의 모든 일이 하나도 제대로 되지 않았기 때문이다. 이제 자유의
지 경은 인간영혼 마을에서 디아볼루스에 버금가는 권력자가 되었다. 그리
하여 인간마을 전역에서 그의 의지가 없이는 어떤 것도 성사되는 일이 없었

임무를 부여받는 자유의지 경

다. 그에게는 마음 씨(Mr. Mind)라는 비서가 있었다. 이 비서는 모든 면에서 주인과 똑같이 말하는 사람이었다. 왜냐하면 그와 그의 주인은 원칙적으로 하나이며, 실제로도 분리되지 않기 때문이었다(롬 8:7). 그리하여 이제 인간 영혼은 의지와 마음의 정욕들을 성취하는 수단으로 전락하고 말았다.

자유의지 경이 권력을 쥐게 되자 얼마나 지독한 사람이 되었는지, 우리의 상상을 뛰어넘는다. 먼저 그는 예전에 섬기던 왕자와 주군에게 탄원을 하고 그들을 섬기는 일을 단호히 거부하였다. 다음으로 그는 자신의 위대한 주인인 디아볼루스에게 충성을 맹세하였다. 그리고는 공개적으로 자신의 자리에 앉아 직무를 감당하고 출세하며 성과들을 보여주었다. 오! 그가 한 일들을 보지 않고서는, 이 일꾼이 인간영혼 마을에 행한 그 이상한 일들을 생각조차 할 수 없을 것이다!

육적인 의지는 양심을 반대한다

우선 그는 양심 서기관을 죽이려는 악의를 품었다. 그는 양심 서기관을 보는 것도 참을 수 없었고, 양심 서기관의 입에서 나오는 말들은 더더욱 듣기 힘들었다. 자유의지 경은 양심 서기관을 볼 때면 눈을 감았고, 양심 서기관이 말을 할 때면 귀를 막아 버렸다. 마을 어디에서든 샤다이 왕의 법이 기록된 단편들이 발견되는 것에 대해서도 그는 참지 못했다. 한 예로, 그의 비서인 마음 씨의 집에는 선한 샤다이 왕의 법이 기록된 낡고 오래되어 해진 양피지 몇 개가 있었다. 자유의지 경은 이를 보자마자 그의 등 뒤로 집어 던져 버렸다(느 9:26). 사실 양심 서기관의 연구실에는 율법책 몇 권이 있었지만, 이것들에 대해서는 자유의지 경이 절대 건드릴 수 없었다.

부패한 의지는 어두운 이성을 사랑한다

그는 늙은 시장의 집 창문들이 항상 너무 밝아서 인간영혼 마을에 해롭다고 생각하였다. 단 한 개의 촛불도 참을 수 없었다. 이처럼 자유의지 경은 자기 주인 디아볼루스를 기쁘게 하는 일이라면 물불을 가리지 않았다.

자유의지 경처럼 이렇게 열심히 디아볼루스의 용감한 성품과 지혜로운 행동, 위대한 영광 등을 칭송하는 자는 없었다. 그는 나팔을 불면서 온 거리를 다니며 그를 찬양하였다. 그는 인간영혼 마을의 모든 거리들을 샅샅이 누비면서, 그의 탁월한 주군을 높이 기리고 그의 용맹한 왕을 드높이는 일이라면, 자신이 비천한 악당들처럼 비열한 자가 되어도 전혀 개의치 않았다.

헛된 생각들

언제 어디서든 이런 악한 가신(家臣)들을 만나면, 그는 스스로 그들과 똑같은 사람이 되고자 하였다. 이 모든 악한 일들은 누가 그에게 부탁하거나 명령해서 저지른 것이 아니었다.

자유의지 경은 자기 밑에 한 대리인을 두고 있었다. 이름은 욕정 씨(Mr. Affection)였다. 그는 원칙적으로 심히 방탕한 사람이었고, 이 원칙에 맞게 살아가는 사람이었다(롬 1:25). 그는 완전히 육신에 빠져 있었기 때문에, 사람들은 그를 야비한 욕정(Vile-affection)으로 불렀다. 그런데 이 욕정 씨가 마음 씨의 딸인 육신의 정욕(Carnal-lust, '왕대 밭에 왕대 나고, 졸대 밭에 졸대 난다'고 그 아버지에 그 딸이다)과 어울리더니 사랑에 빠져 결혼하였다.

야비한 욕정과 육신의 정욕 간의 결합

그들은 여러 명의 자녀를 두었는데, 건방짐(Impudent), 험한 입(Blackmouth), 증오하는 비난(Hate-reproof)이었다. 이 세 명은 검은 소년들(black boys)이었다. 이 외에도 세 명의 딸들을 두었는데, 이름은 각각 진리조롱(Scorn-truth), 하나님경멸(Slightgod), 그리고 가장 어린 복수(Revenge)였다. 이들도 이 마을에서 모두 결혼하고 임신하여 여기에 다 기록할 수 없을 정도로 많은 악한 자녀들을 출산하였다. 이에 대해서는 그냥 지나가려고 한다.

한편 거인 디아볼루스는 인간영혼 마을을 요새로 만들면서 건물들을 철거하기도 했고, 자기가 보기에 선하다고 여기는 사람들을 세우기도 하였다. 그러면서 스스로 그 마을을 흉하게 만드는 꼴이 되었다. 당시 인간영혼의 시장 광장과 성문들 위에는 복된 왕인 샤다이의 형상이 있었다. 금으로 새겨진 이 형상은 매우 정교한 것으로, 그 당시 존재하는 모든 것 가운데 그분을 가장 많이 닮은 것이었다. 그는 이 형상을 없애라는 무식한 명령을 내렸다. 그리하여 이 형상은 비진리 씨(Mr. No-truth)의 손에 의해 무식하게 제거되었다.

비진리가 행한 일들

여러분이 반드시 알아야 할 사실은, 디아볼루스가 명령해서 비진리 씨의 손으로 샤다이의 형상이 제거되었다는 것이다. 그는 샤다이 왕의 형상이 제거된 바로 그 자리에 끔찍하고 흉물스러운 자신의 형상을 세우라고 이번에도 마찬가지로 비진리 씨에게 명령했다. 디아볼루스가 이렇게 한 것은 예전의 왕인 샤다이를 크게 욕보이고, 인간영혼 마을의 품위를 떨어뜨리기 위함

디아볼루스의 형상이 세워지다

이었다.

더 나아가 디아볼루스는 인간영혼 마을에서 볼 수 있는 샤다이 왕의 법과 규칙들을 모조리 파괴하였다. 즉, 인간과 자연에 관련된 모든 기록들에 포함되어 있는 도덕적인 교훈들을 파괴하였고, 서로 간에 지켜야 할 도리들도 제거하려고 하였다. 한 마디로, 인간영혼에 남아 있던 선한 모든 것을 디아볼루스와 자유의지 경은 하나도 남김없이 없애버리려고 하였다. 이처럼 인간영혼을 야만적인 마을이 되게 하여, 마치 발정 난 암돼지처럼 만들려는 그들의 의도는 비진리 씨의 손에 의해 실행되고 있었다.

디아볼루스는 샤다이 왕의 법과 선한 규례들을 최대한 제거하면서, 인간영혼 마을 사람들을 샤다이 왕으로부터 멀어지게 하려는 계획을 좀 더 확실히 실천하기 위해, 디아볼루스 자신의 헛된 칙령과 법령과 명령들을 제정하도록 명령하였다.

법이 기록된 모든 책들이 실제로 제거되다

그러고는 그것들을 인간영혼 마을 사람들이 많이 왕래하거나 모이는 곳에 공포하였다. 그 법은 샤다이 왕으로부터 온 것이 아니라 세상으로부터 온 것으로, 내용은 육신의 정욕과 안목의 정욕과 이생의 자랑(요일 2:16)을 추구할 자유를 준다는 것이었다. 그는 이 마을에서 음탕한 것들과 모든 경건하지 않은 것들을 권장하고 지지하며 장려하였다. 그는 인간영혼 마을에서 사악한 행동들을 더욱더 권장하면서, 그의 명령대로 행하면 그들에게 평화와 만족과 기쁨과 복을 줄 것이라 약속하였고, 선을 행하지 않고 악을 행하는 것에 대해 전혀 책임질 필요가 없게 될 것이라고 장담하였다. 이로써 마을 사람들은 이전에 그들이 알지 못하던 다른 먼 나라에서 일어나는 것들을 디아볼루스를 통해 알게 되었고, 이런 이야기를 좋아하는 그들에게 디아볼루스의 위와 같은 제안은 솔깃하게 들렸다.

이제 인간영혼 마을은 완전히 그의 손아귀에 들어갔으며, 마을 사람들 모두 그에게 고개를 숙였다. 마을에서는 온통 그를 치켜세우는 이야기들만 들

렸고 그런 모습들만 보였다. 다른 이야기는 들리지 않았고 다른 모습은 볼
수 없었다.

인간영혼 마을의 시장과 양심 서기관을 자리에서 쫓아낸 디아볼루스는
자신이 이 마을에 오기 전까지, 이곳은 세상에서 가장 오래된 자치 지역임을
알고 있었다. 따라서 자신이 이 위대한 명성을 계속 유지하지 못한다면, 언
제든 마을 사람들이 들고 일어나서 자신이 마을에 해를 끼쳤다고 반발할지
도 모른다고 생각했다. 이를 두려워한 디아볼루스는 절대로 마을 사람들의
위엄을 떨어뜨리려고 하지 않았으며, 그들이 누리던 혜택을 조금도 줄이지
않았다는 사실을 마을 사람들이 알아주기를 바랐다. 그래서 그는 그들을 위
해 친히 시장과 서기관을 선출하였다. 디아볼루스는 마을 사람들의 마음에
흡족한 자이면서 자기 마음에도 놀랄 만큼 만족한 자를 뽑았다.

디아볼루스가 만든 시장의 이름은 육욕 경(Lord Lustings)으로, 그는 두 눈과
두 귀가 없는 사람이었다.

새로운 시장

그가 일반인으로든 아니면 공무를 집행하는 사람으로든 어쨌든 그가 하
는 모든 행동들은 본성적으로 야수와 같았다. 그는 인간영혼 마을의 일반적
인 사람들에게는 그다지 비열한 짓들을 하지 않았다. 하지만 마을의 멸망을
보고 슬퍼하는 자들에게는 더욱더 비열한 짓들을 저질렀다. 그것은 그가 선
한 냄새는 낼 수 없었고 악한 냄새만 낼 수 있었기 때문이다.

서기관의 이름은 망선(忘善, Forget-good)이었다. 그는 아주 유감스러운 친구
였는데, 악한 일들만 기억했다가 그것을 매우 즐겁게 저질렀기 때문이다. 그
는 본성적으로 상처를 주는 일들만 하는 경향이 있었다. 인간영혼 마을 사
람들에게 해를 끼칠 뿐만 아니라 거기에 거하는 모든 이들에게도 해를 끼쳤
다. 이런 사람들이 공직을 맡았으니, 이 두 사람은 권력과 수완과 본보기와
사악한 미소로, 마치 문법을 가르치듯 일반인들의 마음에 조금씩 스며들게
하여, 결국 그들의 마음에 자신의 해로운 방식들이 자리 잡게 하였다. 높은

The Holy War.

육욕이 시장이 되다

자리에 있는 사람들이 사악하게 타락했을 때, 그런 자들이 살고 있는 모든 지역과 나라들도 타락하게 된다는 것을 도대체 누가 모르겠는가?[1]

디아볼루스는 이 두 사람 외에도 인간영혼 마을의 자치 위원과 의원들을 두었다. 그는 필요할 때마다 마을에서 사람들을 뽑아 장교와 장관, 행정관 등의 역할을 맡겼다.

디아볼루스가 세운 새 의원들 소개

주요 인사들의 이름은 다음과 같았다. 불신 씨(Mr. Incredulity), 거만 씨(Mr. Haughty), 욕설 씨(Mr. Swearing), 매춘 씨(Mr. Whoring), 완악한 마음 씨(Mr. Hard-

---

1) 생각들 — 원주

heart), 무자비 씨(Mr. Pitiless), 격분 씨(Mr. Fury), 비진리 씨(Mr. No-truth), 항상 거
짓말 씨(Mr. Stand-to-lies), 거짓 평화 씨(Mr. False-peace), 술 취함 씨(Mr.
Drunkenness), 속임수 씨(Mr. Cheating), 무신론 씨(Mr. Atheism) 등, 총 13명이었다.
이 무리들 가운데 불신 씨가 최고 연장자였고, 무신론 씨가 가장 나이가 어
렸다.

　이 외에도 토지 관리인과 부사관과 치안관을 포함한 일반 의원들과 그 밖
의 사람들이 선출되었다. 이들은 모두 앞서 선출된 자들의 아버지거나 형제,
또는 사촌이나 조카들이었다. 그들의 이름은 시간 관계상 생략하고자 한다.

디아볼루스가 지은 세 개의 요새, 그 요새들의 이름과 책임자들의 이름

　거인은 이렇게 자신이 하고자 하는 일을 하면서, 이번에는 마을에 몇 개의
요새를 지어야겠다고 생각했다. 그리하여 난공불락(難攻不落)으로 보이는 세
곳에 요새를 지었다. 첫 번째 요새를 그는 '반항 요새'(Hold of Defiance)라고
불렀다. 왜냐하면 그 요새는 모든 마을 사람들에게 명하여, 옛 왕이 가르쳐
준 지식을 간직하지 못하도록 하려고 만들어진 요새였기 때문이다.

　두 번째 요새는 '한밤중 요새'(Midnight-hold)라고 불렸는데, 그 요새는 인간
영혼 마을 사람들이 참된 지식을 갖지 못하게 할 의도로 지어졌기 때문이다.
그리고 세 번째 요새는 '달콤한 죄악 요새'(Sweet-sin-hold)로 불렸는데, 이 요
새로 인해 선을 바라는 모든 갈망에서 인간영혼 사람들을 차단할 수 있었기
때문이다. 세 개의 요새들 가운데 첫 번째 요새인 '반항 요새'는 눈문 가까
이에 지어졌는데, 많은 빛이 통과하는 눈문을 막아 주변을 어둡게 만들었다.
두 번째 '한밤중 요새'는 오래된 성 옆에 견고히 세워졌는데, 그 요새는 가
능한 한 성의 그림자로 인해 더욱더 눈앞이 보이지 않게 하려고 지은 것이었
다. 그리고 세 번째 요새인 '달콤한 죄악 요새'는 시장이 있는 광장에 세워
졌다.

　디아볼루스는 첫 번째 반항 요새의 책임자로 가장 악독한 신성 모독자인
'하나님 증오'(Spite-god)를 세웠다. 디아볼루스는 처음에 인간영혼을 대적하

기 위하여 많은 병사들과 함께 왔었는데, '하나님 증오'는 그들 가운데 한 명
이었다. 디아볼루스는 한밤중 요새의 책임자로 '빛 질색'(Love-no-light)을 세
웠다. 이 사람도 인간영혼 마을에 처음으로 올 때 함께 한 무리 중에 있었다.
그리고 달콤한 죄악 요새에도 책임자를 세웠는데, 책임자의 이름은 '육신
사랑'(Love-flesh)이었다. 이 사람은 아주 추잡한 자로서, 앞서 두 책임자들의
출신 지역과는 다른 지역 출신이었다. 그는 하나님의 낙원에서 달콤함을 찾
기보다는 오히려 정욕을 채우면서 달콤함을 느끼는 자였다.

디아볼루스는 이제야 안전하다고 생각했다. 그는 인간영혼을 장악했으
며, 그 안에 요새를 만들었다. 게다가 옛 관리들을 파면하고 새 관리들을 세
웠으며, 샤다이 왕의 형상을 파괴하고 자신의 형상을 세웠다. 그러고는 옛
법이 적힌 책들을 없앤 후에, 자신의 헛된 거짓말들을 장려하였다. 그는 자
신을 위해 새로운 치안관들을 세웠고 새로운 의원들을 임명하였다. 그는 자
신을 위해 새 요새들을 지었고 사람들을 배치하였다. 그는 이 모든 것을 자
신의 안전을 위해 마련했다. 왜냐하면 선한 샤다이 왕이나 그의 아들이 공
격해올 경우를 대비해야 했기 때문이다.

제3장

거룩한 전쟁 이야기 〈 A RELATION OF THE HOLY WAR

샤다이 왕의 대응

내용 — 샤다이 왕의 궁에 전해진 혁명의 소식 — 이 반역에 대한 그분의 대노(大怒) — 인간영혼을 회복하시려는 그분의 은혜로운 계획 — 이를 선포하는 몇 가지 공고들 — 이 계획을 알지 못하게 하려는 디아볼루스의 수작 — 인간영혼 마을을 확고히 하고 샤다이 왕의 복귀를 막으려는 디아볼루스의 계략

우주라는 땅 안에 있는 샤다이 왕의 인간영혼 마을이 어떻게 정복자의 손에 넘어갔는지, 한때는 왕의 종이었던 거인 디아볼루스가 어떻게 변절자가 되어 왕을 대적하는 반란을 일으켰는지, 그 반란은 온전히 디아볼루스 자신을 위한 것이라는 소식 등이 누군가를 통해 선한 샤다이 왕에게 전해졌다.

인간영혼에서 벌어진 일들이 왕궁에 전해지다

이와 관련된 소식들이 왕에게 전해지고 소상한 내막까지 보고된다는 것은 아주 당연한 일이었다.

단순하고 순진한 인간영혼 마을 백성들에게 디아볼루스가 치밀한 계략과 거짓말과 간사한 꾀로 접근했다는 소식, 그리고 믿을 수 없는 일이지만 의롭고 고귀하며 용감한 그 마을의 저항 장군이 다른 사람들과 함께 성문 위에 서 있을 때 살해당했다는 소식, 그리고 용감한 무흠 경이 쓰러져 죽었는데, 그의 죽음에 대해서 어떤 사람은 너무 슬퍼서 그랬다고 하기도 하고, 또 어떤 사람은 악한 휴식이 숨 쉴 때마다 내뿜는 악취 때문에 죽었다고도 하지

만, 어쨌든 공의로운 주님이자 합당한 왕이신 샤다이의 말씀을 듣던 무흠 경이 악한 휴식 같은 추악한 디아볼루스 추종자의 입에서 나오는 것으로 죽게되었다는 소식 등이 보고되었다. 보고자는 악한 휴식이 자기 주인인 디아볼루스를 대신하여 마을 사람들에게 짧은 연설을 했고, 그 후 단순한 마을 사람들은 자기들이 들은 말이 모두 사실인 줄 믿고, 그 자치 지역의 주요 문인 귀문을 디아볼루스와 그 부하들에게 한 마음으로 열어주어, 이 유명한 인간영혼 마을이 점령되도록 했다는 소식도 전했다. 보고자는 디아볼루스가 시장과 양심 서기관을 어떻게 대우했는지, 즉 그들이 지닌 모든 지위를 박탈하여 권위와 신임을 얻지 못하게 한 것과, 자유의지 경이 변심하여 심한 변절자이자 반역자가 된 것, 그리고 그의 비서인 마음 씨도 반역했으며, 이 두 사람이 온 마을 사람들을 선동하여 반역의 악한 길을 가도록 가르쳤다는 소식을 전했다. 이와 함께 보고자는 자유의지가 큰 신임을 얻게 되었고, 그로 인해 디아볼루스가 특별히 자유의지의 손에 인간영혼 마을의 모든 요직들을 맡겼으며, 욕정 씨가 자유의지 경의 대리인이 되어 가장 강력한 반역의 동조자가 되었다는 소식을 전했다. 또한 보고자는 괴물 같은 자유의지 경이 샤다이 왕을 공개적으로 부인하면서, 디아볼루스에게 믿음과 충성을 맹세하는 끔찍한 일을 저질렀다고 보고하였다.

계속해서 보고자는 다음과 같이 전했다. "이 모든 일 외에도, 한때는 유명해서 주목을 받았지만 지금은 멸망의 길에 들어선 인간영혼 마을의 새로운 왕, 즉 반역한 군주라고 하는 것이 더 적절한 디아볼루스는 자기의 소유가 된 이 마을에 시장과 서기관을 세웠습니다. 시장으로는 욕망 경(Lord Lus-tings)을 임명했고, 서기관으로는 망선 씨(忘善, Mr. Forget-good)를 임명했는데, 이 두 사람은 인간영혼 마을 사람들 중에 가장 사악한 자들입니다." 이 신실한 보고자는 디아볼루스가 마을을 새로운 자치 지역으로 만들기 위해 몇 개의 요새와 탑과 성채들을 새로 지었다고 말했다. 보고자는 또한 나도 거의 잊고 있었던 사실, 즉 인간영혼 마을 사람들의 왕이었던 샤다이가 예전처럼 그들의 복종을 요구할 목적으로 다시 공격해 올 것을 철저히 대비하기 위해 그 마을을 어떻게 무장시켰는지에 관해서도 언급했다.

소식을 전하는 이 보고자는 사적인 자리가 아닌 왕궁 안의 공개적인 자리에서 보고하였다. 그리하여 왕과 그의 아들, 고관들과 주요 장군들, 귀족들과 그 자리에 있던 모든 자들이 이 소식을 함께 들었다.

왕궁에서 이 소식을 들은 이들의 슬픔

이 이야기를 들은 모든 자들은 마치 이 모든 것을 눈으로 직접 본 사람들처럼 놀라고 슬퍼하며 근심에 싸였다. 거기 있던 사람들은 후회하는 마음으로 이제는 점령당한 그 유명한 인간영혼 마을을 생각하였다. 하지만 왕과 그의 아들은 이 모든 것을 오래 전부터 미리 내다보고 있었다. 그리고 이 두 분은 인간영혼 마을을 구원할 대책도 세워두고 있었다. 이와 관련해서 어느 누구에게도 말은 하지 않았지만 말이다. 그럼에도 불구하고 그분들도 인간영혼에 닥친 참상에 대해 애도를 표하고, 인간영혼을 잃은 것에 대해 극도로 슬퍼하셨다. 샤다이 왕은 분명히 "마음에 근심하셨고"(창 6:6), 그분의 아들도 아버지와 함께 근심하셨음을 여러분은 확실히 알 수 있을 것이다(창 6:5-6). 인간영혼 마을에 대한 그분들의 사랑과 안타까움은 주위 모든 자들에게 분명히 전해졌다.

왕과 그의 아들은 궁정의 사실(私室)로 물러나 거기서 예전에 세운 자신들의 계획에 대해 다시 논의하였다. 즉, 인간영혼은 때가 될 때까지 점령상태로 내버려 두었다가 다시 회복시키겠다는 계획을 논의했던 것이다.[1) 여기서 말하는 회복은 왕과 그 아들이 이 계획을 통해 영원한 명성과 영광을 얻게 되는 것을 뜻했다.

하나님의 아들

샤다이 왕의 아들은 다정하고 아름다운 분으로, 고난 받는 자들에 대해 항

---

1) 그분의 은밀한 목적 — 원주

상 큰 애정을 갖고 계셨지만, 디아볼루스에 대해서는 마음에 큰 원한을 갖고 계셨다. 디아볼루스가 애초부터 이 아들의 면류관과 위엄을 노리고 있었기 때문이다. 샤다이 왕의 아들은 아버지와 함께 논의한 후에, 아버지와 손을 잡고서,[2] 자기 종들로 하여금 인간영혼 마을이 다시 회복되도록 하겠다고 약속하셨다. 그분은 결심한 것에 변함이 없으며, 그 결심에 대해 결코 후회하지 않는(사 49:5; 딤전 1:15; 히 13:14) 분이셨다.

인간영혼 마을을 위한 담대한 계획이 착수되다

이 언약의 내용은 다음과 같았다. 즉, 두 분에 의해 앞서 정해진 때가 되면, 샤다이 왕의 아들은 우주라는 땅에 임하여, 거기서 정의와 공평으로 인간영혼의 어리석음을 회개하게 하고, 그들의 군주인 디아볼루스로부터 완전히 해방될 수 있는 기반을 마련하겠다는 약속이었다.

또한 임마누엘 왕자는 적절한 때가 되면, 인간영혼 마을을 장악하고 있는 거인 디아볼루스에 대해 전쟁을 감행하여, 그의 요새와 소굴에 있던 그를 강한 손으로 이끌어 내서 그가 거처로 삼고 있던 곳에서 완전히 내쫓기로 결정하셨다.

이런 결정이 내려지자, 그분은 수석 비서 경(Lord Chief Secretary)에게 명령을 내려, 결정된 바를 깨끗이 기록하여 우주 왕국 모든 구석에 공포하게 하였다. 공포된 내용을 간략하게 요약하면 다음과 같았다.

"모든 우주 왕국 관계자들은 알지어다. 위대한 왕이신 샤다이 왕의 아들이 아버지의 인간영혼 마을을 그분에게로 되찾아오기로 아버지와 함께 언약으로 확약하셨다. 비길 데 없는 사랑의 능력으로 디아볼루스에게 사로잡힌 인간영혼 마을을 되찾아, 예전보다 훨씬 더 행복하고 좋은 상태로 만들기로 약속하셨다."

선포된 공고문은 여러 곳으로 퍼져나갔고, 급기야 폭군 디아볼루스까지

2) 손을 잡는다는 것은 "동의하다, 계약을 맺다, 보증을 서다"(잠 17:18)라는 뜻을 담고 있다 — 원주

알게 되었다. 그는 "이제부터 내게도 괴로움이 시작되는구나. 나의 거처도 빼앗기겠구나"라고 하면서 크게 괴로워하였다.

한편 이 일이 왕궁에서 처음으로 거론되자, 거기에 있던 고관들과 주요 장군들과 귀족들은 이 일에 모두 긍정적인 관심을 표하였다. '이 일'은 왕과 그분의 아들이 논의하여 정한 인간영혼 마을 탈환 계획을 뜻한다.

처음에 그들은 이 일에 대해 서로 속삭였지만 나중에는 이 일이 왕궁 전체에 두루 퍼지기 시작했다. 그들은 왕과 그 아들이 비참한 인간영혼 마을을 위해 착수한 그 영광스러운 계획에 놀라지 않을 수 없었다. 대신들은 왕이나 왕국을 위해 할 수 있는 별다른 일이 없었다. 그들이 할 수 있는 일이라고는 왕과 아들이 인간영혼 마을을 위한 그 사랑을 소문내는 일밖에 없었다.

대신들과 고위 장군들과 고관들은 이 소식을 왕궁에서만 알게 할 수 없었다. 그들은 이와 관련된 공고문이 채 완성되기도 전에 스스로 우주로 나아가 이 소식을 전했다. 그리하여 마침내 이 소식은 앞서 말한 대로 디아볼루스의 귀에도 들리게 되었다.

디아볼루스의 몇 가지 결정사항들

그는 이 소식을 듣고 매우 불쾌했다. 충분히 예상할 수 있듯이, 자기를 대적하고자 하는 이 계획에 대해 디아볼루스는 당황해했다. 하지만 그는 마음속으로 몇몇 생각을 해내더니 이윽고 다음과 같은 네 가지 사항을 결정했다.

첫째, 복된 소식이라 일컬어지는 이 소식이 가능하면 인간영혼 마을 사람들 귀에 들어가지 않도록 하는 것이었다.

디아볼루스가 이런 결정을 내린 것은 다음과 같은 생각이 들었기 때문이다. "만약 마을 사람들이 예전의 왕인 샤다이와 그 아들인 임마누엘이 인간영혼 마을을 위한 선한 계획을 구상했다는 사실을 알게 된다면, 내 수중에 있는 인간영혼 마을은 나의 통치에 반발하여 샤다이 왕에게로 되돌아갈 것이 당연하지 않은가?"

그래서 디아볼루스는 자신의 결정을 실행하기 위해 아첨꾼인 자유의지 경에게 찾아가, 마을의 모든 문들을 밤낮으로 경계하도록 엄하게 명령하였다. 특히 귀문과 눈문을 잘 지키도록 당부하였다. 디아볼루스는 말했다. "나는 한 음모를 들었소. 그것은 인간영혼을 기필코 다시 처음의 속박상태로 만들어, 우리 모두를 반역자로 만들려는 음모로 알고 있소. 나는 그 음모가 낭설(浪說)에 불과했으면 하오. 어쨌든 그런 소문이 어떤 경로를 통해서라도 인간영혼 마을에 들어오게 해서는 안 될 것이오. 그런 소문으로 마을 사람들이 낙담하게 해서도 안 될 것이오. 자유의지 경! 내 생각에 그 소문은 당신도 좋아할 만한 소식이 아닐 것이오. 물론 내게도 좋은 소식이 아니오. 그러니 지금 내 생각으로는 우리 모두가 지혜를 모으고 총력을 기울여, 우리 백성들을 걱정하게 만드는 그런 소문을 사전에 기필코 차단해야 한다는 것이오.

그러므로 자유의지 경! 이 문제에 있어서는 당신이 내가 말하는 대로 따라주기를 바라오. 마을로 통하는 모든 문들의 경계를 날마다 강화하시오. 멀리서 교역을 위해 마을로 들어오는 사람들을 당신은 유의해서 보고, 그들을

성문을 경계함

멈추게 한 다음 잘 살펴보시오. 그들 중 만약 우리의 특별한 다스림에 호의를 갖지 않은 자를 당신이 분명히 감지하게 된다면, 그는 절대로 인간영혼 마을에 들여보내서는 안 될 것이오.

인간영혼 마을에서 억압받는 모든 좋은 생각들과 말들

그리고 암행하는 자들을 세워서 그들이 인간영혼 마을을 쉬지 않고 돌아다니게 하시오. 그리고 그들이 우리를 대적하는 음모를 꾸미거나 샤다이와 임마누엘의 계획을 지껄이는 자들을 발견하면, 그런 자들을 제압하거나 멸할 수 있는 권한까지 그들에게 부여하시오. 이것이 나의 명령이오."

이 명령은 그대로 실행되었다. 자유의지 경은 주인이자 스승인 디아볼루스의 말에 귀 기울여, 그의 명령을 자발적으로 수행했다. 그는 할 수 있는 한 부지런히 최선을 다해서 아무도 마을 밖으로 나가지 못하게 하였으며, 외부에서 마을 안으로 들어오는 자들도 심문하여 밖의 소식들을 인간영혼 마을로 가지고 들어오지 못하게 하였다.

둘째, 그 다음으로 디아볼루스가 하고자 한 일은, 새로운 맹세와 끔찍한 언약을 만들어 이것을 인간영혼 마을 사람들에게 강요하여, 마을 사람들을 조금도 요동하지 못하게 하는 것이었다. 그들이 세운 맹세는 이런 것이었다. "그들은 디아볼루스와 그의 통치를 저버려서는 안 되고, 그를 배신해서도 안 되며, 그의 법을 개정하려고 해서도 안 된다. 다만 그를 자신의 합당한 왕으로 삼고 고백하고 지지하고 인정해야 하며, 현재 혹은 미래에 법이나 직함이나 그 밖의 어떤 것으로 문제를 삼으면서 인간영혼 마을에 대한 권리를 주장하는 그 어떤 세력도 배격한다." 이들은 스스로 사망과 언약하였고 스올과 맹약하였은즉(사 28:15), 샤다이 왕도 이 언약으로부터 그들을 벗어나게 할 능력이 없을 것이라고 디아볼루스는 생각하는 것 같았다. 어리석은 인간영혼 마을 사람들은 이 극악무도한 모든 계약에 대해 전혀 주저하거나 놀라지 않았다. 오히려 그들은 이 계약을 고래 입 안에 있는 작은 물고기처럼 아주 하찮은 것으로 여기면서, 씹어볼 생각조차 하지 않고 단숨에 그 계약을 삼켜 버렸다. 그들이 이 계약 때문에 고민했겠는가? 그들은 전혀 고민하지 않았다. 오히려 그들은 거짓 왕인 그 폭군에게 대담한 충성심을 보이는 것이 자랑이나 명예라도 되는 듯, 새로운 왕이 온다고 해도 현재의 왕을 절대로 버리거나 바꾸지 않겠다고 맹세하였다.

셋째, 이렇게 해서 디아볼루스는 가련한 인간영혼 마을 사람들을 자기에게 단단히 묶어놓을 수 있었지만, 그래도 그는 자신이 충분히 강하지 못하다는 생각에 마음이 놓이지 않았다. 그래서 그는 또 다른 계략을 꾸몄다. 그 계략은 인간영혼 마을 사람들을 할 수 있는 한 더욱더 타락시키는 것이었다.

이를 위해 그는 가증스럽고 역겨우며 음탕한 짐승 같은 오물 씨(Mr. Filth)의 도움을 받기로 하였다. 디아볼루스는 그로 하여금 무언가를 쓰도록 하여 그것을 성문 위에 붙이게 하였다. 그뿐만 아니라 오물 씨는 인간영혼 마을의 참되고 진실한 사람들이 그 어떤 음탕한 욕망을 가진다 해도, 그것을 부추기고 허가해 주어, 그 누구도 마을 사람들에게 개입하여 그들의 타락을 막거나 통제할 수 없게 하였다. 그렇게 개입했다가는 그들의 왕인 디아볼루스를 불쾌하게 할 수도 있었기 때문이다.

디아볼루스가 이런 일을 행한 데는 다음과 같은 이유가 있었다.

우선, 인간영혼 마을 사람들이 약해질수록, 설령 그들의 구원이 계획되어 있다는 소식을 듣는다 해도, 그 진리의 소식을 믿거나 바라거나 동의하기가 더욱더 힘들어질 것이라는 생각이 들었기 때문이다. 중한 죄인일수록 긍휼히 여김을 받을 소망의 근거가 더욱더 줄어들 것이라는 계산이었다. 또한, 혹시 샤다이 왕의 아들인 임마누엘이 인간영혼 마을 사람들의 이 끔찍하고 추잡한 일들을 보게 된다면, 비록 그가 그들을 구원하겠다는 언약을 체결했다 해도, 그 언약을 후회할지도 모른다는 생각이 들었기 때문이다. 샤다이 왕은 거룩한 분이고, 그의 아들인 임마누엘도 거룩한 분이라는 사실을 디아볼루스도 잘 알고 있었다. 특히 이 사실과 관련해서 그에게는 뼈아픈 경험이 있었다. 디아볼루스 자신이 가장 높은 자리에서 쫓겨난 이유가 바로 그가 저지른 죄와 부정이었기 때문에, 그는 죄악이야말로 인간영혼을 타락시키기에 가장 합당한 것이라고 결론을 내렸던 것이다.

하지만 이마저 소용없으면 어떡하나 하는 두려움으로 그는 또 다른 음모를 생각하고 있었다. 그것은 간단히 말하자면 다음과 같았다.

넷째, 인간영혼 마을 사람들의 마음을 사로잡기 위해서, 샤다이 왕은 군대를 이끌고 올 것인데, 실제로 이 군대는 인간영혼 마을을 전복시키고 완전히 파괴하러 오는 것이라고 소문을 내기로 했다. 디아볼루스는 이 소문을 무성하게 퍼뜨려, 구원받고자 하는 모든 이들의 귀에 들리게 하였다. 그는 자기가 먼저 이 소문을 퍼뜨린다면, 시간이 지나면서 모든 사람들이 소문에 완전히 넘어갈 것이라고 생각하였다. 그래서 인간영혼 마을 사람들은 자신들이 구원을 받아야 한다는 말을 들을 때, 이 말의 참된 뜻은 샤다이 왕이 자신들을 파괴할 목적으로 온다는 것으로 받아들일 것이라고 디아볼루스는 생각했다. 디아볼루스는 모든 마을 사람들을 시장이 있는 광장[3]으로 불러 모아, 거기서 교활한 입술로 다음과 같이 연설하였다.

디아볼루스의 연설

"친애하며 내가 참으로 좋아하는 친구인 여러분, 여러분도 알고 있는 바와 같이, 여러분은 모두 나의 합법적인 백성들이며, 유명한 인간영혼 마을의 사람들입니다. 내가 여러분과 함께 한 첫날부터 지금까지 내가 여러분 가운데서 어떤 일을 하였는지, 나의 통치로 여러분이 얼마나 많은 자유와 큰 특권들을 누렸는지 여러분은 잘 알 것입니다. 이런 자유와 특권들은 여러분의 명예일 뿐만 아니라 내게도 명예이며, 또한 여러분의 만족과 즐거움이 되기를 바랍니다. 명예로운 나의 인간영혼이여, 지금 밖에서는 성가신 소문들이 들리고 있습니다. 그것도 이 인간영혼 마을과 관련된 소문들이 나돌고 있습니다. 그에 대해 저는 여러분을 대신해 유감의 뜻을 표합니다. 나는 루시퍼 경(Lord Lucifer)으로부터 방금 전에 소식을 들었습니다. 루시퍼 경은 자신의

3) 듣고 이해하는 장소 — 원주

탁월한 지혜를 사용하여, 여러분의 옛 왕인 샤다이 왕께서 여러분을 대적하여 군대를 모아, 여러분을 완전히 파멸시키기 위해 오신다는 소식을 알게 되었다고 합니다. 오, 인간영혼이여, 나는 이 일로 지금 여러분을 이 자리에 모이게 한 것입니다. 간단히 말해서, 이처럼 중요한 시기에 어떻게 행동하는 것이 최선인지를 여러분과 의논하기 위해서 여러분을 소집한 것입니다. 나에 대해 말하자면, 내 몸은 스스로 쉽게 변할 수 있습니다.[4] 그래서 한편으로 나는 나의 인간영혼은 모든 위험에 내버려 둔 채, 자신의 안일만을 추구하려고도 생각해 보았습니다. 하지만 내 마음이 여러분과 매우 단단히 결합되어 있어서, 도저히 여러분을 떠날 수가 없었습니다. 그러니 내게 어떤 위험이 닥친다 해도, 나는 여러분과 생사고락(生死苦樂)을 함께 할 것입니다. 오, 나의 인간영혼이여, 여러분은 지금 무슨 말을 해야겠습니까? 여러분은 여러분의 오랜 친구를 저버리겠습니까, 아니면 나와 함께 하겠습니까?" 그러자 사람들은 이구동성으로 "디아볼루스와 함께 하지 않는 자는 반드시 죽임을 당하리라"고 크게 외쳤다.

디아볼루스는 말을 이어갔다. "우리가 목숨을 바라는 것은 헛된 일입니다. 왜냐하면 이 샤다이 왕은 목숨을 살려줄 줄 모르는 자이기 때문입니다. 아마도 그는 처음엔 우리 앞에 앉아서 목숨을 살려줄 듯 말하며 자비를 베푸는 척할 것입니다. 하지만 그것은 별 다른 수고 없이 좀 더 편하게 인간영혼의 주인이 되고자 하는 그의 수작일 뿐입니다. 그러니 여러분은 그가 무슨 말을 하든, 한 마디도 믿지 말기를 바랍니다. 그가 하는 말은 모두 우리를 속여 정복하고자 하는 말일 뿐입니다. 결국에 그는 우리를 피투성이가 되어 나뒹굴게 하고, 무자비한 승리의 전리품으로 삼을 것입니다. 그러므로 내 생각에는 그가 제시하는 어떤 조건들도 믿지 말고, 최후의 한 사람까지 그에게 저항하겠다는 결심을 해야 할 것입니다. 만약 그에게 조금이라도 문을 열게 되면, 그 좁은 문틈으로 우리에게 위험이 닥칠 것입니다. 우리의 목숨이 달

---

4) 디아볼루스는 큰 뱀인 용의 모습으로 변장하여 인간영혼에 들어왔다 — 역주

인간영혼 마을 사람들에게 무장하도록 선동하는 디아볼루스

린 문제인데, 그런 사탕발림에 넘어가서야 되겠습니까? 나는 여러분이 정치에 대해 조금이라도 더 알아서, 여러분이 종노릇하게 되는 비참한 삶을 살지 않았으면 하는 바람입니다.

샤다이 왕이 우리를 정복하고 나서, 우리 중 몇몇 사람의 목숨을, 그것도 인간영혼 마을에서 하층민의 목숨을 살려준다고 가정해 봅시다. 그렇다 한들, 그것이 이 마을의 고관들인 여러분에게 무슨 도움이 되겠습니까? 특히 나에 대한 지극한 충성으로 내가 세워 귀인(貴人)이 된 여러분에게는 더더욱 무슨 도움이 되겠습니까? 또한 샤다이 왕이 여러분 모두의 목숨을 살려준다고 가정해 봅시다. 그러면 틀림없이 여러분은 예전처럼 속박되어 종살이를 하게 될 것이며, 어쩌면 예전보다 더 열악한 환경에 처할지도 모르는데, 이 또한 여러분의 인생에 무슨 유익이 되겠습니까? 여러분은 샤다이 왕과 함께 살면서, 지금 여러분이 누리고 있는 쾌락을 누릴 수 있겠습니까? 그럴 수 없을 것입니다. 절대로 그럴 수 없을 것입니다. 틀림없이 여러분은 여러분을 옭아매는 법들에 속박되어, 현재 여러분이 싫어하는 것들을 다시 해야 하는 처지가 될 것입니다. 나는 지금 여러분을 위해 이런 말을 하는 것입니다. 만약 여러분도 나를 위한다면, 이처럼 비참한 종살이를 하느니 차라리 장렬하게 전사하는 것이 더 나을 것입니다. 감히 말하건대, 현재 인간영혼 마을에서 누리고 있는 생활과 비교해 본다면, 종살이는 결코 좋은 생활이 아닐 것입니다.

가련한 인간영혼을 대적해 지금도 불어대는 저 샤다이 왕의 나팔 소리에는 피, 피, 온통 피의 소리뿐입니다. 그러므로 걱정하는 마음으로 기도하십시오. 내 귀에는 그가 진군해 오는 소리가 들립니다. 여러분은 무장하십시오. 지금 여러분이 한가할 때, 나는 여러분에게 몇 가지 전술을 가르쳐 주고자 합니다. 내가 무기를 가지고 있으니, 이 무기로 여러분은 무장을 하십시오. 내가 가진 무기는 인간영혼 마을 사람들이 머리부터 발끝까지 무장하기에 충분한 양입니다. 그러므로 여러분이 무기들을 구비해서 여러분 몸에 잘 고정한다면, 샤다이 왕의 어떤 공격에도 해를 입지 않을 것입니다.

여러분은 언제든 나의 성으로 와서, 여러분을 위해 전쟁을 준비하십시오. 거기에는 투구, 호심경(護心鏡), 칼과 방패, 그리고 기타 무기들이 있습니다. 여러분은 이 무기들을 가지고 대장부답게 싸울 수 있을 것입니다.

첫째, 나의 투구는 머리에 쓰는 모자로도 불리는데, 이 투구는 여러분이 지금 어떠한 삶을 살더라도 종국에는 모든 것이 잘 될 것이라는 소망을 줍니다. 이 투구를 써 봤던 사람들은 마음으로 사악한 길을 걸으면서 "목마름에 술 취함을 더하려 할지라도"(신 29:19, KJV) 평안을 가질 수 있었다고 말했습니다. 이 무기는 이렇게 능력이 입증된 것으로, 누구라도 쓸 수 있습니다. 이것을 쓴 자는 화살이나 단도(短刀), 칼이나 방패 등 그 어떤 것으로도 해를 당하지 않을 것입니다. 그러므로 나의 인간영혼 사람들이여, 이 무기를 지니십시오. 그러면 여러분은 많은 공격을 받아도 끄떡없을 것입니다.

둘째, 나의 호심경은 가슴에 덧대는 쇠로 만든 널빤지입니다. 이것은 내 나라에 있을 때, 내가 쇠를 불려서 만든 것으로, 나의 모든 병사들은 이것으로 무장하고 있습니다. 쉽게 말해서 이 호심경은 완악한 마음입니다. 돌처럼 아무것도 느끼지 못하며, 쇠처럼 딱딱한 완악한 마음이지요. 만약 여러분이 이것으로 가슴을 보호한다면, 그 어떤 자비도 여러분을 이기지 못하며, 그 어떤 심판에도 여러분은 놀라지 않게 될 것입니다(계 9:9). 그러므로 이 무기는 샤다이 왕을 증오하는 우리 모두가 나의 깃발 아래 그를 대적하면서 착용해야 할 가장 필수적인 무기입니다.

셋째, 나의 칼은 지옥 불이 붙은 혀입니다(시 57:4). 이 혀를 연마하여 우리는 샤다이 왕과 그의 아들과 그의 법과 백성들을 향하여 독한 말로 겨눌 수 있습니다(시 64:3). 여러분은 이 칼을 사용하십시오. 이 칼은 지금까지 수천 번도 넘게 그 효능이 입증된 무기입니다. 그러므로 이 칼을 가지고 내가 일러준 대로 바르게 사용하는 자는 결코 나의 원수들에게 지지 않을 것입니다 (약 3:3-5).

넷째, 나의 방패는 불신앙입니다. 말씀의 진리에 대해 질문을 제기하거나, 샤다이 왕이 사악한 자들을 위해 정해 놓은 심판에 대해 말한 것을 모두 의심하는 것입니다. 여러분은 이 방패를 사용하십시오(욥 15:26). 이 방패는 지금까지 여러 번 사용되었기 때문에, 때로 이 방패에 흠집이 생긴 것도 사실입니다(시 76:3). 그러나 나의 종들을 대적한 임마누엘 왕자의 전쟁 기록을 보면, 사람들의 불신앙 때문에 그는 더 이상 아무 권능도 행할 수 없었다고 증언합니다(막 6:5-6). 자, 그러니 이 무기를 제대로 사용하기 위해서는 어떤 말이 언급되든, 누가 그 말을 하든, 설령 그 말들이 진리라 해도, 그 말들을 믿어서는 안 됩니다. 누가 심판을 말한다 해도, 그 말에 신경 쓰지 마십시오. 누가 긍휼을 말한다 해도, 그 말에 신경 쓰지 마십시오. 누가 인간영혼을 위해 무언가를 하겠다는 약속과 맹세를 해도, 돌이키면 화가 아니라 유익이 있다 해도, 그런 말들에 결코 귀 기울여서는 안 됩니다. 모든 진리를 의심하십시오. 이렇게 하는 것이야말로 이 불신앙의 방패를 바르게 휘두르는 것이며, 나의 종들도 그렇게 하고 있기 때문입니다. 혹시라도 이 방패를 이와 다르게 이용하는 자가 있다면, 그는 나를 사랑하는 자가 아니며, 나 또한 그를 나를 대적하는 자로 여길 것입니다.

다섯째, 내게는 또 하나의 탁월한 병기가 있습니다. 그것은 기도하지 않는 벙어리 영입니다. 긍휼을 구하는 부르짖음을 조롱하는 영이지요. 나의 인간 영혼 마을 사람들이여, 여러분은 이 무기를 반드시 사용하십시오. 목숨을 구하기 위해 부르짖다니, 도대체 무슨 그런 짓을 합니까! 여러분이 내게 속해 있는 한, 결코 그래서는 안 됩니다. 나는 여러분이 굳센 사람들인 것을 알고 있습니다. 게다가 여러분은 지금 그 어떤 공격도 막아내는 무기로 확실히 무장하고 있습니다. 그러니 긍휼을 얻기 위해 샤다이 왕에게 부르짖는 그런 짓은 절대로 하지 마십시오. 이 모든 무기들 외에도, 내게는 큰 망치, 횃불, 화살, 죽음, 처형 등 휴대하기 좋은 무기들이 많이 있습니다."

디아볼루스는 이렇게 사람들을 무기들로 무장시킨 다음, 그들에게 다음과 같이 말하였다.

마을 사람들을 향한 연설에서 모든 것을 후원하는 디아볼루스

"내가 여러분의 합법적인 왕이라는 사실과, 여러분은 나와 나의 뜻에 충성할 것을 맹세하였을 뿐만 아니라 언약까지 체결하였다는 사실을 기억하십시오. 이 사실을 기억하고, 여러분이 강인하고 용맹스러운 인간영혼 마을의 사람이라는 것을 보여주기 바랍니다. 나는 여러분이 간구하지 않아도 항상 여러분에게 은혜를 베풀었습니다. 여러분은 이 점도 기억해 주기를 바랍니다. 나는 여러분에게 외형적인 것들, 즉 특권, 하사품, 면제, 이득과 명예 등을 주었습니다. 그러므로 여러분의 손에서 다시 충성을 요구할 때, 다시 말해 다른 이들이 와서 여러분에 대한 나의 통치권을 빼앗아 그들의 손아귀에 넣으려고 할 때, 그때야말로 사자와 같은 인간영혼 마을의 여러분이 나에 대한 충성심을 보일 절호의 기회이지 않겠습니까? 한 마디만 더 하고 말을 맺겠습니다. 우리가 이번 한 번만 참고 인내하면서 공격에 맞서 싸워 이긴다면, 조만간 이 모든 세상은 우리 것이 될 것입니다. 나는 이 사실을 믿어 의심치 않습니다. 그날이 오면, 나는 충성심을 발휘한 여러분을 왕들과 왕자들과 장군들로 세울 것입니다. 우리는 그때 얼마나 멋진 날을 누리겠습니까?"

디아볼루스는 이런 식으로 앞으로 있을 전쟁에 대비하여 인간영혼 마을에 있는 종들과 부하들을 무장시켰다. 그래서 선하며 합법적인 샤다이 왕을 대적하게 하였다. 그런 다음 그는 마을 문들에 있는 친위병들을 두 배로 늘렸으며, 자신의 요새로 삼은 성은 자신이 직접 맡았다.

그의 부하들도 결의를 드러내 보이기 위해 날마다 무장한 채, 가상으로 야비하고 용감한 전쟁연습을 하였으며, 서로서로 전술을 가르쳐 주었다. 그들은 원수들을 무시하고, 그들의 폭군을 찬양하는 노래를 부르기도 하였다. 또한 그들은 샤다이 왕과 그들의 왕 사이에 치열한 전쟁이 일어날 경우, 마땅히 취해야 할 태도를 강요하면서 마을 사람들을 협박하였다.[5]

5) 인간영혼 마을 사람들이 거인에게 충성을 보이다. — 원주

제4장

첫 번째 공격

내용 — 샤다이 왕은 보아너게, 가책, 심판, 집행 등 네 장군의 지휘 아래 인간영혼 마을을 진압하기 위해 사만 명의 군대를 보내어, 온 힘을 다해 주민들에게 말하게 했지만 별 성과가 없었다 — 디아볼루스, 불신, 망선과 다른 사람들이 항복하지 않도록 간섭하다 — 육십 명의 말을 듣지 못하는 자들과 함께 귀문을 지키는 편견

한편 선한 왕인 샤다이 왕은 거짓 왕인 디아볼루스의 폭정으로부터 인간영혼 마을을 되찾기 위해 군대를 보내려고 준비하고 있었다.

인간영혼을 회복하기 위해 군대를 준비하는 샤다이

하지만 왕은 자기 아들인 용감한 임마누엘이 먼저 개입하는 것보다 종들 가운데 몇을 먼저 보내어, 마을의 분위기와 샤다이 왕의 군대로 인해 마을 사람들이 참된 왕에게 과연 순종할 수 있을지를 우선적으로 파악하는 것이 좋겠다고 생각하였다.

그 군대는 4만 명이 넘는 진실한 병사들로 이루어져 있었다.[1] 그 군사들은 왕의 궁에서 온 자들이었고 그들 모두 왕이 친히 뽑은 자들이었기 때문이다.

네 장군들

그들은 네 명의 건장한 장군들의 지휘를 받아 인간영혼으로 진격해 들어

---

1) 하나님의 말씀들 — 원주

갔다. 각 장군들은 각기 만 명의 병사들을 통솔하였으며, 이 장군들의 이름
과 그들의 깃발은 다음과 같았다.

첫 번째 장군의 이름은 보아너게(Boanerges)였고, 두 번째 장군의 이름은
확신(Conviction)이었으며, 세 번째 장군의 이름은 심판(Judgment)이었고, 네 번
째 장군의 이름은 집행(Execution)이었다. 샤다이 왕이 인간영혼을 다시 탈환
하기 위해 보낸 장군들이 바로 이들이었다.

앞서 말한 바와 같이 인간영혼을 되찾기 위해서는 우선 이 네 명의 장군들
을 습격조로 보내는 것이 합당하다고 왕은 생각하였다. 사실 지금까지 그 왕
이 치른 전쟁들에서도 그는 이 네 명의 장군들을 선봉대로 파송하곤 하였다.
왜냐하면 이들은 아주 강하고 용맹하며 강인한 훈련을 받은 자들로, 전쟁의
돌파구를 찾고 노련한 검술로 뚫고 나아가는 장군들이었으며, 그들이 이끄
는 병사들도 그 장군들과 같았기 때문이다(시 60:4).

왕은 장군들 한 사람 한 사람에게 깃발을 하나씩 하사하였다. 이 깃발은
샤다이 왕이 인간영혼 마을을 소유할 합법적인 왕이라는 사실과, 그분의 선
한 의도를 만방에 드러내고 있었다.

첫 번째 보아너게 장군에게 만 명의 병사들이 주어졌다. 이는 그가 최고
사령관이었기 때문이다. 그의 기수는 우레 씨(Mr. Thunder)였다. 그는 검은 깃
발을 가지고 있었고, 그 깃발에는 세 개의 불붙는 번개 문양(紋樣)이 그려져
있었다(막 3:17). 두 번째 확신 장군에게도 만 명의 병사들이 주어졌다. 그의
기수는 애통 씨(Mr. Sorrow)라 불렀다. 그는 창백한 깃발을 가지고 있었으며,
그 깃발에는 펼쳐져 있는 불타는 율례(신 33:2 개역개정 이역[異譯] ― 역주) 문양
이 그려져 있었다. 세 번째 심판 장군에게도 만 명의 병사들이 주어졌다. 그
의 기수는 공포 씨(Mr. Terror)였다. 그는 붉은 깃발을 가지고 있었고, 그 깃발
에는 불타는 아궁이 문양이 그려져 있었다(마 13:40-41). 네 번째 집행 장군에
게도 만 명의 병사들이 주어졌다. 그의 기수는 공의 씨(Mr. Justice)였다. 그도
붉은색의 깃발을 가지고 있었으며, 그 깃발에는 도끼가 이미 나무뿌리에 놓
여 있는, 열매 맺지 않는 나무 문양이 그려져 있었다(마 3:10).

이 네 명의 장군들은 이미 말한 바대로 자신의 명령을 따르는 만 명의 병사들을 거느리고 있었다. 이 병사들은 모두 왕에게 진심으로 충성을 맹세한 자들로, 용맹하게 군사 행동을 감행하는 자들이었다.

어느 날 샤다이 왕은 장군들과 군대들과 그들의 병사들과 부하 장교들을 평지로 소집하여, 그들의 이름을 한 사람 한 사람 호명하고는, 그들에게 계급과 임무를 부여하며 전투 장비들을 갖추도록 지시하였다. 그들의 복장은 그들이 받은 계급과 임무에 따라, 그리고 때와 장소에 따라 달랐다. 그들은 모두 왕을 위해 충성을 다하리라 다짐하였다.

왕은 자기 군대를 소집하였다. 전쟁을 위해 무리들을 소집한 분이 바로 그 분이셨다. 그 왕은 모든 병사들이 듣고 있는 가운데 각 장군들의 책임과 명령권은 물론 갖가지 임무들도 부여하셨다. 그들은 그 임무를 신실하게 받들어, 용감하게 착수해 한 치의 실수도 없이 시행해야 했다. 그들이 받은 명령들은 각 장군들의 이름과 호칭, 지위, 계급 등에 따라 다소 차이가 있기는 했지만, 본질적으로는 동일하였다. 여기서 그들이 받은 명령의 내용을 간단히 설명하고자 한다.

샤다이 왕이, 보아너게 장군에게 명하는 인간영혼 마을 탈환 전쟁에 관한 명령

"오, 만 명의 용맹하고 충성스러운 나의 종들을 다스릴 강인하고 우레 같은 보아너게 장군, 나의 이름으로 명하니, 그대는 군대를 거느리고 비참한 인간영혼 마을로 진군하시오. 그대가 그곳에 이르면 먼저 그들에게 화평을 청하시오(마 10:11; 눅 10:5). 그리고 나서 그들에게 사악한 디아볼루스의 멍에와 통치를 벗어버리고, 그들의 합법적인 왕이며 주인인 나에게 돌아올 것과 디아볼루스가 점령한 인간영혼 마을에서 삼가 자신을 정결케 하도록 명하시오. 그런 다음 그대가 만족할 만큼 그들이 참으로 순종하고자 하는지 살펴보도록 하시오. 그대가 명령한 것을 그들이 진심으로 순복하였다면, 그대는 그대가 가진 최고의 능력을 발휘하여 그 유명한 인간영혼 마을에 나를 위한 요새를 만드시오. 다시 말하지만, 만약 그들이 나의 말에 순복한다면, 그 마을에서 움직이며 숨 쉬는 작은 미물(微物)이라도 그대는 해쳐서는 안 될 것이오. 오히려 그대는 친구나 형제처럼 그들을 대하도록 하시오. 그런 자들을 모두 나는 사랑할 것이며, 그들도 나를 귀히 여길 것이기 때문이오. 그대는 마을 사람들에게, 때가 되면 내가 그들에게로 가서, 내가 자비로운 왕인 것을 보여주겠다고 말해주시오(살전 2:7-10). 그러나 그대의 권위와 권면에도 불구하고, 그들이 저항하고 대적한다면 그대에게 명하노니 그대가 가진 모든 지략과 능력과 힘과 군대들을 총동원하여, 무자비한 능력의 손으로 그들을 멸하시오. 그대의 건승(健勝)을 바라오."

지금까지 장군들이 받은 명령들을 간단히 살펴보았다. 앞서 말한 바와 같이, 다른 충성스러운 장군들이 받은 명령도 본질적인 면에서 이와 동일하였다.

왕의 손에서 직접 왕의 권위로 각각의 명령들을 위임 받은 장군들은 그분의 목적과 부르심에 어울리는 용맹스러운 모습으로, 지정된 일시에 만나기로 한 장소로 집결하였다. 샤다이 왕으로부터 새로운 격려의 말을 들은 그들은 깃발을 펄럭이며, 그 유명한 인간영혼 마을을 향해 진군하기 시작했다.

행군을 준비하는 장군들

보아너게 장군이 선두에 서서 인도하였고, 확신 장군과 심판 장군이 본 대열을 이루었으며, 집행 장군은 후미에서 뒤따랐다(엡 2:13, 17). 인간영혼 마을은 샤다이 왕이 계신 궁으로부터 멀리 떨어져 있었기 때문에, 이들은 먼 길을 가야 했다. 그들은 진군하는 동안 다양한 민족들이 사는 많은 지역들과 나라들을 지나갔지만, 그들에게 해를 끼치거나 그들의 땅을 황폐하게 하는 일은 조금도 없었다. 오히려 가는 곳마다 복을 빌어 주었고, 그들의 행군 생활은 왕이 하사한 군비(軍費)로 모두 충당되었다.

이렇게 여러 날을 여행한 후에, 마침내 그들은 인간영혼 마을이 바라다보이는 곳에 이르게 되었다. 그들은 이 마을을 바라보았다. 장군들은 마을의

처지를 보고서 한참 동안 슬픈 마음을 가눌 길이 없었다. 어떻게 이 마을이
디아볼루스의 뜻과 수단과 계획에 굴복하게 되었는지를 한눈에 알아볼 수
있었기 때문이다. 장군들은 마을 앞 귀문까지 진군하여, 거기에 진을 쳤다.
왜냐하면 귀문을 통해야만 그들의 소리가 마을 안으로 들어갈 수 있기 때문
이다. 샤다이 왕의 군사들은 장막을 치고 참호를 판 후에, 자신들이 이 마을
을 공격할 것임을 알렸다.

　그 때 마을 사람들은, 바람에 나부끼는 깃발들과 번쩍이는 갑옷으로 무장
한 매우 멋진 군복을 입고서 탁월한 훈련을 받은 최고로 용맹한 군사들을 보
자마자, 다들 집에서 뛰쳐나와 그들을 뚫어지게 쳐다보았다.[2]

　그러나 교활한 여우인 디아볼루스는, 이렇게 멋진 광경을 지켜본 백성들
이 혹시나 샤다이 왕의 장군들에게 성문을 열어 주면 어떡하나 하는 두려움

책망하는 디아볼루스

　2) 세상은 질서가 잡힌 경건한 생활에 설득을 당하게 된다. — 원주

에 서둘러 궁전에서 내려왔고, 백성들을 마을 내부에 틀어박혀 있게 하였다.
그러고는 마을 안에 있는 사람들에게 다음과 같은 간교한 거짓말을 하였다.

"친애하는 여러분, 여러분이 나의 사랑을 받는 진실한 친구라 해도, 여러
분이 최근에 보여준 신중하지 못한 행동들에 대해, 즉 이 유명한 인간영혼
마을을 대적하기 위해 지금까지 참호를 파놓고, 어제부터 마을 앞에서 진 치
고 있는 저 크고 막강한 군대를 구경하기 위해 집 밖으로 뛰어나온 여러분의
모습에 대해, 나는 여러분을 다소 책망하지 않을 수 없습니다. 여러분은 저
들이 누구인지, 어디에서 왔는지, 이 인간영혼 마을 앞에서 진 치고 있는 목
적이 무엇인지 알고 있습니까? 저들이 바로 내가 오래 전부터 여러분에게
말하던 자들입니다. 그들은 이 마을을 파괴하기 위해 왔습니다. 내가 희생
을 감수하면서까지 여러분을 머리부터 발끝까지 무장시켰던 이유가 바로
그들을 대적하기 위함이었습니다. 그들을 대적하기 위해서 여러분의 육신
뿐만 아니라 정신까지도 단단히 무장시켰던 것입니다. 그렇다면 여러분이
그들을 처음 발견하자마자, 여러분은 소리를 지르고 봉화를 올리며, 이들의
출현과 관련하여 온 마을이 경계하게 하고 모두 방어 태세를 갖추어, 끝까지
저항하겠다는 자세로 이들을 맞아야 하는 것 아닙니까?

하나님의 사역자들로 인해 인간영혼이
사탄을 대적할까봐 크게 두려워하는 사탄

그것이 바로 내 마음에 드는 여러분의 모습일 것입니다. 하지만 나는 여러
분이 한 일을 보면서 다소 걱정스러웠습니다. 우리가 서로 창을 겨누게 될
때, 여러분이 용기가 부족하여 더 이상 접전(接戰)을 치르지 못하고 물러나면
어떡하나 우려했기 때문입니다. 왜 내가 여러분에게 깨어 경계할 것과 문들
을 지키는 보초병들을 두 배로 늘리도록 명령했겠습니까? 왜 내가 여러분에
게 여러분의 마음이 쇠처럼 강하고 내리누르는 맷돌 짝처럼 무자비하도록
노력했겠습니까? 한번 생각해 보십시오. 여러분이 여자들처럼 행동하고 또
순진한 사람들처럼 여러분을 죽이려고 달려드는 원수들을 구경하기 위해

집 밖으로 나서는 모습을 보려고 내가 지금까지 노력한 줄 아십니까?

이제 이런 이야기들은 집어치웁시다. 여러분은 방어태세를 갖추십시오. 북을 크게 울리고 모두 모여 전쟁 준비를 하십시오. 그리하여 우리의 원수들이 이 자치 지역을 정복하기 전에, 인간영혼 마을에도 용맹스러운 전사들이 있다는 것을 알게 하십시오.[3]

이제 여러분을 꾸짖는 이야기는 하지 않으려고 합니다. 더 이상 여러분을 책망하지도 않겠습니다. 다만 여러분에게 명하니, 이제부터는 내 앞에서 더 이상 이런 행동들을 보이지 마십시오. 이제부터 여러분 중의 단 한 사람도 나의 허락 없이는 머리를 내밀고 인간영혼 마을의 성벽 밖을 보지 않도록 하십시오. 이제 내가 하는 말을 들었으니, 여러분은 내가 명령한 대로 하십시오. 여러분이 내 명령을 따름으로써 나는 여러분과 함께 안전히 거할 것이며, 나 또한 내 자신을 돌보듯 여러분의 안전과 명예를 돌볼 것입니다. 여러분의 건승(健勝)을 바랍니다."

이 때부터 마을 사람들에게 이상한 변화가 일어났다. 그들은 공포에 빠진 사람들처럼 마을의 거리들을 이리저리 뛰어다니며, "사람 살려, 사람 살려, 온 세상을 뒤엎으려는 자들이 여기에 왔다"라고 소리쳤다.

죄인들이 사탄의 음성에 귀 기울일 때, 그들은 격분하여 거룩한 것을 대적한다

하지만 아무도 그들을 진정시킬 수 없었다. 그들은 여전히 정신 나간 것처럼 "우리의 평화를 빼앗아 백성들을 멸할 자들이 여기에 왔다"라고 소리쳤다. 디아볼루스는 이런 모습에 흡족해하며, "그렇지! 내가 제일 좋아하는 모습이야. 이제야 비로소 내가 바라던 대로 되어가는구나. 이제야 너희가 너희 왕에게 복종하는 모습을 보이는구나. 너희는 지금처럼만 계속해주면 된다. 샤다이 군대가 이 마을을 차지할 수 있으면 해보라고 하지, 뭐"라고 속으

---

3) 사람들을 부추겨 말씀의 사역자들에게 반항하도록 명령하는 디아볼루스 — 원주

로 말했다.

샤다이 왕의 군대는 인간영혼 마을 앞에서 사흘을 진 치고 있었다. 그러다 드디어 보아너게 장군이 나팔수에게 명령을 내려, 귀문으로 내려가 거기서 위대하신 샤다이 왕의 이름으로 인간영혼 마을 사람들에게 항복할 것을 명하는 메시지를 전하게 하였다. 그래서, 경청(Take-heed-what-you-hear)이라는 이름을 가진 나팔수가 귀문으로 올라가 거기서 마을 사람들이 다 들을 수 있도록 나팔을 불었다. 하지만 문 곁에 나타나 나팔 소리에 반응을 보이거나 그 소리를 주의해서 듣는 사람은 단 한 사람도 없었다. 왜냐하면 디아볼루스가 그렇게 하라고 명령했기 때문이다. 나팔수는 장군에게 돌아와 자신이 한 일과 일의 진행 상황을 보고하였다. 보고를 들은 장군은 근심하며 나팔수에게 장막으로 돌아가라고 명령했다.

보아너게 장군은 다시 나팔수를 귀문으로 보내어 전처럼 마을 사람들이 듣도록 나팔을 불라고 명령하였다. 그러나 이번에도 문은 닫혔으며, 나오는 사람도 없었고 대답하는 사람도 없었다. 그들은 모두 그들의 왕인 디아볼루스의 명령을 충실히 따랐던 것이다.

그 결과 장군들과 다른 참모들은 전쟁회의를 소집하고, 인간영혼 마을을 탈환하기 위해 어떻게 할 것인지 심도 있게 논의하였다. 그들은 자신들의 사명과 관련하여 주도면밀하게 검토한 후, 다음과 같은 결론을 내렸다. 즉, 이전에 갔던 동일한 나팔수를 통해 이전과는 다른 내용의 항복권고를 마을 사람들이 듣게 한다는 것이었다. 나팔수가 전할 내용은, 이번에도 마을 사람들이 권고를 거절하고 끝까지 버틴다면, 그때는 샤다이 왕의 군대가 할 수 있는 모든 수단들을 총동원해 무력으로 마을 사람들을 강권하여(눅 14:23) 샤다이 왕에게 순복하게 하겠다는 것이었다.

이렇게 해서 보아너게 장군은 나팔수에게 다시 귀문으로 올라가 위대한 샤다이 왕의 이름으로 큰 소리로 항복을 권고하도록 명령하였다. 즉, 마을 사람들이 지체 없이 귀문으로 내려와 거기서 샤다이 왕의 가장 충성스러운 장군들의 말에 귀를 기울일 것을 명령하였다. 그리하여 나팔수는 가서 명령대로 행했다. 그는 귀문으로 올라가 나팔을 불고, 인간영혼 마을을 향해 세 번째로 항복을 권하면서, 만약 이번에도 항복을 거부한다면, 샤다이 왕의 장군들이 강한 힘으로 내려와 무력으로 그들을 굴복시킬 것이라고 말했다(사 58:1).

자유의지 경과 나팔수

그러자 마을을 다스리는 자유의지 경이 모습을 드러냈다. 자유의지는 앞에서 언급된 변절자로서 인간영혼의 성문을 지키는 자였다. 그는 시비조의 큰 소리로 나팔수에게 물었다. 그가 누구이고, 어디서 왔으며, 왜 이렇게 문 앞에서 듣기 싫은 소음을 내는지, 왜 인간영혼 마을을 대적하는 이야기를 해서 견딜 수 없을 만큼 화를 돋우는지를 물었다.

나팔수는 다음과 같이 대답하였다.

"나는 당신과 인간마을 사람들 모두가 발뒤꿈치를 들어 반역하여 대적한, 위대한 샤다이 왕의 군대 총사령관이자 가장 충성스러운 보아너게 장군의 종이오. 나의 주인인 보아너게 장군은 이 마을과 마을 주민인 당신을 위해 특별한 메시지를 가지고 왔소. 만약 당신을 비롯한 인간영혼 마을 사람들이 평화롭게 이 메시지를 듣는다면 그렇게 할 수 있겠지만, 그렇게 듣지 않을 경우 그대들은 그에 따른 대가를 반드시 치르게 될 것이오."

그러자 자유의지 경이 말하였다. "당신이 하는 말들을 나의 주군에게 전한 후, 그분이 하시는 말씀을 알려주겠소." 그 즉시 나팔수가 대답하였다. "우리의 메시지는 거인 디아볼루스를 위한 것이 아니라 바로 비참한 인간영혼 마을 사람들을 위한 것이오. 따라서 디아볼루스가 어떤 대답을 하든지 우리는 전혀 개의치 않으며, 우리 중에 그를 위하는 자는 아무도 없소. 우리는 그의 잔인한 폭정 가운데 있는 마을 사람들을 회복시켜서, 그들이 예전처럼 가장 탁월한 샤다이 왕에게 항복하도록 설득하기 위해 이 마을로 보내심을 받았소."

이 말을 들은 자유의지 경은 "이 마을을 향한 당신의 메시지를 전하겠소"

라고 말하였다. 이제 나팔수는 "자유의지 경은 우리를 속이지 마시오. 우리를 속였다가는 당신 자신을 속이는 꼴이 될 것이오"라고 대답했다. 이 말과 함께 그는 다음의 말도 덧붙였다.

"만약 당신들이 평화로운 방식으로 항복하지 않는다면, 우리는 당신을 대적하여 전쟁을 벌여 무력으로 제압하기로 결정하였소. 그리고 지금 내가 하고 있는 말이 진실이라는 증거를 당신에게 주겠소. 당신은 뜨겁게 불타오르는 번개가 그려진 검은 깃발을 보게 될 것이오. 내일 그 깃발이 산 위에서 펄럭이는 것을 보거든, 그것은 현재 당신의 왕을 대적하는 전쟁을 벌여, 당신을 본래의 주인이자 합법적인 왕에게로 돌아오게 하겠다는 우리의 결심을 보여주는 증거임을 아시오."

이 말을 들은 자유의지 경은 성벽에서 물러나 돌아갔고, 나팔수도 진으로 돌아왔다. 나팔수가 진에 이르자, 샤다이 왕의 장군들과 참모들은 함께 모여 나팔수가 어떤 말을 듣고 왔으며, 나팔수가 전한 메시지의 결과가 무엇인지 알고자 하였다. 나팔수는 다음과 같이 말하였다.

"제가 나팔을 불어 마을 사람들이 제 말을 듣도록 큰 소리로 불렀을 때, 마을의 통치자이자 마을 문을 지키는 책임자인 자유의지 경이 올라왔습니다. 그는 제가 부른 나팔소리를 듣고 살펴보더니, 제가 어떤 사람이고, 어디서 왔으며, 이렇게 소음을 내는 이유가 무엇인지를 물었습니다. 그래서 저는 그에게 제가 듣고 온 메시지를 전했을 뿐만 아니라, 누구의 권위로 이 메시지를 전하는지도 말해 주었습니다. 그러자 그는 이 메시지를 자신의 통치자와 인간영혼 마을 사람들에게 전하겠다고 말했습니다. 그래서 저도 저의 주인에게로 돌아왔습니다."[4]

그러자 용감한 보아너게 장군은 "이 반역자들이 어떻게 행동하는지 우리의 진지에서 잠시 잠자코 지켜봅시다"라고 말하였다. 인간영혼 마을과 용감한 보아너게 장군 및 그의 병사들이 만나야 할 순간이 가까워오자, 샤다이

---

4) 육적인 영혼들은 복음 사역자들의 의도를 잘못 이해한다 — 원주

왕의 진영에 있는 모든 전사들에게는 일제히 무장하고 전열을 가다듬으라는 명령이 떨어졌다. 만일 인간영혼 마을이 메시지를 듣고서 받아들이면 지체 없이 은혜를 베풀겠지만, 그렇지 않다면 무력으로 굴복시킬 계획이었기 때문이다.

서로 만날 당일이 되자, 나팔수들의 나팔 소리가 온 진영에 울려 퍼지는 가운데, 전사들은 이날 감당해야 할 전쟁을 준비하고 있었다. 한편, 인간영혼 마을에 있는 사람들은 샤다이 왕의 진영에서 울려 퍼지는 나팔 소리를 듣고서, 그 소리가 이 자치 마을을 급습하기 위한 신호가 틀림없다고 생각했다. 그제야 비로소 마을 사람들의 마음은 처음으로 크게 혼란스러웠다. 그러나 다시 안정을 찾은 다음, 그들은 샤다이 왕의 습격에 대비해 자신들의 생명을 보존하고자 전쟁준비에 들어갔다.

최후 통첩한 시간이 되자, 보아너게 장군은 그들의 대답을 들어보기로 결심하였다. 그는 나팔수를 다시 보내어 샤다이 왕에게서 가지고 온 메시지, 즉 인간영혼 마을의 항복을 촉구하는 내용을 그들이 듣게 하였다. 나팔수는 가서 다시 나팔을 울렸다. 그러자 마을 사람들은 온 힘을 다해 단단히 귀문을 잠근 채 문 위로 올라왔다(슥 7:11). 이들이 성벽 꼭대기로 올라왔을 때, 보아너게 장군은 시장을 만나고자 원했다. 그 당시 시장은 불신 경으로, 그는 욕망 경의 후임이었다.

유명한 인간영혼 마을에 전해야 할 메시지의 판단자로서
불신 경을 거부하는 보아너게 장군

불신 시장이 올라와서 성벽 위로 모습을 드러냈다. 보아너게 장군은 두 눈을 부릅뜨고 불신 경을 보면서 크게 소리쳤다. "이 사람은 시장이 아니오. 인간영혼 마을의 본래 시장인 이해 경(Lord Understanding)은 도대체 어디에 있소? 내가 그에게 메시지를 전해야 하지 않겠소?"

그러자 불신 시장과 함께 내려와 있던 거인 디아볼루스가 보아너게 장군에게 말했다. "장군, 당신은 뻔뻔하게도 감히 네 번씩이나 인간영혼 마을 사람들에게 통첩하여 당신네 왕에게 굴복하라고 말하지만, 나는 당신이 도대체 누구의 권위로 이렇게 하는지 알 수 없고, 이 문제를 이 자리에서 논의하고 싶지도 않소. 내가 묻고 싶은 것은 당신이 이런 온갖 야단법석을 떠는 이유가 무엇인지, 도대체 당신이 누구이기에 이렇게 행동하는지 묻고 싶소."

그러나 보아너게 장군은 이 거인이 하는 말에 아랑곳하지 않고, 세 개의 불타는 번개 문양(紋樣)이 그려진 검은 깃발을 들고서 인간영혼 마을을 향해 직접 다음과 같이 연설하였다.

보아너게 장군의 연설

"오, 반역하여 불행한 삶을 살아가는 인간영혼이여! 여러분은 이 사실을 알아야 합니다. 나의 주인이시며 가장 은혜롭고 위대한 샤다이 왕께서 내게 사명을 맡기시고 나를 여러분에게로 보내셨습니다." 이렇게 말한 후 그는 가지고 있던 왕의 국새(國璽)를 마을 사람들에게 보여주었다.

"그분은 여러분이 다시 그분께 순종하도록 하라는 명령을 내리셨습니다. 만일 여러분이 항복권고를 받아들일 경우, 그분은 여러분을 친구요 형제처럼 대하라고 명하셨습니다. 그러나 여러분이 끝까지 버티면서 거절한다면, 그분은 무력으로 여러분을 제압할 수밖에 없다고 말씀하셨습니다."

그의 말이 끝난 후, 확신 장군(Captain Conviction)이 앞으로 나아와 말하였다. 그의 깃발은 창백한 색깔이었고, 그의 방패에는 넓게 펼쳐진 율법책에서 불길이 치솟고 있는 그림이 새겨져 있었다.

확신 장군의 연설

"들으십시오. 오, 인간영혼이여! 인간영혼 여러분은 한때 순결하기로 유명했습니다. 하지만 지금 여러분은 거짓말과 속임수로 타락하였습니다(롬 3:3,10-23; 16:17-18). 여러분은 나의 형제 보아너게 장군이 한 말을 들었습니다. 만약 여러분에게 제시된 평화와 긍휼의 조건들을 여러분이 수긍하고 받아들인다면, 여러분은 지혜로운 선택을 한 것이며, 이로써 행복하게 될 것입니

다. 왜냐하면 이 특별히 제안을 하신 분은 바로 여러분이 반역했던 분, 다시
말해 여러분을 갈기갈기 찢을 능력을 가지신 우리의 샤다이 왕이기 때문입
니다. 그분이 화를 내실 때는 그 누구도 그분 앞에 서지 못할 것입니다(시
50:22). 만약 여러분이 죄를 지은 적도 없고, 우리의 샤다이 왕을 대적하는 반
역을 행하지 않았다고 말한다면, 여러분이 그분을 섬기지 않기로 중단한 그
날, 즉 여러분이 죄악을 범하기 시작한 그 날부터 여러분이 행한 모든 행동
들이 여러분의 죄악을 충분히 입증하고도 남을 것입니다. 또한 여러분이 폭
군의 말에 귀 기울이고, 그를 여러분의 왕으로 받아들인 것은 무엇을 의미합
니까? 여러분이 샤다이 왕의 법을 버리고, 스스로 디아볼루스에게 복종한
것은 무엇을 의미합니까? 더 나아가 여러분이 왕께서 보내신 신실한 종들을
대적하여, 마을로 들어가지 못하도록 문들을 걸어 잠그고, 이 종들을 맞서
무장한 것은 또한 무엇을 의미합니까? 그러므로 여러분은 마음을 다스려 형
제의 초대를 받아들여, 이 은혜의 때를 놓치지 말고, 여러분의 형제와 서둘
러 화해하십시오(눅 12:58-59). 아, 인간영혼이여, 여러분은 스스로 자비를 피
하지 말고, 디아볼루스의 간사한 계략에 속아 수천가지 재난에 빠져들지 않
도록 주의하십시오. 아마도 디아볼루스는 우리가 우리의 유익을 위해서 이
런 일을 한다고 믿도록 여러분에게 속임수를 쓸 것입니다. 하지만 이 일은
우리의 샤다이 왕에게 순종하는 일이며, 여러분의 행복을 바라는 마음에서
하는 일입니다. 그것이 곧 우리가 이 일을 시작하게 된 동기입니다. 여러분
은 이것을 알아주십시오.

　오, 인간영혼이여, 여러분에게 다시 말씀드립니다. 샤다이 왕께서 지금처
럼 자신을 낮추신 것이 얼마나 놀라운 은혜인지 한 번 생각해 보십시오. 지
금 그분은 여러분이 스스로 그분에게 순복하도록, 우리를 통해 간청하고 다
정하게 설득하는 방식으로 여러분과 변론하고 계십니다. 여러분에게는 그
분이 반드시 필요하리라고 우리는 확신하고 있지만, 그분에게도 과연 여러
분이 필요하겠습니까? 그분에게는 여러분이 반드시 필요하지 않습니다. 결
코 필요하지 않습니다. 그럼에도 불구하고 그분은 은혜로우시기에, 인간영

혼 마을 사람들이 죽는 것을 바라지 않고, 그분에게 돌아와 살기를 원하시는 것입니다(고후 5:18-21)."

심판장군의 인간영혼을 향한 연설

그의 말이 끝나자, 붉은 깃발과 불타는 아궁이가 그려진 방패를 든 심판장군(Captain Judgment)이 나와서 말하였다. "오, 인간영혼 마을에 거하는 여러분이여, 여러분은 오랫동안 샤다이 왕을 대적하여 반역과 반란의 행동들을 일삼아왔습니다. 우리가 오늘 이런 모습으로 이곳에 오게 된 것은 우리 마음에 있는 메시지를 전하러 온 것이 아닙니다.

또한 우리 자신을 위해 싸우려고 온 것은 더더욱 아닙니다. 우리를 이곳에 보내어 여러분이 순종하게 하라고 명령한 분은 나의 주인인 샤다이 왕이십니다. 만약 여러분이 평화로운 방식으로 항복하기를 거절한다면, 우리는 여러분이 항복하도록 무력을 사용해도 좋다는 명령을 받았습니다. 샤다이 왕은 능력이 부족하여 여러분을 쓰러뜨릴 수 없으며, 여러분을 굴복시킬 수 없다고 설득하는 폭군 디아볼루스의 말을 여러분은 믿지도 말고, 절대 속지도 마십시오. 왜냐하면 그분은 만물을 조성한 분이시며, 그분이 산들에 손을 대시면 산에서 연기가 치솟습니다. 왕께서 베풀어 주시는 관대한 문은 항상 열려 있지 않을 것입니다. 그분 앞에서 용광로의 불길 같은 심판을 받을 날이 이를 것입니다. 그렇습니다. 그 날은 크게 지체하지 않을 것이며 결코 잠들지 아니할 것입니다(말 4:1; 벧후 2:3).

오, 인간영혼이여! 우리의 샤다이 왕께서 이렇게 비천한 대우를 당하시고도 여러분에게 긍휼을 베푸시는 것이 여러분의 눈에는 하찮은 일로 보입니까? 그분은 아직 여러분에게 황금 규(圭)를 내밀고 계십니다. 그리고 아직 여러분을 향한 그분의 문을 닫지 않으셨습니다. 그런데도 여러분은 그분을 격노케 하는 행동들을 하려고 합니까? 혹시라도 여러분이 그분을 격노케 하고자 한다면, 여러분은 지금 내가 하는 말을 잘 생각해보기 바랍니다. 여러분에게 그 문은 영원히 열려 있지 않습니다(욥 36:14). 여러분이 다시는 그분을 보지 않겠다고 말한다면, 여러분을 위한 심판이 그분 앞에서 준비될 것입니다. 그러므로 여러분은 그분을 믿으십시오. 그분의 진노가 있으니, 그분께서 여러분을 쳐서 제거하실까 주의하십시오. 그 때는 아무리 큰 몸값으로도 여러분을 구해 내지 못할 것입니다(욥 36:18 KJV). 그분이 여러분의 부귀를 대단하게 여기시겠습니까? 그러지 않으실 것입니다. 그분은 금도 귀하게 여기지 않을 뿐 아니라 모든 강한 힘도 귀하게 여기지 않으십니다. 여호와께서 영원히 앉아계신, 심판을 위한 보좌를 준비하셨습니다(시 9:7). 보십시오. 여호와께서 불에 둘러싸여 강림하시리니, 그분의 수레들은 회오리바람 같을 것이며, 그분이 혁혁한 위세로 노여움을 나타내시고 맹렬한 화염으로 책망하실 것입니다(사 66:15). 그러므로 인간영혼이여, 여러분이 행한 대로 사악한 자들에게 임하는 심판, 즉 공의의 심판이 여러분에게 임하지 않도록 주의하십시오."

심판 장군이 인간영혼 마을을 향해 연설하는 동안, 몇몇 사람들은 디아볼루스가 두려워 떨고 있는 모습을 보았다. 심판 장군은 비유를 들면서 말을 이어나갔다. "오, 화로다. 인간영혼 마을이여! 여러분은 문을 열고 여러분의 왕인 샤다이의 대사들인 우리를 영접하여, 여러분의 생명을 얻고 즐거워할 마음이 아직도 없습니까? 심판으로 그분께서 여러분에게 보응하는 날에 여러분의 마음이 견딜 수 있겠습니까? 여러분의 손에 그럴 힘이 있겠습니까?(겔 22:14). 그 때가 되면 우리 왕께서 디아볼루스와 마귀들을 위해 예비해 두신 진노의 바닷물을 달콤한 포도주를 마시듯 강제로 마시게 하실 터인데, 과연 그것을 여러분이 견딜 수 있겠습니까? 생각하십시오. 그 때가 이르기 전에 여러분은 생각하십시오."

집행 장군의 연설

그런 다음 네 번째 장군인 충성스러운 집행 장군(Capitan Execution)이 앞으로 나아와 말하였다. "오, 인간영혼 마을이여! 여러분은 한때 유명했지만 지금은 마치 열매 없는 가지와 같습니다. 한때는 충성스러운 자들의 기쁨이었지만, 지금은 디아볼루스의 소굴이 되었습니다. 내 말을 들으십시오. 나는 위대한 샤다이 왕의 이름으로 여러분에게 말하고자 합니다. 이미 도끼가 나무뿌리에 놓였으니 좋은 열매를 맺지 아니하는 나무마다 찍혀 불에 던져질 것입니다(마 3:7-10).

오, 인간영혼 마을 사람들이여! 여러분은 지금까지 이렇게 열매 맺지 못하는 나무였습니다. 여러분은 가시덤불과 엉겅퀴만 맺었을 뿐입니다. 여러분이 맺은 악한 열매는 여러분이 좋은 나무가 아니라는 사실을 이미 말해주고 있습니다.

여러분의 포도나무는 소돔의 포도나무이며, 여러분의 포도는 독이 든 포도로 그 송이가 씁니다(신 32:32). 여러분은 왕을 대적하여 반란을 일으켰습니다. 보십시오! 우리는 샤다이 왕의 능력과 권세로 여러분의 뿌리를 찍을 도끼입니다. 이제 여러분은 무슨 말을 할 수 있겠습니까? 여러분은 이 반역에서 돌이키겠습니까? 다시 한 번 말합니다. 첫 번째 도끼가 여러분을 내려치기 전에 말하십시오. 여러분은 돌이키겠습니까? 도끼로 당장 여러분의 뿌리를 찍어야 마땅하겠지만, 그 전에 이 도끼가 여러분의 뿌리에 놓여 있습니다. 이렇게 놓인 도끼가 여러분의 뿌리에 집행되기 전에, 여러분의 뿌리를 향한 경고가 임하는 것은 마땅합니다. 이 집행과 경고 사이에서 여러분의 회개가 요구되고 있습니다. 지금이 바로 여러분에게 주어진 최후의 선택 시간입니다. 어떻게 하겠습니까? 여러분은 돌이키겠습니까? 아니면 내가 이 마을을 파괴할까요? 인간영혼이여, 내가 이 마을을 강타하면, 여러분은 멸망할 수밖에 없습니다. 나는 도끼를 뿌리에 놓을 권한뿐 아니라, 이 도끼로 여러분의 뿌리를 찍을 권한까지 위임받았습니다. 샤다이 왕의 집행을 막기 위해서는 여러분이 항복하는 것 외에 다른 방법은 없습니다. 오, 인간영혼이여, 은혜를 거부하고 도끼에 찍혀 불에 던져져 불타버린다면, 그 운명에 여러분은 만족하겠습니까?

오, 인간영혼이여! 왕의 인내와 관용은 결코 영원하지 않습니다. 그분의 인내는 1년이 될 수도 있고 2년 혹은 3년이 될 수도 있습니다. 여러분이 3년이나 반역을 하여 그분을 격노케 하였다면, 사실 여러분은 삼년 넘게 반역한 셈이니, 이후에는 찍어 버리는 수밖에 없지 않습니까? 그 후에 만일 열매가 열면 좋거니와 그렇지 않으면 찍어 버릴 것입니다(눅 13:9). 이런 말들은 경고하는 것일 뿐, 샤다이 왕은 실제로 그 말씀을 집행할 능력이 없다고 여러분은 생각하십니까? 오, 인간영혼이여! 죄인인 여러분이 왕의 말씀을 무시하고 가벼이 여기고 있다 해도, 장차 이 말씀이 경고의 말씀일 뿐 아니라 타오르는 숯불인 줄 여러분은 알게 될 것입니다. 여러분은 이미 오래 전에 버려진 땅(눅 13:7)이었습니다. 그런데도 여러분은 계속해서 그렇게 살아가겠습니까? 여러분의 죄악이 이 군대를 성벽으로 끌어들였으며, 그 죄로 인해 여러분의 마을에 심판이 집행되는 것이지 않습니까? 여러분은 여러 장군들이 한 말들을 다 들었습니다. 그러고도 여전히 여러분은 문들을 걸어 잠그고 있습니다. 인간영혼이여, 큰 소리로 말하십시오. 여러분은 계속해서 그렇게

집행 장군의 경고

있을 것입니까? 아니면 이 강화(講和) 조건을 받아들이겠습니까?"

대답할 시간을 요구하는 인간영혼

인간영혼 마을 사람들은 충성스러운 네 명의 장군들이 하는 용감한 연설을 받아들이지 않았다. 비록 이 연설들이 힘을 발휘하여 문을 열게 할 만큼 파괴력이 있지는 않았다 해도, 그 음성은 귀문을 강타하는 효력을 발휘했다. 그리하여 결국, 마을 사람들은 장군들의 요구에 대해 대답할 시간을 달라고 요청했다.

그러자 장군들은 마을 사람들에게 말하였다. "여러분이 마을 안에 있는 악한 휴식을 우리에게 넘겨주어 그가 한 행동에 보응을 받게 한다면, 여러분에게 생각할 시간을 주겠지만, 여러분이 그렇게 하지 않는다면, 우리도 생각할 시간을 주지 않겠소. 우리가 알기로 이 악한 휴식이 인간영혼 마을에서 숨을 쉬고 있는 한, 좋은 생각들은 모두 뒤죽박죽이 되어서, 여러분이 생각하는데 악영향만 끼칠 것이기 때문이오."

거기에 있던 디아볼루스는 악한 휴식을 잃고 싶지 않았다. 그는 디아볼루스의 대변인이었기 때문이다. 디아볼루스는 그 장군들이 틀림없이 악한 휴식을 해치려고 할 것임을 확신하고 있었다. 그래서 그는 그 자리에서 자신이 직접 장군들에게 대답해야겠다고 결심했다.

디아볼루스는 불신 경이 장군들에게 대답하도록 명령하다

하지만 이내 마음을 바꿔서, 시장인 불신 경(Lord Incredulity)에게 대답하도록 명령했다. "불신 경, 당신이 이 뜨내기들에게 대답해 주시구려. 당신이 하는 말을 인간영혼 사람들도 듣고 이해할 수 있도록 큰 소리로 말해 주시오."

그래서 디아볼루스의 명령대로 불신 경이 말하기 시작했다. "친애하는 여러분, 우리가 보아하니 여러분은 우리 왕을 성가시게 하고, 인간영혼 마을을 괴롭히기 위해 여기 와서 진을 치고 있는 것 같습니다. 우리는 여러분이 어디서 왔는지 무엇을 하든지, 알고 싶지도 않고 믿고 싶지도 않습니다. 사실

불신 경의 연설

여러분은 우리에게 샤다이 왕으로부터 권위를 부여받고 왔다고 하면서 무시무시한 연설을 하였지만, 도대체 그 왕이 무슨 권리로 여러분에게 이런 명령을 내렸는지, 우리는 아직 잘 모르겠습니다. 앞서 언급한 권위로 여러분은 이 마을의 주인을 버리도록 마을에 요구하고 있습니다. 그리고 이 마을을 포기하고 여러분의 위대한 샤다이 왕에게 항복하면 보호해 준다고 하면서, 그렇게 할 경우 지난 허물은 더 이상 묻지 않고 무사히 지나가겠다며 아첨을 떨고 있습니다. 더구나 여러분은 여러분이 원하는 바대로, 이 마을이 여러분의 뜻에 동의하지 않고 독자적으로 행동한다면, 이 자치마을을 처벌하여 처참하게 파멸시킬 것이라고 위협하며 인간영혼 마을을 공포로 몰아넣고 있습니다.

그러므로 여러 장군들이여, 여러분이 어디서 왔든지, 여러분의 의도들이 얼마나 불손한지 우리는 상관할 바 아닙니다. 단지 여러분은 내가 지금 하는 말들을 분명히 기억하십시오. 나의 주인 디아볼루스나 그의 종인 나 불신이나 우리의 용감한 인간영혼 사람들이나 모두, 여러분이 어떤 사람들인지, 그 메시지가 무엇인지, 여러분의 말대로 여러분을 보냈다고 하는 왕이 누구인지 우리는 전혀 신경 쓰지 않을 것입니다. 그의 능력이나 위대함이나 보복 등을 우리는 두려워하지 않을 것입니다. 따라서 우리는 여러분의 항복 요구에 결코 응하지 않을 것입니다.

여러분이 우리를 향해 감행하겠다고 위협하는 전쟁에 대해서도 말하겠습니다. 우리는 그 공격을 우리가 할 수 있는 모든 것을 동원해 분명히 막아낼 것입니다. 여러분에게 저항할 만한 수단이 우리에게도 없지 않다는 것을 여러분도 알아두었으면 합니다. 더 이상 장황하게 언급하지 않고 간단히 말하겠습니다. 우리가 보기에 여러분은 여러분의 왕에게 순종하기를 거부하고 반역을 일으킨 후에 여기저기를 떠돌아다니다가, 어떤 어리석은 마을이나 성이나 나라를 발견하면, 한편으로는 노련하게 아부도 하고, 다른 한편으로는 공포 분위기를 조성해 협박도 하면서, 그곳의 주민들이 그곳을 여러분에게 주고서 떠나게 만드는 뜨내기 졸개들로 보입니다. 그러나 인간영혼 마을은 절대 여러분이 생각하는 그런 곳이 아닙니다. 결론적으로 말해서, 우리는 여러분으로 인해 근심하지도 않고 두려워하지도 않습니다. 따라서 우리는 여러분의 항복권유에 응하지 않을 것입니다. 우리는 여러분에게 문을 열지 않을 것이며, 여러분이 이 땅에 들어오지 못하도록 할 뿐 아니라, 우리 앞에 오래도록 진 치고 있는 것도 더 이상 용인하지 않을 것입니다. 우리 백성들은 고요한 가운데 살고 싶습니다. 여러분이 등장하면서 이 백성들은 방해를 받고 있습니다(눅 11:21). 그러므로 가방과 행낭을 들고 일어나 썩 꺼지십시오. 그러지 않으면 우리는 여러분을 대적해 이 성벽⁵⁾에서 발포할 것입니다."

자유의지 경의 연설

늙은 불신 경의 말이 끝나자, 두 번째로 자유의지 경이 필사적으로 다음과 같은 취지의 연설을 하였다.

"친애하는 여러분, 우리는 여러분의 요구와 위협과 항복 요구를 지금까지 다 들었습니다. 그러나 우리는 여러분의 무력을 무서워하지 않으며, 여러분의 위협도 두려워하지 않습니다. 여러분이 보고 있는 바와 같이, 우리는 계속해서 여기에 머물 것입니다. 우리는 여러분에게 명령합니다. 삼일 안에 여러분은 이 마을에서 모습을 보이지 말아 주십시오. 그러지 않으면, 여러분은 인간영혼 마을에서 잠자고 있는 사자인 디아볼루스를 깨우는 꼴을 당하게 될 것입니다."

망선 서기관의 연설

그러자 망선(忘善, Forget-good)이라는 이름의 서기관도 다음과 같이 거들었다. "친애하는 여러분, 여러분도 보는 바와 같이, 여러분은 거칠고 분노하며 말했지만, 이에 대해 우리의 경들은 온유하고 부드럽게 대답하였습니다. 게

5) 육체 — 원주

다가 그들은 내가 듣기로 여러분이 가만히 이곳에 왔던 것처럼, 조용히 이 마을을 떠나라고 여러분에게 말하였습니다. 그러므로 그들의 호의를 받아들여, 여러분은 이 마을에서 썩 물러가기를 바랍니다. 우리는 무력으로 여러분을 내쫓아, 우리가 휘두르는 칼의 위력을 여러분이 실감하게 할 수도 있습니다. 하지만 우리는 평화롭고 조용한 것을 사랑하기에, 다른 사람들에게 상처를 주고 괴롭히는 것을 좋아하지 않습니다."

그러자 인간영혼 마을 사람들은 디아볼루스와 그의 무리들이 샤다이 왕의 장군들을 대적하여 어느 정도 대단한 기습공격이라도 한 것처럼 기뻐하며 소리쳤다. 그들은 기뻐 종을 울리며, 성벽 위에서 춤을 추었다.

샤다이 왕의 장군들에게 저항하기로 결심한 인간영혼 마을

디아볼루스는 성으로 돌아갔고, 시장과 서기관도 자기 처소로 돌아갔다. 하지만 자유의지 경은 성문들이 이중으로 잘 감시되고 있는지, 이중으로 걸쇠가 걸려 있는지, 이중으로 자물쇠와 빗장이 걸려 있는지 특별히 점검하였다. 그는 귀문(eargate)을 한층 더 신경 써서 살펴보았다. 왜냐하면 샤다이 왕의 군대들이 이 곳으로 침입해 들어올 가능성이 가장 높았기 때문이다. 그래서 자유의지 경은 화를 잘 내고 심술궂은 늙은 편견 씨(Mr. Prejudice)를 귀문을 지키는 장군으로 임명하고, 그의 수하에 말을 듣지 못하는 자들(Deafmen)이라 불리는 육십 명의 병사들을 두었다. 그들은 샤다이 왕이 보낸 장군들이나 병사들의 말을 전혀 알아들을 수 없었기 때문에, 이 일을 감당하는데 안성맞춤이었다.

제5장

전쟁의 교전상태로 인한 사상자와 그 고초

내용 — 전투를 벌이기로 결정한 장군들 — 인간영혼이 필사적으로 저항하여, 장군들이 겨울 진지로 물러나다 — 전통, 인간의 지혜, 인간의 고안 등이 보아너게 장군의 군대에 편입되었지만, 포로로 사로잡혀 디아볼루스에게 끌려갔고, 무엇이든 장군의 수하에서 디아볼루스를 위해 싸우는 병사가 되기로 하다 — 적개심이 다시 회복되어, 인간 영혼 마을이 많은 고통을 받다 — 마을에 닥친 궁핍과 폭동 — 평화교섭을 위해 나팔을 부는 인간영혼 마을 — 제안들이 제시되고 거절당하다 — 이해와 양심이 불신과 말싸움을 하다 — 잇따른 접전과 양측에 초래된 피해들

    샤다이 왕의 장군들은 마을 주민들의 이야기는 들을 수 없었고, 단지 현재 마을의 유지들의 대답, 즉 인간영혼 마을이 샤다이 왕의 군대와 전투를 하기로 결정했다는 언급만을 들을 수 있었다.

인간영혼 마을과 전투를 벌이기로 결정한 샤다이 왕의 장군들

    그럼에도 불구하고 샤다이 왕의 장군들은 그들의 공격에 맞서 무기를 사용해 싸워 이길 준비를 하였다. 먼저 장군들은 귀문을 향해 가공(可恐)할 만한 무기들을 배치하였다. 왜냐하면 이 귀문을 뚫지 못한다면, 실제로 마을에 아무 공격도 할 수 없다는 것을 잘 알고 있었기 때문이다. 귀문 앞에 주력

부대를 배치한 뒤, 나머지 병사들은 각자의 위치에 배치하였다. 그 다음 그들은 "너는 거듭나야 하리라"(YE MUST BE BORN AGAIN)는[1] 말로 군호(軍號)를 삼았다. 그리고 나서 그들은 나팔소리를 울렸다. 그러자 그 마을도 그들에게 대적하였다. 샤다이 왕의 군대가 함성을 지르면 마을 사람들도 함성을 질렀고, 왕의 군대가 돌격하면 인간영혼 마을도 돌격하였다. 이렇게 전투가 시작되었다.

귀문 위에 세워진 두 개의 무기

마을 안에 있는 자들은 귀문에 있는 탑 위에 두 개의 큰 대포들을 세워놓았는데, 하나는 자고한 마음(Highmind)이라는 대포였고, 다른 하나는 무모함(Heady)이라는 대포였다. 그들은 이 두 개의 대포를 매우 신뢰하였다. 대포

대포를 주조하는 우쭐 씨

1) 주님께서 니고데모에게 하신 말씀이라고 한다 — 원주

들은 성 안에 있는 디아볼루스의 주물공(鑄物工)인 우쭐 씨(Mr. Puff-up)가 만들었으며, 매우 큰 해를 끼치는 무기들이었다. 때로 이 대포들이 발사될 때 장군들의 귓가를 지나간 적도 있었지만, 샤다이 왕의 장군들은 항상 깨어 경계를 늦추지 않고 있었기에 이것들이 날아오는 것을 알 수 있었고, 따라서 아무 해도 입지 않았다. 마을 사람들은 성문을 확실히 지키기 위해, 두 대포로 샤다이 왕의 진영을 교란시켰던 것이 분명했다. 하지만 그 후에 벌어진 일들을 보면, 이 공격은 그리 크게 자랑할 만한 것이 못 되었다는 것을 알 수 있다.

유명한 인간영혼 마을 안에는 작은 무기들도 있었다. 그들은 이 무기들도 샤다이 왕의 진영을 공격하는 데 사용하였다.

사댜이 왕의 병사들도 용감하게 싸웠다. 이들은 진실로 용맹한 전사라고 불리기에 충분했다. 그들은 마을과 귀문을 향해 공격을 퍼부었다. 왜냐하면 귀문을 파괴해서 열지 않는 한, 성벽을 공격하는 것은 무의미했기 때문이다.

샤다이 왕의 장군들은 투석기(投石器) 몇 대와 파성퇴(破城槌)[2] 두세 개를 갖고 있었다. 그들은 그 투석기로 마을 안의 집들과 사람들을 공격하였고, 파성퇴는 귀문을 부수어 여는데 사용하였다.

샤다이 왕의 진영과 인간영혼 마을은 수 차례 작은 접전과 공방전을 펼쳤다. 샤다이 왕의 장군들은 무기로 귀문을 부수어 열려고 했을 뿐만 아니라, 귀문 위에 있는 탑을 공격해 무너뜨리려고 했다. 이 귀문을 들어가는 입구로 삼고자 했기 때문이다. 그러나 인간영혼 마을은 그들의 공격을 굳건히 버텨냈다.

완강히 버틴 인간영혼 마을과 겨울전쟁을 위해 진지로 돌아가는 샤다이 왕의 장군들

이것은 디아볼루스의 격분과 자유의지 경의 용맹함, 늙은 불신 시장과 망

[2] 과거 성문이나 성벽을 두들겨 부수는 데 쓰던 나무 기둥같이 생긴 무기 — 역주

귀문에 대한 첫 번째 공격

선 경과 서기관 등이 함께 선전(善戰)한 덕분이었다. 샤다이 왕 쪽에서 보자
면 이 여름 전쟁에서 감행한 공격과 쏟아 부은 전력 등을 감안할 때 패색이
짙었고, 전세(戰勢)는 인간영혼 쪽이 유리하여 그 쪽으로 승리가 기우는 듯
보였다. 하지만 샤다이 장군들도 전세가 어떻게 돌아가는지 알고 있었기 때
문에, 일단 그들은 후퇴하여 겨울 전쟁을 위한 참호를 정비하였다. 어쨌든
이 전쟁에서 양측 모두 큰 손실을 입었다는 것을 반드시 고려해야 한다. 이
에 대해서는 아래에서 간략히 설명하고자 한다.

샤다이 왕의 장군들은 인간영혼 마을을 대적해 전쟁을 벌이려고 왕궁을 떠나 행군을 하고 있었다. 그러던 중 어떤 나라를 지나다가 병사로서 싸울 마음을 가진 세 명의 젊은이를 우연히 발견하게 되었다. 그들은 용기와 지략을 갖춘 사람들로 보였다. 그들의 이름은 전통 씨(Mr. Tradition), 인간의 지혜 씨(Mr. Human-wisdom), 인간의 고안 씨(Man' s-invention)였다.

이들은 장군들에게 나아가 샤다이 왕을 섬기겠다고 하였다. 그러자 장군들은 그 원정 계획에 대해 설명하고, 너무 성급하게 결정하지 말라고 말했다. 그러나 젊은이들은 예전부터 이 일에 대해 생각하고 있었고, 샤다이 왕의 군대가 그 목적 하에 원정한다는 소식을 듣고서, 장군들이 이끄는 탁월한 군대의 병사로 입대하려고 여기까지 왔다고 말하였다. 이에 보아너게 장군은 이들을 자신의 군대 병사로 받아들여 전쟁에 참여하게 하였다.

전쟁이 시작되고 작은 접전들이 치열하게 벌어질 때, 자유의지 경의 군대는 요새의 출격구, 즉 마을의 뒷면에서 기습 공격을 하여 보아너게 장군 병사들의 후미를 덮쳤다. 그 후미에 우연히 그 세 명의 젊은이들이 있었다. 그래서 그들은 인간영혼 마을의 병사들에게 포로로 잡혀 끌려갔다. 포로로 잡혀온 지 얼마 지나지 않아, 자유의지 경의 군사들이 샤다이 왕의 진영에 있던 이 세 명의 유명한 포로를 사로잡았다는 이야기가 인간영혼 마을의 거리에 퍼지기 시작하였다. 급기야 이 소문은 성에 있던 디아볼루스의 귀에까지 들어갔다. 자유의지 경의 군사들이 어떤 일을 했으며 그들이 포로로 사로잡은 자들이 누구인지에 대해 마을에 소문이 자자했던 것이다.

그러자 디아볼루스는 자유의지 경을 불러서 사태의 진상을 알고자 하였다. 이에 관해 디아볼루스가 자유의지 경에게 묻자, 자유의지 경이 대답하였다. 그 대답을 들은 거인은 포로들을 불러서, 그들이 누구인지, 언제 이 마을에 오게 되었는지, 샤다이 왕의 진영에서 무슨 일을 하였는지 등을 심문하였다.

디아볼루스 앞에 서서 그의 군기 아래
기꺼이 싸울 것을다짐하는 세 젊은이들

디아볼루스의 질문에 세 청년들은 답변했다. 그런 다음 디아볼루스는 이들을 다시 감옥으로 돌려보냈다. 수 일이 지난 후, 디아볼루스는 그들을 자기 앞에 다시 불렀다. 그러고는 그들이 예전에 섬기던 샤다이 왕의 장군들을 대적하여 이제 자기를 섬길 마음이 있느냐고 물었다. 그러자 그들은 자신들이 믿음을 따라 살아가기보다는 오히려 정해진 운명에 따라 살아가는 사람들이라고 말하면서, 디아볼루스가 자신들을 기꺼이 받아준다면, 기꺼이 그를 섬길 것이라고 대답하였다. 이렇게 해서 모든 일이 순조롭게 진행되었다. 한편 인간영혼 마을에는 무엇이든 장군(Captain Anything)이라고 해서, 무엇이든 하는 대단한 장군이 있었다.

무엇이든 장군(Captain Anything)

디아볼루스는 이 청년들을 무엇이든 장군의 군대에 이름을 올리라는 친서를 써서 이들을 그 장군에게 보냈다. 그 친서의 내용은 다음과 같았다. "친애하는 무엇이든 장군, 이 편지를 가지고 가는 세 명의 젊은이들은 전쟁에서 나를 섬기고 싶어 하오. 내가 보기에 이들을 수하에 둘 사람으로 장군만한 적임자가 없을 것이라 생각하오. 그래서 나의 이름으로 이들을 보내니 이들을 받아, 필요하고 요청되는 대로, 샤다이 왕과 그의 군대를 대적하는 일에 써 주기를 바라오. 건승을 바라오."

이들은 이 편지를 들고서 무엇이든 장군에게로 갔고, 장군은 그들을 맞아들였다. 장군은 그들 가운데 둘은 병장으로 삼았으며, 인간의 고안 씨(Man's-invention)는 자신의 무기를 드는 자로 삼았다. 이들에 대한 이야기는 이 정도로 하고, 다시 전장(戰場)으로 돌아가보겠다.

샤다이 왕의 진영도 인간영혼 마을에 어느 정도 타격을 입혔다. 그들이 시장의 집 지붕을 허물어뜨렸기 때문에, 시장의 신변이 예전보다 더 많이 노출되었던 것이다.

그들은 또한 투석기로 자유의지 경을 거의 죽기 일보직전까지 몰아붙였다. 그는 간신히 도망하여 목숨을 구할 수 있었다. 하지만 그의 관리들은 치명적인 공격으로 살해되었는데, 단 한 번의 공격으로 그들 중 여섯 명이 몰살되었다. 욕설 씨(Mr. Swearing), 매춘 씨(Mr. Whoring), 격분 씨(Mr. Fury), 항상 거짓말 씨(Mr. Stand-to-lies), 술 취함 씨(Mr. Drunkenness), 속임수 씨(Mr. Cheating) 등이 희생되었던 것이다.

그들은 또한 귀문에 있는 탑 위에 세워진 두 개의 무기들을 공격하였고, 그것들은 땅에 떨어져 산산조각이 나 버렸다.

앞서 말한 바와 같이, 샤다이 왕의 충성스러운 장군들은 겨울 진지로 물러나, 거기서 참호를 파고 병거들을 배치하였다. 이렇게 함으로써 그들은 샤다이 왕에게는 최고의 기쁨을 선사하고, 원수들에게는 극도의 공포를 불러일으켰다. 그들은 기회가 될 때마다 인간영혼 마을을 향해 은근히 불안을 조장하였다. 그들의 이런 전략은 그대로 적중해서, 이 샤다이 군대로 인해 인간영혼 마을은 큰 괴로움을 겪었다. 인간영혼 사람들은 예전처럼 편안히 잠잘 수도 없었고, 지난날처럼 은밀하게 허랑방탕한 생활을 즐기러 나갈 수도 없었다.

왜냐하면 샤다이 왕의 진영에서 아주 빈번하게 은은하면서도 무서운 경고의 소리들이 들렸기 때문이다. 진실로 연거푸 계속해서 경고가 들리면서, 즉 처음에는 문에서 경고가 들리더니, 다음에는 다른 문에서 경고가 들리고, 다시 모든 문들에서 한 번씩 경고가 들리면서, 그들이 예전에 누리던 평화는 이제 깨져 버렸다.

마음의 가책으로 인한 결과들, 흔하지만 지속적인 결과들

이렇게 샤다이 왕의 병사들은 시도 때도 없이 경고의 소리들을 울렸다. 인간영혼 마을 사람들에게 밤들은 가장 긴 밤이 되었고, 날씨는 가장 추운 날이 되었다. 결과적으로 계절마저 때에 맞지 않게 이상하게 변해 버렸고, 겨울 중에서도 가장 길고 추운 겨울을 맞이했다. 때로는 나팔소리들이 울렸고,

때로는 투석기에서 떨어지는 돌들이 마을 안을 휘감기도 했으며, 때로는 샤다이 왕의 병사 만 명이 한밤중에 소리를 높여 전쟁의 사기를 북돋우는 고함을 지르면서 성벽 둘레를 뛰어다니기도 하였다.

때로는 부상을 당한 인간영혼 마을 사람들의 절규하는 신음 소리와 고통 소리가 들리기도 하였다. 이런 일들로 인해, 인간영혼 마을의 사기는 점점 더 떨어졌고 그들의 고통은 더욱더 가중되었다. 실제로 그들을 대적해 포위하고 있는 샤다이 왕의 병사들로 인해, 그들의 괴로움은 이루 말할 수 없을 정도였다. 이런 날들이 지속되자, 그들의 왕인 디아볼루스에게도 지금까지 누리던 그의 평화가 완전히 깨지고 말았다.

인간영혼 마을에 일어난 생각들의 변화

들은 바에 따르면, 그 때 쯤 인간영혼 마을 사람들의 마음에는 새로운 생각들, 즉 지금까지 했던 생각들과는 전혀 다른 생각이 생겨나기 시작했다고 한다.

어떤 사람이 "이렇게 사는 것은 사는 게 아니야"라고 말했고, 이에 대해 어떤 사람은 "이제 곧 결판이 날거야"라고 대답했다. 그러자 세 번째로 다른 사람이 일어나서 "샤다이 왕에게 돌아가 이 고통들을 끝내도록 합시다"라고 말했다. 이에 네 번째 사람은 두려워 떨면서, "그분이 우리를 받아주실지 의심스럽습니다"라고 대답하였다. 디아볼루스가 인간영혼 마을을 점령하기 전에 서기관이었던 늙은 양심 서기관도 큰 소리로 말하기 시작하였다.

그가 인간영혼 마을 사람들에게 들으라고 하는 말들은 마치 우르르 쾅쾅하는 큰 천둥소리와 같았다. 병사들의 소리와 장군들의 고함 소리와 함께, 그가 말하는 소리도 인간영혼 마을 사람들의 귀에는 더할 나위 없이 끔찍하게 들렸다.

시간이 지나면서 인간영혼 마을에는 모든 것이 부족해지기 시작했다. 마을 영혼들이 그토록 갈망하던 모든 것들이 마을에서 사라지고 있었다.

이 마을을 기쁘게 하던 모든 것들이 한순간에 사라져 버리는 바람에, 마을은 아름답기는커녕 불에 타버린 재와 같았다. 이제 인간영혼 마을의 주민들에게는 주름살과 죽음의 그림자만 보일 뿐이었다. 오, 세상에서 가장 비열한 조건들과 결탁하였지만, 인간영혼은 지금까지 자신이 누려온 마음의 안정과 만족에 대해 얼마나 좋아했는지 모른다!

샤다이 왕의 장군들은 이런 한겨울에도 보아너게의 나팔수를 통해 위대한 왕이신 샤다이에게 순복하라는 항복 권고문을 보냈다. 장군들은 한 번만 보낸 것이 아니라, 두 번, 세 번 계속해서 보냈다. 왜냐하면 인간영혼에 사는 이들에게 자발적으로 항복하려는 마음이 생겨서, 그들이 샤다이의 장군들을 받아들인다는 깃발을 올릴 때가 언제일지 알 수가 없었기 때문이다. 진실로 내가 들은 바에 따르면, 늙은 불신 경의 반대와 자유의지 경의 변덕스러운 생각만 아니었다면, 이 마을은 이미 오래 전에 샤다이의 장군들에게 항복했을 것이라고 했다.

고통 받는 인간영혼 마을

디아볼루스는 인간영혼 마을 때문에 사납게 날뛰었고, 항복과 관련해서는 마을 사람들 모두 아직 한마음이 되지 못했다. 이런 착잡한 상태에서 생기는 두려움 때문에 그들은 괴로워하고 있었다.

이제야 하는 말이지만, 샤다이 왕의 장군들은 그 겨울에 세 번이나 인간영혼 마을에게 항복하라는 권고문을 보냈다.

첫 번째 권고문. 나팔수가 처음으로 가지고 간 것은 평화의 메시지로, 거기에는 다음과 같은 말들이 기록되어 있었다.

"샤다이 왕의 충성스러운 장군들은 지금 멸망해 가고 있는 인간영혼 마을의 비참한 상황에 대해 유감스럽고 애석한 마음입니다. 그리고 여러분이 여러분 자신을 구원하고자 애쓰며 끝까지 버티는 모습을 보니 우리의 마음도 편하지 않습니다. 이에 우리 장군들은 여러분에게 명합니다. 지금처럼 가련한 인간영혼이 스스로 겸비하여 돌이킨다면, 예전에 여러분이 행한 반역과 가장 악명 높은 반란들은 자비를 베푸시는 샤다이 왕으로 인해 용서받게 될

세 번째 나팔

것입니다. 진실로 그 죄악들은 그분의 기억에서 사라질 것입니다." 계속해서 나팔수는 그들에게 다음과 같이 당부하였다. "여러분은 자신이 하고 싶은 대로 하면서 샤다이 왕에게 대항하다가, 화를 자초하는 일이 없도록 주의하십시오." 이 말을 전하고 나팔수는 자기 진영으로 되돌아갔다.

두 번째 권고문. 나팔수가 두 번째로 그들에게 갔을 때, 그는 좀 더 거칠게 그들을 대하였다. 그는 나팔소리를 울린 후에 그들에게 말하였다.

"여러분이 계속해서 반항하는 것은 장군들의 심기를 불편하게 할 뿐 아니라 그들을 화까지 나게 하고 있습니다. 그로 인해 그들은 인간영혼 마을을 완전히 무찔러서 마을 사람들의 뼈를 성벽 앞에 묻어 버릴까 진지하게 생각 중입니다."

세 번째 권고문. 나팔수가 세 번째로 갔을 때, 그는 더욱더 거칠게 그들을 몰아붙였다. 그는 그들에게 다음과 같이 말하였다.

"여러분은 지금까지 너무나 지독하게 장군들을 모독했기 때문에, 과연 샤다이 왕의 장군들이 여러분에게 자비를 베풀지, 아니면 여러분에게 오로지 심판만을 거행할지 잘 모르겠습니다. 그 장군들은 나에게 명령을 내려, 여러분이 샤다이 왕의 병사들에게 문을 열고 항복할 것을 여러분에게 전하라고 명하셨습니다."

세 번의 항복권고 중 마지막의 두 번의 권고는 인간영혼 마을을 극도로 불안하게 하였다. 그로 인해 그들은 곧 회의를 소집하였다. 회의의 결과는 다음과 같았다.

제시된 협정의 조건들

즉, 자유의지 경이 귀문으로 올라가, 거기서 나팔소리를 울리고 샤다이 진영의 장군들에게 평화 교섭을 요청하게 하는 것이었다. 자유의지 경이 성벽 위에서 나팔소리를 울리게 하자, 무장한 샤다이의 장군들은 각기 자기 수하의 병사 만 명을 데리고 나타났다. 인간영혼 마을 사람들은 장군들에게 항복권고를 듣고 고심했다고 말하였다. 인간영혼 측은 자신들의 왕인 디아볼루스의 명령이니 그 명령에 따른다고 하면서, 자신들이 제시하는 몇몇 조항들이 수용된다면, 장군들을 위시하여 샤다이 왕과 협정을 맺겠다고 말하였다. 간단히 말해서, 인간영혼 마을 사람들은 다음과 같은 조건들이 충족되면 샤다이 왕의 사람들과 한 백성이 되기로 협정을 맺고 싶다는 것이었다.

첫째, 가능한 한 현재의 시장과 망선 씨, 그리고 용감한 자유의지 경이 샤다이 왕의 치하에서도 여전히 인간영혼 마을과 성과 문들을 다스리도록 한다.

둘째, 현재 위대한 거인인 디아볼루스를 섬기는 자들은 지금까지 이 유명한 인간영혼 마을에서 거하던 집이나 안식처에서 쫓겨나서는 안 되며, 그들이 누리던 자유도 샤다이 왕에 의해 조금도 침해되어서는 안 된다.

셋째, 인간영혼 마을 사람들이 누리던 권리와 특권들을 허용할 것, 다시말해 그들의 유일한 주인이자 위대한 옹호자인 디아볼루스의 통치 아래서 그들이 지금까지 누려오던 예전의 것들을 계속해서 허용해 줄 것.

넷째, 인간영혼 마을 사람들의 선택과 동의 없이는, 새로운 법이 만들어지거나 새로운 관리가 임명될 수 없으며, 새로운 법이나 공무도 시행될 수 없다. 설령 시행된다 해도 그들에게는 어떤 영향도 끼칠 수 없다.

그들은 말했다. "이것들이 평화협정을 맺기 위해 우리가 제안하는 조건들입니다. 이 조항들을 수락한다면, 우리는 여러분의 왕에게 항복하겠습니다."

샤다이 왕의 장군들은 인간영혼 마을 사람들의 제안을 들었다. 그 제안들은 설득력이 없었을 뿐 아니라 오만하고 뻔뻔하기까지 했다. 그래서 장군들은 충성스러운 장군인 보아너게 장군으로 하여금 다시 마을 사람들에게 말하도록 하였다. 보아너게 장군이 그들에게 한 말은 다음과 같았다.

보아너게 장군의 대답

"오, 인간영혼 주민 여러분, 나는 우리와 협상을 하기 위해서 여러분이 부는 나팔 소리를 들었을 때, 참으로 기뻤습니다. 그 뿐만 아니라 나는 여러분이 기꺼이 우리의 왕이자 주인이신 샤다이 왕에게 항복하겠다고 말했을 때, 더욱더 기뻤습니다.

그러나 여러분이 제시한 어리석은 조건들과 트집들은 여러분 앞에 부정한 걸림돌이 되어버렸습니다. 그 때 나의 기쁨은 슬픔으로 변하였으며, 여러분이 돌이킬 것이라는 바람으로 시작된 나의 소망이 사라지면서 이내 무서운 공포가 몰려왔습니다. 나는 인간영혼의 오래된 원수인 늙은 망선이 지금 여러분이 우리에게 평화 협정의 조건으로 제시한 이 항목들을 작성하였을 것이라 짐작하고 있습니다. 그러나 이 조건들은 샤다이 왕에 대한 충성을 가장하고 있을 뿐, 어느 누가 들어도 그 진정성을 인정받을 수 없는 것들입니다. 그러므로 우리 모두는 위의 제안들에 대해 한없는 경멸을 보내며, 가장 사악한 것들로 여겨 거절하며 거부합니다(딤후 2:19).

그러나 오, 인간영혼이여! 만약 여러분이 여러분의 운명을 우리의 손에, 아니 우리 왕의 손에 맡긴다면, 즉 여러분이 그분을 믿고 그분과 함께 조건들을 만들어 제시했다면, 여러분은 그분의 눈에 선하게 비쳐졌을 것입니다. 그리고 감히 말하건대, 그렇게 만든 평화 조건들이야말로 여러분에게 가장 유익했을 것입니다. 그 결과 우리는 여러분을 받아들이고, 여러분과 더불어 평화를 체결하였을 것입니다. 하지만 여러분이 믿지 못해서 우리 왕이신 샤다이의 품에 안기기를 원하지 않는다면, 모든 상황은 이전에 여러분이 처했던 비참한 상황과 마찬가지가 될 것이며, 우리가 여러분에게 어떻게 할지를 알게 될 것입니다."

늙은 불신 경의 대답

그러자 시장인 늙은 불신 경이 다음과 같이 소리쳤다. "우리가 지금 어떤 처지인지 여러분도 보고 있지 않습니까? 그런데 도대체 어떤 사람이 원수들의 손아귀에서 벗어나고자, 자기 동료를 전혀 알지도 못하는 자들의 손에 넘겨주려고 하겠습니까? 내 입장에 대해 말한다면, 나는 그런 허무맹랑한 원수들의 제안에 결코 항복하지 않을 것입니다. 우리는 그들의 왕이 어떤 태도와 기질을 가졌는지 알고 있지 않습니까?

어떤 자들의 말을 따르면, 그 왕은 신하들이 정도에서 가느다란 머리카락 만큼만 벗어나도 역정을 낸다고 하고, 그들이 감당할 수 있는 것보다 훨씬 더 많은 것들을 요구한다고도 들었습니다. 오, 인간영혼이여, 여러분은 이 문제에 대해 매우 지혜롭게 주의를 기울여야 합니다. 왜냐하면 일단 여러분이 항복하게 되면, 여러분은 다른 것을 포기해야 하기 때문입니다. 그러면 여러분이라는 존재는 더 이상 여러분의 것이 아닌 게 됩니다! 그러므로 그런 허무맹랑한 능력을 가진 이로 인해 여러분 자신을 포기한다면, 이것만큼 세상에서 가장 어리석은 일은 아마 없을 것입니다. 사실 지금 여러분은 회개하고 싶을 수도 있습니다. 하지만 회개한다면, 이제부터는 정정당당하게 불평할 수 없을 것입니다. 여러분이 정말 그 왕의 소유가 되었을 때, 여러분 중에 누구는 죽이고, 누구는 생명을 구해줄 것인지, 또 우리 모두 목숨을 끊어 버리지는 않더라도 우리를 나라에서 쫓아 내버리고, 다른 새로운 백성들로 하여금 이 마을에서 살도록 하지는 않을지, 여러분은 제대로 알고 있습니까?"

이 연설로 모든 것은 원상태로 돌아가 버렸고, 오로지 마귀만 기쁘게 하였다

시장의 이와 같은 연설로 모든 것은 원상태로 돌아가 버렸으며, 일치를 꾀하려던 장군들의 소망마저 끊어져, 그들은 완전히 땅위에 꼬꾸라진 심정이었다. 그래서 장군들과 그 병사들은 참호와 막사로 돌아갔다. 인간영혼 마을의 시장도 자기 왕이 있는 성으로 돌아갔다.

한편 디아볼루스는 시장이 돌아오기를 기다리고 있었다. 왜냐하면 인간영혼이 자기 주장을 고수했다는 소식을 들었기 때문이다. 드디어 시장이 왕궁 접견실에 이르자, 디아볼루스는 "수고했소. 시장인 나의 불신 경, 오늘 협상 결과가 어떠하였소?"라고 말하며 그를 맞았다. 불신 경은 고개를 깊이 숙여 인사한 후 협상의 내막을 소상히 전했다. 즉, 샤다이 왕의 장군들이 여차

불신 경이 주군에게 보고함

여차 말을 했고, 자신도 여차여차 말을 했다고 했다. 디아볼루스에게 그 과
정들이 모두 전해지자, 그 말을 들은 디아볼루스는 매우 기뻐하며 다음과 같
이 말하였다. "시장이자 나의 충성스러운 종인 불신 경, 그대는 지금까지 단
한 번의 실수도 없이, 그대의 충성심을 이미 열 번이나 넘게 입증해 보였소.
나는 그대에게 약속하겠소. 우리가 이 사탄이 군대의 주력부대를 무찌르기
만 하면, 그대를 명예로운 자리에 등용하여, 현재 인간영혼 마을의 시장보다
훨씬 더 훌륭한 자리에 앉게 할 것이오. 나는 그대를 우주적인 나의 대리인
으로 삼아, 모든 나라들을 그대의 손에 맡기고, 나 다음으로 열방을 다스리
게 할 것이오. 그대가 누구를 속박하든, 아무도 그대에게 저항하지 못할 뿐
아니라, 우리의 봉신(封臣)들 중 어느 누구도 그대 앞에서 자유롭게 걷지 못
할 것이며, 그대가 채워준 차꼬에 만족하며 걸을 것이오."
　시장은 총애를 얻은 것에 기뻐하며, 디아볼루스의 전에서 물러갔다. 의기

양양한 태도로 자기 거처에 도착한 그는 자신의 위대함이 더 크게 빛을 보게 될 것이라는 소망으로 매우 흡족해하면서, 그 날까지 전심전력을 다해 매진 (邁進)하리라 생각했다.

시장과 디아볼루스는 이렇게 서로 한마음이 되었지만, 인간영혼 마을에서는 용감한 샤다이 왕의 장군들에게 그런 식으로 논박하여 그들을 되돌아가게 한 일로 인해 폭동이 일어났다. 왜냐하면 늙은 불신 경이 협상한 결과를 들고 주인인 디아볼루스와 자축하기 위해 성 안으로 들어가 있었을 때, 디아볼루스가 마을에 오기 전에 시장이었던 이해 경(Lord Understanding)과 늙은 서기관인 양심 씨(Mr. Conscience)가 귀문에서 일어난 일들에 대해 모든 정보를 입수했기 때문이다.

이해 경과 양심 서기관이 뉘우치기 시작하며
인간영혼 마을을 소란하게 하다

이 두 사람은 샤다이 왕의 장군들을 지지하여 반란을 일으킬 것을 우려해 그 논쟁의 자리에 있지 못하도록 감금된 상태에 있었다. 그럼에도 불구하고 그들은 거기서 일어난 일들과 관련해 모든 것을 알게 되었고, 그 일들에 대해 알고 나서는 많이 걱정하였다. 그들은 몇몇 마을 사람들과 함께 다니면서, 충성스러운 샤다이 장군들의 요구가 이치에 합당하다는 것과 시장인 늙은 불신 경의 연설로 인해 나쁜 결과들이 일어날 것임을 마을 사람들에게 알렸다. 즉, 시장이 샤다이 장군들이나 그 왕에 대해 무례하게 행동한 것에 대해, 그리고 그 장군들이 샤다이 왕에게 충성하지 않고 왕을 반역한 자들이라고 일방적으로 비난한 것에 대해 말하였다. 또한 이 두 사람은 계속해서, 앞서 샤다이 왕이 우리에게 자비를 베풀겠다고 장군들을 시켜 말을 전했을 때, 시장은 그 말을 샤다이 왕이 우리를 진멸할 것이라는 말로 잘못 생각하고서, 장군들이 제시한 조건들을 결코 받아들일 수 없다고 말하였으니, 늙은 불신 경이 얼마나 말을 잘못한 것인지를 마을 사람들에게 알렸다.

이해 경에게 공격당하는 늙은 불신

인간영혼에서 일어난 폭동

그제야 마을 사람들은 늙은 불신 경이 악한 일을 했다고 깨닫고, 무리를 지어 인간영혼 마을의 거리와 구석구석까지 모든 곳을 누비며 뛰어다니기 시작했다. 처음에는 작은 소리로 투덜거렸지만, 나중에는 노골적으로 말했고, 급기야 이리저리 뛰어다니며 다음과 같이 소리쳤다. "오, 샤다이 왕의 용맹한 장군들이여! 우리는 장군들의 다스림과 당신들의 왕인 샤다이의 다스림을 받고 싶습니다." 인간영혼 마을에 폭동이 일어났다는 사실을 알게 된 시장은 백성들을 진정시키기 위해 마을로 내려와서는, 자신의 얼굴과 대단함을 사람들에게 보여주면 그런 열기가 수그러들 것이라고 생각하였다. 하지만 무리들은 그를 보자마자 그에게로 달려들었다. 그때 만약 재빨리 집으로 도망치지 않았다면, 그는 틀림없이 큰 해를 입었을 것이다. 그가 도망치는 바람에, 무리들은 그가 있는 집을 맹공격하며 무너뜨리려고 했으나, 일이 순조롭게 진행되지 않았다. 왜냐하면 그 집의 지반이 너무 강했기 때문에, 무리들은 그 집을 무너뜨릴 수 없었다. 이런 상황에서도 불신 경인 시장은 용기를 내어 창문으로 고개를 내밀어 백성들에게 다음과 같이 말하였다.

"친애하는 여러분, 도대체 오늘 이렇게 난리법석을 떠는 이유가 무엇입니까?"

이해 경(Lord Understanding). 그러자 이해 경이 다음과 같이 대답하였다. "당신과 당신의 주인이 옳지 않게 행동했기 때문입니다. 당신은 샤다이 왕의 장군들에게도 그렇게 행동했습니다. 당신은 세 가지 점에서 잘못을 범했습니다. 첫째, 당신은 양심 씨와 내가 당신이 하는 말을 듣지 못하게 하였습니다. 둘째, 당신은 샤다이 왕의 장군들이 절대로 받아들일 수 없는 평화 조건들을 제시하였습니다. 당신이 제시한 조건들이 의도하는 것은, 샤다이 왕은 한갓 이름뿐인 왕이 되는 것이고, 인간영혼이 여전히 자신에 대한 법적인 효력을 가진 채 샤다이 왕 앞에서 추잡하고 헛된 삶을 살겠다는 것입니다. 결과적으로 디아볼루스가 이곳에서 실제 능력을 가진 왕이 될 것이고, 다른 왕은 그저 이름뿐인 왕이 될 것입니다. 셋째, 샤다이 왕의 장군들은 우리에게 자비를 베풀어 우리를 받아들이겠다는 조건들을 우리에게 제시했음에도 불구하고, 당신은 당신 멋대로 해버렸습니다. 불쾌하고 적합하지 않으며 사악하기까지 한 당신의 대답은 모든 것을 망쳐 놓았습니다."

불신 경(Lord Incredulity). 늙은 불신 경은 이 말을 듣자 소리를 질렀다. "반역이다. 반역이다. 여러분은 무기를 드십시오. 여러분은 무기를 드십시오. 오, 인간영혼 마을에 거하는 디아볼루스의 진실한 친구들이여, 여러분은 무기를 들으십시오."[3]

이해 경. "불신 경, 내가 한 말을 그렇게 당신 멋대로 해석해도 나는 상관하지 않겠습니다. 하지만 그렇게 고귀한 주인인 샤다이 왕의 장군들은 당신이 했던 것보다는 더 나은 대접을 받았어야 했습니다. 그것은 내가 보기에 틀림없는 사실입니다."

불신 경. 그러자 늙은 불신 경이 말하였다. "이해 경, 그들을 그렇게 극진하게 대접한다고 해도 나아지는 것은 아무것도 없습니다. 내가 말하지만, 그날 내가 말한 것은 나의 왕과 그분의 통치와 백성들을 진정시키기 위해 한 말이었습니다. 그런데도 당신은 불법을 자행하며 오늘 이렇게 백성들을 동원하여 우리를 대적하는 반란을 꾀하고 있습니다."

양심 씨(Mr. Conscience). 그 때 예전에 서기관이었던 양심 씨(Mr. Conscience)가 대답하였다. "불신 경, 당신은 이해 경이 한 말에 대해 그런 식으로 대꾸해서는 안 됩니다. 이해 경이 당신에게 한 말들과, 당신이 인간영혼 마을의 원수라는 것은 매우 분명한 사실입니다. 그러므로 당신은 당신의 건방지고 뻔뻔스러운 말로 끼친 해악과, 당신이 샤다이 왕의 장군들을 슬프게 한 것에 대해 분명히 알아야 합니다. 그런 당신의 행동으로 인해 당신이 인간영혼에 끼친 손해도 분명히 인식하기를 바랍니다. 샤다이 왕의 장군들이 제시한 조건들을 수락만 했어도, 인간영혼 마을 부근에는 더 이상 나팔 소리와 전쟁을 알리는 경고소리가 울리지 않았을 것입니다. 지혜 없는 당신의 연설로 인해

3) 죄악과 영혼의 다툼 — 원주

전쟁의 끔찍한 소리들이 여전히 울려 퍼지고 있습니다."

불신 경. 그러자 늙은 불신 경이 말하였다. "양심 씨, 내가 살아 있는 한, 당신이 걱정하는 바를 디아볼루스에게 꼭 전하겠습니다. 그래서 그 말에 대한 답변을 당신이 들을 수 있게 하겠습니다. 나와 디아볼루스는 이 마을의 유익을 구할 뿐, 당신의 충고는 원하지 않습니다."

이해 경. "불신 경, 당신의 왕과 당신은 둘 다 이 인간영혼 마을에 이방인이지 원주민은 아니지 않습니까? 당신들은 지금보다 더 어려운 곤경에 처하도록 우리를 인도해 놓고서는, 우리를 방치할 뿐만 아니라 그 책임마저 우리에게 떠넘기려고 합니다. 또 당신들은 우리를 불과 연기 가운데 놔두고 도망칠 것이며, 우리를 사르는 불길에 우리가 멸망하도록 내버려 둘 것입니다. 게다가 도망치는 것 외에 다른 방법이 없는 막다른 길에 이르게 된다면, 당신들은 당신들의 안전을 도모하며 도망쳐 버릴 것입니다."

불신 경. "이해 경, 당신은 지금 이 마을을 다스리는 통치자 앞에 서 있다는 것과, 당신은 일개 백성으로서 스스로 몸을 조아려야 한다는 것을 잊고 있습니다. 그리고 나의 주인인 디아볼루스 왕께서 오늘 일어난 이 일에 대해 듣게 된다면, 당신이 벌인 이 일에 대해 그리 유쾌하게 여기지 않을 것이라는 점을 알아두기 바랍니다."

이렇게 불신 경과 이해 경과 양심 씨 등이 서로 언쟁하는 동안, 자유의지 경과 편견 씨, 늙은 망선, 그리고 새로 임명된 몇몇 의원들과 관리들이 성문과 성벽에서 내려와, 이런 소음과 소동의 이유가 무엇인지를 물었다.

그러자 거기 있던 모든 사람들이 나름대로 설명을 하려고 다들 말을 하기 시작했다. 하지만 너무 시끄러워서 그 누구의 말도 분명하게 알아들을 수 없었다. 그 때 여우처럼 교활한 늙은 불신 경이 사람들에게 모두 잠잠하라고 명한 후에 말하기 시작했다. "자유의지 경, 여기에 투덜거리며 까다로운 두 양반이 있습니다. 내가 이 말까지는 안하려고 했지만, 이들은 아마도 불만족 씨(Mr. Discontent)의 사주를 받아, 자신들의 악한 성질을 유감없이 발휘하며 나를 대적하기 위해 오늘 사람들을 모아 이렇게 반란을 꾀하고 있는 것 같습니다. 또한 이들은 우리의 왕까지 대적하는 반란행위를 하도록 마을 사람들을 선동하기도 하였습니다."

불신 경의 말이 끝나자, 거기 있던 디아볼루스의 모든 추종자들은 일제히 일어나 이 말이 모두 사실이라고 지지하였다.

대 혼란

이해 경과 양심 경의 편에 섰던 자들은 자신들이 불리하다는 것을 깨달았다. 왜냐하면 힘과 권력이 반대편 쪽에 있었기 때문이다. 그러자 사람들이 이들을 도와주기 위해 몰려들었다. 그리하여 양쪽에 각각 큰 무리들이 모이게 되었다. 불신 경의 편에 선 사람들은 저 늙은 두 노인을 당장 감옥에 처넣고 싶어 했다. 하지만 반대편에 선 사람들이 그래서는 안 된다고 말했다. 그들은 두 떼로 나뉘어져 다시 큰 소리로 외치기 시작했다. 디아볼루스를 추종하는 자들은 늙은 불신 경, 망선, 새로 임명된 관리들 및 그들의 위대한 디아볼루스를 연호(連呼)하였으며, 반대편 무리들은 샤다이 왕, 장군들, 그분의 법들, 장군들의 자비를 더 빠르게 연호하면서 이들의 조건과 방법 등에 박수갈채를 보냈다.

한동안 이런 식으로 말싸움이 계속되더니, 급기야 이들의 싸움은 말에서 주먹다짐으로 바뀌어, 서로서로 주먹으로 치고받았다. 선한 늙은 양심 씨는 디아볼루스의 추종자 가운데 한 사람인 마비 씨(Mr. Benumbing)로부터 두 번이나 맞고 쓰러졌으며, 이해 경은 자신을 향해 정조준 된 화승총(火繩銃)에 맞아 죽을 뻔했지만, 다행히 위기를 모면하였다. 반대편의 피해도 완전히 없을 수는 없었다. 디아볼루스의 추종자인 생각 없는 머리 씨(Mr. Rashhead)의 머리는 자유의지 경의 종인 마음 씨(Mr. Mind)에 의해 가격(加擊)을 당했다. 늙은 편견 씨(Mr. Prejudice)도 발에 차여 진흙탕으로 내동댕이쳐졌다. 나는 이런 모습을 보면서 실소(失笑)를 금할 수 없었다.

뜨거운 접전

생각 없는 머리 씨는 얼마 전까지만 해도 디아볼루스를 따르는 군대의 장군으로서, 마을 사람들에게 피해와 상처를 입혔던 자였는데, 지금은 이 마을 사람들의 발에 짓밟히는 신세가 되어 있었다. 여러분에게 확실히 말할 수 있는 것은, 이해 경의 사람들 중에 누군가가 이 생각 없는 머리 씨(Mr. Rashhead)가 머리에 쓰고 있던 관을 덤으로 완전히 부서뜨렸다는 사실이다. 무엇이든 씨(Mr. Anything)도 이 말싸움에서 무슨 말이든 열렬히 떠들어댔지만, 양쪽에서 모두 그를 대적하는 신세가 되었다. 왜냐하면 그의 말에 진실성이 하나도 없었기 때문이다. 그의 뻔뻔스러움에 열 받은 어떤 사람이 그의 다리 하나를 부러뜨렸지만, 정작 그 무엇이든 씨의 다리를 부러뜨린 사람은 그의 목을 부러뜨리고 싶어 했다.

양쪽이 입은 피해

양쪽이 모두 많은 피해를 입었다. 하지만 지금 와서 생각해 보면 자유의지 경은 이상할 정도로 이런 피해들에 대해 너무 무심하게 행동하였다. 이 사실은 절대로 잊어서는 안 된다. 그는 이편도 아니고 저편도 아닌, 아무 편에도 속하지 않은 듯이 행동하였다. 늙은 편견 씨가 진흙탕으로 내동댕이쳐지는 것을 보고도 그는 미소만 짓고 있었다. 또한 한쪽 다리가 부러진 무엇이든 장군이 절뚝거리며 그의 앞에 섰을 때, 그는 그 장군에 대해 전혀 신경 쓰지 않는 것처럼 보였다.

제6장

왕의 아들

내용 — 이해 경과 양심 씨가 폭동의 주동자로 투옥되다 — 마을을 포위한 장군들이 한마음이 되어 샤다이 왕의 후속 지원을 간청하는 회의를 갖다 — 그 간청이 샤다이 왕의 궁에서 재가를 받다 — 샤다이 왕의 아들인 임마누엘 왕자가 그 마을을 정복하기 위해 지명되다 — 큰 군대가 행진하여 인간영혼에 이르러, 임마누엘을 대적하기 위해 견고히 요새화된 그 마을을 포위하다

　　어느 정도 소란이 진정되자, 디아볼루스는 사람들을 보내어 이해 경과 양심 씨를 불렀다. 그러고는 인간영혼 마을에서 불온집회를 이끌고 극심한 폭동을 일으킨 선동자이자 주동자로 이 두 사람을 감옥에 처넣었다.

　　이제 마을은 다시 조용해졌지만, 투옥된 두 사람은 혹독한 시련을 겪어야 했다. 진실로 디아볼루스는 이 두 사람만 제거하면 마을이 진정될 줄 알았다. 하지만 현재의 위기는 두 사람의 투옥만으로 진정되지 않았다. 왜냐하면 마을의 모든 문들에서 전쟁이 벌어지고 있었기 때문이었다.

회의를 소집하여 협의하는 샤다이 왕의 장군들

　　여기서 다시 우리의 이야기로 돌아가자. 성문에서 물러나 진영으로 돌아온 샤다이 왕의 장군들은, 마을에 대한 추후 일정을 협의하기 위해 전략 회의를 소집했다. 그러자 한 장군이 당장 올라가서 마을을 함락시키자고 말하

이해 경과 양심 씨가 체포되다

였다. 하지만 대부분의 장군들은 그들에게 한 번 더 항복을 권고하는 것이 좋겠다고 생각했다. 왜냐하면 현재 인간영혼 마을은 이전보다 훨씬 더 샤다이 왕 쪽으로 마음이 기울었음을 장군들도 느끼고 있었기 때문이다. 혹시라도 마을 사람들 가운데 일부가 우리에게로 마음이 기울었는데, 우리가 야박하게 대해서 그들이 우리를 싫어하게 된다면, 우리의 의도와는 달리 우리의 권고에 대해 마을 사람들의 마음 문은 닫히게 될 것이라고 장군들은 말하였다.

장군들은 이 의견에 동의하여 나팔수를 불러서, 그의 입에 메시지를 맡긴 후, 신속하고 무사하게 잘 다녀오도록 명하였다. 이 나팔수는 그 명령에 순종해 숨 돌릴 틈도 없이 달려가 그 마을에 도착하였는데, 그리 많은 시간이 걸리지 않았다.

그는 마을 성벽으로 올라가서, 귀문으로 가는 길을 따라 거기서 장군들에게 명령을 받은 대로 나팔을 불었다. 그러자 마을 안에 있던 사람들이 무슨 일인가 싶어서 모두 나왔다. 나팔수는 그들에게 다음과 같이 전하였다.

항복 권고의 내용

"오, 완악한 마음을 지녀 개탄스러운 인간영혼 마을 사람들이여, 여러분은 언제까지 여러분의 죄악과 무지를 사랑하겠습니까? 여러분은 자신이 조롱 받는 것을 즐기는 바보들입니까? 왜 아직도 여러분의 평화와 구원을 위한 제의를 무시하고 있습니까? 왜 아직도 여러분은 샤다이 왕이 제공하는 황금 같은 제의를 거부하고, 디아볼루스의 거짓말과 기만을 믿고 있습니까? 여러분은 언제까지 그럴 작정입니까? 생각해 보십시오. 장차 샤다이 왕이 여러분을 정복했을 때, 그분에 대해 여러분이 가졌던 이 무례한 태도들이 기억나서 여러분은 과연 평화와 위로를 누릴 수 있겠습니까? 여러분이 하는 이런 하찮은 말들로 그분이 과연 여러분을 메뚜기만큼이라도 무서워하시겠습니까? 그분이 과연 여러분을 두려워하여 여러분에게 간청하시겠습니까? 여러분은 여러분이 그분보다 더 강하다고 생각합니까? 여러분은 고개를 들어 하늘을 보고, 별들도 생각해 보십시오. 그리고 이것들이 얼마나 높이 있는지 한 번 가늠해 보십시오. 여러분은 해가 운행하는 것을 멈추게 하거나 달이 빛을 내지 못하도록 할 수 있습니까? 여러분은 별들의 수를 헤아릴 수 있거나 하늘의 물주머니들을 붙들어 맬 수(욥 38:37 KJV) 있습니까? 또 여러분은 바다의 물들을 불러서, 그 물로 온 지면을 덮도록 할 수 있습니까? 여러분은 교만한 자를 발견하여 낮아지게 하며, 그들의 얼굴을 싸서 은밀한 곳에 (욥 40:12-13) 둘 수 있습니까? 이런 일들이 바로 우리 왕께서 하시는 것입니다. 우리는 오늘 여러분이 샤다이 왕의 권위를 받아들이도록 하려고 그분의 이름으로 올라왔습니다. 나는 그분의 이름으로 다시 여러분에게 권고합니다. 여러분은 그분이 보내신 장군들에게 항복하십시오."

인간 영혼 사람들은 이 항복권고를 들은 후, 가만히 서서 어떻게 대답해야 할지 모르는 것처럼 보였다. 이에 디아볼루스가 즉시 등장하여, 친히 이 나팔수의 말을 받아, 인간영혼 마을 사람들을 향해 다음과 같은 연설을 시작하였다.

디아볼루스의 연설

"친애하는 여러분, 그리고 나의 충성스러운 백성들이여, 항복권고를 전한 이 나팔수가 샤다이 왕의 위대함에 관해 한 말들이 설령 사실이라 해도, 여러분은 이 대단한 왕에게서 느껴지는 공포로 인해 항상 속박 가운데서 숨죽이며 살아야 할 것입니다. 진실로 샤다이 왕은 멀리 있는데, 여러분은 어떻게 그가 대단한 왕이라고 단정 지어 생각할 수 있습니까? 나는 여러분을 다스리는 왕입니다. 나는 여러분과 친밀하게 지내고 있고, 여러분은 메뚜기와 장난치듯이 나와 장난하기도 하였습니다. 그러므로 잘 생각해 보기 바랍니다. 어떤 것이 여러분에게 유익인지 말입니다. 그리고 내가 베푼 여러 혜택들도 기억해 주기 바랍니다. 더 나아가, 이 나팔수가 한 모든 말들이 사실이라 해도, 샤다이 왕의 백성들은 가는 곳마다 항상 종처럼 생활하고 있는 것에 대해 어떻게 설명할 수 있겠습니까? 이 우주에서 그들처럼 불행한 자들도 없고, 그들만큼 짓밟힌 삶을 살아가는 자들도 없습니다. 나의 인간영혼 백성들이여, 생각해 보십시오. 내가 여러분을 떠나보내기 싫은 것처럼, 여러분도 나를 떠나보내기 싫지 않습니까? 내가 감히 말하건대, 여러분을 얽어매던 차꼬가 여전히 여러분의 발에 있습니다. 이 차꼬를 어떻게 해야 하는지 여러분이 안다면, 여러분은 자유를 얻게 될 것입니다. 진실로 여러분의 눈 앞에 있는 이 왕을 여러분이 사랑하는 법을 안다면, 여러분은 여러분 가까이에 있는 이 친밀한 왕도 함께 얻을 것입니다."

이 연설을 들은 인간영혼 마을 사람들은 다시 마음이 완악해져서, 이전보다 더욱더 샤다이 왕의 장군들을 대적하였다. 그들은 샤다이 왕의 위대함을 생각할 때 위압감을 느꼈고, 그분의 거룩함을 생각할 때 절망감에 사로잡혔다. 디아볼루스 측에 속한 그들은 짧게 회의를 한 후, 다음과 같은 말을 나팔수를 통해 샤다이 왕의 장군들에게 전하였다.

악화일로의 인간영혼 마을

"우리 입장을 말하겠습니다. 우리는 우리의 왕을 포기하지 않기로 결정하였습니다. 우리는 결코 샤다이 왕에게 항복하지 않을 것입니다." 상황이 이렇게 흘러가자 그들에게 더 이상 항복권고를 한다는 것은 무의미했다. 왜냐하면 그들은 항복하느니 차라리 그 마을에서 죽겠다는 생각을 하고 있었기 때문이다. 그리하여 지금 모든 상황은 완전히 원점으로 되돌아간 것처럼 보였을 뿐 아니라, 이제 인간영혼에는 힘을 미칠 수도 없고 그들을 더 이상 부를 수도 없을 것처럼 보였다. 그럼에도 불구하고 샤다이 왕의 능력을 알고 있던 장군들은 전혀 상심하지 않았다. 그들은 인간영혼 마을에 또 다른 항복 권고문을 보냈다. 즉, 마지막으로 보낸 권고문보다 더 신랄하고 엄중한 내용을 담아 보냈던 것이다. 샤다이 왕과 화해하라는 내용을 인간영혼 마을에 보내면 보낼수록, 마을 사람들의 마음은 점점 더 멀어져갔다. "선지자들이 그들을 부를수록 그들은 점점 멀리하고, … 끝끝내 내게서 물러가나니 비록 그들을 불러 위에 계신 이에게로 돌아오라 할지라도 일어나는 자가 하나도 없도다"(호 11:2, 7).

그래서 장군들은 권고문을 보내는 방식을 포기하고, 다른 대안을 모색하였다. 장군들은 다 같이 모여, 어떻게 하면 인간영혼 마을을 다시 탈환할 수 있을지, 어떻게 하면 마을 사람들을 폭군 디아볼루스로부터 구해낼 수 있을지에 대해 서로 허물없이 논의하였다.

항복 권고문 보내기를 그만하고, 기도하기로 한 장군들

한 장군이 이런 안을 내면, 다른 장군은 또 다른 안을 내 놓았다. 그 때 의롭고 충성스러운 확신 장군(Captain Conviction)이 일어나 말하였다.

"사랑하는 나의 형제 여러분, 나의 생각은 다음과 같습니다.

첫째, 우리가 가진 투석기로 계속해서 마을로 돌을 던지도록 합시다. 이들을 밤이나 낮이나 괴롭혀서, 이들이 지속적으로 경계 상태에 있도록 합시다. 그러면 그들은 더 이상 방자한 마음으로 날뛰지 못할 것입니다. 사자도 계속해서 괴롭히면 길들여지는 법입니다.

둘째, 그 다음에 우리가 한마음으로 우리의 주인인 샤다이 왕께 상소(上疏)의 글을 써서 올리는 것이 어떨까 생각합니다. 다시 말해, 인간영혼의 상황과 여기서 일어난 일들을 먼저 우리 왕께 아뢰고, 우리가 그리 좋은 성과를 얻지 못한 것에 대해 그분의 용서를 구한 후, 폐하의 도움을 간절히 구하도록 합시다. 그러면 그분께서는 더 많은 군대와 무기들뿐만 아니라, 이들을 이끌 용맹스럽고 언변이 좋은 지휘관들을 보내주실 것입니다. 그로 인해 왕께서는 처음에 의도한 그 선한 계획에 아무 차질 없이, 이 인간영혼 마을을 온전히 정복하게 될 것입니다."

충성스러운 확신 장군의 연설에 여러 장군들은 동의하였다. 그들은 즉시 이런 탄원의 내용을 담은 상소(上疏)를 기록하고 적합한 사람을 정하여 그로 하여금 샤다이 왕에게 신속하게 전하도록 하였다. 기록된 상소의 내용은 다음과 같았다.

"이토록 아름다운 세상의 주재(主宰)이시며, 인간영혼 마을을 지으신, 지

The Petition.

탄원

극히 은혜롭고 영광스러운 왕이여! 우리는 엄위하신 주권자의 명을 받들어, 우리의 목숨을 잃을 만한 위험한 일일지라도 당신의 명령대로 그 유명한 인간영혼 마을과 전쟁을 하였습니다. 우리는 그들을 향하여 올라가서 우리가 받은 사명대로, 먼저 그들에게 평화의 조건들을 제시하였습니다. 그러나 위대한 왕이여, 그들은 우리의 권고를 가볍게 여기고 우리의 책망에 전혀 귀를 기울이지 않았습니다(마 22:5; 잠 1:25-30; 슥 10:11-12). 그들은 성문을 걸어 잠그고 우리가 마을에 들어가지 못하도록 하였습니다. 또한 그들은 대포를 배치하고 그것으로 우리를 공격하였습니다. 그 무기들로 인해 우리는 많은 피해를 입었습니다. 하지만 우리도 경계에 경계를 늦추지 않고 그들을 추격하여, 그들이 우리에게 가한 공격에 상응하는 정도로 보복을 감행했고, 그들도 어느 정도 피해를 보았습니다. 디아볼루스, 불신 경, 자유의지 경 등이 우리를 대적하는 주요 인사들입니다. 현재 우리는 겨울 진지에 머물고 있지만, 이것은 이 마을에 고통과 괴로움을 주려는 전술(戰術)입니다. 우리 생각에 이 마을에 신실한 자가 단 한 사람이라도 있었다면, 그는 그 마을이 마땅히 해야 할 일, 즉 우리에게 항복하는 일을 도와서 우리가 전하는 항복권고의 음성을 듣고 백성들이 스스로 항복하게 했을 것입니다. 그러나 그 마을 안에는 오직 원수들만 있을 뿐이며, 우리의 주인 되신 샤다이 왕을 위해서 그런 말을 할 수 있는 자가 아무도 없습니다. 우리는 할 수 있는 한 최선을 다했으나, 인간영혼 마을은 여전히 왕을 거슬러 반역하는 상태로 있습니다. 만왕의 왕이여, 감히 말씀드리지만, 인간영혼을 되찾지 못하여 왕의 마을에 심려를 끼친 이 종들의 패역함을 부디 용서해 주십시오. 인간영혼을 되찾으려는 왕의 지당한 계획에 우리는 전혀 도움이 되지 않는 쓸모없는 종들입니다. 왕이여, 지금 우리의 바람은 왕께서 인간영혼 마을을 정복할 더 많은 군사들을 보내어 주시고, 이들을 통솔할 지휘관, 즉 인간영혼 마을 사람들이 두려워할 뿐만 아니라 사랑할 만한 지휘관을 보내주시는 것입니다. 이런 말씀을 드리는 것은 우리가 이 전쟁에서 손을 떼고 싶어서가 아닙니다. 우리는 이곳에 우리의 뼈를 묻을 각오로 싸우고 있습니다. 우리는 이 인간영혼 마을이 폐하를 위해 정복되기를 바라는 마음뿐입니다. 우리는 왕의 이번 파견 건이 잘 성사되어, 인간영혼 마을이 정복되고, 그 후에 폐하의 은혜로운 다른 일들에도 마음껏 쓰임 받는 자들이 되기를 앙망합니다. 아멘.”

이 상소문을 가지고 간 사람
이런 탄원의 내용으로 작성된 상소문은 인간영혼 사랑 씨(Mr. Love-to-Mansoul)라는 선한 사람의 손에 의해 신속하게 샤다이 왕에게 보내졌다.

상소문이 왕의 궁에 도달하였을 때, 그것은 왕자에게 건너졌다. 왜냐하면 일반적으로 왕에게 전해질 상소문은 먼저 왕자에게 건네지는 것이 관례였기 때문이다. 왕자는 그 상소문을 펼쳐 읽었다.

이 상소문을 건네받은 사람
그 상소문의 내용이 왕자의 마음을 심히 기쁘게 하였기 때문에, 그는 상소문의 몇 곳을 수정하기도 하고 친히 추가하기도 하였다. 그가 보기에 더 좋 겠다 싶은 대로 왕자는 몇몇 군데를 수정 및 추가한 후에 상소문을 왕에게 가지고 갔다. 그는 왕에게 합당한 권위와 경의를 표하며 그 상소문을 건네 며 말하였다.

왕도 그 상소문을 보고서 기뻐하였다. 상소문에 대해 그의 아들이 기뻐했 다고 했을 때, 그 왕이 얼마나 더 기뻤을지 생각해 보길 바란다. 특히 인간영 혼 마을을 향해 진을 치고 있는 그의 종들이 그 작전에 온 마음을 다해 확고 한 신념을 가지고 임하고 있으며, 이미 그 유명한 인간영혼 마을의 몇몇 지 역을 사로잡았다는 소식을 듣고 왕은 매우 기뻐하였다.

왕이 그의 아들에게 "임마누엘"이라고 부르자, 아들은 "제가 여기 있습니 다. 내 아버지여"라고 말했다. 그러자 왕은 "인간영혼 마을의 상황과 우리가 그 마을을 위해 세웠던 계획, 그리고 네가 그 마을을 탈환하기 위해 했던 모 든 일들을 나 자신도 알고 있으나, 너도 잘 알고 있을 것이다. 그러므로 내 아들아, 이제는 네가 친히 그 전쟁을 준비하도록 하여라. 너는 접전하고 있 는 인간영혼 마을 진영으로 가라. 가서 싸워 이겨서 인간영혼 마을을 정복 하라"고 말하였다.

이 사역을 감당할 생각으로 위안을 삼는 임마누엘 왕자

이러한 샤다이 왕의 말씀에 아들이 대답하였다. "제가 주의 뜻 행하기를 즐기오니, 주의 법이 저의 심중에 있습니다(히 10; 시 40:8 ─ 역주). 이 날은 제 가 간절히 바라는 날이며, 이 일 또한 제가 항상 기다리던 것입니다.

그러므로 아버지께서 아버지의 지혜로 생각하기에 가장 적절한 군대를 주시면, 제가 가서 디아볼루스에게서, 그 디아볼루스의 힘으로 멸망해가는 당신의 인간영혼 마을을 구해 내겠습니다. 저는 비참한 인간영혼 마을로 인 해 여러 번 마음의 고통을 당했습니다. 그러나 지금 제 마음은 기쁩니다. 제 마음은 더할 나위 없이 기쁩니다." 왕자는 기쁨으로 산들 위로 뛰어오르며 (아 2:8 KJV ─ 역주) 말을 이었다. "제 마음에는 인간영혼보다 더 귀한 것이 없습니다. 아버지를 위하여, 그리고 나의 인간영혼을 위한 보응의 날이 내 마음에 있으며, 아버지인 당신께서 나를 그들을 위한 구원의 장군(히 2:10 KJV, "구원의 창시자"[개역개정])으로 삼으신 것에 대해 저는 기쁘게 생각합니다. 이제 저는 인간영혼 마을을 괴롭혔던 모든 자들을 괴롭히기 시작할 것이며, 그들의 손에서 마을을 구해낼 것입니다."

왕자가 이렇게 아버지에게 말하자, 이 말은 번개처럼 순식간에 궁내에 두루 퍼졌다. 진실로 왕궁에는 임마누엘 장군이 유명한 인간영혼 마을을 위해 출정할 것이라는 소문이 사람들의 입에 오르내리고 있었다.

원정계획을 흠모하는 왕국의 최고 귀족들

이 왕자의 계획이 궁에 있는 신하들에게 얼마나 인기가 있었는지, 여러분은 상상도 못할 것이다. 진실로 그들은 이 사역에 대해, 그리고 이 전쟁의 정당성에 대해 큰 감동을 받았다. 그리하여 왕국의 고관들과 제일 높은 귀족들은 임마누엘 왕자의 수하에서 명을 받들어, 그 비참한 인간영혼 마을을 다시 회복하는 일을 돕기 위해 원정대로 떠날 것을 갈망하였다.

임마누엘 장군이 인간영혼을 회복하기 위해 절대로 패할 수 없는 무적 군대를 이끌고 갈 것이라는 소식을 인간영혼 진영에 가서 전할 자들이 최종 결정되었다. 그런데 이 임무를 맡은 궁내의 고위관리가 인간영혼 진영에 이 소식을 전하기 위해서, 마치 일개 종처럼 얼마나 재빠르게 달렸는지 다 말할 수 없을 정도였다! 인간영혼과 접전 중에 있던 장군들은 왕이 자기 아들인 임마누엘 왕자를 보내고 싶어 하셨고, 그 아들도 아버지인 위대한 샤다이 왕의 명을 받들어 출정하기를 기뻐하였다는 소식을 접하게 되었다.

이 소식을 들은 진영에서 울려 퍼지는 기쁨의 환호성

장군들은 왕자가 온다는 생각에 기뻐하며 온 땅이 울릴 정도로 환호성을 질렀다. 진실로 산들도 메아리로 이들의 환호성에 화답하였으며, 디아볼루스는 그 소리에 몸이 흔들리며 비틀거렸다.

여러분은 이 계획을 알고 있지만, 인간영혼 마을은 이 계획과 관련하여 많이 알지 못하는 정도가 아니라, 아예 아무것도 모르고 있었다. 이것이 그들에게 안타까운 일이었다. 왜냐하면 그들은 쾌락과 정욕에 완전히 마음을 쏟으면서, 한심하게도 그런 것들에 취해 있었기 때문이다.

임마누엘 왕자가 온다는 소식에 두려워하는 디아볼루스

하지만 그들을 다스리는 디아볼루스는 이 계획을 알고 있었다. 그는 지속적으로 외부에 첩자들을 보냈으며, 이 첩자들은 샤다이 왕의 궁에서 디아볼루스를 대적하여 어떤 일들이 벌어졌는지, 임마누엘 왕자가 디아볼루스를 공격하기 위해 조만간 틀림없이 올 것이라는 등의 모든 일들을 그에게 알려주었기 때문이다. 그런데 디아볼루스가 실제로 이 정도로 임마누엘 왕자를 크게 두려워하고 있는지에 대해서는 샤다이 왕의 궁에 있는 자들도 몰랐고, 왕국의 귀족들도 전혀 몰랐다. 여러분이 기억할지 모르겠지만, 디아볼루스는 그 왕자가 가진 손의 능력을 이미 느꼈다고 나는 앞서 말한 적이 있었다. 그런 와중에 이런 일이 닥치니, 디아볼루스는 더욱더 그를 두려워하게 되었다.

출정을 선포하는 임마누엘 왕자

여러분이 알고 있는 바와 같이, 임마누엘 왕자는 궁을 떠나 인간영혼을 구하도록 예정되어 있었고, 그의 아버지는 그를 군대 장군으로 삼았다. 이제 임마누엘 왕자가 출정할 때가 이르자, 그는 출정을 선포하고, 자신의 능력을 보여줄 충성스러운 다섯 장군들과 그들의 군대와 함께 떠났다.

첫 번째 장군은 유명한 장군인 충성스러운 신뢰(Credence) 장군이었다. 그의 수하에 있는 군대의 군기는 붉은색이었고, 약속 씨(Mr. Promise)가 깃발들을 들었으며, 깃발의 문양(紋樣)은 거룩한 양과 황금 방패였다. 그의 수하에는 1만 명의 병사들이 있었다(요 1:29; 엡 6:16).

두 번째 장군도 유명한 장군인 충성스러운 선한 소망(Good-Hope) 장군이었

임마누엘 장군

다. 그의 수하에 있는 군대의 군기는 청색이었으며, 기수는 기대 씨(Mr. Expectation)였고, 깃발의 문양은 세 개의 황금 닻이었다. 그의 수하에도 역시 1만 명의 병사들이 있었다(히 6:19).

세 번째 장군은 용맹한 장군인 충성스러운 자애(Charity) 장군이었다. 그의 수하에 있는 군대의 기수는 동정 씨(Mr. Pitiful)였으며, 군기는 녹색이었고, 깃발의 문양은 품에 안긴 세 명의 벌거벗은 고아들이었다. 그의 수하에도 역시 1만 명의 병사들이 있었다(고전 13).

네 번째 장군은 씩씩한 사령관인 무흠(Innocence) 장군이었다. 그의 수하에 있는 군대의 기수는 무해 씨(Mr. Harmless)였고, 군기는 흰색이었으며, 깃발의 문양은 세 마리의 금 비둘기였다(히 10:16).

다섯 번째 장군은 참으로 충성스럽고 총애를 받는 인내(Patience) 장군이었다. 그의 수하에 있는 군대의 기수는 오래참음 씨(Mr. Suffer-long)였으며, 군기는 검은 색이었고, 깃발의 문양은 황금 가슴을 관통하는 세 개의 화살이었다(히 6:12).

이들이 바로 임마누엘 왕자의 장군들이었으며, 이 장군들의 기수와 군기와 군기 문양들과 장군들의 명령을 따르는 병사들이었다. 앞서 말한 바와 같이 이렇게 해서 용맹한 왕자는 인간영혼 마을을 향한 대장정의 진군을 시작했다.

믿음과 인내가 제 역할을 감당하다

신뢰 장군이 선두에서 이끌었고, 인내 장군이 후미에서 따랐다. 다른 세 장군들은 그들의 병사들과 함께 본 대열을 이루었다. 왕자는 친히 병거를 타고서 그들 앞에서 나아갔다. 이들이 행군을 시작하자, 나팔소리가 울려 퍼지고, 병사들의 갑옷은 번쩍이며, 군기들은 바람에 휘날렸다. 오, 이 얼마나 장대한 광경인가!

왕자가 입은 갑옷은 모두 황금이어서 하늘에 해처럼 빛이 났으며, 장군들의 갑옷은 어떤 것으로도 뚫을 수 없는 것으로 반짝이는 별과 같았다. 병사

들 가운데는 궁에서 온 이들로, 어떤 부대에도 속하지 않은 의용군들이 있었
다. 이들은 샤다이 왕을 사랑하는 마음과, 인간영혼 마을을 구하는 기쁨을
위해 출정한 자들이었다.

임마누엘 왕자가 인간영혼 마을을 회복하기 위해 출발할 때, 그는 부왕(父
王)의 명을 따라 54대의 파성퇴와 돌을 휘감아 던질 수 있는 12대의 투석기
를 가지고 떠났다.[1]

이 무기들은 모두 순금으로 만들어졌으며, 병사들은 이 무기들을 군대의
정 중앙 본 대열에 배치하였으며, 인간영혼에 도착하기까지 항상 함께 하였
다.

그들은 계속 행군하여 마침내 인간영혼 마을을 5킬로미터 남짓 남겨둔 거
리에 이르렀다. 거기서 그들은 미리 와 진을 치고 있던 네 명의 장군들을 만

인내 장군과 그의 기수

1) 66권의 각 권이 들어 있는 성경책 ― 원주

났으며, 이 장군들은 임마누엘 장군에게 현 상황을 보고하였다. 그들은 인간영혼 마을을 향한 진군을 계속해, 드디어 인간영혼 마을에 도착했다.

기쁨으로 합류한 군대들

진영에 있던 기존 병사들은 새로운 군대가 합류하는 것을 보고는 인간영혼 마을 성벽 앞에서, 디아볼루스를 한 번 더 겁주기 위해 고함을 질러댔다. 새롭게 합류한 군대는 인간영혼 마을 앞에 포진하였다. 하지만 이들은 기존의 네 장군들이 하던 방식, 즉 오로지 마을 문만을 표적으로 대치하던 것과는 달리, 마을의 전후좌우를 돌아가며 포위하였다.

둥글게 포위된 인간영혼 마을

그 결과 인간영혼 마을 사람들은 어느 방향을 보든, 자기들을 대적하여 포위하고 있는 힘과 위력들을 보게 되었다. 게다가 임마누엘 군대는 마을을 향하여 언덕들을 쌓아올렸다.

은혜 언덕(Mount Gracious)이 이쪽에 구축되었고, 공의 언덕(Mount Justice)이 저쪽에 구축되었다.

여기에 더하여, 분명한 진리 구릉(Plain-truth Hill)과 무죄 제방(No-sin Banks) 같은 여러 개의 작은 제방들과 진격할 수 있는 흙무더기들이 쌓아올려져, 여기에 많은 투석기들이 마을을 향해 공격하도록 배치되었다. 은혜 언덕에는 네 개의 투석기가 설치되었고, 공의 언덕에도 많은 투석기가 설치되었으며, 나머지 투석기들은 마을을 둥글게 에워싸는 형세로 여기저기에 설치되었다. 최고의 성능을 지닌 다섯 개의 파성퇴, 파성퇴 중에서도 제일 큰 것들은 경청 언덕(Mount Hearken) 위에 설치되었다. 이 언덕은 귀문을 격파할 목적으로 귀문 옆에 견고히 구축된 언덕이었다.

이제 인간영혼 사람들은 마을을 향해 진격해 오는 허다한 병사들과 파성퇴와 투석기와 구축된 언덕들을 보았다. 번쩍이는 무기들과 물결치는 군기들은 더 이상 말할 필요가 없었다. 그러자 마을 사람들은 조금씩 바뀔 수밖에 없었고, 서서히 그들의 생각은 바뀌었다. 확고했던 생각으로 조금도 변하지 않을 것 같았던 그들의 마음은 한층 나약하게 바뀌어 있었다.

낙담하기 시작하는 인간영혼 마을 사람들

이전까지 그들은 스스로 충분히 방어할 수 있다고 생각하였으나, 지금은 자신들의 운명이 어찌될지 모른다고 생각하기 시작했다.

선한 임마누엘 왕자는 인간영혼을 포위하고는 은혜 언덕 위에 설치된 황금 투석기들 사이에 제일 먼저 흰 깃발을 내걸도록 하였다.

내걸린 흰 깃발

여기에는 두 가지 이유가 있었다. 첫째, 인간영혼이 돌아오기만 하면, 그는 은혜를 베풀 능력도 있고 의향도 있다는 사실을 그들에게 알리기 위해서였다. 둘째, 하지만 그들이 계속해서 반역을 일삼는다면, 그들에게 더 이상의 용서는 없고, 가차 없이 그들을 진멸하겠다는 사실을 알리기 위해서였다.

이렇게 해서 세 마리의 황금 비둘기가 그려진 흰 깃발은, 그들에게 생각할 시간적 여유를 주기 위해 총 이틀 동안 내걸려 있었다. 하지만 이들은 앞서 암시된 바와 같이, 이런 것들에 전혀 관심이 없는 듯, 왕자가 제시한 이 호의적인 신호에 아무 반응을 보이지 않았다. 그러자 왕자는 명을 내려, 공의 언덕(Mount Justice)으로 불리는 언덕 위에 붉은 깃발을 내걸도록 하였다.

내걸린 붉은 깃발

이 깃발은 심판 장군이 가진 붉은 깃발로서, 깃발의 문양은 불타는 아궁이였다. 이 깃발들은 그들 앞에서 수일간이나 바람에 펄럭이며 물결치듯 걸려 있었다. 그러나 흰 깃발이 내걸렸을 때 이들이 어떻게 행동했는지를 생각해 보라. 이번에 새롭게 걸린 붉은 깃발에도 그들의 반응은 마찬가지였다. 그들은 자신들을 위한 배려에 전혀 관심이 없었다.

그러자 왕자는 종들에게 다시 명령을 내려, 그들을 공격한다는 뜻으로 검은 깃발을 내걸도록 하였다. 깃발의 문양은 세 개의 불타는 번개였다.

내걸린 검은 깃발

그러나 인간영혼 사람들은 앞의 여러 깃발과 마찬가지로 이번에도 아무 반응을 보이지 않았다. 왕자는 은혜, 심판, 심판의 집행, 그 어떤 것으로도 인간영혼 마음에 가까이 다가갈 수 없는 것을 보고서, 마음에 많은 회한(悔恨)을 느끼고 다음과 같이 말했다.

"인간영혼 마을 사람들이 보이는 이런 낯선 태도는 자신들의 삶을 증오하는 우리에 대한 은밀한 적대감 때문이 아니라, 틀림없이 전쟁의 방식이나 전술 등에 대해 무지하기 때문일 것이다. 그들은 자신들의 전쟁 방식에 대해서만 알고 있고, 내가 원수 디아볼루스를 상대로 벌이려는 전쟁의 전략과 전법(戰法) 등에 대해서는 모르기 때문에 그럴 것이다."[2]

임마누엘 왕자는 인간영혼 마을에 사람을 보내어, 깃발들이 가리키는 신호들과 전법의 의미들을 그들이 알도록 할 뿐만 아니라, 은혜와 자비 또는 심판과 집행 가운데 그들이 선택해야 할 것들에 관해서도 알도록 하였다.

그분은 사람을 보내어 그들이 자비나 공의에 대해 알도록 하신다

이 모든 수고에도 불구하고, 마을 사람들은 성문들을 자물쇠와 걸쇠와 빗장으로 할 수 있는 한 가장 신속하게 잠가버렸다. 그들은 문지기의 수도 두 배로 늘렸으며, 최대한으로 경계를 강화하였다. 디아볼루스도 마을 사람들이 더욱 분발하여 저항하도록 온 힘을 다해 그들의 마음을 북돋워 주었다.

인간영혼 마을 사람들은 임마누엘 왕자가 보낸 전령(傳令)에게 다음과 같이 대답하였다.

"위대한 왕자시여! 당신께서 보내신 전령을 통해 우리가 당신의 은혜를 받아들일지 아니면 당신의 공의로 멸망할지를 우리에게 신호로 말씀하셨음

---

2) 그리스도는 세상이 하는 전쟁방식과 다르게 전쟁을 하신다 — 원주

귀문에 바리케이드를 치다

을 들었습니다. 그러나 우리는 인간영혼 마을의 법과 관례에 얽매여 있기에 당신에게 분명한 대답을 전혀 드릴 수 없습니다. 왜냐하면 우리가 섬기는 왕의 재가가 없이 우리가 평화를 택하거나 전쟁을 택하는 것은, 우리의 법과 통치와 우리 왕의 특별한 왕권에 반하는 것이기 때문입니다. 그러므로 이제 우리는 우리의 왕에게 간청하여, 그분이 성벽으로 내려가 거기서 그분의 생각에 우리에게 유익하다고 여기는 바를 당신께 말씀하도록 하겠습니다."

선하신 임마누엘 왕자는 이 대답을 듣고서, 이 백성들이 노예처럼 속박당하고 있다는 것과 그럼에도 그 백성들은 폭군인 디아볼루스의 족쇄에 매여 있는 것에 대해 너무나 만족하고 있다는 것을 알고는 심히 마음 아파하셨다.

진실로 백성들이 그 거인의 노예가 되었고 거기에 만족하고 있다는 사실을 알게 된 순간부터, 임마누엘 왕자는 슬픈 마음을 가눌 길이 없었다.

다시 우리가 하려던 이야기로 돌아가자. 인간영혼 마을 사람들은 이 소식을 디아볼루스에게 가서 전했을 뿐만 아니라, 현재 임마누엘 왕자가 성벽 밖 포위 진지에서 인간영혼의 대답을 기다리고 있는 것까지 디아볼루스에게 전하였다.

두려워하는 디아볼루스

디아볼루스는 이 소식을 듣자마자, 임마누엘의 요청을 일축하고, 있는 대로 화를 내었다. 실제로는 왕자를 두려워하고 있었기 때문이다.

그는 "내가 친히 성문들로 내려가서 내 생각에 적절한 것들을 그에게 대답할 것이다"라고 말하였다. 그는 입문(Mouth-gate)으로 내려가 거기서 임마누엘 왕자에게 친히 말하였다. 그런데 그가 사용한 언어는 인간영혼 사람들이 알아듣지 못하는 언어였다. 그 내용은 다음과 같았다.

왕자를 향한 디아볼루스의 연설

"오, 온 세상의 주재자(主宰者)이신 위대한 임마누엘 왕자시여, 당신은 위대한 샤다이 왕의 아들인 줄을 내가 압니다! 그런데 어떤 이유로 이렇게 여기에 와서 나를 괴롭히시고, 내가 소유한 땅에서 쫓아내려 하십니까? 당신도 잘 아시는 바와 같이, 인간영혼 마을은 나의 것입니다. 두 가지 이유에서 그렇습니다. 첫째, 내가 정복했으니 당연히 이 마을은 내 것입니다. 공개적인 전투를 통해 내가 이 땅을 획득하였기 때문입니다. 강한 자로부터 취한 전리품, 즉 합법적으로 얻은 포로들이 인계될 수 있습니까? 둘째, 인간영혼 마을은 백성들 스스로 복종하여 내 것이 되었습니다. 백성들은 마을의 문들을 내게 열어 주었고, 충성을 맹세하였으며, 공식적으로 나를 왕으로 택하였습니다. 그들은 또한 그 성(城)도 내 손에 넘겼습니다. 진실로 이들은 인간영혼의 모든 권력을 내게 양도했습니다.

게다가 인간영혼 마을은 당신과 관계된 모든 것들을 거부하였습니다. 진실로 그들은 당신의 법, 이름, 형상 등 당신의 모든 것들을 등 뒤로 벗어버린 후, 나의 법, 이름, 형상 등 나의 모든 것들을 받아들여 그들의 집에 간직하였습니다. 당신에게 속한 어느 장군에게라도 한 번 물어보십시오. 인간영혼은 매번 항복권고를 받을 때마다 나에게 사랑과 충성심을 보인 반면, 당신과 당신의 장군들에게는 항상 조소와 경멸과 조롱과 멸시를 보냈다고 대답할 것입니다. 당신은 의롭고 거룩한 분이시기에, 결코 불의를 행하지 않으시는 줄 압니다. 그러므로 당신께 간청합니다. 나를 떠나 주십시오. 내게서 떠나십시오. 나의 정당한 재산을 평화로이 누리도록 나를 내버려 두십시오."

이 연설은 디아볼루스가 자신의 언어로 한 것이었다. 그는 모든 사람에게 모든 사람의 언어로 말할 수 있었다. 그렇지 않고서야 어떻게 항상 모든 사람들을 그렇게 유혹할 수 있겠는가? 그럼에도 불구하고 그에게는 자신의 고유한 언어가 있었다. 그것은 극악무도한 지옥 소굴, 즉 암흑의 구렁텅이에서 쓰는 언어였다.

불쌍한 영혼들인 인간영혼 마을 사람들은 디아볼루스가 하는 연설을 알아듣지 못하였다. 그들은 디아볼루스가 임마누엘 앞에 서 있는 동안 얼마나 몸을 조아려 굽실거렸는지도 보지 못했다. 진실로 마을 사람들 모두는 디아볼루스가 그 누구도 항거할 수 없는 막강한 능력과 힘을 가진 자라고 알고 있었다. 그래서 디아볼루스가 이 마을에 대한 소유권을 주장하면서, 임마누엘 왕자에게 무력으로 이 권리를 빼앗지 말아 달라고 간청할 때도, 마을 주민들은 디아볼루스의 용맹함을 자랑하면서, "누가 능히 이와 더불어 싸우리요?"(계 13:4)라고 말하였다.

어쨌든 거짓 왕이 말하고자 하는 바가 끝이 나자, 황금처럼 고귀한 임마누엘 왕자가 일어나 말씀하셨다.

디아볼루스에 대한 임마누엘의 대답

"너 속이는 자여!" 왕자는 말을 이어갔다. "이렇게 비참해진 인간영혼 마을을 대신해서, 그리고 이들의 유익을 위해, 나는 아버지의 이름과 나의 이름으로 너에게 일러 줄 몇 가지 말이 있다. 통탄할 만한 인간영혼 마을에 대해 너는 합법적인 권리를 가진 것처럼 말하고 있지만, 네가 인간영혼 마을의 문으로 들어갈 수 있었던 것은, 너의 거짓말과 기만 때문이었다. 이 사실에 대해서는 내 아버지 궁에 있는 모든 자들이 분명히 알고 있다. 너는 나의 아버지에 대해 중상하고 그분의 법에 대해 비방하면서 인간영혼 백성들을 속였다. 너는 백성들이 너를 왕으로, 또 장군과 합법적인 주군으로 삼은 것처럼 말하지만, 이 모든 것 역시 기만과 간사한 꾀로 이룬 것들이다. 이제 너의 그 교활한 거짓말들과 간사한 죄악들과 온갖 종류의 끔찍한 위선들이 과연 합당한 것인지에 대해 내 아버지의 궁에서 시험받아야 할 터인즉, 이 재판이 벌어질 아버지의 궁에서 네가 합당하고 공평하다는 인정을 받게 된다면, 그때는 나도 네가 합당하게 이 마을을 정복했다는 사실을 인정하겠다. 그러나 어떤 도둑이나 폭군이나 마귀가 내 아버지의 법정에서 합당하고 공평하다는 판결을 얻어낼 수 있겠는가? 나는 너에 관한 사실을 분명하게 밝힐 것이다.

오, 디아볼루스, 네가 인간영혼 마을을 정복한 것처럼 주장하는 모든 말에는 진실함이 하나도 없다. 네가 나의 아버지에 대해 거짓말을 하여, 인간영혼 사람들에게 내 아버지를 세상에서 가장 큰 사기꾼으로 만든 것이 합당하다고 너는 생각하는가? 내 아버지가 제정한 법의 합당한 취지와 의도를 알면서도, 그것을 왜곡한 것에 대해 너는 과연 무슨 말을 할 수 있겠는가? 순수하고 단순한 인간영혼 마을 사람들을 집어삼켜 그들을 이토록 비참하게 만든 것이 과연 잘한 일인가? 사실 네가 인간영혼을 점령할 수 있었던 것은, 그들이 내 아버지의 법을 어기면 행복해질 것이라고 약속했기 때문이다. 하지만 진정 그들이 그렇게 하면 스스로를 망하게 하는 꼴이 된다는 사실을 너는 알고 있었다. 네가 이 사실을 결코 몰랐을 리 없으며, 네 자신의 경험에 비추어 보아도 알 수밖에 없는 일이었다. 너는 증오와 원한의 달인이다. 또한 너는 직접 인간영혼 마을에 있는 내 아버지의 형상을 훼파하고, 내 아버지를 크게 경멸하고 네 죄악을 부각시키기 위해, 그리고 멸망해가는 인간영혼 마을에 돌이킬 수 없는 화를 끼치기 위해, 아버지의 형상이 있던 바로 그 자리에 너의 형상을 세웠다. 너는 이 모든 것들이 네게는 마치 사소한 일인 것처럼 이 마을을 속이고 멸망의 길로 인도하였다. 그리하여 너의 거짓말과 부정직한 태도로 그들이 구원을 받지 못하게 하였다. 너는 마을 사람들을 꼬드겨, 그들이 그들 자신들을 구하기 위해 부왕께서 보내신 장군들을 대적하여 싸우도록 얼마나 선동하였는지 모른다! 너는 빛 되신 그분을 대적하고, 나의 아버지와 그의 법을 경멸하면서 이 모든 일들을 하였고, 이보다 훨씬 더한 일도 저질렀다. 진실로 너는 아버지를 영원히 격노케 할 속셈으로 인간영혼 마을을 이렇게 비참한 상태가 되도록 하였다. 그러므로 이제 나는 네가 아버지에게 행한 모든 잘못들에 대해 보응하고, 불쌍한 인간영혼 사람들로 하여금 아버지의 이름을 더럽히게 한 불경죄에 대해 처리하려고 왔다. 진정 너는 극악무도한 지옥 소굴의 왕자다. 나는 너의 머리를 요구한다.

오, 디아볼루스, 나는 합법적인 권세로 너를 대적하기 위해서 왔다. 내가 가진 능력으로 이 인간영혼 마을을 너의 그 불타는 손가락에서 건져내고자 이곳에 왔다. 오, 디아볼루스, 이 인간영혼 마을은 내 것이다. 나는 이 마을에 대해 의심의 여지 없이 분명한 권리를 가지고 있으며, 이에 대해서 가장 오래되고 권위 있는 기록들을 부지런히 살펴본다면, 누구나 알 수 있을 것이다. 이로 인해 네 얼굴은 당황한 빛을 보이겠지만, 나는 이 마을에 대한 소유권을 분명히 주장하고자 한다.

첫째, 인간영혼 마을은 아버지께서 손수 만들고 꾸미신 곳으로, 마을 중앙에 있는 궁전도 그분의 기쁨을 위해 직접 지으신 것이다. 그러므로 인간영혼 마을은 내 아버지의 것이며, 그분께 일차적인 소유권이 있다. 이 진리를 부정하는 자는 자기 영혼을 대적하여 거짓말하는 자가 틀림없다.

둘째, 너는 거짓의 달인이다. 이 인간영혼 마을은 내 것이다.

1. 나는 장자로서 아버지의 상속자이며, 유일하게 그분의 마음을 기쁘게 하는 자이다. 그런 권리가 나에게 있기 때문에, 나는 너를 대적하여 나에게 상속된 재산을 너에게서 빼앗아 회복시키기 위해 이곳에 왔다(히 1:2; 요 16:15).

2. 나는 아버지의 상속자이므로, 인간영혼에 대한 권리와 자격을 가지고 있다. 내 아버지께서 주셨기에 나는 이 권리를 가지게 되었다. 인간영혼은 아버지의 것이었지만, 아버지께서는 이것을 나에게 주셨다(요 17). 내가 아버지를 거역하여, 아버지께서 이것을 내게서 빼앗아 너에게 주었다는 말을 나는 지금까지 한 번도 들은 적이 없다. 또한 내가 재정적으로 파산하여 이 사랑하는 인간영혼 마을을 네게 팔아넘긴 적도 없으며, 네게 팔려고 내놓은 적도 없다(사 50:1). 인간영혼은 나의 소망, 나의 기쁨, 내 마음의 즐거움이다.

3. 인간영혼은 내가 구입한 권리에 있어서도 내 것이라 할 수 있다. 오, 디아볼루스, 나는 이 인간영혼을 샀다. 나는 나를 주고서 이 마을을 샀다. 자, 이 마을은 내 아버지의 것이었고, 나는 아버지의 상속자이므로, 이것은 내 아버지의 것이자 내 것이기도 하다. 게다가 나는 매우 큰 값을 치르고 이 마을을 내 것으로 삼았다. 그러므로 당연히 인간영혼 마을에 대한 모든 합법적인 권리는 내게 있다. 반면에 이 마을을 소유하고 움켜쥔 너는 강탈자이며 압제자이고 반역자다. 내가 이 마을을 산 이유는 다음과 같다. 즉, 인간영혼이 내 아버지를 대적하는 죄를 범했다. 아버지께서는 그들이 아버지의 법을 어기는 날에 반드시 죽게 될 것이라고 말씀하셨다. 내 아버지에게는 자신이 한 말을 어기는 것보다 천지가 없어지는 것이 더 쉬웠다(마 5:18). 사실은 인간영혼이 너의 거짓말에 귀 기울이다가 죄를 범하였기에, 그 순간 내가 나섰다. 나 자신이 인간영혼의 허물을 몸에는 몸으로, 영에는 영으로 대속할 아버지의 보증이 되기로 한 것이다. 그리하여 내 아버지께서 이를 받으셨다. 때가 되어, 나는 몸에는 몸으로, 영에는 영으로, 피에는 피로 내 사랑하는 인간영혼을 실제로 대속하였다.

4. 나는 이 일을 부분적으로 어중간하게 한 것이 아니었다. 내 아버지는 허물을 벌하실 때 법과 공의로 판단하시는데, 나로 인해 이 두 가지가 만족되었다. 아버지께서는 아주 흔쾌히 인간영혼의 구원을 받아들이셨다.

5. 내 아버지의 명령이 아니었다면, 오늘 나는 너를 대적하기 위해서 나오지 않았을 것이다. "내려가서 인간영혼을 구원하여라"고 말씀하신 분은 바

로 내 아버지시다. 그러므로, 너 기만의 원천아, 네가 알아야 할 한 가지가 있으니, 바로 내가 오늘 너를 대적하러 온 것이 내 아버지와 상관없이 온 것이 아니라는 사실이다. 이것은 어리석은 인간영혼 마을도 알아야 할 사실이다."

황금 머리를 지닌 왕자는 "이제 나는 인간영혼 마을에 한 마디만 더 하고자 한다"고 말하였다. 임마누엘 왕자의 입에서 이 말이 떨어지자마자, 아직도 정신을 차리지 못한 인간영혼 마을은 이중으로 경계를 강화하고, 모든 마을 사람들에게 왕자가 하는 말을 절대로 듣지 말라는 명령을 내렸다. 왕자는 계속해서 다음과 같이 말하였다.

인간영혼을 향한 임마누엘 왕자의 말씀

"오, 불행한 인간영혼 마을 사람들아! 나는 너희에 대한 연민으로 안타까운 마음을 가눌 길이 없다. 너희는 디아볼루스를 왕으로 받아들였다. 그리하여 디아볼루스는 너희의 주권자인 주님을 대적하는 추종자들의 보모이자 대변인이 되었다. 너희는 너의 문을 그에게는 열어 주었지만, 정작 나에게는 단단히 잠가두었다. 너희는 그의 말에는 귀를 기울였지만, 내가 외치는 소리에는 귀를 닫아 버렸다. 그는 너희를 파멸로 인도했지만, 그럼에도 너희는 그를 받아들일 뿐 아니라 파멸까지도 받아들였다. 나는 너희를 구원하러 왔지만, 너희는 나를 거들떠보지도 않았다. 게다가 너희는 불경하게도 마을에 있는 모든 것들을 취하여 그것을 나의 원수이자 내 아버지의 원수이기도 한 그에게 주어 버렸다. 사실 그것은 모두 나의 것이었다. 너희는 그에게 절하고, 그에게 순복하였으며, 그를 경배하였고, 너희가 그의 소유라고 맹약하였다. 가련한 인간영혼아! 내가 너희에게 어떻게 할까? 내가 너희를 구원할까? 아니면 너희를 멸망시킬까? 내가 어떻게 하면 좋을까? 내가 너희를 넘어뜨려 산산조각 내어 가루로 만들어 버릴까? 아니면 너희를 나의 가장 풍성한 은혜의 기념비로 세울까? 내가 너희에게 어떻게 하면 좋을까? 그러므로 인간영혼 마을아, 너희는 들으라. 너희가 내 말에 귀를 기울이면, 너희는

살 것이다. 인간영혼아, 나는 긍휼을 베푸는 자다. 내가 긍휼을 베푸는 자인
줄 너희는 알게 될 것이다. 자, 이제 잠갔던 네 문들을 내게 열어라(아 5:2).

오, 인간영혼아, 나의 사명은 너희에게 해를 끼치는 것이 아니다. 그런데
왜 너희는 너희 친구에게서 그렇게 빨리 도망쳐, 너희 원수에게 바싹 붙어
있느냐? 진실로 나는 너희가 지은 죄에 대해 참회하기를 바란다. 내가 그러
기를 바라는 것은 너희가 회개할 수 있기 때문이다. 새로운 삶에 대해 결코
절망하지 마라. 이렇게 강압적으로 말하는 것은 너희에게 해를 끼치려는 것
이 아니라, 너희를 속박에서 구해내어, 너희가 다시 샤다이 왕에게 순종하게
하려는 것이다(눅 9:56; 요 12:47).

진실로 나의 사명은 너희의 왕이라는 디아볼루스와 그의 모든 추종자들
과 전쟁을 벌이는 것이다. 그는 자기 집을 지키기 위해 무장한 강한 용사이
지만, 나는 그를 내쫓을 것이다. 나는 그가 빼앗은 전리품들을 반드시 나누
고, 그가 무장한 것들을 해제시키며, 그가 거하던 곳에서 내쫓아 그곳을 나
의 거처로 삼을 것이다. 오, 인간영혼아, 디아볼루스가 사슬에 묶여 내게 끌
려올 때, 그제야 비로소 그는 내가 한 말이 무슨 뜻인지 알게 될 것이며, 인
간영혼 마을은 그 모습을 보면서 기뻐하게 될 것이다.

나는 지금이라도 당장 내 능력을 발휘해 디아볼루스가 너희를 놓아주고
떠나게 할 수 있지만, 그렇게 하지 않는다. 내가 그를 다소 점잖게 대하는 이
유는, 그를 향해 벌일 전쟁의 정당성이 만방에 드러나고 인정받기 위함이다.
디아볼루스는 인간영혼을 속여 취한 후, 폭력과 기만으로 이 마을을 유지해
왔다. 그러므로 나는 모든 사람들의 목전에서 그를 벌거벗겨 적나라하게 드
러낼 것이다. 내가 하는 모든 말은 참되며, 나는 인간영혼을 그의 손에서 건
져내어 구원할 능력이 있다."

이 연설은 온전히 인간영혼 마을 사람들을 향한 것이었지만, 인간영혼 사
람들은 이 말을 들으려 하지 않았다. 그들은 귀문을 닫고는 귀문 앞에 장벽
을 세우고 자물쇠를 채운 다음 걸쇠를 걸었다. 게다가 귀문 앞에 경비를 세
우고는 명령을 내려, 인간영혼 주민 가운데 단 한 사람도 임마누엘 왕자에게

나아가지 못하게 할 뿐 아니라, 임마누엘 왕자 진영의 어느 누구도 그 마을로 들어오지 못하게 하였다. 그들의 마음이 끔찍할 만큼 디아볼루스에게 홀려 있었기 때문에, 그들은 그가 내린 명령대로 이 모든 일을 수행했으며, 그들의 합당한 주인이자 왕인 샤다이를 대적하며 디아볼루스를 위해 일하고자 하였다. 따라서 영광스러운 주인에게 속한 사람이든 음성이든 그 어떤 것도 마을에 들어갈 수 없었다.

제7장

인간영혼 마을에 입성하는 임마누엘 장군

내용 — 인간영혼 마을을 대상으로 전쟁을 준비하는 임마누엘 왕자 — 디아볼루스가 거만 씨를 통해 평화협정 조건들을 제시하다 — 임마누엘 왕자에게 무례한 이 조건들이 모두 거 절당하다 — 인간영혼 마을을 개혁하는 일에 디아볼루스가 임마누엘 왕자의 부관(副官)이 되겠다는 식으로, 개혁을 구실로 평화협정 조건을 수정하여 디아볼루스가 다시 제의하다 — 이 제안은 다시 거절당하다 — 전투를 위한 새로운 준비를 하다 — 인간영혼 마을을 포기할 수밖에 없다는 예상에 엄청난 해악을 끼치는 디아볼루스 — 귀문이 파성퇴(破城槌)로 무차 별적 공격을 받아 결국 함락되고, 산산조각으로 부서져 열리게 되다 — 임마누엘 왕자의 군 대들이 인간영혼 마을로 진입하여, 양심 서기관의 집을 소유하다 — 해악을 끼치던 몇몇 디 아볼루스의 추종자들이 살해되다

임마누엘 왕자는 인간영혼 마을이 죄에 깊이 빠져 있다는 것을 알고서, 전 군대를 소집하였다. 현재 그 마을이 왕자의 말조차 경멸하고 있었기 때문이 다. 왕자는 정해진 시간이 되면, 진격할 태세를 갖추도록 모든 군대에 명령 을 내렸다. 인간영혼 마을을 되찾기 위한 소유권 논쟁도 별 소용이 없었기 에, 이제 법적으로 그 마을을 탈환할 수 있는 방법은 없었다.

인간영혼 마을을 공격할 준비를 하는 임마누엘 장군
오직 마을 문으로 진입해 들어가는 것, 특히 귀문을 주로 공격하여 들어가

는 것이 관건이었다. 그리하여 왕자는 장군들에게 파성퇴(破城槌)와 투석기와 병사들을 눈문과 귀문에 배치하도록 명하였다.

디아볼루스와 전쟁을 벌일 만반의 준비가 갖추어지자, 임마누엘 왕자는 인간영혼 마을이 평화롭게 자진해서 항복할 것인지, 아니면 끝까지 최후의 결사항전(決死抗戰)을 결심할 것인지, 마을 사람들의 의사를 알아보고자 한번 더 전령을 보냈다. 그러자 마을 사람들은 그들의 왕인 디아볼루스와 함께 전쟁회의를 소집하고는, 임마누엘 장군이 수락할 만한 몇 가지 제안들을 한마음으로 결의하였다. 그런 다음 이 전갈을 가지고 갈 사람에 대해 논의하였다. 그 당시 인간영혼 마을에는 디아볼루스의 추종자인 늙은 노인이 있었다. 그의 이름은 거만 씨(Mr. Loth-to-stoop)였다. 그는 완고한 성격으로 디아볼루스를 위해 큰 일을 하고 있었다. 그들은 이 거만 씨를 전령으로 보내기로 결정하고, 그가 무슨 말을 해야 할지 알려주었다. 그러자 그가 임마누엘 진영을 향해 일어나 갔고, 이내 그 진영에 이르렀다. 임마누엘 왕자에게 제안을 전할 시간이 정해져 있었고, 정해진 시간이 되자, 그는 디아볼루스 방식의 예법으로 왕자에게 인사를 한 후, 다음과 같이 말하였다.

디아볼루스는 거만 씨를 통해
임마누엘 진영에 평화협정 조건들을 제시하다

"위대한 왕자여! 왕자께서는 나의 주인의 본성이 얼마나 선한지 잘 알고 계십니다. 그분은 나를 보내시어 왕자와 전쟁을 하기보다는 왕자의 다스림을 기꺼이 받아들이겠다는 말씀을 전하라 하셨습니다. 그리고 인간영혼 마을의 절반을 왕자께 드리겠다고 하셨습니다(딤 1:16). 따라서 저는 왕자의 부왕께서 이 제의를 받아들여주실지 알고 싶습니다."

그러자 임마누엘 왕자는 "온 마을이 아버지께서 주신 것이기도 하고, 나 역시 값을 치르고 온 마을을 샀으니, 아무리 절반이라도 나는 결코 잃을 수 없다"고 말하였다.

그러자 늙은 거만 씨가 "왕자님, 나의 주군께서는 이 마을의 작은 부분이

디아볼루스가 거만 씨를 전령으로 임명하다

라도 가질 수만 있다면, 왕자께서 이 마을 전체의 명목상 주인이 되는 것에 대해 흡족해할 것이라고 말씀하셨습니다"(눅 13:25)라고 말하였다.

그러자 임마누엘 왕자는 "이름이나 말뿐 아니라 모든 것이 실제로 나의 것이다. 그러므로 나는 인간영혼 마을 전체뿐 아니라 만유의 유일한 주인이자 소유주이다"라고 대답하였다. 이에 거만 씨가 재차 "왕자님, 내 주군의 비천함을 돌보아 주십시오! 왕자께서 허락하셔서 제 주군이 인간영혼에서 한 곳을 얻어 개인적으로 거주할 수 있도록 해주신다면, 그분은 흡족해할 것이며, 왕자님은 그 밖의 다른 모든 곳에서 주인이 되실 것이라고 말씀하셨습니다"(행 5:1-5)라고 말하였다.

그러자 황금 머리를 지닌 왕자는 "아버지께서 주신 모든 자들은 내게로 나아오나니, 아버지께서 내게 주신 모든 자들을 나는 하나도 잃지 않을 것이며, 그들의 발이나 머리카락 하나도 결코 잃지 않을 것이다. 그러므로 나는 디아볼루스가 거할 곳으로 인간영혼에 있는 가장 작은 땅도 주지 않을 것이고 절대로 허락하지 않을 것이니, 이 모든 것이 나의 것이 될 것이다."

이에 거만 씨가 재차 "그러나 왕자님, 나의 주인께서 이 마을 전부를 왕자님께 드리고, 단지 한 가지 조건만 제시하는 것이니 제발 헤아려 주십시오. 때로 나의 주인께서 오래 알고 지내던 자들이 생각나 이 나라에 오실 때, 한 사람의 과객으로 이틀이나 열흘이나 한 달 가량 대접받을 수 있게 해 달라고 간구하십니다. 이 정도 작은 청은 들어주실 수 있지 않습니까?"

그러자 임마누엘 왕자는 "안 된다. 한 사람의 과객으로 다가와서는 다윗과 함께 오랫동안 머무르지 않았으나, 다윗은 자기 영혼을 잃을 뻔하였다(삼하 12:1-5). 디아볼루스도 그런 과객이 될 수 있기 때문에, 나는 그가 이 마을에 조금이라도 머무르는 것을 허락하지 않을 것이다."

이에 거만 씨가 말했다. "왕자님, 너무나 가혹하신 것 같습니다. 나의 주인은 이 마을에 살고 있는 자기 친구와 친척들이[1] 마을에서 자유롭게 장사

---

1) 죄악과 육신의 정욕들 — 원주

제7장 인간영혼 마을에 입성하는 임마누엘 장군 **181**

하면서, 지금처럼 여기에 살면서 삶을 즐기는 조건으로 모든 것을 왕자님께서 통치하시게 할 마음이 있다고 하셨습니다. 이것도 허락하실 수 없습니까? 왕자님?"

그러자 임마누엘 왕자는 "안 된다. 그것은 내 아버지의 뜻에 반하는 일이다. 지금뿐 아니라 언제라도 인간영혼 마을에서 발견되는 각양각색의 디아볼루스 추종자들은 그들의 땅과 자유뿐 아니라 그들의 목숨까지도 잃게 될 것이다"(롬 6:13; 갈 5:24; 골 3:5).

이에 거만 씨가 재차 "그러나 왕자님, 나의 주군이자 위대한 군주께서는 모든 것을 왕자님께 건네 드렸는데, 인간영혼에 있는 몇몇 옛 친구들과 서신이나 방문 혹은 우연한 만남이나 다른 교류들 정도는 유지해도 되지 않겠습니까?"(요 10:8)

그러자 임마누엘 왕자가 대답하였다. "안 된다. 절대로 안 된다. 어떤 종류, 어떤 모양, 어떠한 방식으로도 교류와 우정, 친밀한 관계 등이 유지되는 한, 인간영혼은 다시 타락하게 될 것이며, 나를 향한 그들의 사랑도 소원(疏遠)해질 것이고, 내 아버지와 함께하는 그들의 평화도 위험해질 것이다."

이에 거만 씨가 계속해서 말을 이었다. "그러나 위대한 왕자님, 나의 주군에게는 인간영혼 안에 많은 친구들과 그분이 귀히 여기는 자들이 많이 있습니다. 자애롭고 선한 본성을 지닌 내 주군께서 그들과 헤어져야 한다면, 그들을 향한 그분의 사랑과 우애의 뜻을 담은 징표를 그들에게 주어도 괜찮지 않겠습니까? 그분이 이렇게 하는 이유는 자신이 인간영혼을 떠나고 난 뒤에도, 인간영혼 사람들이 옛 친구로부터 받은 이 우정의 징표를 보고서, 디아볼루스가 예전에 그들의 왕이었다는 사실을 기억하고, 그와 그들이 서로 평화롭게 살면서 함께 어울려 즐거워했던 시간들을 기억하게 하기 위함입니다."

그러자 임마누엘 왕자는 대답하였다. "안 된다. 인간영혼이 일단 내 것이 되면, 이 마을에는 디아볼루스의 아주 작은 부스러기나 파편은 물론이고 흔적조차 남아 있어서는 안 된다. 나는 그런 것들을 수긍할 수도 없고 허락할 수도 없다. 그런 것들은 디아볼루스가 인간영혼에게 남긴 선물로서, 그 선물들을 통해 디아볼루스와 인간영혼 사이에 있었던 끔찍한 교제를 기억나게 할 것이기 때문이다"(롬 6:12-13).

디아볼로스의 마지막 제안

이에 거만 씨는 "그렇다면 왕자님, 마지막으로 한 가지 제의만 더 드리겠습니다. 그러고 나면 제 사명은 끝날 것입니다. 내 주군이 인간영혼을 떠난 후, 이 마을에 살고 있는 사람들에게는 반드시 해결해야 할 아주 중요한 문제, 다시 말해 이것을 소홀히 여기면 마을 자체가 멸망할지도 모르는 문제가 대두될 것입니다. 그렇게 나의 주군이자 주권자인 그분 외에는 아무도 해결할 수 없는 문제가 일어난 경우에는, 이 마을이 위급하고 중요한 상황에 처한 만큼 나의 주군께서 마을을 방문해도 되지 않겠습니까? 혹 마을로 들어가는 것이 허락되지 않는다면, 그 문제와 관련된 자들과 내 주군이 인간영혼 마을의 근처에서 만나, 거기서 함께 머리를 맞대고 그 문제에 대해 논의해도 되겠습니까?"(왕하 1:3, 6, 7)[2]

이것은 거만 씨가 자기 주인인 디아볼루스를 대신해서 임마누엘 왕자에게 제시한 간교한 제안들 중의 마지막 제안이었다. 하지만 임마누엘 왕자는 이를 허락하지 않으셨다. 여기에는 다음과 같은 이유가 있었다. "너의 주인이 떠난 후에, 내 아버지께서도 해결할 수 없는 일이나 문제 등은 인간영혼 마을에 결코 일어날 수 없다. 더구나 이 마을 사람들은 모든 문제에 직면했을 때, 그것을 두고 기도와 간구로 그들의 요구가 아버지에게 전달되게 할

---

2) "인간의 교만한 마음이 거만이다. 그리스도께서 합당하게 요구하시는 것은 그분에게 절대적으로 복종할 것과 그분을 향한 전적인 순종이다. 사람들은 그리스도를 명목상의 주님으로만 인정할 뿐 권위를 가진 주님으로는 인정하려고 하지 않는다. 일반적으로 사람들은 죄악에 빠지는 것을 허락하는 예수님을 섬기고 싶어 한다. 이렇게 부분적으로 복종하고 싶어하는 모든 성도들을 그분은 거절하신다. '거의 그리스도인'[almost a Christian]이 된다고 하는 것은 결코 그리스도인이 되는 것이 아니다. 이런 사실의 중요성을 강조하기 위해 저자는 '이 점에 주의하시오'라는 난외주를 반복해서 기록하였다." ─ 원주

수 있다. 그런데도 인간영혼에 있는 어떤 이들이 문제의 조언을 얻기 위해 디아볼루스에게 나아간다는 것은 내 아버지의 지혜와 능력을 얕보는 일이 될 것이다(삼상 28:15; 왕하 1:2-3). 더 나아가 너의 이 마지막 제안을 허락한다면, 디아볼루스와 인간영혼 마을에 있는 그의 추종자들이 반역할 의도를 가지고 비밀리에 음모를 꾸며서, 급기야는 그들이 내 아버지와 나를 슬프게 하고, 이 인간영혼 마을을 완전히 멸망시키도록 허락하는 꼴이 될 것이다."

거만 씨는 이 대답을 듣고서, 모든 일을 주군에게 전하겠다고 말하고는 임마누엘 왕자를 떠나갔다.

그는 임마누엘 왕자를 떠나 인간영혼에 있는 디아볼루스에게 이르러, 그간 일어났던 모든 일들을 디아볼루스에게 알렸다. 임마누엘 왕자가 그 제안들을 어떻게 해서 허락하지 않았는지, 특히 어떤 이유들로 그 제안들을 허락하지 않았는지에 대해 언급했다. 디아볼루스가 이 마을을 일단 떠나게 되면, 인간영혼 마을 안에서나, 혹은 인간영혼 마을 사람들과 함께 디아볼루스가 할 수 있는 일은 영원히 아무것도 없을 것이라는 사실과, 이를 임마누엘 왕자가 결코 허락하지 않을 것이라는 사실을 전했다. 디아볼루스와 인간영혼 마을 사람들은 협상 사태와 관련된 이 소식을 들은 후, 임마누엘 왕자가 인간영혼에 들어오지 못하도록 최선을 다하기로 한마음으로 결정하였다. 그러고는 이미 앞에서 들은 적이 있는 늙은 악한 휴식(Ill-pause)을 보내어, 그들이 결정한 사항을 임마누엘 왕자와 장군들에게 전하게 했다. 그리하여 그 늙은 신사는 귀문 꼭대기로 올라가, 자기 말을 임마누엘 진영에 있는 자들이 알아들을 수 있도록 그들을 향해 다음과 같이 외쳤다.

임마누엘 진영을 향한 악한 휴식의 연설

"나는 고귀한 내 주군의 명을 받들어 너희의 왕자 임마누엘에게 이 말을 전한다. 인간영혼 마을과 이들의 왕은 생사를 함께 하기로 결정하였으니, 너희 왕자가 무력으로 이 마을을 점령하지 않는 한, 인간영혼을 쉽게 손아귀에 넣을 수 있을 것으로 생각한다면 큰 오산이다." 인간영혼에 있는 디아볼루스 추종자 가운데 한 사람인 늙은 악한 휴식의 이 말을 들은 자들은 임마누엘 왕자에게 자신이 들은 바를 고하였다. 그러자 왕자가 다음과 같이 말하였다. "인간영혼이 나를 대적하여 행한 모든 반란과 반역에 대해 이제 나는 내 칼의 위력을 반드시 시험해 볼 것이다. 나는 포위한 이 마을을 결코 풀어주지도 않고 떠나지도 않을 것이며, 나의 인간영혼을 확실히 탈환하여 그 마을을 원수의 손에서 구해낼 것이다"(엡 6:17).

싸울 것을 다짐하는 임마누엘 왕자 진영

이와 함께 왕자는 보아너게 장군, 확신 장군, 심판 장군, 집행 장군 등에게 명을 내려, 나팔을 울리고 깃발들을 휘날리면서, 전쟁을 알리는 함성과 함께 귀문(eargate)으로 올라가 진격하게 하였다. 왕자는 신뢰 장군도 그 장군들과 합류하도록 하였다.

또한 임마누엘 왕자는 선한 소망(Good-Hope) 장군과 자애(Charity) 장군에게 명을 내려, 눈문 앞에 집결해 있도록 하였다. 그러고는 그의 나머지 장군들과 병사들에게도 명을 내려, 마을을 둘러싸 원수들을 공략하기에 가장 좋은 곳에 위치하도록 하였다. 모든 것이 그가 명한 대로 진행되었다. 그런 다음 그는 군호(軍號)를 정하여 그들이 전부 알 수 있게 하였다. 그 당시 그들의 군호는 "임마누엘"이었다. 곧이어 경계 나팔이 울리고, 파성퇴(破城槌)들이 작동되었으며, 투석기들에서 전속력으로 떨어지는 돌들이 마을 안을 휘감았다. 이렇게 전쟁은 시작되었다. 자, 디아볼루스 역시 모든 문에서 전쟁에 임한 마을 사람들을 직접 지휘하였다. 따라서 임마누엘을 대적하는 그들의 저항은 더욱더 거셌고 악랄했으며 격렬했다. 선한 왕자가 개입하여 벌인 디아볼루스와 인간영혼 마을 간의 전쟁은 이 정세로 며칠씩 계속되었다. 샤다이 왕의 장군들이 전쟁에서 벌인 멋진 활약들은 정말 볼 만한 광경이었다.

먼저 보아너게 장군의 활약에 대해 말한다면, 그렇다고 해서 다른 장군들의 활약을 과소평가하는 것은 아니지만 어쨌든, 그는 귀문을 향해 가장 강력한 공격을 연이어 세 차례나 퍼부어, 귀문의 기둥들을 흔들어 놓았다. 확신 장군도 보아너게 장군과 함께 가능한 한 신속하게 움직였다. 귀문이 흔들리는 것을 알아차린 이 두 장군들은 파성퇴로 귀문을 계속해서 공격하도록 명령하였다. 그런데 귀문의 아주 가까이까지 올라갔던 확신 장군은 적들로부터 집중공격을 받아 입에 세 군데나 상처를 입게 되었다.

말을 탄 리포마드(Reformade)[3]들은 여러 장군들을 격려하기 위해 이리저리 다니고 있었다.

임마누엘 왕자는 앞서 말한 두 장군들의 용맹스런 모습을 치하하기 위해 그들을 장막으로 불러, 그들이 다시 새 힘을 얻을 때까지 잠시 쉴 것을 명하였다. 그리고 그는 부상당한 확신 장군도 보살핌을 받도록 하여, 그의 상처를 치료하게 하였다. 왕자는 또한 그들 한 사람 한 사람에게 황금 사슬을 하사하면서, 계속해서 용기를 잃지 말라고 명했다. 선한 소망 장군과 자애 장군도 이와 같이 가장 필사적인 전투에서 뒤처지지 않았다.

선한 소망 장군과 자애 장군이 눈문에서 잘 싸운 덕에, 눈문은 완전히 열릴 정도로 부서져 있었다. 이 장군들도 다른 장군들과 마찬가지로 왕자로부터 상을 받았다. 이들도 마을 주위를 돌며 용감하게 싸웠기 때문이다.

이 접전에서 디아볼루스의 몇몇 장교들은 전사했고, 마을 사람들 가운데 몇몇은 부상을 입었다. 살해된 장교들 중에는 오만 장군(Captain Boasting)이 있었는데, 그는 누구도 귀문의 기둥들을 흔들리게 할 수 없으며, 디아볼루스의 마음도 흔들리게 할 수 없을 것이라고 생각하던 자였다. 그와 더불어 안심 장군(Captain Secure)도 살해되었는데, 이 안심 장군은 인간영혼 마을 안에 있는 맹인들(blind)과 다리 저는 자들(lame)만으로도 임마누엘 군대를 대적하여, 이 마을의 문들을 지킬 수 있으리라 말하고 다니던 자였으며(삼하 5:6), 확신 장군의 입에 세 군데나 상처를 입힌 바로 그 자였다. 하지만 이 안심 장군은 확신 장군이 휘두른 양날이 선 칼에 머리가 베어져 쓰러졌다. 이들 외에도

---

3) 퇴역 장교로 명령을 내릴 수는 없지만, 계급은 유지되며 때로는 급료를 받기도 한다. 난외 주로 기재된 "천사들"을 암시한다 — 역주.

허풍 장군(Captain Bragman)이 있었는데, 그는 매우 필사적으로 공격에 가담한 자였다. 그는 불붙은 나무토막과 화살을 쏘아댈 뿐만 아니라 자기 몸을 던져 싸우는 부대를 담당하고 있었다. 그 장군은 눈문에서 선한 소망 장군의 공격으로 가슴에 치명상을 입고 쓰러졌다.

비록 장군은 아니었지만, 인간영혼 사람들로 하여금 반역하도록 부추긴, 상당히 까다롭기로 유명한 감정 씨(Mr. Feeling)가 있었다. 그는 보아너게 장군 수하에 있는 병사의 공격을 받아 눈에 부상을 입었다. 만일 그가 신속히 물러서지 않았다면, 그는 아마도 보아너게 장군의 손에 죽었을 것이다.

부상당한 자유의지 경

살아오면서 그 때처럼 자유의지 경이 기가 죽어 있는 모습은 한 번도 본 적이 없었다. 그는 예전에 자신이 하던 대로 할 수가 없었다.

어떤 자들은 그가 다리에 부상을 당했다고 말하기도 했고, 임마누엘 왕자 군대에 속한 어떤 자들도 그가 성벽 위로 걸어갈 때 다리를 절면서 가는 것을 분명히 보았다고 말하기도 했다.

이 마을에서 전사한 병사들의 이름들을 더 상세하게 설명하지는 않으려고 한다. 왜냐하면 많은 자들이 부상을 당해 불구가 되거나 전사했기 때문이다. 인간영혼 마을 사람들은 귀문의 기둥들이 흔들리고, 눈문이 거의 부서져 완전히 열릴 지경이 된 것과 그들의 장군들이 살해되는 것을 지켜보았다.

인간영혼 마을의 많은 병사들이 살해되다

그로 인해 디아볼루스를 추종하던 많은 자들의 마음이 낙담하기 시작했다. 또한 인간영혼 마을의 한가운데 있던 디아볼루스의 병사들도 황금 투석기가 쏘아대는 무차별적인 공격에 쓰러졌다.

인간영혼 마을 사람들 가운데는 악(惡) 사랑(Love-no-good)이라는 자가 있었다. 그는 마을 주민이면서 디아볼루스의 추종자였다. 그 역시 인간영혼 전투에서 치명상을 입었다. 하지만 그는 그렇게 빨리 죽지는 않았다. 디아볼루스가 맨 처음에 인간영혼 마을을 차지하려고 할 때, 그와 뜻을 같이 했던 악한 휴식 씨(Mr. Ill-pause)도 머리에 심각한 부상을 입었다. 어떤 사람들은 그의 두개골에 금이 갔다고 말하기도 하였다. 내가 알게 된 사실은 이 사건 이후로 그는 과거에 하던 대로 인간영혼 마을에 큰 해를 입힐 수 없었다는 점이다. 늙은 편견 씨(Mr. Prejudice)와 무엇이든 장군(Captain Anything)도 도망쳐 버렸다.

이렇게 전투가 끝이 나자, 임마누엘 왕자는 인간영혼 마을에서 잘 보이는 은혜 언덕(Mount Gracious) 위에 흰 깃발을 다시 한 번 더 달도록 명하였다.

다시 내 걸린 흰 깃발

이것은 비참한 중에 있는 인간영혼 마을을 향해 임마누엘 왕자께서 은혜를 베풀겠다는 뜻을 그들에게 보여주기 위함이었다.

디아볼루스는 흰 깃발이 한 번 더 내 걸린 것을 보고서, 그것은 자신을 위한 것이 아니라 인간영혼을 위한 것임을 알고, 마음에 또 다른 계략을 꾸미기 시작했다. 즉, 인간영혼 마을의 회개를 약속함으로써, 임마누엘 군대가 포위를 풀고 물러갈 것인지를 떠보고자 하였다. 그는 해가 완전히 진 어느 날 저녁, 성문으로 내려와 임마누엘 왕자에게 면담을 요청하였다. 임마누엘 왕자가 즉시 그 문으로 내려오자, 디아볼루스는 임마누엘 왕자에게 다음과 같이 말하였다.

임마누엘 왕자에게 하는 디아볼루스의 말

"왕자님께서 내 건 흰 깃발을 통해, 왕자님께서는 온전히 평화와 안정을 좋아하신다는 것을 분명히 보여주는 듯합니다. 왕자님께서 허락해주신다면, 우리는 다음과 같은 조건들을 기꺼이 받아들일 마음이 있다는 사실을 삼가 말씀드리고자 합니다.

왕자님께서는 경건한 것을 좋아하시며, 거룩한 것을 기뻐하심을 저는 알고 있습니다. 진실로 왕자님께서 인간영혼을 상대로 이렇게 전쟁을 벌인 중요한 목적은, 이 마을이 거룩한 거주지가 되게 하려는 것인 줄 알고 있습니다. 그러므로 저는 인간영혼이 왕자님께 고개를 숙이도록 하겠으니, 저희의 군대가 이 마을에서 철수하도록 해주십시오.

이렇게 함으로써, 저는 왕자님을 대적하는 모든 적대 행위들을 중단할 것이며, 또한 기꺼이 왕자님의 부관(副官)이 되어, 이전까지는 왕자님을 대적하며 살았지만, 지금부터는 이 인간영혼 마을에서 왕자님을 섬기며 살아가겠습니다. 좀 더 구체적으로 말씀드리면 다음과 같습니다.

첫째, 저는 인간영혼 사람들을 설득하여 왕자님을 주인으로 받아들이도록 하겠습니다. 제가 왕자님의 부관이 되었다는 사실을 그들이 알게 되면, 아마도 더 신속하게 그들이 그렇게 할 것이라 저는 생각합니다. 둘째, 저는 그들이 잘못된 길로 가고 있음을 그들에게 보여주고, 죄악으로 인해 그들의 생명길이 방해받고 있다는 것도 전하겠습니다. 셋째, 비록 과거에는 그들이 지키지 않았던 법이지만, 이제는 그 거룩한 법을 그들에게 보여주어 그들이 반드시 그 법을 따르게 하겠습니다. 넷째, 저는 당신의 법에 따른 개혁의 필요성을 그들에게 강요하겠습니다. 다섯째, 더 나아가 이 모든 계획들이 실패한다면, 저는 사재(私財)를 들이는 희생을 통해서라도 인간영혼 마을에 교육 과정을 개설하고, 그에 따른 사역을 시작하고 유지하겠습니다. 여섯째, 왕자님에 대한 우리의 지속적인 복종의 징표로, 왕자님께서 적절하다고 여기셔서 우리에게 요구하고 부과하시는 것들을 지속적으로 해마다 드리도록 하겠습니다. 이 모든 것들은 왕자님께 대한 우리의 복종의 징표로 드리는 것입니다."

임마누엘 왕자의 대답

디아볼루스의 말이 끝나자, 임마누엘 왕자가 말하였다. "오, 속임수로 가득한 자야. 네 행위가 얼마나 변덕스러운지 이루 말할 수 없을 정도로구나! 나의 인간영혼을 네가 계속해서 소유하기 위해, 너는 지금까지 얼마나 자주 변하고 변하였느냐? 이미 앞에서도 분명하게 말하였지만, 내가 바로 그 인간영혼의 정당한 상속자다. 이미 너는 나에게 여러 가지 제안들을 여러 번 하였다. 하지만 이 마지막 제안도 앞서 했던 다른 제안들보다 조금도 나은 것이 없구나. 네가 너의 검은 모습으로 자신을 드러내며 속이는 것에 실패하자, 이제는 광명의 천사로 가장하여 의의 일꾼이 되어 속이려고 하는 것에 지나지 않는다(고후 11:14).

오, 디아볼루스야, 너는 남을 속이는 일 외에는 아무것도 행하지 않으니, 네가 제안한 것들은 전혀 생각할 가치조차 없다. 너는 분명히 알아라. 너는 하나님을 향한 양심도 없고, 인간영혼 마을을 향한 사랑도 없다는 것을 말이다.

그러므로 네가 한 모든 말들은 그저 죄악의 사악한 잔꾀와 속임수에서 나온 말들에 불과하지 않겠느냐? 자기 멋대로, 자기 하고 싶은 대로 제안하는 자는 그 말을 믿는 자들을 멸망케 할 뿐만 아니라, 그가 한 모든 말과 함께 버림을 받게 된다. 그리고 네가 한 말대로 의로움(righteousness)이 지금 네 눈에 그렇게 아름답게 보인다면, 조금 전까지만 해도 네가 그렇게 친근하게 붙잡고 있던 사악함은 도대체 어떻게 되는 것이냐? 너는 지금 인간영혼의 개혁을 말하면서, 내가 허락하기만 한다면, 네 자신이 그 개혁의 선두에 설 것이라고 말하고 있다. 하지만 너는, 사람이 아무리 법을 능숙하게 지켜서 가장 큰 의로움을 지니게 된다고 해도, 그것으로는 인간영혼에 내려진 저주를 결코 제거할 수 없을 뿐 아니라, 그 상황은 의로움이 전혀 없는 것과 별반 다르지 않다는 사실을 알면서도 이런 제안을 하고 있다. 인간영혼 마을이 지키지 못한 그 법은 인간이 범할 것을 전제로, 즉 하나님의 법을 범한 자에게 저주가 임할 것이라고 미리 공포되었기 때문에, 누구든지 그 법을 순종함으로써 자신을 구원할 수는 없다. 따라서 마귀가 악의 교정자가 되어, 인간영혼 마을에 수립하고자 하는 그 개혁에 대해서는 말할 가치조차 없는 쓸데없는 일이다.

아무 유익이 없을 것이라는 사실을 알면서도,
여전히 인간영혼의 회복을 위해 여러 제안을 하는 디아볼루스

네가 이 문제에 대해 지금까지 한 모든 말들은 오로지 간교한 꾀나 속임수에 지나지 않는다는 것을 너도 잘 알고 있을 것이다. 네가 처음에 내 놓은 카드나 마지막에 내 놓은 카드나 모두 매한가지다. 네가 사람들에게 너의 갈라진 발굽을 보여준다면, 많은 사람들은 즉시 너에 대해 알게 될 것이다. 그러나 너는 흰 옷을 입고 광명한 빛으로 변장하고 있으니 너의 본 모습은 소수에게만 드러날 뿐이다. 디아볼루스, 너는 더 이상 이런 식으로 나의 인간영혼을 속일 수 없을 것이다. 왜냐하면 나는 지금도 여전히 나의 인간영혼을 사랑하고 있기 때문이다.

더구나 나는 인간영혼 마을 사람들이 법에 따라 살도록 하려고 여기에 온 것이 아니다. 내가 그 목적으로 왔다면, 나나 너나 별반 다를 바가 없을 것이다. 하지만 나는 자발적으로 인간영혼을 위해 내가 해야 할 일이라고 생각한 것, 즉 비록 그들이 범한 죄악으로 내 아버지를 격분케 하여 율법을 통해서는 그들이 긍휼을 얻을 수 없지만, 그럼에도 나는 그들이 내 아버지와 화해하도록 하려고 이렇게 온 것이다.

너는 이 마을이 선을 행하도록 복종시키겠다고 말하지만, 이 마을이 네 수중에 있는 한 아무도 선을 바라지 않을 것이다. 나는 이 마을을 내 것으로 삼아, 내 수중에 있는 지혜를 발휘하여, 이 마을이 내 아버지 보시기에 기뻐하신 뜻대로, 그분에게 순종하며 살아가도록 인도하려고, 내 아버지께서 보내셔서 이 곳에 온 것이다.

인간영혼의 모든 것들이 반드시 새로워져야만 한다

그러므로 나는 이 마을을 내 소유로 삼을 것이며, 지금까지 네가 가지고 있던 것을 빼앗고 너를 쫓아낼 것이다. 또한 나는 그들 한가운데 나의 깃발을 세울 것이며, 나의 새로운 법과 새로운 관리와 새로운 동기와 새로운 방법으로 그들을 다스릴 것이다. 진실로 나는 이 마을을 허물고 다시 세울 것이다. 그리하여 이 마을은 예전과 같지 않을 것이며, 모든 우주의 영광이 될 것이다."

당황한 디아볼루스

디아볼루스는 임마누엘 왕자가 한 말을 듣고서, 자신의 모든 속임수가 탄로 난 것을 알았다. 그는 당황하여 어찌해야 할지 몰랐다.

하지만 부정의 원천인 자가 샤다이 왕과 그의 아들과 그분이 사랑하는 인간영혼 마을을 대적하여 악의를 가지고 격분한다면, 그는 자신이 할 수 있는 모든 것을 총동원하여, 고귀한 임마누엘 왕자를 더욱 완악하게 대적하는 새로운 전투를 벌이는 것 외에 무슨 일을 할 수 있겠는가? 그러므로 우리는 인간영혼 마을이 탈환되기 이전에 벌어진 또 다른 전투를 살펴보아야 한다. 이제 일어나 산으로 올라가서 여러 가지 군사행동들을 흥미진진하게 지켜보자. 거기서 여러분은 인간영혼 마을을 지키려고 하는 자들과 그 마을을 다시 장악하려고 하는 자들 간의 열띤 공방전과 치명적인 공격전을 보게 될 것이다.

이제 디아볼루스는 성벽에서 물러나 인간영혼 마을의 중심부에 있는 자신의 부대로 돌아갔고, 임마누엘 왕자도 자기 진영으로 돌아갔다.

양측은 자신만의 다양한 전략에 따라 또 한 번의 전투 명령만 있다면 언제든 공격할 수 있는 만반의 태세를 갖추고 있었다.

디아볼루스는 그 유명한 인간영혼 마을을 자기 수중에 두는 일이 어렵다는 생각에 깊은 절망감에 사로잡혔다. 그래서 할 수만 있다면 어떤 일이라도 해서, 임마누엘 왕자의 군대와 인간영혼 마을에 많은 해악을 끼쳐야겠다고 결심했다.

인간영혼 마을을 더 이상 지킬 수 없는 것에 절망한 디아볼루스는 할 수 있는 한 모든 해악을 이 마을에 퍼붓기로 생각하다

아, 안타깝게도 디아볼루스가 의도했던 것은 이 어리석은 인간영혼 마을의 행복이 아니라, 이 마을의 철저한 파괴와 멸망이었다. 그것은 지금 벌어지고 있는 상황만 봐도 한눈에 알 수 있었다. 그는 부하들을 불러 그들이 더 이상 이 마을을 소유할 수 없다는 사실을 말하면서, 그들이 할 수 있는 모든 해악들을 이 마을에 끼치고, 남자나 여자, 어린아이 할 것 없이 모두 찢어 죽이도록 명령하였다(막 9:26-27). 그는 "이 마을이 임마누엘 왕자의 거처가 되도록 내버려 두느니, 차라리 이 곳을 완전히 파괴하여 폐허의 무더기로 만드는 것이 더 낫다"라고 말하였다.

임마누엘 왕자는 이번에 치를 전투가 인간영혼 마을을 탈환하는데 있어서 중요한 전투임을 알았다. 그래서 모든 장교들과 고위 장군들과 병사들에게 다시 한 번 엄명을 내려, 디아볼루스와 그의 모든 추종자들은 대적하여 싸우되, 인간영혼 마을의 늙은 주민들에게는 친절한 호의와 자비를 베풀도록 하였다. 그리고 나서 고귀한 임마누엘 왕자는 "디아볼루스와 그의 부하들을 대적하여 가장 치열한 접전이 예상되니 총력을 기울이라"고 말하였다.

드디어 전쟁의 날이 이르자, 임마누엘 왕자의 병사들은 명령에 따라 용맹하게 전투태세를 갖추고, 예전의 전투와 마찬가지로 귀문과 눈문을 향해 주력부대를 배치하였다.

그들은 "인간영혼은 정복되었다"라는 군호와 함께 마을을 공격하였다. 디아볼루스도 주력 부대와 함께 마을 안에서 결연히 저항하였으며, 그의 고관들과 주요장군들은 왕자의 군대를 대적하여 한동안 매우 치열하게 공격을 퍼부었다.

임마누엘 왕자와 그의 충성스러운 장군들이 서너 번 주목할 만한 공격을 감행하자, 귀문이 부서져 열렸고, 왕자가 들어오지 못하도록 문을 굳게 잠그기 위해 사용되었던 빗장과 자물쇠들도 산산이 부서져버렸다. 왕자의 나팔소리가 울리면서 장군들이 함성을 지르자 마을은 동요하였고, 디아볼루스는 자신의 요새로 퇴각하였다. 왕자의 부대가 문을 부수고 열자, 왕자는 친히 마을 안으로 들어가서 마을 안에 자신의 보좌를 세웠다. 또한 왕자는 예전에 그의 부하들이 강력한 투석기들을 올려놓기 위해 축조한 언덕 위에 깃발을 세웠다. 그 언덕은 충분한 경청 언덕(Mount Hear-well)으로 불렸다. 한 마디로 왕자는 문에서 아주 가까운 곳에 머물고 있었다.

임마누엘 왕자의 깃발이 세워지고,
투석기들이 성을 향해 계속 가동되다

왕자는 명을 내려 황금 투석기들을 계속 가동하여 돌들이 마을 안에 떨어지도록, 특히 성(城)을 향해 떨어지도록 지시하였다. 왜냐하면 그 성 안에서 디아볼루스가 은신하고 있었기 때문이다. 귀문에서 시작되는 곧은 길은 디아볼루스가 이 마을을 점령하기 전에 소임을 다 했던 서기관(Mr. Recorder)의 집까지 이어져 있었다. 서기관의 집 바로 곁에 성이 있었는데, 디아볼루스는 이 성을 오랫동안 자신의 너저분한 소굴로 삼아 버렸다. 임마누엘 군대의 장군들이 투석기를 사용하여 거리에 있던 잔당들을 깨끗이 소탕하자, 그 길은 마을의 중앙부까지 뚫리게 되었다. 그 후 왕자는 보아너게 장군, 확신 장군, 심판 장군 등에게 명을 내려, 그 늙은 신사(양심 서기관 — 원주)가 살던 집까지 진군하도록 지시하였다.

이에 장군들은 가장 도발적인 기세로 인간영혼 마을에 진입하여 깃발을 휘날리며 행진하였다. 이윽고 그들은 양심 서기관의 집에 다다랐다. 양심 서기관의 집은 성처럼 견고하였다. 장군들은 그 집 대문 앞에 파성퇴를 설치하였다. 그러고는 양심 서기관(Mr. Conscience)의 대문을 두드리며 문을 열도록 요구하였다.

그러나 그 때까지도 임마누엘 군대의 의도를 충분히 알지 못한 늙은 신사는 전쟁이 벌어지는 내내 집 대문을 걸어 잠그고 있었다. 보아너게 장군이 집에 들어가기를 요청하며 대문을 두드렸지만, 집 안에서는 아무런 대답이 없었다. 그러자 장군은 파성퇴의 머리 부분으로 문을 한번 내려쳤다. 그 충격만으로도 집이 흔들리며 기우뚱거리자 늙은 신사는 동요하기 시작했고, 즉시 대문으로 내려와서는 떨리는 입술을 가누지도 못하며, "거기 있는 자들은 누구인가?"라고 물었다. 이에 보아너게 장군이 대답했다. "우리는 위

양심 서기관의 집을 공격함

대한 샤다이 왕과 복되신 그의 아들 임마누엘 왕자의 장군들이자 사령관들
로서, 우리는 당신의 집을 소유하여 그것을 고귀한 우리 임마누엘 왕자께서
사용하시게 하려고 한다." 그러고는 파성퇴로 대문을 한 번 더 때렸다. 늙은
신사는 더욱더 떨었고, 그 문을 감히 열지 않을 수 없었다.

양심 서기관의 집에 진입한 세 장군들

문이 열리자 샤다이 왕의 병력들, 즉 앞서 언급한 세 명의 장군들이 들어
갔다. 이제 양심 서기관의 집은 임마누엘 장군이 편리하게 사용할 수 있는
장소가 되었다. 왜냐하면 이 집은 성에서 가깝고 견고했을 뿐 아니라 넓기
도 하였으며, 지금 디아볼루스가 거하고 있는 소굴을 마주 하고 있었기 때문
이다. 디아볼루스는 자신의 은신처에 거하면서 나오기를 두려워하고 있었
다. 장군들은 양심 서기관을 매우 조심스럽게 대했다.

양심 서기관에게 침묵으로 대한 장군들

왜냐하면 그때까지 그는 임마누엘 장군의 위대한 계획에 대해서 전혀 모르고 있었기 때문이다. 그는 청천벽력처럼 시작된 이런 파국이 과연 어떤 심판을 받고 끝이 날지, 전혀 모르고 있었다.

전쟁의 중심지가 된 양심 서기관의 집

양심 서기관의 집이 누구의 소유가 되었고, 어떻게 점령되었으며, 어떻게 전쟁의 중심지가 되었는지에 대한 소문들은 신속하게 마을로 퍼져나갔다. 소문이 퍼지자 마을 사람들은 흥분하며 놀라움을 감추지 못하면서, 이 소문을 친구들과 다른 사람들에게 전하기 시작했다. 여러분도 알다시피, 마치 눈덩이가 구르며 커지듯, 이 소문은 그들이 임마누엘 왕자로부터 멸망 외에는 전혀 기대할 것이 없다는 생각으로 커져갔다. 이런 일이 일어난 이유는 양심 서기관이 두려워 떨고 있었고, 임마누엘의 장군들이 양심 서기관을 매우 이상하게 대했기 때문이다. 그래서 많은 사람들이 이를 확인하고자 양심 서기관의 집을 보러 왔다. 거기서 그들은 임마누엘 군대의 여러 장군들과 파성퇴 때문에 부서져 버린 그 집 대문을 두 눈으로 똑똑히 보고는, 두려움에 사로잡혀 꼼짝할 수 없었고 놀라움을 금할 길이 없었다.

각성한 자에게 있어서 양심의 역할

내가 말한 대로, 그 집에 살던 양심 서기관 때문에 사람들은 더 놀라게 되었다. 왜냐하면 양심 서기관은 누구든지 자신에게 다가와 대화하려는 자들에게 "죽음과 멸망이 이제 인간영혼에 임했다"는 말만 했고, 아니면 사람들의 말을 듣기만 했기 때문이다.

그 늙은 신사는 다음과 같이 말하였다. "한때 멸시를 받았으나 지금은 유명한 승리자이자 영광스러운 임마누엘 왕자이신 그분을 우리 모두가 배반하였다는 사실은 여러분 모두가 알고 있는 바입니다. 지금 여러분이 보고 있는 바와 같이, 그분은 우리 주변을 가까이에서 포위하고 계실 뿐 아니라, 이미 무력으로 문들을 부수고 들어와 계십니다. 게다가 디아볼루스마저 그분 앞에서 도망쳐 버렸습니다. 여러분도 보다시피, 임마누엘 왕자는 내 집을 디아볼루스가 있는 성을 대적하는 요새로 삼았습니다. 나에 대해 말하자면, 나는 큰 죄를 저질렀습니다. 하지만 정결한 그분에게는 이 모든 것이 좋은 징조일 것입니다. 내가 감히 말하건대, 내가 말해야만 했을 때, 나는 침묵하고 마는 큰 죄를 범했습니다. 또한 내가 정의를 행해야만 했을 때, 나는 정의를 왜곡하는 큰 죄를 범했습니다. 사실 나는 샤다이 왕의 법을 편들었다는 이유로 디아볼루스의 수중에서 고통을 당하기도 하였습니다. 그러나 이 모든 것들이 무슨 소용이 있겠습니까? 애석하게도, 인간영혼 마을에 반역과 배반이 자행될 때 나는 아무 반대도 하지 않았습니다. 내가 디아볼루스 수중에서 받은 고통이 내가 저지른 반역과 배반에 대한 형벌이 될 수 있겠습니까? 오, 이렇게 끔찍한 분노의 시작이 과연 어떻게 끝날까 하는 생각만 해도, 내 마음은 두려워 떨립니다!'

이와 같이 임마누엘 왕자의 용감한 장군들이 늙은 양심 서기관의 집에서 분주한 동안, 집행 장군(Captain Execution)은 마을의 다른 지역에서 퇴로(退路)와 성벽들을 확인하느라 분주하였다. 또한 그는 자유의지 경을 집요하게 추적하였다. 그는 자유의지 경이 어딘가에서 편안히 쉬는 것을 참을 수 없었다. 그래서 자유의지 경을 아주 지독하게 추격하여, 자유의지 경을 따르던 자들마저 떠나게 하였으며, 그로 하여금 쥐구멍에라도 들어가 숨고 싶은 심정이 들게 하였다.

또한 이 강력한 전사는 자유의지 경의 장교 세 명을 칼로 베어 쓰러뜨렸다. 그 중 한 사람이 늙은 편견 씨(Mr. Prejudice)였는데, 그는 난리 중에 머리에 쓰고 있던 관이 손상되었다. 자유의지 경이 귀문을 지키는 자로 삼았던 자이며, 집행 장군의 손에 쓰러졌다. 또 한 사람은 필사적이었지만 헛된 후퇴 씨(Mr. Backward to-all-but-naught)로, 그는 자유의지 경의 장교였으며 예전에 귀문 꼭대기에 세워진 두 대의 대포를 관할하던 장군이었다. 그도 집행 장군의 손에 들린 칼에 베여 땅에 쓰러졌다.

숨어 버린 디아볼루스의 추종자들

배반 장군이 살해되다

두 사람 외에도 세 번째로 배반 장군(Captain Treacherous)이라 불리는 사악한 자가 있었다. 그는 자유의지 경이 굉장히 신임하던 자였다. 하지만 이 사람도 다른 사람들과 마찬가지로 집행 장군의 칼에 베여 땅에 쓰러졌다.

집행 장군은 자유의지 경의 병사들 가운데 많은 자들을 죽였다. 특히 강인한 불굴의 용사들을 많이 죽였고, 디아볼루스를 위해 적극적이고 민첩한 자들에게 심한 부상을 입혔다. 이 모든 자들은 디아볼루스의 추종자들이었으며, 인간영혼 원주민 가운데는 상처를 입은 사람이 단 한 사람도 없었다.

다른 장군들도 위의 장군들과 마찬가지로 혁혁한 전과(戰果)를 올렸다. 선한 소망(Good-Hope) 장군과 자애(Charity) 장군은 눈문을 공격 대상으로 삼아 성과를 얻었다. 선한 소망 장군은 문을 지키고 있던 눈가리개 장군(Captain

Blindfold)을 자기 손으로 죽였다. 눈가리개 장군의 수하에는 천 명의 병사들이 있었는데, 그들은 큰 망치를 가지고 싸우던 자들이었다. 선한 소망 장군은 그 병사들까지 추격하여 많이 죽였으며, 죽인 병사들보다 더 많은 수의 병사들에게 부상을 입혔다. 나머지 병사들은 사람들의 눈에 띄지 않는 곳으로 도망가 숨어 버렸다.

또한 눈문에는 여러분이 앞에서 들어보았던 악한 휴식 씨가 있었다. 그는 늙은이로서 턱수염을 허리춤까지 기르고는 디아볼루스의 대변인이 되어 인간영혼 마을에 많은 해를 끼친 자였다. 이 사람도 선한 소망 장군의 손에 쓰러졌다.

내가 무슨 말을 더 하겠는가? 그 당시 디아볼루스를 따르던 자들은 길모퉁이마다 죽어 널브러져 있었다. 그럼에도 불구하고 그를 따르던 많은 추종자들이 여전히 인간영혼에 살아 남아 있었다.

제8장

인간영혼 마을이 임마누엘 장군에게 항복하여 사면장을 받게 되다

내용 — 주민들 중에 주요 인사들이 회의를 열고서, 왕자에게 자신들의 목숨을 살려줄 것을 탄원하기로 마음을 모으다 — 성문들이 부서져 열리다 — 임마누엘 장군이 인간영혼 마을을 향해 행진하다 — 디아볼루스가 죄수가 되어 사슬에 묶이다 — 주민들이 극심한 고통을 받고 있는 가운데 거듭해서 탄원이 이루어지다 — 마침내 자유의 사면장이 주어지고, 만국의 기쁨이 계속되다

　　상황이 이렇게 되자, 늙은 양심 서기관과 이해 경과 인간영혼 마을의 몇몇 주요 인사들이, 다시 말해 유명한 인간영혼 마을의 성쇠에 따라 자기들의 운명이 결정될 수밖에 없다고 생각한 자들이 어느 날 함께 모였다. 그들은 서로 협의한 후에 탄원서를 작성하여 이를 임마누엘 왕자에게 보내기로 결의하였다. 그 당시 임마누엘 왕자는 인간영혼 마을의 문에 앉아 있었다. 그들은 탄원서를 작성하여 임마누엘 왕자에게 전하였다.

마을 사람들이 탄원하였지만, 임마누엘 왕자는 침묵으로 대답하다

　　탄원서의 내용은 다음과 같았다. "지금 비참한 마을이 된 인간영혼의 옛 주민들은 우리의 죄를 자백하며, 왕자님께 무례하게 행한 것에 대해 용서를

구하오니, 부디 우리의 목숨만은 살려 주시기를 원합니다."

이 탄원서에 대해 임마누엘 왕자는 아무 대답도 하지 않았다. 그래서 그들의 마음은 더욱더 괴로웠다. 이런 일이 일어나고 있는 중에도, 양심 서기관의 집에 있던 임마누엘의 장군들은 파성퇴를 동원하여 성문을 공략해 그 문을 부서뜨리려고 하였다. 얼마 동안 수고하고 노력한 결과 난공불락(難攻不落)으로 불리던 그 문이 흔들리며 열렸다. 그러고는 조각이 나며 완전히 부서져 버렸다. 이렇게 해서 디아볼루스가 숨어 있는 은신처까지 길이 훤히 뚫리게 되었다. 이 소식은 귀문에도 전해졌다. 그 때까지 귀문에 거하고 있던 임마누엘 왕자는 인간영혼의 여러 성문들로부터 길이 뚫린 것을 알게 되었다. 그리하여 이 소식을 알리는 나팔 소리가 임마누엘 왕자의 진영 전역에 울려 퍼졌다. 이제 전쟁은 거의 막바지에 이르렀고, 인간영혼 마을은 해방되는 것 같았다.

이에 임마누엘 왕자는 자리에서 일어나, 원정대 가운데 최정예 병사들을 데리고 인간영혼 거리로 나아가 늙은 양심 서기관의 집까지 행진하였다.

인간영혼 마을을 행진하는 임마누엘 왕자

왕자는 황금 갑옷을 입고 완전무장한 뒤, 깃발을 앞세우고 마을을 행진하였다. 하지만 그의 얼굴이 마을을 지나는 내내 매우 담담한 표정이었기 때문에, 마을 사람들은 그가 자신들을 사랑하는지 아니면 미워하는지, 그의 표정만 보고는 전혀 알 수가 없었다. 그가 거리를 행진할 때, 마을 사람들은 모두 행진하는 모습을 보려고 문을 열고 밖으로 나왔다. 그들은 그의 인품과 영광스러운 모습에 사로잡히지 않을 수 없었다. 하지만 그의 담담한 표정에 그저 두려울 뿐이었다. 왜냐하면 그분은 지금까지 말이나 미소보다는 행동이나 사역을 통해 그들에게 말씀하셨기 때문이다. 그런 경우에 가련한 인간영혼들 모두가 그러하듯, 마치 요셉이 자기 형제들을 대한 것에 대해서 그 형제들은 요셉을 정반대로 생각한 것처럼, 인간영혼 사람들도 임마누엘 왕자의 표정을 그렇게 오해했다.

탄원서를 작성하는 양심과 이해 경

임마누엘 왕자의 표정을 오해한 인간영혼 마을 사람들

그들은 만약 임마누엘 왕자가 우리를 사랑한다면, 우리에게 말이나 표정으로 그것을 나타냈을 것이라고 생각하면서, 그가 그런 모습을 전혀 보이지 않았기 때문에, 임마누엘 왕자는 자기들을 미워한다고 오해했던 것이다. 또한 임마누엘 왕자가 미워한다면 자기들은 살해될 것이고, 그로 인해 마을은 폐허가 될 것이라고 생각하였다. 그들은 왕자의 부왕이 제정한 법을 어기고, 그를 대적하여 그의 원수인 디아볼루스와 지금까지 어울렸다는 것을 잘 알고 있었다. 이 모든 것을 임마누엘 왕자가 알고 있다는 것도 그들은 잘 알고 있었다. 왜냐하면 그들은 왕자를 하나님의 천사로 이 땅에서 일어나는 모든 것들을 알고 있는 분으로 믿었기 때문이다. 이런 여러 가지 생각들로 인해 그들은 자기들이 비참한 상황에 처해 있으며, 아무리 선한 왕자라도 자기들을 멸망시킬 것이라고 확신했다.

그들은 왕자가 인간영혼의 고삐를 수중에 넣은 지금이야말로, 이 마을을 멸망시킬 가장 적절한 때라고 생각하였다. 이 모든 것에도 불구하고 나는 왕자가 마을을 행진할 때, 그들이 그분에게 고개를 숙여 절하고 굽실거리며 그분의 발에 묻은 먼지라도 기꺼이 핥겠다는 자세를 보이지는 않을까 하고 예의주시해 보았다. 그러나 마을 사람들은 그렇게 할 수 없었다. 그들은 결코 그렇게 할 수 없었다. 그러면서도 그들은 임마누엘 왕자가 자신들의 왕자와 장군이 되어 보호해 주기를 수천 번도 넘게 바라고 있었다. 그들은 또한 왕자의 인품이 얼마나 아름다운지, 그리고 세상의 모든 위인들을 뛰어넘는 그분의 영광과 용맹함에 대해 이구동성(異口同聲)으로 말하곤 하였다. 그러나 가련한 이 영혼들은 자신들에게 일어날 수 있는 모든 가능성들 중에 가장 극단적인 경우만 생각하고 있었다. 진실로 인간영혼 사람들은 갈팡질팡하는 생각들 속에서 마치 이리저리 던져지는 공처럼, 그리고 폭풍 앞에 떠도는 티끌처럼 되어 있었다(사 17:13).

성으로 올라와 디아볼루스에게 항복할 것을 명하는 임마누엘 왕자

드디어 성문에 이른 임마누엘 왕자는 디아볼루스에게 어서 나와 항복하라고 명령하였다. 아, 그러나 짐승으로 나타난 그의 모습은 얼마나 역겨웠는지 모른다! 혀를 날름날름 내밀며, 주눅이 들어 있는 모습이란! 정말 그는 기가 죽어 있었다!

그가 임마누엘 왕자 앞으로 나아오자, 왕자는 명을 내려 디아볼루스를 사로잡아 사슬로 단단히 결박하게 하였다. 그에게 정해진 심판이 내려질 때까지 그를 감금해 두는 것이 좋겠다고 왕자는 생각하였다. 그러자 디아볼루스가 일어서서 임마누엘 왕자에게 간청했다. 자신이 조용히 인간영혼을 떠날 테니 제발 무저갱(無底坑)의 깊은 곳으로는 보내지 말아 달라고 애걸한 것이다.

임마누엘 왕자는 그를 사로잡아 사슬로 묶어서 시장으로 끌고 나갔다. 그러고는 인간영혼 사람들이 보는 앞에서 디아볼루스가 예전에 그렇게도 자랑하던 그의 갑옷을 벗겼다. 지금 이런 행동은 임마누엘 왕자가 자기 원수를 이겼다는 것을 알리는 행동들 가운데 하나였다. 이 거인의 갑옷이 벗겨지는 동안 임마누엘 왕자의 황금 나팔들이 힘차게 울려 퍼지고, 장군들은 환호성을 질렀으며, 병사들은 기쁨의 노래를 불렀다.

그런 다음 왕자는, 인간영혼 사람들이 그토록 신뢰하던 디아볼루스, 즉 디아볼루스가 그들에게 아첨할 당시 그들이 그렇게 자랑스러워하던 이 디아볼루스에 대해 왕자가 승리한 것을 그들로 하여금 지켜보게 하였다.

이렇게 디아볼루스는 임마누엘 왕자의 사령관들과 인간영혼 사람들이 보는 앞에서 완전히 벌거벗겨졌다. 왕자는 디아볼루스를 사슬에 결박한 채 왕자의 병거에 매달라고 명령했다. 그러고 나서는 혹시 지금도 여전히 디아볼루스를 따르는 자들이 그를 대신하여 이 성을 탈환하려는 저항을 시도할 것에 대비해, 왕자의 군사들 가운데 몇 명, 즉 보아너게 장군과 확신 장군으로 하여금 성의 문들을 지키도록 하였다. 왕자는 디아볼루스를 이긴 승리의 기념으로, 말을 타고 인간영혼 마을 안팎을 누비면서, 눈문이라 불리는 문 앞을 지나 그의 진영이 주둔하던 평지까지 개선행진을 하였다(엡 4).

그 폭군이 고귀한 왕자의 손으로 결박당해 병거 바퀴에 묶여 있는 것을 임마누엘 진영의 모든 병사들이 보았을 때, 그들이 질렀던 함성소리를 나는 그 자리에서 들을 수 있었지만, 그 자리에 없었던 여러분은 그 소리가 어땠는지 생각조차 할 수 없을 것이다!

디어볼루스가 패배하여 사슬에 묶임

임마누엘 병사들이 노래하다

임마누엘 진영의 병사들은 "우리의 왕자께서 사로잡혔던 자들을 사로잡으시고(엡 4:8 — 역주), 통치자들과 권세들을 무력화(골 2:15 — 역주)하셨다. 디아볼루스는 그분의 칼이 휘두르는 능력에 굴복하였고, 만인의 조롱거리가 되었다!"라고 외쳤다.

이 전투를 보기 위해 말을 타고 내려온 퇴역 장교들도 큰 소리로 환호성을 지르며, 아름다운 곡조에 맞춰 노래를 불렀다. 그들로 인해 하늘 가장 높은 곳에 거하는 자들도 창문을 열고 머리를 내밀며 이 영광의 노랫소리가 어디서 들려오는지 내려다보았다(눅 15:7-10).

인간영혼 마을 사람들도 많은 이들과 함께 이 광경을 보았다. 그들은 하늘과 땅 그 가운데서 일어나는 이 모든 일들을 지켜보았다. 진실로 그들은 이런 사태가 자기들에게 어떤 결과를 초래할지 알 수 없었다. 그러나 이 모든 일들은 이렇게 탁월한 방식으로 이루어지고 있었다.

임마누엘 왕자에게 매료된 인간영혼 마을 사람들

나도 이 일이 어떻게 귀결될지 알지 못했지만, 일들이 되어가는 형편들을 보니, 인간영혼 마을에도 한 줄기 환한 빛이 비치는 듯했다. 인간영혼 마을이 임마누엘의 법을 준행하기만 하면, 그들의 눈, 그들의 머리, 그들의 마음, 그들의 지성, 그들이 가진 모든 것들은 그분에게 온전히 사로잡힐 수 있었다.

용맹한 왕자는 이렇게 해서 원수인 디아볼루스에 대한 자신의 승리를 일단락 지었다. 그리고는 디아볼루스를 그들 한가운데 높이 세워 그가 수치와 멸시를 당하게 했을 뿐 아니라, 그에게 더 이상 인간영혼을 소유해서는 안 된다는 엄명을 내렸다. 그래서 그는 임마누엘 왕자 앞에서 쫓겨나 왕자가 있던 진영 밖으로 떠나갔다. 그는 쉬기를 구하되 쉴 곳을 얻지 못하는(마 12:43), 소금 땅에 있는 바싹 마른 땅을 물려받게 되었다.

보아너게 장군과 확신 장군, 이 두 사람은 아주 위엄이 있었고, 그들의 얼

굴은 사자의 얼굴과도 같았으며(대상 12:8), 그들의 말은 마치 바다 물결 소리
(사 5:29-30) 같았다. 그들은 여전히 내가 앞서 말한 양심 씨(Mr. Conscience)의 집
에 거하고 있었다. 고귀하고 능력 있는 임마누엘 왕자가 디아볼루스를 상대
한 전쟁이 승리로 끝나자, 인간영혼 마을 사람들은 왕자의 군대에 속한 고귀
한 장군들의 행동들을 좀 더 여유 있게 주목해서 살펴볼 수 있었다. 하지만
이 장군들은 하는 일마다 모두 인간영혼 마을 사람들에게는 두려움과 공포
였다. 이것은 장군들이 그렇게 행동하라는 개인적인 지시를 받아서 한 것임
을 아마 여러분은 알고 있을 것이다. 즉, 장군들은 이러한 태도로 마을 사람
들의 마음을 계속해서 아프게 하라는 지시를 받았던 것이다. 그 결과 인간
영혼 사람들은 현재 자신들의 안녕(安寧)은 물론이고, 장래에 일어날 불확실
한 일들에 대해서도 의혹에 싸였다. 그로 인해 상당 기간 그들은 안식, 평안,
안정, 소망 등을 전혀 누리지 못했다.

바싹 마른 땅

임마누엘 왕자는 아직도 인간영혼 마을 안에 들어와 거하지 않았다. 그는 군대 진영의 왕자 막사, 즉 부왕의 부대 가운데 거하고 있었다. 적절한 때가 되자 그는 보아너게 장군에게 인간영혼 마을의 모든 사람들을 소집하여 성이 있는 광장으로 모이도록 하라는 특별 명령을 내렸다.

그들이 모이자마자 왕자는 이해 경, 양심 씨, 그리고 그 유명한 자유의지 경, 이 세 사람을 마을 사람들이 지켜보는 가운데 사로잡아 옥에 처넣고, 이들에 대한 추후 지시가 있을 때까지 엄히 지키도록 지시하였다. 이들에 대한 명령을 장군들이 집행하자, 가뜩이나 두려워하고 있던 인간영혼 마을 사람들의 공포는 더욱더 커져갔다. 상황이 이렇게 흘러가자, 예전에 그들이 했던 생각, 즉 인간영혼이 멸망할지도 모른다는 두려움은 이제 현실로 다가오는 듯하였다. 그들이 어떤 죽음을 맞이하게 될지, 죽음의 고통을 얼마나 오래 겪게 될지 등에 대한 생각으로 그들의 머리와 가슴은 굉장히 심란하였다. 진실로 그들은 임마누엘 왕자가 디아볼루스마저 무서워하는 저 깊은 무저갱 속으로 그들 모두를 처넣으라고 명령할까봐 두려웠다. 하지만 그들도 자신들이 그런 형벌을 받아 마땅한 것을 깨닫고 있었다. 그렇다 해도 그토록 선하고 거룩한 임마누엘 왕자의 손에 들린 칼로 마을 사람들이 보는 가운데 공개적으로 수치를 당하며 죽는다는 것은 그들에게 극심한 고통이었다. 또한 마을 사람들은 투옥된 세 명의 주요 인사들 때문에 크게 괴로워하였다. 이들은 그들의 삶을 지탱시켜 주는 자들이었고 보호자였기 때문이다. 만약 이들이 처단된다면, 이들에 대한 형 집행은 바로 인간영혼 마을의 멸망의 시작이라고 그들은 믿고 있었다.

이 상황에서 그들이 할 수 있는 유일한 일은 임마누엘 왕자에게 올릴 탄원서를 감옥에 갇힌 자들과 함께 작성하여, 살고 싶어 씨(Mr. Would-live) 편으로 전하는 것이었다. 그래서 살고 싶어 씨는 일어나 임마누엘 장군의 진영으로 가서 그 탄원서를 전달하였다. 그 내용을 요약하면 다음과 같았다.

"디아볼루스를 이긴 승리자이시며, 인간영혼 마을을 정복한 위대하고 놀라운 주권자시여, 가장 비통한 자치마을의 비참한 주민들인 우리가 겸허한 마음으로 삼가 아뢰오니, 왕자님께서 우리를 보아주시는 은혜를 우리가 입게 하시고, 우리가 범한 과거의 허물들과 우리 마을이 범한 큰 죄악들을 기억하여 우리를 대적하지 마시고, 왕자님의 크신 긍휼을 따라 우리의 목숨을 살려 주셔서, 왕자님 앞에서 우리가 죽지 않고 살게 해주십시오. 그러면 우리는 기꺼이 왕자님의 종이 될 것이며, 이를 왕자님께서 허락하신다면, 우리는 왕자님의 상에서 떨어지는 것들로 우리의 음식을 삼겠습니다. 아멘."

이와 같은 내용의 탄원서를 살고 싶어 씨는 임마누엘 왕자에게 전하였다. 하지만 왕자는 이를 건네받고는 아무런 대답 없이 그를 조용히 돌려보냈다. 이런 반응은 인간영혼 마을 사람들을 더욱 고통스럽게 하였다. 하지만 그들에게는 달리 무언가를 할 수 있는 게 없었다. 그래서 그들은 자신들을 위해 탄원하든가 아니면 그냥 죽는 수밖에 없다고 생각하였다. 그들은 다시 회의를 하고 또 다른 탄원서를 보냈다. 이 탄원서는 앞서 보낸 탄원서와 양식과 체계에서 거의 흡사하였다.

탄원서를 누구 편으로 전해야 할지 모르는 임마누엘 마을 사람들

탄원서가 작성되자, 이번에는 누구를 통해 이것을 전달할 것인가가 문제였다. 왜냐하면 지난번 살고 싶어 씨가 임마누엘 왕자 앞에서 보여준 행동거지가 혹시라도 왕자를 불쾌했을지도 모른다고 생각하면서, 이번에는 그를 통해 탄원서를 보내지 않으려고 하였다. 그들은 확신 장군에게 탄원서의 전령이 되어 줄 수 있는지 알아보았다. 하지만 그는 반역자들을 위해 임마누엘 왕자에게 탄원하고 싶지도 않고, 감히 그럴 수도 없으며, 왕자 앞에서 반역자들을 옹호한다는 것 자체가 불가하다고 말했다. 그러면서 다음과 같은 말을 덧붙였다.

"우리의 임마누엘 왕자는 선한 분이시기에, 어쩌면 이런 모험을 해보는 것도 좋을 것 같습니다. 다시 말해, 당신네 마을 사람들 가운데 한 사람을 택하여 그의 머리에 밧줄을 묶어서 탄원서를 전달하면서,[1] 다른 것은 제쳐두고 오직 그분의 자비만 간구해 보십시오."

이런 조언을 들었으나, 마을 사람들은 두려움으로 인해 아주 오랫동안 탄원서를 보내는 일에 지체하고 있었다. 그러다 이렇게 마냥 지체하다가는 결국 위험한 일이 닥칠지도 모른다는 두려운 생각에 많은 사람들이 의기소침해 있었기 때문에, 그들은 각성 씨(Mr. Desires-awake) 편으로 탄원서를 전하기로 하였다. 그들은 각성 씨를 찾으러 나섰다. 당시 그는 인간영혼 마을 안의 매우 초라한 오두막에 거하고 있었다. 이웃들의 요청으로 그가 집에서 나오자, 그들은 탄원서 전달과 관련하여 그들이 지금까지 어떤 일을 했고, 탄원서를 통해 그들이 원하는 바가 무엇이며, 그가 이것을 가지고 임마누엘 왕자에게 가서 어떻게 처신해 주기를 바라는지 그에게 말했다.

그러자 각성 씨는 "마땅히 멸망 받아야 할 마을이지만, 그럼에도 불구하고 이 유명한 인간영혼 마을을 구할 수만 있다면, 이 일을 내가 최선으로 감당하지 않을 이유가 무엇이겠습니까?"라고 말하였다.

각성 씨가 탄원서를 가지고 임마누엘 왕자에게 가다

그들은 탄원서를 그에게 건네주며, 임마누엘 왕자를 만나면 그가 반드시 어떻게 해야 하는지를 말한 다음, 입에 침이 마를 정도로 그가 맡은 일이 잘 되기를 기원하였다. 그는 첫 번째 전령처럼 왕자가 기거하는 막사에 이르러 왕자에게 전할 말씀이 있다고 하였다. 그의 청이 임마누엘 왕자에게 전해져 왕자가 그 앞에 나왔다. 각성 씨는 왕자를 보자마자 몸을 납작하게 엎드려 얼굴을 땅에 대고는, "오, 인간영혼이 왕자님 앞에서 살기를 원합니다!"라고 큰 소리로 애원하였다. 그러고 나서 자기가 가지고 온 탄원서를 왕자에게 드렸다. 왕자는 탄원서를 읽더니 잠시 돌아서서 우셨다. 하지만 감정을 자제

1) 원주의 설명을 따르면, 이것은 '나 같은 죄인에게도 자비를 베푸시는 하나님'을 기대하는 행위이다. "이제 보소서 우리가 들었는데 이스라엘의 집 왕들은 긍휼이 많은 왕들이라 하더이다. 원하건대 우리가 굵은 베를 허리에 두르고 밧줄을 머리에 묶고 이스라엘 왕에게로 나아가게 하소서 그가 혹시 왕의 생명을 살려 주리이다 하고는"(왕상 20:31 KJV) — 역주

하고는 다시 각성 씨를 향하여 서셨다.

임마누엘 왕자의 환대

각성 씨는 첫 번째 전령과 마찬가지로 여전히 왕자의 발치에 엎드려 울고 있었다. 왕자는 그에게 "네가 왔던 곳으로 돌아가라. 네 청을 내가 생각해 보겠다"라고 말하였다.

여러분도 예상했겠지만, 각성 씨를 왕자에게 보낸 인간영혼 마을 사람들은 한편으로는 죄책감 때문에, 또 다른 한편으로는 그들의 탄원이 거절당하면 어떡하나 하는 두려움 때문에 아주 심하게 마음을 졸였다. 그들은 탄원의 결과를 기다리며 오랫동안 그저 멍하니 밖을 내다볼 수밖에 없었다. 마침내 그들의 전령이 돌아왔다. 그가 마을에 도착하자, 그들은 그의 행로가 어떠했는지, 임마누엘 왕자는 어떤 말씀을 했는지, 그리고 탄원의 결과는 무엇인지 등을 그에게 물었다.

각성 씨가 돌아와 마을 사람들에게 대답하다

그러나 그는 투옥된 시장과 자유의지 경과 서기관을 만나기 전까지는 그들에게 아무 말도 하지 않겠다고 하였다. 그래서 그는 인간영혼 마을의 주요 인사들이 감금되어 있는 감옥으로 향했다. 그런데 얼마나 많은 무리들이 이 전령이 하는 말을 듣기 위해 구름 떼처럼 모였는지 모른다! 그가 감옥에 도착하여 감옥의 쇠창살 사이로 그의 모습을 비추자, 시장은 한 대 얻어맞기라도 한 듯 얼굴이 백지장처럼 하얗게 되었으며, 서기관도 몸을 부들부들 떨었다. 그들은 그에게 "어서 오시오. 선한 양반, 그 위대한 왕자가 당신에게 무엇이라고 말씀하셨습니까?" 라고 물었다. 그러자 각성 씨가 대답했다. "제가 임마누엘 왕자의 막사에 이르러 그분을 부르자, 그분께서 나오셨습니다. 저는 그의 발치에 부복(俯伏)하여, 제가 가지고 간 탄원서를 그분께 전하였습니다. 그분의 위대한 인품과 영광스러운 용모로 인해 저는 두 다리로 감히 서 있을 수 없었습니다. 왕자님께서 그 탄원서를 받으시자, 저는 '오, 인간영혼이 왕자님 앞에서 살기를 원합니다! 라고 소리쳤습니다. 그분은 잠시 그 탄원서를 보고는 몸을 돌이키시더니, 제게 '네가 왔던 곳으로 돌아가라. 네 청을 내가 생각해 보겠노라'고 말씀하셨습니다." 각성 씨는 이 말을 하고 나서, 다음의 말을 덧붙였다. "여러분이 저를 보내어 제가 만나게 된 그 임마누엘 왕자는 아름답고 영광스러운 분이셨습니다. 그분을 본 자들은 반드시 그분을 경외하게 되고 사랑하게 될 것입니다. 저로서는 최선을 다했다고 생각하지만, 이번 일의 결과가 어떻게 될지 저는 잘 모르겠습니다."

이 대답을 들은 그들은 모두 어찌할 바를 몰랐다. 새로운 소식을 듣기 위해 전령을 따라 거기까지 간 자들도 왕자가 한 말이 과연 무슨 뜻인지, 그가 한 말을 어떤 식으로 이해해야 하는지 도무지 감을 잡을 수 없었다.

왕자의 대답에 대한 세 명 죄수들의 판단

감옥으로 몰려든 무리들이 모두 물러가자, 감옥에 갇힌 세 명의 죄수들은 서로서로 임마누엘 왕자가 한 말에 대해 평을 하기 시작했다. 시장인 이해경이 왕자의 대답이 부정적인 것으로 보이지는 않는다고 말하자, 자유의지경은 불길한 예감이 든다고 말하였으며, 양심 서기관은 임마누엘 왕자의 대답은 죽음을 예고하는 것이라고 말하였다. 몰려왔던 무리들 가운데는 여전히 감옥에 남아서 이 세 명의 죄수들 뒤에 서 있는 자들이 있었다. 그들은 죄수들이 하는 말을 완전히 알아들을 수는 없었다. 그래서 어떤 이들은 죄수들이 나눈 말들 가운데 이 부분만 알아들었고, 또 어떤 이들은 저 부분만 알아들었다.

여러 생각들로 불안하여 인간영혼 마을에 혼란이 초래되다

남아 있던 무리들 가운데는 전령이었던 각성 씨가 하는 말만 들은 자도 있었고, 그의 말에 대한 세 명 죄수들의 판단까지 들은 자들도 있었다. 하지만 누구의 말을 어떻게 들은 자든, 이 사태를 바르게 이해하고 파악하는 자는 아무도 없었다. 이 세 명의 죄수들이 한 말로 인해 이제 인간영혼 마을에 어떤 혼란이 초래될지 여러분은 상상도 할 수 없을 것이다.

여기서 여러 말들을 들은 자들이 인간영혼 마을 곳곳으로 흩어졌다. 어떤 사람은 이런 말을 하면서 소리치며 다녔고, 또 어떤 사람은 그와 정반대의 말을 하며 돌아다녔다. 이 두 사람 모두 진실을 말하고 있는 것만은 분명한 사실이었다. 왜냐하면 이들은 실제 자기 귀로 들은 말을 전했을 뿐, 절대로 남을 속이려고 듣지 않은 말을 전한 것이 아니었기 때문이다. 누군가 "우리 모두는 틀림없이 죽게 될 것이다"라고 말하자, 어떤 사람은 "우리 모두는 틀림없이 구원받게 될 것이다"라고 말하였다. 그러자 세 번째 사람은 "임마누엘 왕자는 인간영혼 마을에 전혀 관심이 없다"고 말했으며, 네 번째 사람은 "틀림없이 그 세 명의 죄수들은 불시에 사형 당할 것이다"라고 말했다. 앞서 내가 말한 바와 같이, 모든 사람들은 자기가 하는 말이 가장 옳은 것이고, 다른 사람들의 말은 틀렸다고 주장했다. 그리하여 인간영혼 마을에는 혼란에 혼란이 거듭되고 있었다. 그런 말들을 듣고 어떤 사람도 두 발 뻗고 편히 잠잘 수 없었다. 지금도 그렇지만, 아니 지금까지 쭉 그랬듯, 사람들의 일반적인 습성은 마찬가지다. 무슨 말인가 하면, 어떤 사람이 자기 이웃에게서 어떤 이야기를 들어도, 그 말을 들은 사람은 틀림없이 자기가 들은 것과는 정반대로 말할 수 있다는 것이다. 물론 두 사람 모두 자신은 진실을 말하고 있다고 주장할 것이다.

마지막으로 누군가는 심지어 다음과 같은 말도 들었다고 했다. 즉, 임마누엘 왕자가 인간영혼 마을을 칼로 멸할 계획을 갖고 있다고 말이다. 마을이 어두워지기 시작하자, 불쌍한 인간영혼 사람들은 아침이 되기까지 밤새도록 슬퍼하며 당혹감에 어쩔 줄 몰랐다.

내가 알고 있는 한, 즉 내가 아는 최고의 정보통에 따르면, 이 모든 난리는 양심 서기관이 자신의 판단이라며 그들에게 한 말, 즉 임마누엘 왕자의 대답은 죽음을 예고하는 것이라는 그 말에서부터 비롯되었다. 마을에 마치 불을 지핀 것처럼 난리가 나고, 인간영혼을 공포의 도가니로 몰아넣기 시작한 것은 바로 양심 서기관의 말 때문이었다.

죄책감은 과연 어떤 일을 하는가?

그의 말 한마디가 이렇게 큰 영향을 끼칠 수 있었던 것은, 예전부터 사람들은 양심 서기관을 선지자로 여기면서, 그가 하는 말들을 최고의 신탁(神託)과 동급으로 여겼기 때문이다. 그래서 지금 인간영혼은 공포의 도가니가 되어 버렸다.

이제 그들은 완고한 반역의 결과가 어떤 것인지를 느끼기 시작했다. 감히 말하건대 지금 그들은 반역의 결과들을 죄책감과 두려움으로 느끼고 있었다. 다시 말해 죄책감과 공포에 빠져 버렸던 것이다. 인간영혼 마을 사람들 가운데 어떤 사람들은 다소 심한 죄책감과 공포를 느꼈고, 또 어떤 사람들은 그보다 훨씬 더 심한 죄책감과 공포를 느꼈다. 하지만 인간영혼 마을의 주요 인사들이 느끼는 죄책감과 고통은 다른 사람들보다 훨씬 더 심했다.

간단히 말하면, 이 공포의 소문이 인간영혼 마을에서 잦아들자, 세 명의 죄수들은 다소 정신을 회복하고 마음을 추스르게 되었다.

세 번째 탄원서

그들은 임마누엘 왕자에게 살려 달라는 탄원을 한 번 더 해야겠다고 생각하였다. 그래서 세 번째의 탄원서를 작성하였다. 내용은 다음과 같았다.

"모든 세상의 주재(主宰)시며, 은혜로운 주인이신, 위대한 임마누엘 왕자님이여. 가련하고 비천하며 비참하기 그지없이 멸망해가는 인간영혼 마을의 주민들은 왕자님의 위대하고 영광스러운 임금님께 고백합니다. 우리는 왕자님의 아버지와 왕자님을 대적하는 죄를 지었습니다.

그러므로 우리는 더 이상 왕자님의 인간영혼이라고 불릴 수조차 없는 자들입니다. 오히려 우리는 구렁텅이에 던져져야 마땅한 자들입니다. 왕자님께서 우리를 죽이신다면, 우리는 그것조차 달게 받겠습니다. 왕자님께서 우리를 깊은 곳에 빠뜨리는 형벌을 내리신다 해도, 우리는 왕자님이 의롭다고 말할 수밖에 없습니다. 왕자님께서 어떤 일을 하시든, 우리를 어떻게 대하시든, 우리는 불평할 수 없습니다. 그러나 자비를 베풀어 주십시오! 우리에

게도 왕자님의 자비를 베풀어 주십시오! 오, 왕자님의 자비에 우리가 사로잡
혀, 우리의 죄가 사함을 얻게 해주십시오. 그러면 우리는 왕자님의 자비와
심판을 찬양할 것입니다. 아멘."

　이런 내용의 탄원서가 작성되었고, 그들은 첫 번째로 보낸 탄원서와 마찬
가지로 임마누엘 왕자에게 보낼 작정이었다. 하지만 누가 과연 이 탄원서를
가지고 가야 할지가 문제였다.[2] 어떤 이들은 처음에 가지고 간 사람이 이번
에도 가지고 가게 하자고 말했고, 어떤 이들은 처음에 갔던 그 사람은 조금
더 신속하게 탄원서를 전하지 못하기 때문에 적절치 않다고 생각하였다. 당
시 인간영혼 마을에는 선행 씨(Mr. Good-deed)라는 한 노인이 있었다. 이 노인
은 이름만 선행이었지, 행실은 전혀 이름과 맞지 않는 사람이었다.

　어떤 이들은 그를 보내자고 말했지만, 양심 서기관은 절대로 그럴 수 없다
고 했다. 서기관은 다음과 같이 말했다. "우리는 지금 자비가 필요한 입장이
고, 자비를 구하고 있는 중입니다. 따라서 선행이라는 이름을 가진 자를 통
해 우리의 탄원서를 전한다는 것은 탄원 그 자체와 상충되는 것이라 여겨집
니다. 우리가 이 탄원서를 통해 자비를 구하면서, 선행이라는 이름을 가진
자를 우리의 전령으로 삼을 수 있겠습니까?"

　늙은 신사인 양심 서기관은 계속해서 말하였다. "게다가 임마누엘 왕자께
서 우리가 보내는 이 탄원서를 받으실 텐데, 그곳 사람들은 이 전령이 누구
인지 아무도 모를 것이기 때문에, 왕자께서 '네 이름이 무엇이냐?'라고 물을
수도 있지 않습니까? 그러면 그는 '선행(善行, Good-deed)이라는 노인입니다'
라고 대답할 것입니다. 그때 임마누엘 왕자께서 이 대답에 대해 어떻게 말
씀하실지 한 번 생각해 보십시오. '아! 선행이라는 노인이 아직도 인간영혼
마을에 살아 있단 말인가? 그렇다면 이 노인이 고통 가운데 있는 마을 사람
들을 구하도록 하라'고 말하지 않겠습니까? 혹시라도 임마누엘 왕자께서 정
말 이렇게 대답하신다면, 우리는 완전히 끝장입니다. 수천 명의 선행 노인

2) 기도에는 어려움이 수반된다. ― 원주

으로도 이 인간영혼 마을을 구할 수 없을 테니 말입니다."

선행이라는 이름의 노인이 탄원서를 가지고 임마누엘 왕자에게 가서는 안 되는 이유들에 대해 양심 서기관이 설명하자, 다른 죄수들과 인간영혼의 주요 인사들도 선행 노인을 보내는 것에 반대하였다. 그래서 선행 노인을 전령으로 보내려는 계획은 무산되었다. 그들은 이번에도 각성 씨(Mr. Desires-awake)를 통해 탄원서를 보내기로 마음을 모았다. 그들은 그에게 가서 탄원서를 들고 임마누엘 왕자에게 한 번 더 가줄 것을 부탁하였다. 그러자 그는 기꺼이 그러겠노라고 말했다. 그들은 그에게 어떤 경우라도 임마누엘 왕자에게 무례한 말이나 태도를 보이지 않도록 주의하라고 명하였다. 덧붙여 그토록 주의하라고 했는데도 그가 무례하게 행동한다면, 그로 인해 인간영혼은 완전히 멸망하게 될 것이라는 사실도 언급했다.

이제 이 일에 전령으로 가야 한다는 것을 알게 된 각성 씨는 젖은 눈 씨(Mr. Wet-eyes)와 함께 갈 수 있도록 허락해 달라고 그들에게 청하였다. 이 젖은 눈 씨는 각성 씨의 가까운 이웃으로, 가난하고 상한 마음을 지닌 사람이었다. 하지만 탄원하는 말은 잘 할 수 있는 사람이었다.

그래서 그들은 각성 씨가 젖은 눈 씨와 함께 가도록 허락했다. 두 사람은 자신들이 해야 할 일에 대해 이야기를 나누었다. 각성 씨는 자기 머리를 밧줄로 묶고, 젖은 눈 씨는 젖은 두 눈을 손으로 닦으면서, 임마누엘 왕자가 있는 막사로 향했다.

그들이 다시 오게 된 것에 대해 용서를 구하다

세 번씩이나 탄원서를 가지고 가는 일이었기에, 그들은 왕자에게 자주 가는 것이 혹여 임마누엘 왕자에게 부담이 되는 것은 아닌가 하는 생각을 하지 않을 수 없었다. 그래서 그들은 왕자의 장막 문에 이르자마자, 가장 먼저 빈번하게 왕자를 찾아와 귀찮게 하는 것에 대해 진심으로 용서를 구했다.

그들이 오늘 여기에 오게 된 것은 자신들이 다른 사람을 귀찮게 하거나 다른 사람에게 말하고 듣는 일을 좋아하기 때문이 아니라, 왕자에게 필연적으로 올 수밖에 없었기 때문이라고 왕자의 양해를 구했다. 또한 그들은 샤다이 왕과 그의 아들인 임마누엘 왕자를 대적한 자신들의 허물 때문에 밤이나 낮이나 안식할 수 없었다고 말했다. 덧붙여 지난번에 왕자에게 갔던 각성 씨가 저지른 다소 무례한 행동거지로 인해 임마누엘 왕자에게 심려를 끼쳐드려서, 결과적으로 그토록 자비로운 왕자로부터 아무것도 얻지 못한 채 빈손으로 되돌아가게 된 것은 아닌가 하는 생각이 들었다고 말했다. 그러고는 이런 일들에 대해서도 용서를 구하였다. 각성 씨는 처음에 전령으로 갔을 때와 마찬가지로 왕자의 발치에서 땅에 엎드려, "오, 인간영혼이 왕자님 앞에서 살기를 원합니다!"라고 말하며, 자신이 가지고 온 탄원서를 왕자에게 전하였다.

임마누엘 왕자가 그들에게 말씀하시다

그러자 왕자는 이 탄원서를 읽고는 예전과 마찬가지로 잠시 돌아서 있더니, 다시 전령들이 부복하여 있는 곳으로 와서 그의 이름이 무엇인지, 그가 인간영혼 마을 사람들 가운데서 어떤 평판을 듣고 있는지를 물어보셨다. 다시 말해, 인간영혼에 있는 허다하게 많은 무리들 가운데서 어떻게 각성이 전령으로 보냄을 받게 되었는지에 대해 물었던 것이다. 그러자 각성 씨가 다음과 같이 말하였다.

"오, 나의 주여, 노하지 마십시오. 어찌해서 저처럼 죽은 개와 같은 자의 이름을 왕자님께서 물어보십니까? 왕자님께서 잘 아시는 바와 같이, 왕자님과 저 사이에는 엄청난 차이가 있으니, 제가 누구인지 알려고도 하지 마시고 마음에 담아두지도 마십시오. 왕자님께 전령으로 보내는 일에 인간영혼 사람들이 저를 선정한 것은, 제가 왕자님의 호의를 받을 수 있는 사람이라서 저를 선택한 것이 아닙니다. 이 점에 대해서는 마을 사람들도 잘 알고 있습니다. 제가 보아도 저 자신은 긍휼을 얻을 수 없는 자입니다. 도대체 누가 저를 사랑해 주겠습니까? 그러나 저는 살고 싶습니다. 또한 제가 살고 있는 인간영혼 마을 사람들도 살게 되기를 원합니다. 왜냐하면 그들이나 저나 큰 죄를 지어 그 허물로 죽을 수밖에 없는 자들이기 때문입니다. 그래서 그들은 저를 보냈으며, 저도 나의 주인 되신 왕자님께 자비를 구하고자 이렇게 그들의 이름으로 나아왔습니다. 그러므로 왕자님은 이 종들이 어떤 자들인지 묻지 마시고, 은혜를 베풀어 주시기를 앙망합니다."

그의 말이 끝나자 임마누엘 왕자는 "이렇게 크고 중요한 일에 너와 함께 한 저 자는 도대체 누구인가?"라고 물으셨다. 그러자 각성 씨는 그가 가난한 자기의 이웃으로서 자기와 가장 친하게 지내는 사람이라고 말했다. 그러고는 다음과 같이 말했다. "가장 탁월한 왕자님께 누가 되지 않기를 바랍니다. 이 사람은 인간영혼 마을에 살고 있는 자로서, 젖은 눈이라는 이름을 가졌습니다. 저도 아무 의미 없는 이름을 가진 자들을 많이 알고 있지만, 제가 이 불쌍한 이웃을 데리고 온 것에 대해 나의 주께서 불쾌하게 여기지 말아 주시기를 바랍니다"라고 말하였다.

그러자 젖은 눈 씨는 얼굴을 땅에 대고 이웃인 각성 씨와 함께 주인 되신 임마누엘 왕자에게 자신이 온 것에 대해서 다음과 같이 용서를 구하였다.

"오, 나의 주시여, 저는 내가 누구이고, 내 이름이 거짓인지 참된지조차 모르는 자입니다. 특히 어떤 사람들이 말한 바에 따라 제가 생각해 본다면, 이 이름은 나의 아버지인 회개 씨(Mr. Repentance)가 지어 주었기 때문에, 이것이 제 이름이 되었다고 들었습니다. 선한 자들에게서 악한 자녀들이 태어나기도 하고, 신실한 자들에게서 종종 위선자들이 태어나기도 합니다. 제 어머니도 제가 요람에 있을 때부터 저를 이 이름으로 불렀는데, 그것이 제 머리속에 있는 수분 때문인지 아니면 제 마음이 온유해서인지는 잘 모르겠습니다. 그러나 저는 저의 눈물 속에서 더러움을 보며, 제가 드리는 기도들의 밑바닥에 있는 오물도 봅니다. 그리하여 왕자님께 간청드립니다."

그 신사는 눈물을 흘리면서 이 모든 말들을 이어나갔다. "왕자님께서 우리의 허물에 대해 기억하지 마시고, 왕자님의 종들인 우리가 그럴 자격이 없음에 대해서도 불쾌하게 여기지 말아 주십시오. 더 이상 인간영혼이 지은 죄에 괘념치 마시고 다만 은혜를 베푸시어, 왕자님의 영광스러운 은혜에서 우리가 제외되지 않도록 해주십시오."

이 말이 끝난 후, 그들은 왕자의 명으로 일어났다. 두 사람은 왕자 앞에서 두려워 떨고 있었다. 그러자 왕자는 다음과 같이 그들에게 말하였다.

임마누엘 왕자의 대답

"인간영혼 마을은 나의 부왕 되신 그분을 비통할 정도로 대적하였다. 그들은 그분이 왕이 되는 것을 거부하고, 거짓말쟁이며 살인자요 방랑하는 한 종을 자신들의 우두머리로 택하였다. 자칭 너희의 거짓 왕인 이 디아볼루스는 너희로부터 한때 높이 칭송을 받았지만, 그는 나의 아버지와 나를 대적하였다. 심지어 그는 우리의 성(城)과 저기 있는 가장 높은 궁(宮)에서도 군주와 왕이 되려고 생각하였다. 그러나 시의적절하게 그의 계략이 발각되고 탄로가 나면서, 그는 자신의 사악함으로 인해 사슬에 결박당한 채, 그를 따르던 자들과 함께 구렁텅이로 유배를 당했다. 그런데도 그는 너희에게로 도망쳤고, 너희는 그를 받아들였다.

이후 오랫동안 그는 내 아버지를 극도로 모욕하였다. 내 아버지께서는 너희가 다시 순종하도록 하기 위해 막강한 군대를 너희에게 보냈다. 이 병사들과 장군들과 모사들이 너희를 얼마나 존중하였으며, 너희를 얼마나 친근하게 영접하였는지 너희도 알고 있을 것이다. 그런데도 너희는 이들을 대적하여 반란을 일으키고, 문을 걸어 잠그고, 전쟁을 선포하고, 그들과 싸웠다. 너희는 디아볼루스를 위해 그들을 대적해 싸웠던 것이다. 그래서 그들은 더 많은 병력을 보내 달라고 내 아버지에게 요청하였고, 그래서 내가 나의 군사들과 함께 너희를 진압하러 왔던 것이다. 그런데도 너희는 너희의 주님을 마치 종을 부리듯 대했다. 너희는 나에 대해 적개심을 보였고, 나에게도 문을 걸어 잠그고, 내가 하는 말을 알아듣지 못하는 것처럼 돌변하여, 할 수 있는 한 끝까지 나에게 저항하였다. 그럼에도 불구하고 지금 나는 너희를 정복하였다. 너희가 나를 이길 수 있다는 소망을 가진 한, 너희는 울부짖으며 나에게 자비를 간구한 적이 있었느냐? 그러나 이제 내가 이 마을을 점령하고 나니, 비로소 너희는 울부짖는구나. 나의 자비의 상징인 흰 깃발과, 공의를 상 징하는 붉은 깃발과, 형벌을 집행하겠다고 위협하는 검은 깃발들을 너희가 볼 수 있도록 내걸었는데도, 왜 너희는 그 앞에서 울부짖지 않았느냐? 이제 내가 너희의 디아볼루스를 정복하고 나니, 비로소 너희는 나에게 은혜를 구 하러 왔다. 그 강한 디아볼루스를 내가 대적할 때도, 너희는 왜 나를 돕지 않 았느냐? 그럼에도 불구하고 나는 너희의 탄원에 대해 곰곰이 생각해 보고, 내 영광을 위해 너희의 탄원에 대답하겠다.

너희는 가서 보아너게 장군과 확신 장군에게 일러 내일 옥에 있는 죄수들 을 내가 있는 진영으로 데리고 오도록 하고, 심판 장군과 집행 장군에게는 내가 별도로 명을 내리기까지 성안에 머물면서, 인간영혼 마을이 절대적으 로 안정을 유지하도록 하라고 전하여라."

이 말을 하고서 왕자는 그들에게서 물러나 자신의 막사로 돌아가셨다.

두 전령들은 왕자로부터 이런 대답을 듣고서, 처음 갔을 때와 마찬가지로 그들을 보낸 자들이 있는 곳으로 다시 향했다. 하지만 그들은 멀리 가지 못 해서, 임마누엘 왕자가 인간영혼에 대해 자비를 베풀 의향이 전혀 없다는 생 각이 들기 시작했다.

마침내 그들은 마을 문에 이르렀다. 지금까지 마을 사람들은 그들이 돌아 오기만을 간절히 고대하고 있었다. 마을 문에서 많은 자들이 두 전령을 맞 이했다. 두 전령들은 자신들을 보낸 자들에게 이르렀지만, 그들에게 자신들 이 받은 메시지를 쉽게 전달할 수 없었다. 그들은 탄원에 대한 대답이 무엇 인지 알고 싶어 했다. 그들은 보냄을 받은 전령들에게 "임마누엘 왕자로부 터 어떤 소식을 받았습니까? 임마누엘 왕자께서 무슨 말씀을 하셨습니까?" 라고 이구동성으로 소리쳤다.

하지만 그들은 먼저 감옥으로 가서 메시지를 전해야 한다고 말했다. 그래 서 허다한 무리들은 앞사람의 발뒤꿈치만 보고 전령들을 따라서 감옥으로 향했다. 전령들은 감옥 문에 이르러, 임마누엘 왕자가 하신 말씀의 처음 부 분을 죄수들에게 말해주었다. 다시 말해, 인간영혼 마을 사람들이 왕과 왕자에게 행한 불충성과, 그들이 디아볼루스를 선택하고 그와 더불어 마을 문들을 잠그고 디아볼루스를 위해 싸우며 그의 말에 귀 기울이고 그의 통치를 받았다는 사실과, 임마누엘 왕자와 그의 병사들을 경멸했던 것에 대해 왕자가 깊이 생각하고 있다는 점을 전했다.

전령들의 보고에 놀라는 죄수들

이 말에 죄수들의 얼굴이 창백해졌다. 그럼에도 불구하고 전령들은 말을 계속 이어갔다. "임마누엘 왕자께서는 우리의 탄원에 대해 곰곰이 생각해 보고 나서, 그분의 영광에 부합하도록 우리의 탄원에 대해 대답하겠다고 말씀하셨습니다." 이런 말들을 하면서 젖은 눈 씨는 깊은 한숨을 쉬었다. 이 말을 들은 거기 있던 모든 자들은 털썩 주저앉을 정도로 강한 충격을 받았고, 더 이상 무슨 말을 해야 할지 몰랐다. 두려움이 놀랄 만큼 그들을 사로잡았으며, 사망이 그들의 눈썹 위에 앉아 있는 것 같았다.

캐묻는 노인

그 무리들 중에는 빈틈없기로 유명한 사람, 즉 비열한 성격의 캐묻는 노인(old Inquisitive)이라고 불리는 자가 있었다. 이 노인은 두 전령들에게 임마누엘 왕자가 한 모든 말을 하나도 빠짐없이 다 전했는지를 물었다. 그러자 그들은 "사실 그렇지 않습니다"라고 말했다. 이에 캐묻는 노인은 "사실 나도 그렇게 생각하고 있었습니다. 부탁인데, 그 왕자가 당신들에게 무슨 말을 더 하셨습니까?"라고 물었다. 그러자 두 전령들은 잠시 머뭇거리더니, 마침내 모든 이야기를 털어 놓았다. 즉, "왕자는 우리에게 명을 내려 보아너게 장군과 확신 장군이 죄수들을 내일까지 왕자 앞에 데리고 오도록 하고, 심판 장군과 집행 장군은 왕자로부터 별도의 명을 받기 전까지 성과 마을을 책임지고 다스리라고 말씀하셨습니다." 그들은 또한 "왕자께서는 우리에게 이렇게 행하도록 명령하고는 즉시 우리에게서 등을 돌려 자신의 막사로 향하셨습니다"라고 말하였다.

자신들이 보낸 탄원서에 대한 왕자의 이런 반응과, 특별히 전령들이 전한 마지막 메시지에 따라, 죄수들은 옥에서 나와 왕자가 있는 진영으로 가야 했지만, 죄수들의 몸을 지탱해 주던 허리에 힘이 완전히 빠져 버려서 움직일 수 없었다! 그래서 그들은 한 목소리로 하늘에 상달될 만큼 울부짖었다. 사태가 이렇게 되자, 세 명의 죄수는 각자 죽음을 각오하였다.

서기관(양심 서기관 — 원주)은 그들에게 "이것이 바로 내가 우려하던 일이오"라고 말하였다. 해가 저물어 내일이 되면 자신들도 고꾸라져 이 세상에서 사라질 것이라고 그들은 결론을 내렸다. 마을 사람들도 자신들의 시간과 순서가 되면, 이와 동일한 잔을 모두 마셔야 할 수밖에 없다고 생각하였다. 그래서 인간영혼 마을 사람들은 베옷을 입고 재에 앉아 아침이 되기까지 밤을 새웠다. 죄수들도 자신들이 왕자 앞에 서야 할 시간이 다가오자, 머리에 밧줄을 묶고 상복(喪服)을 차려 입었다. 모든 인간영혼 마을 사람들도 베로 만든 상복을 입고 성벽 위에 올라가 자신들의 모습을 드러냈다. 혹시라도 임마누엘 왕자가 이 광경을 보고서 감동을 받아 죄수들을 불쌍히 여겨 주실까 해서였다.

그러나 인간영혼 마을에 있던 참견하기 좋아하는 사람들[3]이 그 죄수들을 걱정해 준답시고 해대는 꼬락서니를 보라! 그들은 무리지어 마을 이곳저곳을 뛰어다니며 소리를 지르면서 소란스럽게 하고 있었다. 어떤 무리는 이런 소문으로 그들에 관해 참견하고, 또 어떤 무리는 정반대되는 소문으로 그들에 관해 참견하였다. 그래서 인간영혼 마을은 거의 광란의 도가니 같았다.

드디어 이 죄수들이 왕자가 있는 진영으로 내려가 왕자 앞에 서야 하는 시간이 되었다. 그들이 왕자의 진영으로 내려가는 모습은 다음과 같았다.

재판받아야 하는 죄수들

보아너게 장군이 죄수들 앞에서 그들을 인도하고, 확신 장군은 뒤에서 호

---

3) 헛된 생각들 — 원주

위하였으며, 죄수들은 그 중간에서 사슬에 결박당한 채 내려가고 있었다. 호위병들이 깃발을 휘날리며 그들 앞에서 호송하였고, 죄수들은 기가 죽은 채 걷고 있었다.

이 장면을 좀 더 구체적으로 말하면 다음과 같았다.

죄수들은 모두 울면서 걸어가고 있었다. 그들은 베옷을 입고 있었고 스스로 가슴을 치면서 감히 눈을 들어 하늘을 쳐다보지도 못했다. 그들은 인간 영혼 마을의 문을 지나 임마누엘 왕자의 군대가 있는 진영 중앙에 이르렀다. 거기서 그들은 그 군대의 영광스러운 광경을 보았다. 그것을 보자 그들의 고통은 더욱 가중되었다. 그들은 더 이상 참지 못하고, "오, 불행한 자들이여! 오, 비참한 인간영혼 사람들이여!"라고 큰 소리로 울부짖었다. 죄수들의 울부짖음과 사슬들이 끌리는 소리가 그들의 비통한 음조와 어우러져 더욱더 서글픈 소리로 울려 퍼졌다.

죄수들은 왕자가 있는 막사 앞에 이르렀다. 죄수들은 그곳에서 몸을 부복(俯伏)하였다. 막사 안에 있던 한 사람이 주인에게 죄수들이 당도하였다고 말했다. 그러자 왕자가 보좌에 오른 뒤 죄수들을 안으로 들여보내라고 명했다. 막사 안으로 들어온 그들은 왕자 앞에서 두려워 떨면서, 자신의 수치스런 얼굴들을 가렸다. 이제 그들은 왕자가 앉아 있는 곳으로 가까이 끌려 나가 왕자 앞에 꿇어 엎드렸다. 그러자 왕자는 보아너게 장군에게 명하여 죄수들을 자신의 발치에 일으켜 세우도록 하였다.

그들이 떨면서 왕자 앞에 서자, 왕자는 "너희가 지금까지 샤다이를 섬기던 종이냐?"라고 물었다. 그러자 그들은 "예, 주여, 그렇습니다"라고 대답하였다. 왕자는 다시 "가증스러운 저 디아볼루스로 말미암아 스스로 타락하여 더럽혀진 자들이 바로 너희냐?"라고 물었다. 그러자 그들은 "주여, 우리는 그 이상을 용납한 자들입니다. 우리는 스스로 생각하여 그렇게 하기로 선택했습니다." 왕자는 재차 "너희가 평생 그의 폭정 아래 살면서 만족할 수 있었겠느냐?"라고 말했다. 이에 죄수들은 "예, 주여, 그렇습니다. 그의 통치방식은 우리의 육신을 기쁘게 해주었기 때문에, 우리는 이보다 더 좋은 상태에 대해서는 전혀 생각하지 못했습니다"라고 말했다.

왕자는 "내가 인간영혼 마을을 대적하러 왔을 때, 내가 너희를 이기지 못하기를 진심으로 바랐었느냐?"라고 물었다. 그러자 그들은 "예, 주여, 그렇습니다"라고 대답하였다. 임마누엘 왕자는 "그러면 너희가 저지른 이런 저런 엄청난 죄악들에 대해 너희는 어떤 형벌을 받아야 마땅하다고 생각하느냐?"라고 물었다. 그러자 그들은 "주여, 사망과 무저갱이 마땅합니다. 우리가 받아야 할 형벌은 이 두 가지 그 이상도 그 이하도 아닙니다"라고 말했다. 그런 다음 왕자는 재차 그들이 자신들을 위해 변호할 말은 없는지, 즉 그들이 마땅히 받아야 한다고 고백한 형벌이 선고 되어서는 안 될 이유는 있는지, 그들에게 물어보았다. 그러자 그들은 "주여, 우리는 할 말이 아무것도 없습니다. 왕자님은 의로운 분이시고 우리는 죄를 지었습니다"라고 말하였다.

그때 왕자는 "그런데 너희가 머리에 묶은 밧줄들은 무엇이냐?"라고 물었다. 죄수들은 "우리에게 은혜를 베푸시는 것이 왕자님께 흡족한 일이 아니라면, 이 밧줄들[4]로 우리를 묶어서 형벌을 집행하는 장소까지 끌고 가기 위해 필요한 것입니다"라고 대답하였다.

왕자는 계속해서 물었다. "인간영혼 마을에 있는 모든 사람들이 너희처럼 이렇게 고백을 하고 있느냐?" 그러자 그들은 "주여, 모든 원주민들[5]은 그렇습니다. 하지만 폭군인 디아볼루스가 우리를 장악했을 때, 우리 마을로 들어온 추종자들이 있었는데, 그들은 부패하여 정욕에 빠져 있는 자들로서, 그들에 대해서는 뭐라 말씀드릴 게 없습니다"라고 말하였다.

임마누엘 왕자는 왕의 전령들을 진영 한가운데로 불러, 그들이 임마누엘 진영을 두루 다니며 나팔을 불면서, 샤다이 왕의 아들인 임마누엘 왕자가 왕의 이름과 왕의 영광을 위해 인간영혼 마을을 완전히 정복하여 승리하였음을 선포하도록 하고, 죄수들은 그 전령들을 따라다니며 '아멘'을 외치도록

---

4) 죄악들 — 원주
5) 영혼의 능력들 — 원주

인간영혼 마을 사람들의 회개

명령했다. 왕자가 명령을 내리자, 모든 것이 명령대로 되었고, 높은 곳에서
음악이 아름답게 울려 퍼졌다.

승리의 기쁨

진영 안에 있던 장군들은 함성을 질렀고, 병사들은 왕자의 승리를 축하하는 노래들을 불렀으며, 깃발들은 파도처럼 바람에 펄럭였다. 모든 곳에서 큰 기쁨이 넘쳤다. 하지만 인간영혼 마을 사람들의 마음에는 아직 그 기쁨이 없었다.

왕자는 죄수들을 불러 다시 자기 앞에 서게 하였다. 그들은 왕자 앞에 이르러 두려워 떨고 있었다. 왕자가 그들에게 말하였다. "너희는 모든 인간영혼 마을 사람들과 더불어 나의 아버지와 나를 대적하여 시시때때로 불법과 부정을 행하는 죄악들을 저질렀다. 하지만 나는 나의 부왕으로부터 인간영혼 마을을 용서해 줄 능력과 권한도 부여 받았다. 그러므로 나는 이 권한에 따라 너희를 용서한다."

죄수들은 사면을 받고, 이 사실을 내일까지 인간영혼 마을에 선포하라는 명령을 받는다

이렇게 말한 후 왕자는 일곱 개의 인으로 봉인된 양피지에 쓰인 대사면장을 그들에게 주었다. 그러고는 시장과 자유의지 경, 양심 서기관에게 명을 내려 이 대사면을 선포하고, 내일 해가 떠오를 때까지 인간영혼 마을 모든 곳에 두루 선포하도록 하였다.

그 뿐만 아니라 왕자는 그들이 입고 있던 슬픔의 베옷을 벗기고 그들에게 "화관을 주어 그 재를 대신하며, 기쁨의 기름으로 그 슬픔을 대신하며, 찬송의 옷으로 그 근심을 대신"(사 61:3)하게 하셨다. 또한 그들에게 진귀한 보석들을 주고, 그들의 밧줄을 제거하고, 그들의 목에는 금 사슬을 둘러 주고, 그들의 귀에는 귀고리를 걸어주었다. 임마누엘 왕자께서 하신 은혜로운 말씀들을 죄수들이 듣고, 그들에게 일어난 모든 일들을 보자, 그들은 거의 기절할 지경이었다. 왜냐하면 그 은혜와 선물과 사면 등이 너무 갑작스럽고 영

6) "내 걸음을 넓게 하셨다"(시 18:36)는 뜻이다 — 원주

광스럽고 큰 일이어서, 비틀거리지 않고서는 도저히 그대로 서 있을 수 없을 정도였기 때문이다.

사실 자유의지 경은 완전히 기절해 버렸다. 하지만 왕자는 그에게 다가와 자신의 영원한 팔로 그를 감싸며 그를 껴안고 그에게 입을 맞춰 주셨다. 그러고는 그에게 기운을 내라고 말씀해 주셨다. 이 모든 것들은 왕자가 한 말대로 그대로 이루어졌다. 왕자는 자유의지 경의 동료들인 나머지 두 사람에게도 똑같이 미소 띤 얼굴로 그들을 껴안고 그들에게 입을 맞춰 주셨다. 왕자는 그들에게 "이 모든 것들은 너희를 불쌍히 여기는 나의 사랑과 호의의 후속 징표다. 너희는 이것들을 소중히 간직하라. 그리고 너, 양심 서기관은 네가 듣고 본 것들을 인간영혼 마을에 전하도록 하라"라고 말씀하셨다.

그러자 그들의 발에 채워져 있던 차꼬들이 그들이 보는 앞에서 산산조각이 나서 허공에 날아가 버렸다. 그로 인해 그들이 내딛는 발걸음들도 넓게 되었다.[6] 그들은 왕자의 발치에 엎드려, 그의 발에 입 맞추고는 그 발을 눈물로 적셨다. 또한 그들은 아주 강한 음성으로 "찬송할지어다 여호와의 영광이 그의 처소로부터 나오는도다"(겔 3:12)라고 소리질렀다. 왕자는 그들에게 일어나 인간영혼 마을로 가서, 왕자가 행한 모든 일들을 마을 사람들에게 말하도록 명령하였다.

피리 소리와 북소리와 함께 집으로 보냄을 받은 죄수들

왕자는 피리와 북을 가진 사람에게도 명하여 죄수들이 인간영혼 마을로 가는 내내 그들과 같이 가면서 그들 앞에서 피리를 불고 북을 치도록 하였다. 이리하여 죄수들은 지금까지 한 번도 기대하지도 못했고, 한 번도 꿈꿔 보지 못한 영광을 누리게 되었다. 왕자는 또한 충성스러운 신뢰 장군(Captain Credence)을 불러, 그와 그의 장교들 중 몇 사람이 충성스러운 인간영혼 마을 사람들, 즉 그 세 명의 죄수들 앞에서 깃발을 휘날리며 인간영혼 마을로 행

---

7) 믿음과 용서가 함께 만날 때, 심판과 집행은 마음에서 떠난다 — 원주

진하도록 명령을 내렸다. 그리고 왕자는 신뢰 장군에게 이르기를, 양심 서기관이 대사면장을 인간영혼 마을 사람들 앞에서 읽어줄 때, 바로 그 때 깃발들을 휘날리면서 그의 수하에 있는 병사 일만 명과 함께 눈문으로 행진하여 들어갈 것과, 마을의 대로를 지나 성문들이 있는 곳까지 계속 행진하여 그들의 왕이 거하던 그 성을 장군이 친히 점령하도록 명령하였다. 또한 왕자는 심판 장군과 집행 장군에게 명을 내려, 요새를 신뢰 장군에게 맡기고, 인간영혼으로부터 철수하여 왕자가 있는 진영으로 신속하게 돌아오도록 지시하였다.[7]

이제야 비로소 인간영혼 마을은 임마누엘 진영에서 처음으로 출정했던 네 장군들과 그의 병사들의 공포에서 벗어나게 되었다.

제9장

새로운 시작들

내용 — 자유롭게 된 죄수들이 인간영혼 마을로 되돌아가 큰 기쁨의 환영을 받다 — 인간영혼 마을의 주민들이 임마누엘 왕자가 자신들 가운데 거처를 정하시기를 청하다 — 왕자가 이 청을 승낙하다 — 백성들이 환호하는 가운데 승리의 입성을 하다 — 마을이 새롭게 개조되고, 샤다이 왕의 형상이 세워지다

자, 이 죄수들이 고귀한 임마누엘 왕자로부터 어떠한 환대를 받았는지, 그리고 그분 앞에서 이들이 어떻게 처신하였는지, 또한 왕자가 이들을 집으로 돌려보낼 때 그들 앞에 피리 부는 자와 북 치는 자들을 세워 어떻게 귀가시켰는지에 대해, 나는 앞서 여러분에게 말하였다. 지금 여러분이 생각해야 할 것은, 왕자가 이렇게 죄수들을 환대할 동안, 인간영혼 마을의 모든 사람들은 이들의 사형 선고를 예상하고서, 슬픈 마음을 이루 가눌 길이 없었으며, 가시에 찔린 것처럼 고통스런 생각들을 하지 않을 수 없었다는 사실이다. 마을 사람들은 자신들의 생각을 종잡을 수 없었고, 불확실한 상황 속에서 그들의 마음은 바람처럼 요동쳤다. 진정 그들의 마음은 흔들리는 손으로 균형을 잃은 저울 같았다. 마침내 인간영혼 마을의 성벽 너머 저 멀리에서 어른거리는 것이 보였다. 그들의 눈에 누군가가 마을로 오고 있는 것이 보였던 것이다. 그들은 생각했다. 저들이 누구일까? 저들이 과연 누구일까? 마침내 마을 사람들은 이들이 죄수들이라는 것을 알게 되었다. 마을 사람들이 얼마나 놀랐을지 여러분은 상상할 수 있겠는가? 특별히 이 죄수들이 무엇을 걸치

고, 어떤 영광을 받으며 집으로 돌아오고 있는지를 마을 사람들이 보았을
때, 그들은 거의 놀라 자빠질 지경이었다.

일종의 낯선 변화

죄수들은 검은 옷을 입고 임마누엘 왕자의 진영으로 내려갔었는데, 이제
는 흰 옷을 입고 인간영혼 마을로 돌아오고 있었으며, 이들이 갈 때는 머리
에 밧줄을 묶고 갔었는데, 이제는 황금 사슬을 몸에 걸치고 돌아오고 있었
다. 그들은 발에 차꼬를 찬 채 임마누엘 진영으로 갔었는데, 이제는 그들이
내딛는 발걸음들이 넓어져 있었다. 그들은 죽음을 바라보고 임마누엘 진영
으로 갔었는데, 이제는 삶을 확신하며 돌아오고 있으며, 그들은 무거운 마음
으로 임마누엘 진영으로 내려갔었는데, 이제는 피리 부는 자와 북 치는 자들
을 앞세우고 돌아오고 있었다. 이렇게 그들이 눈문에 도착하자, 어찌할 바
를 몰라 불쌍한 인간영혼 마을 사람들은 환호성을 질러댔다. 그들이 지르는
환호성 소리가 너무나 커서, 임마누엘 군대의 장군들마저 그 소리에 깜짝 놀
랄 정도였다.

아아, 비참하고 가련한 마음을 지닌 이들이여! 죽은 줄로만 알았던 친구들
이 살아 돌아왔으니, 이들이 이렇게 기뻐 소리 지르는 것을 누가 탓할 수 있
겠는가? 그들에게 이런 광경은 죽은 자들이 다시 살아온 것과 같았다. 즉, 인
간영혼 마을에서 오래 전에 죽었던 자들이 이렇게 영광스럽게 빛나는 모습
을 보여주었던 것이다. 마을 사람들은 오로지 도끼와 단두대(斷頭臺)만 예상
했었다. 그러나 보라. 기쁨과 즐거움, 위로와 위안, 그리고 이것들과 함께 한
흥겨운 음악소리들로 인해, 아픈 자들도 낫게 하기에 충분하였다. 죄수들이
마을에 입성하자, 마을 사람들은 이들 한 사람 한 사람을 반갑게 맞아주었
다! "환영합니다! 반갑습니다! 여러분을 살려주신 그분은 복되십니다"(사
33:24). 마을 사람들이 그들에게 물었다. "우리가 보기에 여러분은 무사한 것
같은데, 인간영혼 마을은 과연 어떻게 되겠습니까? 인간영혼 마을도 무사할
것 같습니까?" 그러자 양심 서기관과 시장은 "오, 소식이 있습니다! 그것도

기쁜 소식이 있습니다! 가련한 인간영혼 마을에 끼칠 유익하고 큰 기쁨의 좋은 소식이 있습니다!'라고 대답하였다.

그러자 마을 사람들은 땅이 떠나갈 정도로 다시 환호성을 질렀다. 이후 마을 사람들은 다시 임마누엘 진영의 상황이 어떻게 돌아갔는지, 임마누엘 장군이 마을에 전한 메시지가 무엇인지 등에 대해 자세히 물었다. 죄수들은 임마누엘 진영에서 일어난 모든 일들과 왕자가 행한 모든 것들을 마을 사람들에게 말해 주었다. 이들의 말을 들은 마을 사람들은 임마누엘 왕자의 지혜와 은혜에 크게 놀랐다. 그러고 나서 죄수들은 전체 인간영혼 마을을 위해 왕자가 직접 자기들에게 건네 주신 것이 있다고 말했다. 이에 양심 서기관은 다음과 같은 말로 그 증서에 대해 언급했다. "인간영혼에 사면, 사면, 사면이 주어졌습니다. 이 소식을 내일이면 인간영혼 마을 사람들은 모두 알게 될 것입니다." 그런 다음 그는 거기 있던 무리들에게 명을 내려, 각자 처소로 돌아가서 내일 시장 광장에 사람들이 모이게 하여, 그들에게 내려진 대사면의 내용이 읽혀질 때 그것을 모든 사람이 듣도록 하였다.

인간영혼 마을 사람들의 안색을 보니, 사태가 이 정도로 변화될지, 이렇게 갑작스러운 변화가 있을지, 그 누구도 생각조차 하지 못한 것 같았다! 인간영혼 마을 사람들은 기쁨에 들떠 아무도 그 날 밤 잠을 잘 수 없었다.

모든 집에는 기쁨과 음악이 흘러 넘쳤다. 인간영혼 마을의 모든 사람들은 마을에 일어난 이 행복한 일에 대해 서로 말하고 들으면서 흥겹게 노래하였다. 인간영혼 마을이 할 수 있는 일이라고는 이렇게 기뻐하는 것밖에 없었으며, 이런 기쁨이야말로 그들이 부르는 모든 노래의 주제였다. "오, 해가 떠오르면 이 기쁨은 더하지 않겠는가? 내일이 되면 더 기뻐하지 않겠는가! 어제까지만 해도 이런 날이 우리에게 오리라고 누가 감히 생각하거나 말할 수 있었겠는가? 쇠사슬에 묶여 끌려간 죄수들이 황금 사슬을 몸에 두르고 다시 돌아오다니! 진실로 스스로 생각해봐도 마땅히 심판을 받아야 할 자들이었는데, 그런 자들이 정작 지은 죄에 대해 심판을 받으러 가서는 그분의 입에서 사면을 받게 되다니. 이렇게 사면을 받게 된 것은 그들이 무흠해서가 아니라, 임마누엘 왕자의 긍휼 때문이었다. 그리하여 그들이 피리 부는 자와 북 치는 자들을 앞세우고 집으로 돌아오게 된 것이었다. 그런데 이와 같은 긍휼은 왕자들이 베푸는 일반적인 관습은 아니었는가? 왕자들은 이런 종류의 자비를 반역자들에게도 보이곤 하지 않았는가? 아니다! 이런 자비는 오로지 샤다이 왕과 그의 아들인 임마누엘 왕자에게만 있는 독특한 것이리라."

어느덧 아침이 밝았다. 아침이 되자 시장, 자유의지 경, 양심 서기관 등은 왕자가 정해준 시간에 시장 광장으로 내려왔다. 마을 사람들도 거기에 모여 이들을 기다리고 있었다. 이 세 사람은 전날 임마누엘 왕자가 입혀준 영광스러운 옷을 입고 내려왔다. 그들이 도착하자, 거리가 그들의 영광으로 인해 환해졌다. 시장, 자유의지 경, 양심 서기관은 입문(Mouth-gate)으로 내려와서는 예전부터 공지 사항 등을 발표하던 장소, 즉 시장 광장에 있는 조금 낮은 땅의 끝 쪽에 섰다. 이 세 사람은 예복 차림으로 거기에 도착했으며, 그들 앞에서 작은 북 치는 자들이 그들을 인도하였다. 인간영혼의 생사가 달린 이 문제의 전모(全貌)를 알고자 하는 사람들의 열성은 매우 대단했다.

이제 양심 서기관이 자기 자리에 서서는 먼저 손짓을 하여 사람들을 조용히 하도록 한 다음, 큰 목소리로 사면장을 읽어 내려갔다.

사면장을 읽는 방식

특히 "여호와라 여호와라 자비롭고 은혜롭고 노하기를 더디 하고 인자와 진실이 많은 하나님이라"(출 34:6)는 말과 함께 "사람의 모든 죄와 모든 모독하는 일은 사하심을 얻되"(막 3:28)라는 말씀이 언급될 때, 그들은 더 이상 기쁨을 감출 수 없어 기뻐 뛰었다. 여기서 여러분이 반드시 알아야 할 사실이 하나 있다. 그것은 이 사면장 안에 인간영혼 마을에 사는 모든 사람들의 이름이 다 명시되어 있었고, 그 사면장에 쳐진 봉인은 정말 대단한 인(印)이었다는 사실이다.

양심 서기관이 사면장을 다 읽자, 인간영혼 마을 사람들은 너무 기쁜 나머지 마을 성벽으로 뛰어 올라가 거기서 껑충껑충 뛰면서 잠시도 가만히 있지를 못했다.[1] 그리고 임마누엘 왕자가 있는 막사를 향해 고개를 숙여 일곱 번 절하면서, "임마누엘 왕자 만세!"라는 기쁨의 환호성을 큰 소리로 외쳤다.

그런 다음 인간영혼에 있는 젊은이들의 순서가 되자, 그들은 기쁨의 종을 울렸다. 종소리가 울리는 가운데 사람들은 노래를 불렀고, 그 음악은 인간영혼 마을에 있는 모든 집에 울려 퍼졌다.[2]

한편 임마누엘 왕자는 인간영혼의 세 죄수들을 피리 부는 자들과 북 치는 자들과 함께 기쁨으로 집으로 돌려보내는 날에, 장군들과 군대에 속한 모든 장교들과 병사들에게 다음과 같은 명을 내렸다. 즉, 양심 서기관이 인간영혼 마을 사람들에게 사면장을 읽어주는 날 아침, 한층 더 기뻐할 수 있는 준비를 하라고 명령을 내렸다. 내가 이미 앞서 말한 바와 같이, 양심 서기관이 사면장을 다 읽은 그 날 아침, 임마누엘 왕자의 명령대로 임마누엘 진영 안에 있던 모든 나팔들은 일제히 울려 퍼졌고, 모든 깃발들은 나부꼈다. 그 깃발들 가운데 반은 은혜 언덕(Mount Gracious)에 내걸렸고, 나머지 반은 공의 언덕(Mount Justice)에 내걸렸다. 왕자는 또한 모든 장군들에게 명을 내려 완전군장을 하여 그 위용을 드러내도록 하였으며, 병사들에게는 기쁨의 함성을 지르게 하였다.

성 안에 있던 신뢰 장군도 그 날만큼은 침묵하지 않았다. 그는 요새의 맨 꼭대기에 모습을 드러내며 인간영혼 마을과 임마누엘 왕자의 진영을 향해 나팔을 불었다.[3]

지금까지 나는 임마누엘 왕자가 폭군 디아볼루스의 손과 권력으로부터 인간영혼 마을을 다시 탈환하여 회복하게 된 방법과 전략들을 여러분에게 보여주었다.

임마누엘의 군대들이 그 기술을 보여주다

1) 이제 그들은 육신을 밟는다 — 원주
2) 활기차고 온화한 생각들 — 원주
3) 인간영혼이 구원받을 때, 믿음은 침묵하지 않을 것이다 — 원주

기쁨의 종을 울리는 인간영혼 마을 사람들

임마누엘 왕자는 이렇게 자신의 기쁨을 표현하는 외적인 퍼레이드를 마친 후, 장군들과 병사들에게 다시 명을 내려, 이 전쟁을 승리로 이끈 민첩한 전쟁 기술들을 인간영혼 사람들에게 보여주도록 하였다.

그들은 즉시 기술 시연(試演)을 준비하겠다고 보고하였다. 오, 인간영혼 마을 사람들이 뚫어지게 쳐다보는 가운데, 임마누엘 병사들이 시연하는 전쟁 기술의 민첩성과 날렵함과 손재주와 용감함 등은 이루 말로 표현할 수 없을 정도였다![4]

병사들은 정방향 행진을 하다가 갑자기 역방향 행진을 하기도 하였으며, 대열이 오른쪽과 왼쪽으로 헤쳐 모이더니 분리되었다. 분리된 상태에서 또 다시 분리되다가 다시 합쳐졌다. 그들은 둥글게 선회하다가 오른쪽 날개 부

---

4) 인간영혼 마을 사람들 앞에서 은혜를 보여주는 임마누엘 왕자 — 원주

분과 왼쪽 날개 부분을 앞뒤로 연결하기도 했다.

병사들은 다시 대열을 정비하더니, 앞서 보여준 기술 외에도 스무 가지가 넘는 고난이도의 묘기들을 보여주었다. 진실로 인간영혼 마을 사람들은 흥분된 마음으로 이 광경을 지켜보았다. 이 외에도 임마누엘 병사들이 무기를 다루는 솜씨와 군사 장비들을 조작하는 모습들은 인간영혼 마을 사람들뿐만 아니라 나도 거의 믿기 어려울 정도였다.

임마누엘 왕자와 그의 병사들이 영원토록 거하기를 간청하는 인간영혼 마을 사람들

이 모든 시연들이 끝나자, 인간영혼 마을의 모든 사람들은 한마음으로 일제히 왕자가 있던 진영으로 나아가 그에게 감사를 표하고 베풀어 주신 은혜를 찬양하였다. 그러고는 임마누엘의 병사들이 자신들의 거처에 영원토록 거하기를 바라면서, 왕자가 기뻐하신다면 이런 은혜를 인간영혼에게 내려주시기를 간청하였다. 이런 간청을 할 때 그들은 아주 겸손하게 머리가 땅에 닿을 정도로 그분 앞에서 일곱 번이나 절을 하였다. 그러자 임마누엘 왕자는 "모든 평강이 너희와 함께 하기를 원한다"라고 말하였다. 이 말을 들은 마을 사람들은 그분께 가까이 나아와 그 손에 들린 황금 규(圭)의 끝을 잡고서 다음과 같이 말하였다. "오, 임마누엘 왕자님! 당신의 장군들과 병사들과 함께 이 인간영혼 마을에 영원토록 거하여 주십시오. 당신의 파성퇴와 투석기들을 이 마을에 두시고, 왕자님께서 원하는 대로 사용하셔서 인간영혼에 힘과 도움이 되게 해주십시오. 우리에게는 당신께서 거하실 공간뿐 아니라 병사들을 위한 공간도 있으며, 무기들과 병거들을 보관하고 탄약고로 쓰일 장소까지 있기 때문입니다. 임마누엘 왕자님, 그렇게 해주십시오. 인간영혼 마을을 굳게 붙잡아 주시겠다고 말씀해 주십시오. 그리하여 당신께서 인간영혼에 영원한 왕과 장군이 되어 주십시오. 그렇습니다. 당신의 영이 바라는 모든 바람대로 우리를 다스리시고, 당신의 장군들과 병사들을 방백과 두령들로 삼으십시오. 그러면 우리는 당신의 종이 되고, 당신의 법은 우리의 행동지침이 될 것입니다."

그들은 또한 다음과 같은 말을 덧붙이며 왕자께서 다음의 상황을 고려해 주시도록 간청하였다. "지금처럼 이 모든 은혜가 불쌍한 당신의 인간영혼 마을에 사는 우리에게 내려진 상황에서, 만약 왕자님께서 우리를 떠나시고, 당신의 장군들도 우리에게서 물러난다면, 인간영혼 마을은 멸망하게 될 것입니다. 진실로 그렇습니다. 복되신 우리의 임마누엘 왕자님이여, 지금까지 왕자님께서는 우리를 위해 많은 일들을 하셨고, 우리에게 아주 많은 자비를 보여주셨습니다. 그런데 이제 와서 우리를 떠나신다면, 예전처럼 우리의 기쁨은 사라져 버릴 것이며, 우리의 원수들은 처음보다 더 포악하게 우리를 다시 대적할 것입니다. 오직 이런 결과만이 생길 것입니다. 그러므로 우리는 간구합니다. 오, 당신은 우리가 두 눈으로 보기를 바라는 바람 그 자체이며, 가련한 우리 마을의 능력이자 생명입니다. 우리의 주인 되신 왕자님께서 지금 우리가 바라는 이 제의를 부디 수락하셔서, 우리에게 임하여 우리 가운데 거하시며, 우리가 당신의 백성이 되게 해주십시오. 더구나 주님이시여, 우리가 정확히 알지는 못하나, 지금 이 시간에도 디아볼루스의 많은 부하들이 인간영혼 마을에 숨어 있습니다. 따라서 당신이 우리를 떠나시면, 그들은 당장 우리를 배신하고 다시 디아볼루스의 손아귀로 들어갈 것입니다. 이미 그들에게 이런 사태와 관련해서 모종의 음모와 계략이 준비되어 있는지 누가 알겠습니까? 우리가 다시 그 끔찍한 디아볼루스의 손아귀에 떨어지는 것은 생각하기조차 싫습니다. 그러므로 왕자님께서 기뻐하신다면 우리의 궁정을 왕자님이 거할 처소로 삼으시고, 인간영혼 마을의 귀인들이 쓰던 집들은 당신의 병사들과 무기들을 위한 곳으로 사용해 주십시오."

그러자 임마누엘 왕자가 말씀하셨다. "만약 내가 너희 마을에 들어가서, 나의 원수들과 너희를 향해 내가 심중에 생각한 바를 좀 더 구체적으로 실행해도 너희는 용납할 수 있겠느냐? 그 일을 착수하는데 너희는 나를 도울 수 있겠느냐?"

이 질문을 들은 인간영혼 마을 사람들은 다음과 같이 대답하였다.

마을 사람들의 대답

"우리는 무엇을 해야 할지 모릅니다. 드러난 바와 같이 우리는 한때 샤다이 왕의 반역자들이었습니다. 하지만 우리는 한 번도 우리가 그렇게 되리라고 생각하지 못했습니다. 그러니 우리가 주님이신 왕자님께 무슨 말씀을 드릴 수 있겠습니까? 왕자님께서는 당신의 심복들인 우리를 신뢰하지 마시고, 왕자님께서 친히 이 성에 거하시면서 우리 마을을 요새로 만들어 주십시오. 왕자님의 충성스러운 장군들과 용사들을 우리 위에 두십시오. 그렇게 하십시오. 그래서 우리를 당신의 사랑으로 정복하시고, 당신의 은혜로 우리를 이겨 주십시오. 우리의 사면장이 낭독되던 그 아침에 왕자님께서 우리에게 베풀어 주신 은혜처럼, 우리와 반드시 함께 하시며 우리를 도와 주십시오. 우리의 주님이시여, 우리는 당신의 뜻과 당신의 길에 순종하며, 왕자님이 칼을 들어 대적하는 강한 원수들을 우리도 대적하겠습니다.

당신의 종인 우리가 한 가지 청만 더 드리고, 더 이상 주님을 귀찮게 하지 않겠습니다. 우리는 왕자님께서 갖고 계신 지혜의 깊이를 다 알지 못합니다. 지금 우리가 누리고 있는 이 달콤함이 이전에 우리가 시험받은 쓰라린 시련에서 나왔다는 사실을, 이성의 지배를 받아온 사람이라면 과연 생각할 수 있는 일이겠습니까? 주여, 우리 앞에는 빛을 비추어 주시고 뒤에는 사랑으로 지켜 주십시오. 진실로 우리를 당신의 손으로 붙잡아 주시고 당신의 권면으로 인도해 주십시오. 당신의 손이 항상 우리와 함께 하셔서 당신의 종들이 하는 모든 일들이 형통하게 해주십시오. 인간영혼에 임하셔서 당신께서 기뻐하시는 뜻대로 행해 주십시오. 오, 주님이시여, 우리 인간영혼에 오셔서 당신께서 원하시는 대로 이뤄 주십시오. 그리하여 우리를 죄악에서 지키시고, 왕자님을 섬기는 자들로 삼아 주십시오."

이 말을 들은 왕자가 인간영혼 마을 사람들에게 대답하였다. "너희는 평안히 너희 집으로 돌아가거라. 내가 기꺼이 너희의 소원을 들어줄 것이다. 나는 내일 내가 쓰던 왕자의 막사를 거두고, 내 병력들을 눈문(eye-gate) 앞으로 집결시켜서 인간영혼 마을 안으로 들어갈 것이다. 그리하여 인간영혼에

왕자를 맞을 준비를 하다

있는 너희의 성을 차지할 것이며, 내 병사들을 너희 위에 둘 것이다. 진실로 나는 하늘 아래에 있는 그 어떤 민족이나 나라나 왕국과 비교할 수 없는 것들을 이 인간영혼에 행할 것이다."

그러자 인간영혼 마을 사람들은 함성을 지르면서 평안히 집으로 돌아갔다. 그들은 임마누엘 왕자가 약속한 것들을 친지나 친구들에게 말해 주었다. 그들은 "내일이면 그분께서 우리 마을에 들어와 인간영혼을 자신의 거처로 삼으실 것이고, 그의 병사들도 여기에 거하게 될 거야"라고 말하였다.

왕자를 맞을 준비를 하는 인간영혼 마을 사람들

그 말을 들은 인간영혼 마을 주민들은 서둘러 푸른 나무와 풀밭이 있는 곳으로 가서 가지와 꽃들을 모아 왔다. 그리고 그것들을 샤다이 왕의 아들이며 자신들의 왕자인 그분께서 오시는 길마다 뿌려놓았다.

또한 그들은 자신들이 임마누엘 왕자가 인간영혼에 오시는 것을 얼마나 기뻐하며 환영하는지를 보여주기 위해 화관(花冠)과 다른 멋진 작품들을 준비하였다. 진실로 그들은 왕자가 지나가게 될 장소인 눈문에서부터 성문까지의 거리를 꽃과 가지들을 뿌려 장식하였다. 또한 인간영혼 마을에서 연주할 수 있는 모든 음악을 동원하여 왕자의 오심을 준비하였다. 다시 말해 왕자가 거할 궁과 거처 앞에서 음악이 연주되게 하였다.

왕자가 마을로 입성할 시간이 다 되어 그가 마을 가까이에 이르렀을 때, 마을 사람들은 그를 맞이하기 위해 성문을 열어놓았다. 성문에 있던 인간영혼의 노인들과 장로들이 그를 맞이하였고, 마을로 들어온 왕자를 뜨겁게 환영했다. 그러자 왕자는 인간영혼으로 입성하였다. 그와 그의 모든 종들이 함께 들어왔다. 인간영혼의 장로들은 왕자가 성문에 이를 때까지 왕자 앞에서 춤을 추었다.

임마누엘 왕자가 인간영혼 마을로 입성할 때의 광경

다음은 왕자가 인간영혼 마을에 입성했을 때의 모습이다. 왕자는 황금 갑옷을 입었고, 왕자들이 타는 전용 병거를 탔으며, 주위에는 나팔소리가 울렸고 깃발들이 휘날렸다. 수만 명의 병사들이 그의 발치에서 뒤따르며, 인간영혼의 장로들은 그 앞에서 춤을 추었다. 이 장면을 보기 위해 그 유명한 인간영혼 마을 성벽 위에는 발 디딜 틈도 없이 주민들로 가득하였다. 이들은 복된 왕자와 그의 병사들을 보기 위해 성벽으로 올라갔던 것이다. 또한 집의 문이나 창이나 발코니와 지붕 위에도 이 마을이 선한 자들로 가득 채워지는 것을 보기 위해 각 부류의 사람들이 빽빽하게 모여 있었다.

인간영혼 마을에 입성하여 양심 서기관의 집에 도착한 왕자는 명을 내려, 사람을 신뢰 장군에게 보내어, 인간영혼 성이 자신을 맞을 준비가 되었는지 알아보게 하였다. 왜냐하면 그것을 준비하는 일이 신뢰장군에게 맡겨졌기 때문이다. 이 명령은 그대로 신뢰 장군에게 전해졌다(행 15:9).[5] 그러자 왕자의 명령대로 신뢰 장군은 병사들과 함께 나타나 왕자를 알현하였다. 왕자는 그에게 성으로 들어갈 것을 명하였다(엡 3:17). 왕자가 명한 대로 모든 것이 이루어지자, 왕자는 그 날 밤 장군들과 병사들과 함께 그 성에서 묵었으며, 인간영혼 마을은 기뻐 어쩔 줄 몰랐다.

이제 마을 사람들은 왕자의 군대를 이끄는 장군들과 병사들이 묵을 곳을 마련해야 했다. 마을 사람들은 이들을 박대하기는커녕, 어떻게든 그들을 자기 집에 묵게 하려고 안간힘을 썼다.

임마누엘 왕자의 병사들을 자기 집에 많이 묵게 하려고 갈망하는 마을 사람들

그 당시 인간영혼에 사는 모든 사람들은 임마누엘 장군과 그의 병사들을 존경하였으며, 자신의 형편이 넉넉하지 못해서 임마누엘 왕자의 모든 군대를 받아들이지 못하는 것보다 더 서글픈 일은 없을 것이라고 생각했기 때문이다. 진실로 그들은 왕자의 병사들에게 시중드는 것을 자신의 영광으로 여겼으며, 병사들의 부탁이라면 마을 사람들은 마치 하인들처럼 뛰어다녔다.

그렇게 해서 마침내 다음과 같이 숙소가 배정되었다.

인간영혼 마을에 거하게 될 임마누엘 군사들의 숙소 배정 현황

1. 무흠 장군(Captain Innocence)은 이성 씨(Mr. Reason)의 집에 거한다. 2. 인내 장군(Captain Patience)은 마음 씨(Mr. Mind)의 집에 거한다. 마음 씨는 마지막 반역이 있었을 당시 자유의지 경의 비서였다. 3. 자애 장군(Captain Charity)은 욕정 씨(Mr. Affection) 집에 머물러야 한다는 명령이 내렸다. 4. 선한 소망 장군(Captain Good-Hope)은 시장(Lord Mayor)의 집에 머물러야 한다. 그런데 양심 서기관은 자신의 바람을 다음과 같이 주장했다. 즉, 양심 서기관의 집은 성 바로 옆에 있기 때문에, 혹시라도 임마누엘 왕자의 필요에 의해 인간 영혼에

---

5) 전쟁 내내 신뢰 장군, 즉 믿음 장군은 한 번도 눈에 드러난 적이 없었다. 여기서 우리는 다음과 같은 성경 말씀을 예로 들 수 있다. "믿음으로 말미암아 그리스도께서 너희 마음에 계시게 하시옵고"(엡 3:17), "믿음으로 그들의 마음을 깨끗이 하사"(행 15:9) — 원주

비상령을 내려야 할 경우를 대비해, 보아너게 장군(Captain Boanerges)과 확신 장군(Captain Conviction)이 자기 집에 거해야 한다고 했다. 심지어 이 두 장군과 그들의 병사들까지 모두 자기 집에 머무르기를 바랐다. 5. 심판 장군(Captain Judgment)과 집행 장군(Captain Execution)은 자유의지 경(Lord Will-be-will)의 집에 자신들은 물론이고 병사들까지 거하게 되었다. 왜냐하면 자유의지 경은 예전에 폭군 디아볼루스의 휘하에서 인간영혼에 손해와 손실을 입혔지만, 이제는 임마누엘 왕자의 통치 아래 인간영혼 마을의 유익을 위해 일해야 했기 때문이다(롬 6:19; 엡 3:17). 6. 인간영혼 마을 전역에 걸쳐서 임마누엘 장군의 병사들이 거하게 되었다. 하지만 신뢰 장군(Captain Credence)과 그의 병사들은 여전히 성에 머물러 있었다. 이렇게 해서 임마누엘 왕자와 장군들과 병사들 모두 인간영혼 마을에 거하게 되었다.

인간영혼 마을의 노인들과 장로들은 임마누엘 왕자의 진면목을 지금까지 한 번도 충분히 접한 적이 없었다. 그러나 이제 그들은 그분의 인품과 행동과 말씀과 처신 등에 너무나 매료되어 임마누엘 장군에게 호감을 가지게 되었다.

임마누엘 왕자의 인품에 매료된 인간영혼 마을 사람들

따라서 그들은 왕자가 현재 거하고 있는 인간영혼 성에 영원히 거하기를 염원했을 뿐만 아니라, 비록 성에 거하고 있더라도 종종 인간영혼 마을의 거리와 집들과 사람들을 방문해 주기를 왕자에게 간청하였다. 이런 청을 하면서 그들은 "경외하는 주권자시여, 당신의 임재, 당신의 모습, 당신의 미소, 당신의 말씀은 우리 인간영혼 마을의 생명이자 능력이며 힘줄입니다"라고 말하였다.

이 외에도 그들은 어떤 어려움도 없이 어떤 방해도 받지 않고 지속적으로 왕자에게 나갈 수 있기를 갈망하였다. 이를 위해 왕자가 거하는 성의 문들을 항상 열어 놓아, 마을 사람들이 왕자의 행동과 요새의 상황과 왕자가 거하는 집의 모습 등을 볼 수 있게 해 달라고 간청하였다.

왕자가 말을 할 때면, 모든 사람들은 입을 다물고 왕자가 하는 말에 귀를 기울였으며, 왕자가 걸을 때면, 그의 걸음을 따라 걷는 것이 그들의 기쁨이었다.

임마누엘의 잔치

한 번은 임마누엘 왕자가 인간영혼 마을 사람들을 위해 향연을 베풀었다. 축제가 열리는 날에 마을 사람들은 왕자가 베푼 연회에 참석하려고 성으로 나아왔다. 왕자는 인간영혼 땅에서 자라지 않을 뿐만 아니라 우주 그 어디에도 없는 이국적인 온갖 진귀한 음식들을 배설하였다.

사실 그 음식들은 부왕인 아버지의 궁에서 가지고 온 음식들이었다. 음식 하나하나가[6] 그들 앞에 진설될 때마다, 그들은 그것들을 마음껏 먹었다. 그러나 계속해서 새로운 음식들이 그들 앞에 진설될 때마다, 그들은 서로의 귀에 대고 속삭이며 말하였다. "이것이 무엇이냐?"[7]라고 말했다. 그들은 이 음식들이 무엇이라 불리는지 알지 못했다. 그들은 또한 포도주로 변한 물도 마셨다.

그들은 왕자와 함께 흥겨운 시간을 보냈다. 식사하는 내내 음악이 연주되었다. 사람들은 천사들의 음식도 먹었으며, 왕자를 위해 반석에서 나온 꿀도 먹었다. 이처럼 인간영혼 마을 사람들은 궁에만 있는 특별한 음식들을 먹었다. 진실로 그들은 아주 충족히 음식을 먹었다(시 78:24-25).

내가 잊지 않고 여러분에게 말해야 할 것이 있다. 그것은 식사할 때 음악을 연주하던 악사들에 관한 것이다. 악사들은 그 나라 사람들도 아니었고, 인간영혼 사람들도 아니었다. 이들은 샤다이 왕의 궁에서 불리는 노래의 대가(大家)들로 구성된 자들이었다.

연회가 끝난 후, 임마누엘 왕자는 아버지의 비서, 즉 샤다이 왕의 솜씨와

6) 연이어 계속되는 약속들 — 원주
7) 출 16:15, "이것이 무엇이냐?"라는 말은 '만나'(manna)라는 말의 뜻으로 성경 각주에 기록되어 있다 — 원주

지혜로 작성된 진기하고 은밀한 수수께끼들로 인간영혼 마을 사람들을 즐
겁게 해주었다. 이와 비슷한 수수께끼는 세상에 그 어떤 나라에도 없는 것
이었다.[8] 수수께끼들은 샤다이 왕 자신에 관한 것과 그의 아들인 임마누엘
왕자와 관련된 것, 그리고 인간영혼을 대상으로 벌인 왕자의 전쟁 및 행동들
과 관련된 것들이었다.

임마누엘 왕자는 몇몇 수수께끼들을 직접 그들에게 설명해 주었다. 그로
인해 인간영혼 사람들이 얼마나 많은 깨달음을 얻었는지 모른다! 그들은 지
금까지 보지 못하던 것을 보게 되었는데, 몇 마디 안 되는 짧고 일상적인 말
로 표현된 그 진기한 내용들은 그들이 한 번도 생각해 보지 못한 것들이었
다. 나는 앞에서 이 수수께끼들이 누구와 관련된 것인지를 여러분에게 말해
주었다. 왕자를 통해 수수께끼들이 풀어지자, 백성들은 그것이 무엇인지 분
명히 알게 되었다. 진실로 그들은 이 수수께끼들이 어떤 인물을 묘사하는 것
임을, 즉 임마누엘 왕자를 묘사하는 것임을 깨닫게 되었다. 그들은 수수께
끼들이 기록된 책을 읽고 왕자의 얼굴을 바라보다가, 이 모든 이야기들이 어
떤 다른 사람이 아니라 바로 왕자에 관한 것임을 깨닫고서, 다음과 같이 말
하지 않을 수 없었다. "이분이 어린 양이며, 이분이 희생제물이고, 이분이 반
석이며, 이분이 피를 흘린 암소이고, 이분이 문이며, 이분이 길이구나. 그분
을 묘사한 것들이 이 외에도 아주 많이 있구나."

이렇게 시간을 보낸 후, 인간영혼 마을 사람들은 왕자와 헤어졌다. 마을
사람들이 이 잔치를 얼마나 즐겼는지 여러분은 상상할 수 있겠는가?

임마누엘 왕자가 그들과 함께 연회에 참여하여 그들에게 신비로운 것들
을 열어 보여주었을 때, 그들은 기쁨에 도취되었고 놀라움에 빠져 버렸다.
그들은 집에 있을 때나 한적한 장소에 있을 때 왕자가 행한 것들을 노래하지
않을 수 없었다. 진실로 마을 사람들은 왕자에게 매료되어 잠을 자면서도 그
분을 노래하였다.

8) 성경 말씀 — 원주

새롭게 개조되어야 하는 인간영혼 마을

임마누엘 왕자는 인간영혼 마을을 새롭게 개조해서 자신에게 더 큰 기쁨을 주는 마을이 되기를 바라는 마음이 있었다.

그분은 번창하는 이 마을을 유익과 안정을 지닌 최고의 명소(名所)로 만들고자 하는 생각으로 내부의 반란과 외부의 침입을 막겠다는 구상을 하였다. 그분은 유명한 이 인간영혼 마을을 이처럼 매우 사랑하였다. 왕자는 우선 첫 번째로 명을 내려, 자신이 인간영혼 마을과 전쟁을 하기 위해 아버지의 궁에서 가지고 온 큰 투석기들을 새롭게 배치하였다. 그 가운데 몇 개는 성을 둘러싸고 있는 성벽들 위에 설치하였고, 다른 몇 개는 망루 위에 설치하였다. 사실 인간영혼 마을에는 망루들이 있었다. 하지만 임마누엘 왕자가 마을에 입성한 후로, 왕자는 망루들을 새롭게 세웠다.[9]

또한 임마누엘 왕자는 새로운 무기들을 개발하기도 하였다. 그것은 인간영혼 성에서 입문(Mouth-gate) 밖으로 돌들을 던질 수 있는 무기였다. 그 무기는 그 어떤 무기도 당해낼 수 없었으며, 쏠 때마다 백발백중하여 사용할 때마다 매우 신기하고 놀랄 정도였다. 이 무기에는 붙여진 이름이 없었고, 이 무기의 관리와 사용은 용맹한 장군인 신뢰 장군에게 맡겨져 전쟁 시에 사용되었다.[10]

자유의지 경이 발탁되어 임무를 부여받다

이 명령대로 시행된 후, 임마누엘 왕자는 자유의지 경을 불러서 인간영혼 마을에 있는 성문들과 벽과 망루들을 지키라고 명령했다. 왕자는 또한 그에게 의용군(義勇軍)을 수하에 두게 하여, 인간영혼에서 일어나는 모든 폭동과

9) 이 투석기들은 성경의 각 권들이다. 아마도 신약의 서신서들을 가리키는 듯하다. 이것들은 새로워진 마음에 제대로 세워지기만 한다면, 공격이나 수비 모두에서 정신적인 능력을 끼치는 강력한 도구들이다 — 원주
10) 입문에 세워진 이 이름 없는 무기는 혹시 기도가 아니겠는가? 믿음으로 드리는 눈에 보이지 않는 기도야말로 놀라운 무기의 역할을 수행한다. 침묵으로 드리는 마음의 절규, "말할 수 없는 탄식으로"(롬 8:26) 드리는 기도 말이다 — 원주

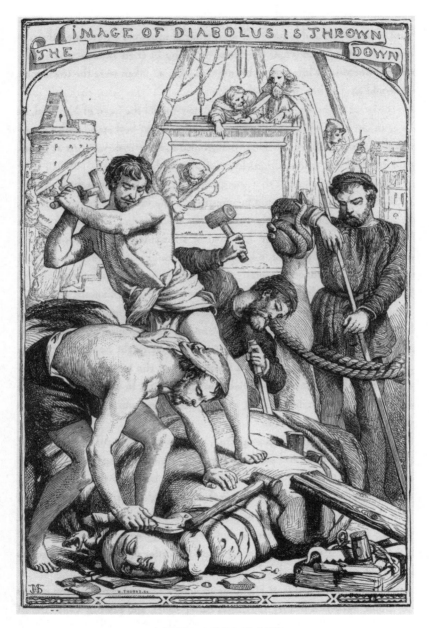

디아볼루스의 형상을 끌어내림

반란뿐 아니라, 우리의 주님이자 왕이신 그분의 평화를 대적하거나 인간영혼 마을의 평화와 안정을 대적하는 모든 무리들을 제압하라는 특별한 명령을 내렸다. 그리고 이 유명한 인간영혼 마을 어느 구석에 숨어 있을지도 모르는 디아볼루스의 부하들이 발견되면, 그들을 즉시 사로잡아 감금하여, 즉 안전하게 보호 감찰하여 그들이 법에 따른 적법한 절차를 밟게 하는 임무도 그에게 부여하였다.

그리고 나서 왕자는 이해 경(Lord Understanding)을 불렀다. 이해 경은 디아볼루스가 마을을 장악했을 때, 시장 직에서 물러난 이 마을의 예전 시장이었다.

왕자는 그를 예전의 시장 직으로 복직시켜 평생토록 시장의 역할을 감당하게 하였다. 또한 그에게 방어를 위한 망대 비슷한 모양의 궁을 눈문 가까이에 짓도록 명하였다. 그리고 그가 살아가는 모든 날 동안 신비로운 계시[11]를 읽으면서, 자신의 직무를 바르게 감당할 수 있는 방법을 배우도록 지시했다.

왕자는 또한 지식 씨(Mr. Knowledge)를 서기관으로 임명하였다. 이는 예전의 서기관이었던 늙은 양심 씨(Mr. Conscience)를 무시해서가 아니라, 그에게는 다른 직무를 맡기려는 생각이 왕자의 마음에 있었기 때문이다. 그가 맡게 될 직무에 대해서는 추후에 차차 알게 될 것이라고 왕자는 그 늙은 신사에게 말하였다.

왕자의 형상과 샤다이 왕의 형상이 다시 인간영혼에 세워지다

그런 다음 왕자는 명을 내려 마을 한 곳에 세워져 있던 디아볼루스의 형상을 끌어내려서 가루가 되도록 완전히 부수어, 그 가루들을 마을 담벼락 밖으로 날려 보내게 하였다. 그리고 나서 자기 아버지인 샤다이 왕의 형상과 자신의 형상을 성문들 위에 세우게 했고, 다른 때보다 더욱 아름답게 제작하도

11) Revelation of Mysteries, 만인을 위한 유일한 지침서인 성경을 말한다. 이 성경은 특별히 '이해' (the understanding) 경에게 주어졌다 ― 원주.

록 명령하였다. 왜냐하면 자기 아버지와 자신이 이전보다 더 큰 자비와 은 혜로 이 인간영혼에게 다가왔기 때문이다(계 22:4). 또한 왕자는 인간영혼 마 을의 영광을 위해 마을 정면에 최상급의 황금으로 자기 이름을 아름답게 새 겨 놓기를 원했다.

제10장

디아볼루스가 행한 업적들이 파국을 맞다

내용 — 디아볼루스의 요새들이 파괴되다 — 불신, 망선, 육욕과 그 외 디아볼루스의 다른 부하들이 사로잡혀 재판에 넘겨져 처형을 당하고 인간영혼 마을 사람들에게 큰 기쁨이 되다

이 일이 다 행해진 후, 임마누엘 왕자는 디아볼루스 수하에서 맹활약을 했던 세 심복(心腹)들을 체포하라는 명을 내렸다. 즉, 전임 시장이었던 불신 씨(Mr. Incredulity)와 육욕 씨(肉慾, Mr. Lustings) 두 사람과 서기관이었던 망선 씨(忘善, Mr. Forget-good)가 주요 심복이었다. 이들 외에도 디아볼루스가 인간영혼 마을에 의원과 관리로 세운 이들이 있었다. 왕자는 이제 용감한 사람이 되었을 뿐 아니라 올바른 귀족이 된 용맹스러운 자유의지 경의 손으로 이들을 붙잡아 감금하라는 명령을 내렸다.

이렇게 해서 사로잡힌 이들의 이름은 다음과 같았다. 무신론(Atheism) 의원, 완악한 마음(Hard-heart) 의원, 거짓 평화(False-peace) 의원이었으며, 관리들의 이름은 비진리 씨(Mr. No-truth), 몰인정 씨(Mr. Pitiless), 오만 씨(Mr. Haughty) 등이었다. 이들은 옥에 수감되었으며, 이들을 지키는 간수의 이름은 참된 사람 씨(Mr. True-man)였다. 이 참된 사람 씨는 임마누엘 왕자가 인간영혼 마을에 있는 디아볼루스와 처음으로 전쟁을 치를 때, 아버지의 궁에서 데리고 온

사람이었다.

디아볼루스가 세운 난공불락의 요새들이 철거되다

이 일 후에 왕자는 세 개의 난공불락의 요새들을 완전히 파괴하여 철거하도록 명하였다. 사실 이 요새들은 디아볼루스의 명령으로 그의 부하들이 세운 것이었다.

이 요새들을 장악하고 있던 자들, 즉 이 요새에 있던 장군들과 관리들의 이름은 여러분이 조금 전에 읽은 이름들과 동일했다. 이 요새들을 부수는 데에는 오랜 시간이 걸렸다. 왜냐하면 이 요새는 넓었을 뿐만 아니라 요새를 이룬 돌과 목재와 쇠와 모든 잡동사니들을 마을 밖으로 옮기는 데 상당한 시간이 걸렸기 때문이다.

디아볼루스의 추종자들을 재판할 법정이 소집되다

이 일이 다 끝나자, 왕자는 명을 내려 간수인 참된 사람 씨의 책임 하에 있는 디아볼루스의 추종자들을 기소하고 처벌하기 위한 재판을 열게 하였다.

재판 시간이 되자 재판 법정이 개정되었다. 간수인 참된 사람 씨에게 죄수들을 법정으로 출두시키라는 명령이 떨어졌다. 그러자 죄수들은 인간영혼 마을의 죄수 호송 관례대로, 양팔이 묶인 채 사슬에 매여 법정 안으로 끌려나왔다. 죄수들은 판사석에 앉은 시장과 서기관과 기타 귀인들 앞에 출석하였으며, 그 다음으로 배심원들이 선임되고 증인들이 선서하였다. 선임된 배심원들의 이름은 다음과 같았다.

믿음 씨(Mr. Belief), 참된 마음 씨(Mr. True-heart), 올바름 씨(Mr. Upright), 악함 증오 씨(Mr. Hate-bad), 하나님 사랑 씨(Mr. Love-God), 진리 바라봄 씨(Mr. See-truth), 천국 마음 씨(Mr. Heavenly-mind), 온유 씨(Mr. Moderate), 감사 씨(Mr. Thankful), 선한 사역 씨(Mr. Good-work), 하나님을 위한 열정 씨(Mr. Zeal-for-God), 겸손 씨(Mr. Humble) 등이었다. 증인들의 이름은 다음과 같았다. 전지 씨(Mr. Know-all), 진실 말함 씨(Mr. Tell-true), 거짓말 혐오 씨(Mr. Hate-lies) 등과 함께 필

요하면 자유의지 경과 그의 부하들도 증인에 포함될 수 있었다.

재판정에 선 무신론과 그에 대한 기소

이제 죄수들이 법정에 서자, 서기인 바로 행함 씨(Mr. Do-right)는 "간수! 무신론 씨를 피고석에 세우시오"라고 말했다.

그러자 무신론 씨가 피고석에 섰다.

재판장. 무신론 씨, 손을 들고 선서하십시오. 피고는 인간영혼 마을에 침투한 침입자 무신론자라는 이름으로 이 법정에 기소되었습니다. 왜냐하면 피고는 하나님은 존재하지 않는다는 사악하고 어리석은 생각을 가르치고 주장함으로써, 사람들로 하여금 신앙에 관심을 갖지 못하도록 했기 때문입니다. 피고가 한 이 일은 샤다이 왕의 존재와 명예와 영광을 대적할 뿐만 아니라, 인간영혼 마을의 평화와 안정을 대적한 행위입니다. 이에 대해 피고는 어떻게 대답하겠습니까? 피고는 이 고소에 대해 유죄를 인정합니까? 인정하지 않습니까?

무신론. 저는 무죄입니다.

정리(廷吏). 전지 씨, 진실 말함 씨, 거짓말 혐오 씨 등은 법정 안으로 들어오십시오.

그러자 이들은 부름을 받고 법정으로 들어왔다.

그러자 재판장이 말하였다.

재판장. 당신들은 샤다이 왕을 위한 증인들입니다. 법정에 선 이 죄수를 보십시오. 증인들은 이 사람을 알고 있습니까?

그러자 전지(Mr. Know-all) 씨가 말하였다.

전지. 예, 재판장님, 우리는 이 사람을 알고 있습니다. 그의 이름은 무신론입니다. 그는 수년 간 비참한 인간영혼 마을에서 아주 암적인 존재였습니다.

재판장. 증인이 이 피고를 알고 있다는 것이 확실합니까?

전지. 예, 재판장님, 저는 이 사람을 확실히 알고 있습니다! 저는 지금까지 너무나 자주 그를 만나왔습니다. 그런데 지금 이 시간에 그를 모른다는 게 말이 되겠습니까? 이 사람은 디아볼루스의 부하, 즉 디아볼루스의 아들입니다. 저는 그의 아버지와 할아버지도 알고 있습니다.

재판장. 그래요. 이 사람은 무신론자라는 이름으로 기소되어 이 자리에 서 있습니다. 그리고 그는 하나님은 존재하지 않으니, 경건에 전혀 신경 쓰지 않아도 된다는 생각을 가르치고 주장했다는 혐의를 받고 있습니다. 샤다이 왕의 증인인 당신은 이에 대해 어떻게 대답하겠습니까? 이 사람은 유죄입니까? 아니면 무죄입니까?

전지. 재판장님, 저는 이 사람과 함께 악당들의 골목(Villain' s Lane)을 거닌 적이 있습니다. 그 때 그는 자신의 다양한 생각들을 자신 있게 말하곤 하였습니다. 그 때 그 자리에서 저는 그가 하나님이 존재하지 않는다고 믿는 것이 자신의 신념이라고 하는 말을 들었습니다. 그러고는 자신이 신앙을 가진 자들과 함께 해야 하고, 달리 어떻게 할 수 없는 상황이 된다면, 자신도 신앙을 고백하고 신앙인인 것처럼 행동할 수 있다는 말을 한 것으로 저는 기억합니다.

재판장. 피고가 그렇게 말하는 것을 증인이 들은 것이 확실합니까?

전지. 그가 그렇게 말하는 것을 저는 들었습니다. 맹세할 수 있습니다.

그러자 서기는 진실 말함 씨(Mr. Tell-true)에게 "법정에 서 있는 저 죄수에 관하여, 샤다이 왕의 재판관들에게 당신은 어떤 말을 하겠습니까?"라고 말하였다.

진리 말함. 재판장님, 저는 예전에 그와 친분이 깊었습니다. 그 점에 대해 저는 지금 후회하고 있습니다. 그는 하나님도 없고 천사도 없을 뿐 아니라 영도 없다고 믿는다고 말했습니다. 저는 그에게서 그런 이야기를 자주 들었습니다. 거의 귀에 못이 박힐 정도로 많이 들었습니다.

재판장. 피고가 이렇게 하는 말을 증인은 어디서 들었습니까?

진리 말함. 아귀 골목(Blackmouth Lane)과 신성모독 거리(Blasphemer' s Row), 그 외에도 여러 곳에서 그렇게 말하는 것을 들었습니다.

재판장. 증인은 피고에 대해 얼마나 알고 있습니까?

진리 말함. 저는 그가 디아볼루스의 부하, 즉 디아볼루스의 아들이라는 것을 알고 있습니다. 그는 신성을 부인하는 끔찍한 사람입니다. 그의 아버지의 이름은 필불선(必不善, Never-be-good)으로서, 그에게는 이 아들 무신론 외에도 많은 자녀들이 있습니다. 이외에 제가 더 드릴 말씀은 없습니다.

재판장. 거짓말 혐오 씨(Mr. Hate-lies), 법정에 선 이 죄수를 보십시오. 증인은 피고를 알고 있습니까?

거짓말 혐오. 재판장님, 이 무신론이라는 작자는 제가 지금까지 한평생 살면서 가까이 한 사람들 가운데 가장 악질인 놈입니다. 하나님은 존재하지 않는다고 그가 말하는 것을 저는 들었습니다. 그는 장차 올 세상도 없고, 죄도 없고, 이후의 형벌도 없다고 말했습니다. 그 뿐 아니라 설교를 들으러 가는 것은 사창가에 가는 것과 마찬가지라고 하는 말도 저는 들었습니다.

재판장. 그가 그런 말을 하는 것을 증인은 어디서 들었습니까?

거짓말 혐오. 술주정뱅이 거리(Drunkard's Row)에 있는 악당 골목(Rascal-lane) 끝에 있는 불경건 씨(Mr. Impiety)가 사는 집에서 들었습니다.

육욕이 재판정에 서다

재판장. 간수! 무신론 씨를 피고석에서 물러나게 하고, 육욕 씨(肉慾, Mr. Lustings)를 피고석에 앉도록 하시오. 육욕 씨, 피고는 인간영혼 마을에 침투한 침입자 육욕이라는 이름으로 이 법정에 기소되었습니다. 피고는 사람이 육신의 욕망을 따르는 것은 합당할 뿐만 아니라 유익하다는 더러운 말들을 실제 발언함으로써, 극악무도한 반역의 죄를 가르쳤습니다. 그리고 피고의 이름이 육욕으로 불리는 한, 피고 자신이 죄악의 쾌락을 추구한다는 사실을 부인할 수도 없을 것입니다. 이에 대해 피고는 어떻게 말할 것입니까? 피고는 이 기소에 대해 유죄를 인정합니까? 아니면 무죄를 주장합니까?

그러자 육욕이 대답하였다.

육욕. 재판장님, 저는 고귀한 집안의 출신이며, 지금까지 쾌락과 오락을

육욕이 재판정에 서다

대단하게 즐기던 사람입니다. 저는 제가 하는 일이 누군가로부터 제지당하는 것을 원치 않으며, 제 의지가 마치 법인 것처럼 제 의지를 따르며 지금까지 살아왔습니다. 저 뿐만 아니라 모든 사람들이 은밀한 표정으로 혹은 노골적인 표정으로 육욕을 사랑하고 인정하는데도 불구하고, 제가 한 일에 대해 오늘 이렇게 심문을 받게 되나니 저는 이상하다는 생각이 듭니다.

재판장. 알았습니다. 비록 피고가 지금까지 보통 사람들보다 더 고귀하고 나은 삶을 살았다 해도, 우리의 관심사는 피고의 대단함이 아닙니다. 지금 피고의 모습, 즉 피고가 선호하는 것들로 인해 기소를 당한 피고의 현재 모습이 우리의 관심사입니다. 자, 피고는 어떤 말을 하겠습니까? 피고는 이에 대해 유죄를 인정합니까? 아니면 무죄를 주장합니까?

육욕. 저는 무죄입니다.

재판장. 정리, 증인들을 앞으로 불러서 그들이 증언을 하게 하십시오.

정리. 증인 여러분, 샤다이 왕을 위한 증인인 여러분은 이리로 들어와 우리의 주님이자 왕이신 그분을 위해, 저 피고석에 있는 죄수에 대해서 증언해 주시기 바랍니다.

재판장. 들어오십시오. 전지 씨. 피고석에 있는 저 죄수를 보십시오. 증인은 피고를 알고 있습니까?

전지. 예, 재판장님, 저는 그를 알고 있습니다.

재판장. 그의 이름이 무엇입니까?

전지. 그의 이름은 육욕입니다. 그는 짐승 같은 자의 아들이며, 그의 어머니는 육신의 거리(Flesh Street)에서 그를 낳았습니다. 그의 어머니는 악한 색욕의 딸이었습니다. 저는 이들의 집안 내력을 잘 알고 있습니다.

재판장. 잘 알겠습니다. 증인은 이 자리에서 피고의 기소 사실을 들었습니다. 증인은 이에 대해 어떤 말을 하겠습니까? 피고에 대한 혐의 사실로 비추어보아 피고는 유죄입니까 아니면 무죄입니까?

전지. 재판장님, 그는 자기가 말한 바와 같이 실제로 대단한 사람입니다. 하지만 그의 사악함으로 따지자면, 그는 출신가문보다 수천 배는 더 대단하게 사악한 자입니다.

재판장. 피고의 특별한 행동, 다시 말해 특별히 피고의 기소와 관련되어 증인이 알고 있는 바가 있습니까?

전지. 제가 알기로 그는 욕쟁이며, 거짓말쟁이며, 안식일을 범하는 자입니다. 또한 간음자이며 부정한 자입니다. 제가 알기에 그는 아주 많은 죄를 범한 죄인으로, 아주 더러운 사람임이 분명합니다.

재판장. 피고는 어디서 그런 사악한 행동들을 범했습니까? 은밀한 구석에서 범했습니까? 아니면 공개된 곳에서 뻔뻔스럽게 그런 악들을 저질렀습니까?

전지. 이 마을 모든 곳에서 죄를 범했습니다, 재판장님.

재판장. 다음으로, 진리 말함 씨, 들어오십시오. 증인은 우리의 주님이자 왕이신 그분을 위해 이 피고석에 있는 죄수에 대해 어떤 말을 하겠습니까?

진리 말함. 재판장님, 첫 번째 증인이 한 말은 제가 알기로 모두 사실이며, 그 증인이 한 증언 외에도 그는 훨씬 더 많은 죄악을 저질렀습니다.

재판장. 육욕 씨, 이 증인들이 하는 말들을 피고는 듣고 있습니까?

육욕. 저는 사람이 이 땅에서 살아가면서 누릴 수 있는 가장 행복한 삶은, 자신이 이 세상에서 바라는 것에서 한 치도 물러서지 않는 것이라는 소신을 항상 가지고 있습니다. 과거나 지금이나 저는 그렇게 무미건조한 사람이 아닙니다. 이런 저의 소신으로 저는 매우 행복한 삶을 살았기에, 지금도 이 소신을 다른 사람들에게 추천할 따름입니다. 저는 지금까지 단 한 번도 이 소신이 틀렸다고 생각해보지 않았을 뿐 아니라, 일평생 이런 생각을 사랑하며 살아왔습니다.

그러자 재판장이 말하였다.

재판장. "피고에게 유죄판결을 입증할 수 있는 충분한 내용이 피고 자신의 입을 통해 나왔기 때문에, 간수는 그를 물러가게 하고, 불신 씨(Mr. Incredulity)를 피고석에 세우시오."

불신이 법정에 서다

그러자 불신이 피고석에 섰다.

재판장. 불신 씨, 피고는 인간영혼 마을에 침투한 침입자 불신이라는 이름으로 이 법정에 기소되었습니다. 피고는 인간영혼의 관리로 있으면서 위대한 샤다이 왕의 장군들이 인간영혼 마을에 와서 이 마을의 탈환을 요구할 때, 전면에 나서 주도적으로 그 장군들을 대적하는 사악하고 흉악한 죄를 범했습니다. 진실로 피고는 샤다이 왕의 이름과 부대와 그 큰 뜻에 저항했을 뿐만 아니라, 피고의 대장인 디아볼루스와 마찬가지로 인간영혼 마을 사람들을 충동질하여 앞서 말한 샤다이 왕의 군대들을 대적하여 전면에 서서 저항하도록 하였습니다. 피고는 이와 같은 기소 내용에 대해 무슨 말을 하겠습니까? 피고는 피고의 유죄를 인정합니까? 그렇지 않습니까?

그러자 불신은 다음과 같이 말하였다.

불신. 저는 샤다이 왕을 알지 못합니다. 단지 저는 오랜 주군(主君)인 디아볼루스를 사랑할 뿐입니다. 내가 신뢰하는 그분에게 충성하고, 내가 할 수 있는 한 온 힘을 다해 인간영혼 마을 사람들의 마음을 사로잡아, 이들이 최선을 다해 낯선 이방인들에게 저항하고, 이들에게 대적해 무력으로 싸우는 것이 제 사명이라 생각했습니다. 당신들이 지금 지위와 권력을 가지고 있다 해도, 저는 고난이 두려워 지금껏 제가 가진 신념을 바꾸지 않았으며, 앞으로도 바꾸지 않을 것입니다.

그러자 재판장이 말하였다.

재판장. 여러분이 보신 바와 같이 이 사람은 구제불능입니다. 이 사람은 자신의 극악무도한 짓을 뻔뻔스러운 말로 옹호하며, 자신의 반역을 염치없는 확신으로 변호하고 있습니다. 그러므로 간수는 이 자를 물러나게 하고, 망선 씨(忘善, Mr. Forget-good)를 피고석에 앉히십시오.

이제 망선이 피고석에 앉았다.

망선이 법정에 서다

재판장. 피고는 인간영혼 마을에 침투한 침입자 망선이라는 이름으로 이 법정에 기소되었습니다. 피고는 인간영혼 마을의 모든 일들이 피고의 손에 맡겨졌을 때, 마을 사람들을 선하게 섬겨야 한다는 사실을 완전히 망각하고, 폭군 디아볼루스와 한 패가 되어 샤다이 왕을 대적했을 뿐만 아니라, 그의 장군들과 그의 모든 병사들을 대적했습니다. 그래서 샤다이 왕을 모욕하고 그분의 법을 어기며, 유명한 인간영혼 마을이 파멸할 위험에 처하게 하였습니다. 이런 기소에 대해 피고는 어떤 말을 하겠습니까? 피고는 유죄를 인정합니까? 그렇지 않습니까?

그러자 망선이 대답하였다.

망선. 배심원 여러분과 재판관 여러분, 여러분 앞에 기소된 저의 몇 가지 죄목과 관련해서 말씀드리자면, 이 모든 것들은 제 나이로 인한 망각 때문에 일어난 일임을 양해해 주시기 바랍니다. 결코 저의 의도는 없었습니다. 제 머리에 얼이 빠져서 그렇게 된 것이지, 제 마음이 경솔해서 그런 일을 저지른 것이 아닙니다. 비록 제가 유죄라 할지라도, 여러분께서는 자비를 베푸시어 제가 큰 형벌을 면할 수 있게 해주시기를 바랍니다.

이 말을 들은 재판장이 말하였다.

재판장. 망선 씨, 망선 씨, 당신이 선을 망각한 것은 단순한 건망증이 아니라 의도적인 것입니다. 피고는 덕을 끼치는 것을 마음에 담아두고 싶어 하지 않기 때문에 이런 일이 생긴 것입니다. 피고는 악한 것은 무슨 수를 써서라도 간직하려고 하는 반면, 선한 것이라면 무슨 수를 써서라도 생각조차 하지 않으려고 하였습니다. 그러므로 피고의 나이나 피고의 건망증인 것처럼 변명하는 것은 이 법정의 판단을 흐리게 하고, 피고의 부정한 행위를 덮고자 일종의 망토로 위장하려는 것입니다. 자, 이제 우리는 샤다이 왕을 위한 증인들이 피고석에 앉은 죄수에 대해 어떤 말을 하는지 들어보겠습니다. 이 범죄로 기소된 이 피고는 유죄입니까? 그렇지 않습니까?

거짓말 혐오. 재판장님, 저는 이 망선이 자신은 선을 생각조차 할 수 없다고, 다시 말해 단 한순간도 선을 생각할 수 없다고 말하는 것을 들은 적이 있습니다.

재판장. 증인은 피고가 이렇게 말하는 것을 어디서 들었습니까?

거짓말 혐오. 아주 비열한 골목(All-base Lane)에 있는 '화인 맞은 양심'(Conscience-seared-with-an - hot-iron)이라는 간판이 걸린 옆집에서 들었습니다.

재판장. 전지 씨, 증인은 우리의 주님이자 왕이신 그분을 위해 피고석에 있는 이 죄수에 대해 어떤 말을 하겠습니까?

전지. 재판장님, 저는 이 사람을 잘 알고 있습니다. 그는 디아볼루스의 부하, 즉 디아볼루스의 아들이며, 그의 아버지의 이름은 무자비(Love-naught)입니다. 그에 관해서라면 제가 들은 말이 있습니다. 그는 선에 대해 생각하는 것조차 이 세상에서 가장 부담스럽다고 말하는 것을 종종 들었습니다.

재판장. 증인은 피고가 이런 말을 하는 것을 어디서 들었습니까?

전지. 교회 맞은편에 있는 육신 골목(Flesh Lane)에서 들었습니다.

그리고 나서 재판장은 진리 말함 씨를 불렀다.

재판장. 진리 말함 씨, 앞으로 나와서 피고석에 앉아 있는 이 죄수에 대해 증언하십시오. 증인도 보고 있는 바와 같이, 명예로운 이 법정 앞에 기소되어 이 자리에 앉아 있는 피고에 대해 증인은 증언해 주십시오.

진리 말함. 재판장님, 그가 하는 말 가운데 제가 종종 들은 것은, 자신은 성경에 기록된 것보다 오히려 가장 사악한 것들에 대해서 더 많이 생각한다고 말한 것입니다.

재판장. 피고가 이런 중대한 말을 하는 것을 증인은 어디서 들었습니까?

진리 말함. '어디서' 라고 말씀하셨어요? 아주 여러 곳에서 그는 이런 말을 하였습니다. 특별히 구역질나는 거리(Nauseous Street)와 파렴치한 집과 오물 골목(Filth Lane)과 구렁텅이로 떨어짐(Descent-into-the-Pit) 바로 옆에 있는 버림받음(Reprobate)이라는 간판이 있는 곳에서 들었습니다.

재판장. 배심원 여러분, 여러분은 지금까지 피고의 기소 내용과 피고의 항변, 그리고 증인들의 증언을 다 들었습니다. 간수! 완악한 마음 씨(Mr. Hard-heart)를 피고석에 앉히세요.

그러자 완악한 마음 씨가 피고석에 앉았다.

완악한 마음이 법정에 서다

재판장. 완악한 마음 씨, 피고는 인간영혼 마을에 침투한 침입자 완악한 마음이라는 이름으로 이 법정에 기소되었습니다. 피고는 인간영혼 마을 사람들에게 회개하지 않는 완고한 마음을 가지라는 사악한 생각을 아주 필사적으로 주입했을 뿐 아니라, 자신들의 악행에 대해 그들이 슬퍼하고 가책을 느끼지 못하도록 하여, 은혜로우신 샤다이 왕을 항상 배교하고 반역하도록 하였습니다. 이런 기소에 대해 피고는 어떤 말을 하겠습니까? 피고는 유죄를 인정합니까? 아니면 인정하지 않습니까?

완악한 마음. 재판장님, 저는 평생토록 슬퍼한다거나 가책을 느낀다는 것

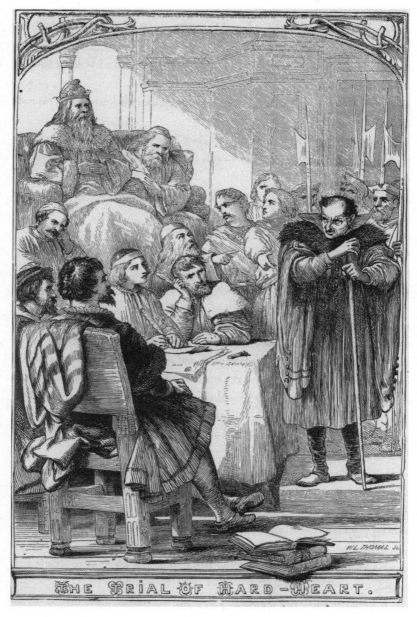

완악한 마음의 재판

이 무슨 말인지 모른 채 살아왔습니다. 저는 무심한 사람입니다. 저는 사람에게 전혀 관심이 없습니다. 어떤 사람이 슬퍼한다 해도 제 마음은 아무렇지도 않습니다. 그 슬퍼하는 사람의 신음소리조차 제 마음을 뚫고 들어오지 못합니다. 설령 내가 누군가에게 해를 끼치고, 또 누군가에게 잘못을 행하여 그 사람이 통곡한다 해도, 제게는 그 통곡소리가 음악으로 들릴 뿐입니다.

재판장. 이 피고가 바로 디아볼루스의 부하라는 것을 여러분도 알았을 것입니다. 그리고 그 스스로도 이를 인정하였습니다. 간수! 이 피고를 물러나게 하고, 거짓 평화 씨(Mr. False-peace)를 피고석에 앉히세요.

그러자 거짓 평화가 피고석에 앉았다.

거짓평화가 법정에 서다

재판장. 거짓 평화 씨, 피고는 인간영혼 마을에 침투한 침입자 거짓 평화라는 이름으로 이 법정에 기소되었습니다. 피고는 가장 사악한 사탄처럼 인간영혼 마을 사람들이 배교하고 지옥과 같은 반란을 일으키도록 했을 뿐 아니라, 거짓되고 근거 없으며 위험한 평화와 저주받을 만한 안정으로 그들을 인도하고 그들이 이를 붙잡고 유지하도록 꾀하였습니다. 이로써 샤다이 왕을 모욕하고 그분의 법을 어기게 하여 인간영혼 마을에 큰 피해를 초래하였습니다. 피고는 이에 대해 무슨 말을 하겠습니까? 피고는 이 기소에 대해 유죄를 인정합니까? 그렇지 않습니까?

그러자 거짓 평화 씨가 말하였다.

거짓 평화. 배심원 여러분과 재판장님, 지금 여러분은 저를 재판하도록 선임된 분들입니다. 먼저 말씀드릴 것은 제 이름은 '거짓 평화'(Mr. False-peace)가 아니라, '평화'(Mr. Peace)라는 것입니다. 제 이름이 '거짓 평화'가 아니라는 사실을 저는 다시 한 번 강력히 말씀드리는 바입니다. 존경하는 재판장님과 배심원 여러분, 만약 여러분이 허락하신다면, 사람을 보내어 저에 대해 잘 알고 있는 사람, 즉 나의 어머니가 나를 낳을 때 도와주셨던 산파나 제가 세례명을 받을 때 대부(代父)나 대모(代母) 역할을 했던 이들에게 물어보십시오. 그러면 그들은 이구동성으로 제 이름이 거짓 평화(False-peace)가 아니라, 평화(Peace)라는 사실을 입증해 줄 것입니다. 그러므로 제 이름이 기소장에 제대로 기입되기 전까지 저는 이 기소를 인정할 수 없습니다. 저의 성품은 저의 본래 이름만큼이나 평화롭습니다.

저는 조용하게 살아가는 것을 좋아하며 항상 그렇게 살아온 사람입니다. 제가 평화를 사랑하는 것처럼, 다른 사람들도 이 평화를 사랑할 것이라고 생각하고 있습니다. 그래서 혹시라도 제 이웃 가운데 누가 고요하지 못한 불안한 마음 상태로 괴로워한다면, 저는 제가 할 수 있는 모든 것을 동원하여 그를 도우려고 노력했습니다. 제가 가진 이런 좋은 성품으로 저는 많은 일들을 했습니다. 그 사례들을 말씀드리자면 다음과 같습니다.

1. 처음에 우리 인간영혼 마을이 샤다이 왕의 길에서 벗어나기 시작했을 때, 마을 사람들 가운데 일부는 자신이 행한 것들에 대해 생각하면서 불안해하기 시작했습니다. 이들이 불안해하는 모습을 보면서 괴로웠던 저는 즉시 제가 할 수 있는 수단들을 동원하여 그들이 다시 안정을 되찾도록 하였습니다. 2. 옛 세상의 방식, 즉 소돔의 방식들이 유행할 때, 그 당시의 어떤 습관으로 인해 괴로워하는 자들이 있으면, 저는 이들이 다시 안정을 취할 수 있도록, 다시 말해 그들에게 아무런 해도 끼치지 않고 그들이 안정을 찾을 수 있도록 노력하였습니다. 3. 좀 더 구체적인 사례를 말씀드리자면, 샤다이 왕과 디아볼루스 사이에 전쟁이 일어났을 때, 인간영혼 마을에는 멸망을 두려워하는 자들이 있었습니다. 저는 언제든 이런 자들을 보게 되면, 어떤 도구나 말이든 다양한 방법들을 다 동원하여 이들이 다시 평안을 찾도록 수고하였습니다. 이처럼 저는 언제나 덕스러운 성품을 가진 자였기에, 어떤 사람들은 저를 일컬어 '화평하게 하는 자'라고 말하기도 합니다. 어떤 이들이 저에 대해 '화평하게 하는 자'라고 담대하게 증언한 바와 같이, 과연 제가 '화평하게 하는 자'로 불릴 만한 가치가 있는 사람인지 아닌지를, 여러 배심원 여러분, 여러분은 부디 바르게 판단해 주시기 바랍니다. 여러분은 이 인간

거짓 평화의 항변

영혼 마을에서 정의와 평등의 대명사로 불리고 있는 분들입니다. 이런 비인 간적인 대우를 받을 만한 짓을 하지 않은 사람에게 부디 자유를 허락하시어, 저를 무고히 고발한 자들에게 손해배상을 청구할 수 있도록 해주십시오.

그러자 재판장이 말하였다.

재판장. 정리(廷吏)! 요청 발표를 하세요.

정리(廷吏). 예, 알겠습니다. 피고석에 있는 피고가 기소장에 기재된 이름 이 자신의 이름이 아니라고 거부하면서 현재 무죄를 항변하고 있습니다. 그 러므로 본 법정은 피고의 본래 합법적인 이름에 대한 정보를 제공할 수 있는 자가 이 자리에 있다면, 앞으로 나와서 이를 증언해 주시기를 요청하는 바입 니다.

그러자 두 사람이 법정으로 나아와, 피고석에 앉은 죄수에 관해 자신들이 알고 있는 바를 말할 수 있도록 허락해 달라고 요청하였다.

거짓 평화의 주장을 반박하기 위해 법정에 선 새로운 증인들

한 사람의 이름은 "진리 추구"(Search-truth)였으며, 다른 사람의 이름은 "진리 보증"(Vouch-truth)이었다. 판사는 두 사람에게 피고에 대해 아는 바가 있는지, 그에 관한 말할 수 있는 것이 있는지 물었다. 이들의 말에 따르면 피고는 자신의 생각만 주장하고 있다고 하였다.

이제 진리 추구 씨가 말하기 시작하였다.

진리 추구. 재판장님, 저는 …

재판장. 중단하십시오. 먼저 증인은 선서를 하십시오.

그들은 증인 선서를 하였다. 그러고 나서 진리 추구는 말을 이어 나갔다.

진리 추구. 재판장님, 저는 이 사람을 어릴 때부터 잘 알고 있습니다. 그래서 그의 이름이 '거짓 평화'라는 사실을 증언할 수 있습니다. 저는 그의 아버지도 알고 있습니다. 그의 아버지는 아첨 씨(Mr. Flatter)라는 이름을 가진 사람입니다. 그의 어머니는 결혼하기 전부터 알랑 부인(Mrs. Sooth-up)이라는 이름으로 불렸습니다. 이 두 사람이 하나가 된지 얼마 되지 않아 아들을 낳았습니다. 이 아이가 태어나자 부부는 아이를 '거짓 평화'라고 불렀습니다. 저는 그보다 나이가 조금 많았으나 그와 함께 놀던 친구였습니다. 그의 어머니가 놀고 있던 아들을 집으로 부를 때면, "거짓 평화야, 거짓 평화야, 빨리 집으로 오너라. 그러지 않으면 내가 너를 끌고 올 거야"라고 말하곤 하였습니다. 진실로 저는 그가 엄마 젖을 빨 때부터 그를 알고 있습니다. 비록 그 당시엔 저도 어렸지만, 그의 어머니가 그를 안고 문에 앉거나 그를 품고서 장난을 칠 때, 그의 이름을 스무 번도 더 부르던 모습이 기억납니다. "나의 아기 거짓 평화야, 나의 예쁜 아기 거짓 평화야, 오, 내가 사랑하는 장난꾸러기, 거짓 평화야, 거짓 평화야, 오, 나의 작은 새 거짓 평화야, 내가 이 아이를 얼마나 사랑하는지!" 물론 그는 공개된 법정에서 대질신문을 하면 이를 부인하겠지만, 그의 대부나 대모도 그의 이름을 이렇게 알고 있을 것입니다.

다음으로 진리 보증 씨 또한 부름을 받아 그에 대해 알고 있는 바를 말하기 위해 앞으로 나아왔다. 그도 증인 선서를 하였다. 그러고 나서 다음과 같이 말하였다.

진리 보증. 재판장님, 앞에서 진리 증언 씨가 한 증언들은 모두 사실입니다. 그의 이름은 거짓 평화이며, 아버지인 아첨 씨와 어머니인 알랑 부인 사이에서 태어난 아들이 맞습니다. 예전에 그가 다른 사람들이 자기를 보고서, '거짓 평화'가 아닌 다른 이름으로 부르면 화를 내는 모습을 저는 보았습니다. 자신의 이름 외에 다른 이름은 모두 자신을 놀리거나 별명 정도로 여긴다고 그는 말하곤 했습니다. 이 거짓 평화 씨가 이런 말을 한 때는 그가 디아볼루스의 추종자가 되어 인간영혼 마을에서 용맹한 사람으로 주요 인사가 되었을 때입니다.

재판장. 배심원 여러분, 여러분은 피고석에 앉아 있는 피고에 대해 이 두 사람이 맹세하여 증언한 바를 들었습니다. 자, 피고 거짓 평화 씨에게 말하겠습니다. 피고는 피고의 이름이 거짓 평화라는 사실을 거부하였지만, 피고가 본 바와 같이, 정직한 이 두 사람은 그 이름이 피고의 본래 이름이라고 증언하였습니다. 그리고 피고의 항변에 따르면, 피고는 자신을 기소한 기소장의 사안에 전혀 해당되지 않는다고 주장하고 있습니다. 피고는 기소장에 적힌 대로 악행으로 인해 처벌을 받을 수 없다고 했습니다. 왜냐하면 피고는 화평의 사람, 즉 피고의 이웃 사이에서 화평하게 하는 자라고 스스로 주장했기 때문입니다. 하지만 피고는 사악한 사탄처럼 인간영혼 마을 사람들이 배교하고, 샤다이 왕을 대적하는 반란을 일으키도록 인도하며, 그들이 그런 상태를 유지하도록 꾀하였습니다. 그 결과 거짓인 허위의 저주스러운 평화가 이들에게 임했습니다. 이런 평화는 샤다이 왕의 법에 반하는 것일 뿐만 아니라, 비참한 인간영혼 마을의 파멸을 초래하는 위험한 것입니다. 피고가 자신을 위해 항변한 것은 한 마디로 피고의 이름이 잘못되었다는 것입니다. 하지만 피고가 보고 있는 바와 같이, 이 자리에는 피고가 바로 그 '거짓 평화'라는 사람임을 입증하는 증인들이 있습니다.

　피고가 피고의 이웃들 사이에서 평화를 이루었다고 아주 크게 떠벌리고 있는데, 사실 그 평화는 진리와 거룩함이 동반되지 않은 평화임을 피고는 알아야 할 것입니다. 피고의 평화는 진리와 거룩함이 기반이 아니라 거짓말을 기반으로 하고 있기에, 그것은 사람을 속이는 평화일 뿐만 아니라 저주받을 평화이기도 합니다. 그리고 위대한 샤다이 왕께서도 말씀하셨지만, 피고의 항변은 피고가 고발된 기소의 혐의를 약화시키는 것이 아니라, 오히려 피고에 대한 모든 혐의를 더 확고히 할 뿐입니다.

　하지만 피고의 재판을 더욱 공정하게 하기 위해, 우리는 이 사실과 관련된 사안을 검증하기 위해 증인들을 소환하여, 이 증인들이 우리 주님이자 왕이신 그분을 위해 피고석에 앉은 피고에 대해 말하는 바들을 듣고자 합니다.

　전지 씨, 증인은 우리의 주님이자 왕이신 그분을 위해 피고석에 있는 이 죄수에 대해 어떤 말을 하고자 합니까?

　전지. 재판장님, 제가 알기로 이 사람은 인간영혼 마을이 음란과 추잡함과 폭동의 한가운데서 죄를 지으면서도 고요하게 지내도록 오랫동안 자기의 힘을 쏟아 부었습니다. 저는 또한 그가 "나아오십시오, 나아오십시오. 어떤 기반 위에서든 모든 고난에서 우리가 벗어나 봅시다. 그것이 선한 기반이 아니라 해도, 우리는 고요하고 평화로운 삶을 살아갑시다"라고 말하는 것을 들었습니다.

　재판장. 나아오세요. 거짓말 혐오 씨, 증인은 어떤 말을 하고자 합니까?

　거짓말 혐오. 재판장님, 저는 그가 "비록 불의한 평화라 해도, 진리 때문에 고난 받는 것보다는 낫다"고 말하는 것을 들었습니다.

　재판장. 증인은 피고가 어디서 이런 말을 하는 것을 들었습니까?

　거짓말 혐오. 자기 기만자(Self-deceiver)라는 간판 옆에 있는 단순 씨(Mr. Simple) 집 안의 어리석은 뜰(Folly-yard)에서 그가 이렇게 하는 말을 들었습니다. 사실 제가 기억하기로 그는 그 자리에서 이런 말을 스무 번도 더 했던 것 같습니다.

비진리가 법정에 서다

재판장. 본 법정에는 채택된 증인들이 아직도 많습니다. 하지만 위 증인의 증언이 명백하고 충분하니, 간수! 이 거짓말 혐오 증인을 물러가게 하고, 비진리 씨(Mr. No-truth)를 피고석에 앉히세요.

재판장. 비진리 씨, 피고는 인간영혼 마을에 침투한 침입자 비진리라는 이름으로 이 법정에 기소되었습니다. 피고는 항상 샤다이 왕을 모욕하고, 유명한 인간영혼 마을을 완전히 파멸시킬 위험에 처하게 했습니다. 또한 피고는 남아 있던 샤다이 왕의 모든 법들을 훼손하였을 뿐만 아니라, 인간영혼 마을에 세워져 있던 샤다이 왕의 형상들을 완전히 훼파하였습니다. 그는 자신의 왕을 철저히 배반하고, 탐욕스러운 폭군인 디아볼루스를 따랐습니다. 피고는 이 기소에 대해 유죄를 인정합니까? 그렇지 않습니까?

비진리. 재판장님, 저는 무죄입니다.

그러자 증인들이 소환되었다. 먼저 전지 씨가 비진리에 대해 증언하였다.

전지. 재판장님, 샤다이 왕의 형상을 끌어내린 자가 바로 이 사람입니다. 사실 그는 그 일을 자기 손으로 했습니다. 제 자신이 그 옆에 서서 그가 그렇게 하는 것을 보았습니다. 그는 이 모든 일을 디아볼루스의 명령을 받아 행했습니다. 진정 그는 이보다 더한 일도 했습니다. 그는 샤다이 왕의 형상이 있던 바로 그 자리에 야수 같은 디아볼루스의 뿔 달린 형상을 세웠습니다. 이 일을 한 자도 그였습니다. 디아볼루스의 명령으로 그는 인간영혼 마을에 남아 있던 샤다이 왕의 법을 자기 손에 들어오는 대로 할 수 있는 온 힘을 다해 무조건 갈기갈기 찢어 불에 태워 버렸습니다.

재판장. 피고가 이런 일을 행하는 것을 증인 외에 누가 또 보았습니까?

거짓말 혐오. 재판장님, 제가 보았습니다. 저 외에도 많은 이들이 보았습니다. 그 일은 은밀하게, 다시 말해 어느 한 쪽 구석에서 행해진 것이 아니라 공개적으로 모든 이들이 보는 가운데 행해졌습니다. 그렇습니다. 그는 그일을 공개적으로 행하고자 결심했던 것입니다. 그는 그렇게 하면서 즐거웠기 때문입니다.

재판장. 비진리 씨, 피고는 이렇게 사악한 행동들을 노골적으로 자행했음에도 불구하고, 무슨 낯짝으로 유죄가 아니라고 항변할 수 있습니까?

비진리. 재판장님, 제 이름이 비진리이지 않습니까? 그러므로 저는 비진리인 어떤 것을 말할 수밖에 없다고 생각합니다. 저는 지금까지 비진리를 말함으로써 이득을 얻었습니다. 그러므로 지금도 여느 때처럼 비진리를 말함으로써 동일한 유익을 얻을 수 있다고 생각했습니다.

법정에 선 몰인정과 그의 기소 내용

재판장. 간수! 피고를 물러나게 하고, 몰인정 씨(Mr. Pitiless)를 피고석에 앉히세요.

재판장은 몰인정 씨에게 말하였다.

재판장. 몰인정 씨, 피고는 인간영혼 마을에 침투한 침입자 몰인정이라는 이름으로 이 법정에 기소되었습니다. 피고는 사람들의 마음속 깊은 곳에 있는 불쌍히 여기는 심정을 모두 차단하여 반란을 일으키는 아주 사악한 일을 행하였으며, 인간영혼 마을이 합법적인 왕을 저버렸을 때도 마을 사람들로 하여금 그런 비참한 상황을 안타까워하지 못하게 하였습니다. 그 뿐만 아니라 그들이 회개할 생각을 하지 못하게 하고, 그런 마음도 갖지 못하게 했습니다. 피고는 유죄를 인정합니까? 아니면 인정하지 않습니까?

다른 피고들과 마찬가지로, 몰인정도 유죄를 인정하지 않았다.

몰인정. 제가 한 모든 행동들은 사람들은 격려한 것뿐입니다. 저는 제 이름대로 행했을 뿐입니다. 사실 제 이름은 몰인정이 아니라 격려(Cheer-up)이기 때문입니다. 저는 인간영혼 사람들이 우울증에 빠져드는 것을 차마 볼 수 없었습니다.

재판장. 어떻게 이런 일이! 지금 피고는 자신의 이름을 부인하여, 피고의 이름이 몰인정이 아니라 격려라고 말하는 것입니까? 증인들을 소환합니다. 여러 증인들은 피고의 이런 항변에 대해 어떻게 말하겠습니까?

전지. 재판장님, 그의 이름은 몰인정이 맞습니다. 그는 자신과 관련된 모든 서류에 직접 몰인정이라고 서명하였습니다. 그런데 디아볼루스의 부하들은 자기 이름을 조작하여 부르기를 좋아합니다. 탐심 씨(Mr. Covetousness)는 유익한 살림살이(Good-husbandry)로 가장하며, 교만 씨(Mr. Pride)는 필요에 따라 자기 이름을 단정 씨(Mr. Neat)나 멋진 씨(Handsome) 등으로 바꿔 부릅니다. 이들 대부분이 다 그렇습니다.

재판장. 진실 말함 씨(Mr. Tell-true), 증인은 어떤 말을 하려고 합니까?

진실 말함. 재판장님, 그의 이름은 몰인정이 맞습니다. 저는 그를 어릴 때부터 잘 알고 있습니다. 그는 기소장에 적힌 대로 온갖 종류의 악행들을 저질렀습니다. 그는 저주받은 자들이 가는 지옥의 위험에 대해 전혀 알지는 못하는 무리들과 한 패였는데, 그들은 어떻게 하면 이런 저주받은 상태를 피할 수 있을지에 대해 심각하게 생각하는 모든 자들을 우울증 환자라고 불렀습니다.

법정에 선 오만과 그의 기소 내용

재판장. 간수! 오만 씨(Mr. Haughty)를 피고석에 앉히세요. 오만 씨, 피고는 인간영혼 마을에 침투한 침입자 오만이라는 이름으로 이 법정에 기소되었습니다. 샤다이 왕의 장군들이 이 마을에 제시한 항복 권고를 인간영혼 마을 사람들이 오만한 태도로 완강히 거부하도록, 피고는 이들을 아주 악독한 마귀처럼 교훈하였습니다. 또한 피고는 인간영혼 마을 사람들이 위대한 샤다이 왕을 경멸하고 그분을 격노하게 하는 말을 하도록 가르쳤습니다. 그뿐 아니라 피고는 샤다이 왕과 그의 아들 임마누엘 왕자를 대적할 목적으로 인간영혼 마을 사람들이 무장하도록 말과 모범으로 그들을 부추겼습니다. 이에 대해 피고는 어떤 말을 하겠습니까? 피고는 이 기소에 대해 유죄를 인정합니까? 그렇지 않습니까?

오만. 배심원 여러분, 저는 항상 담대함과 배짱으로 지금까지 살아왔습니다. 아무리 울적한 상황에서도 저는 버들가지처럼 고개를 숙인 채 문제를 회피하지 않았으며, 자신을 반대하는 사람들 앞에서 풀이 죽어 고개를 숙이는 모습은 언제든 보여주고 싶어 하지 않았습니다. 우세한 원수들이 가진 힘이 내가 가진 힘보다 열 배나 강하다 해도, 저는 이 원수가 누구인지, 내가 맞서 싸워야 할 명분이 어떤 것인지에 대해 전혀 생각하지 않았습니다. 왜냐하면 제가 담대하게 나가서 사나이 대장부답게 싸워 이기기만 하면, 그것으로 저는 충분했기 때문입니다.

　재판장. 오만 씨, 피고가 지금 본 법정에 기소된 것은 피고가 지금까지 용맹한 사람으로 살아왔다거나 힘든 때에 용기를 내어 담대하게 살아왔기 때문에 기소된 것이 아닙니다. 피고는 가식적인 만용(蠻勇)으로 인간영혼 마을 사람들로 하여금 위대한 샤다이 왕과 그의 아들인 임마누엘 왕자를 대적하도록 하였다는 의혹 때문에 기소된 것입니다. 기소장에 기재된 이러한 피고의 행동은 명백한 범죄행위입니다.

오만의 항변

오만은 재판장의 말에 전혀 대답하지 못했다.

법정 배심원

이렇게 해서 재판장은 피고석에 앉은 죄수들에 대한 심문을 모두 마친 후, 이들을 배심원들에게 이송하여 그들에 대한 판결을 내리도록 하였다. 재판장은 다음과 같은 방식으로 형벌(刑罰)을 적용하도록 배심원들에게 주문하였다.

"배심원 여러분, 지금까지 여러분은 본 법정에서 피고들을 쭉 지켜보셨습니다. 여러분은 피고들의 기소내용과 피고들의 항변, 그리고 그 항변에 대한 증인들의 반박까지 들었습니다. 이제 남은 것은 여러분이 본 사건을 진리와 정의를 따라 판단하는데 방해받지 않을 조용한 곳에서 따로 모여, 샤다이 왕을 위해 이들에게 형벌을 내리고, 차후에 그 판결을 공포하는 것입니다.

그러자 배심원들, 즉 믿음 씨(Mr. Belief), 참된 마음 씨(Mr. True-heart), 올바름 씨(Mr. Upright), 악함 증오 씨(Mr. Hate-bad), 하나님 사랑 씨(Mr. Love-God), 진리 바라봄 씨(Mr. See-truth), 천국 마음 씨(Mr. Heavenly-mind), 온유 씨(Mr. Moderate), 감사 씨(Mr. Thankful), 선한 사역 씨(Mr. Good-work), 하나님을 위한 열정 씨(Mr. Zeal-for-God), 겸손 씨(Mr. Humble) 등은 자신들이 해야 할 일을 위해 따로 물러났다. 이제 그들은 모두 정숙한 가운데 자신들이 내려야 할 판결을 위해 서로 간에 대화를 나누기 시작했다.

먼저 배심원장인 믿음 씨(Mr. Belief)를 선두로 대화가 시작되었다. 그가 "배심원 여러분, 피고들에 대해 말씀드리자면, 저 피고석에 앉은 죄수들은 제 생각에 모두 사형에 처해져야 마땅하다고 믿습니다"라고 말하자, 참된 마음 씨(Mr. True-heart)는 "진심으로 동감합니다. 저도 당신의 의견에 전적으로 찬성합니다"라고 말하였다. 이 말들을 들은 악함 증오 씨(Mr. Hate-bad)는 "오, 이런 악당들이 체포된 것이 얼마나 다행한 일인지 모릅니다!"라고 말하였다. 하나님 사랑 씨(Mr. Love-God)도 말을 이어갔다. "아, 그럼요. 그렇고말고

요. 오늘은 제가 지금까지 산 날들 중에서 가장 기쁜 날일 것입니다"라고 대꾸했다. 그러자 진리 바라봄 씨(Mr. See-truth)는 "우리가 이들에게 사형판결을 내린다면, 이 판결로 인해 우리도 샤다이 왕 앞에 담대히 서게 될 것을 저는 압니다"라고 말하였다. 천국 마음 씨(Mr. Heavenly-mind)는 "저도 이 사형판결 결정에 이의(異議)가 전혀 없습니다. 짐승과 같은 이런 자들을 인간영혼에서 쫓아내야만, 이 마을이 정말 훌륭한 마을이 될 것입니다!"라고 말하였다. 온유 씨(Mr. Moderate)도 다음과 같이 말하며 거들었다. "성급하게 판단하는 것은 제 스타일이 아니지만, 이 경우에는 죄악들도 너무 악명이 높고, 증언들도 너무 명백하니 사형이 마땅합니다. 혹시라도 이 죄수들을 죽여서는 안 된다고 말하는 자가 있다면, 그들은 이 죄악들에 대해 의도적으로 눈을 감으려고 하는 자가 틀림없을 것입니다." 감사 씨(Mr. Thankful)는 "반역자들이 순순히 감금된 것에 대해 하나님을 찬양합니다"라고 말하였고, 겸손 씨(Mr. Humble)는 "감사 씨께서 말씀하신 부분에 대해 저도 뜻을 같이하며, 무릎을 꿇고서 하나님을 찬양하겠습니다"라고 말하였으며, 선한 사역 씨(Mr. Good-work)는 "저도 기쁩니다"라고 말하였다. 다음으로 따뜻한 마음과 진실한 마음을 가진 하나님을 위한 열정 씨(Mr. Zeal-for-God)는 "그들은 지금까지 인간영혼 마을의 파멸을 추구한 역병(疫病)과도 같은 자들이니, 그들을 제거해야 합니다"라고 말하였다. 이렇게 배심원들 모두가 판결에 대해 한마음이 되자, 그들은 즉시 법정으로 나아갔다.

배심원들의 판결이 일치하여, 유죄로 전원 합의하다.

재판장. 배심원 여러분, 여러분은 모두 자신의 이름이 불릴 때, 대답해 주시기 바랍니다. 1번 믿음 씨, 2번 참된 마음 씨, 3번 올바름 씨, 4번 악함 증오 씨, 5번 하나님 사랑 씨, 6번 진리 바라봄 씨, 7번 천국 마음 씨, 8번 온유 씨, 9번 감사 씨, 10번 겸손 씨, 11번 선한 사역 씨(Mr. Good-work), 12번 하나님을 위한 열정 씨, 선하고 신실한 배심원 여러분, 여러분이 내린 판결을 가지고 지금 함께 이 자리에 섰습니다. 여러분은 모두 그 판결에 동의하십니까?

배심원. 예, 그렇습니다. 재판장님.

재판장. 여러분을 대표해 누가 말씀하시겠습니까?

배심원. 우리의 배심원장께서 말씀하실 것입니다.

재판장. 여러 배심원 여러분, 여러분은 우리의 주인이자 왕인 그분을 섬기기 위해 본 법정에서 생사(生死)가 달린 문제를 결정하는 일에 선임 받은 자들입니다. 여러분은 피고석에 있는 이 죄수들 각자의 송사를 다 들었습니다. 여러분은 이에 대해 무슨 말을 하겠습니까? 이들은 본 법정에서 기소된 내용, 즉 이들의 범죄에 대해 유죄입니까? 아니면 유죄가 아닙니까?

배심원장. 재판장님, 유죄입니다.

재판장. 간수는 죄인들을 잘 감시하기 바랍니다.

재판은 오전에 끝이 났고, 죄수들은 법에 따라 사형선고를 오후에 받았다. 간수는 그들을 모두 깊은 곳에 있는 감옥에 가두고, 내일 아침 형이 집행될 때까지 그들을 지키라는 명령을 받았다.

불신이 감옥을 부수고 도망치다

그런데 하필 그 날 밤에 사고가 일어났다. 그 죄수들 가운데 하나인 불신(Incredulity)이라는 이름을 가진 자가 형이 언도된 시점과 형이 집행될 시점 사이에 옥을 부수고 탈출하여, 인간 영혼 마을의 아주 먼 외곽까지 도망쳐 버렸던 것이다. 그 불신은 자신이 당한 대로 복수하기 위해서 인간영혼 마을에 화를 끼칠 기회를 다시 잡을 때까지, 마땅한 장소나 굴을 찾아 숨어 있었다.

자신이 지키던 죄수가 도망쳤다는 사실을 알게 된 간수 참된 사람 씨(Mr. True-man)는 마음이 무너지는 것 같았다. 왜냐하면 도망친 그 죄수는 나쁜 무리들 가운데서도 가장 악한 자였기 때문이다. 간수는 제일 먼저 시장과 서기관과 자유의지 경에게 이 사실을 알렸다. 그리고는 그들에게서 인간영혼 마을을 샅샅이 뒤져서라도 그를 찾으라는 명령을 받았다. 이 명령을 받은 간수는 마을 곳곳을 수색했지만, 인간영혼 마을 전역에서 그와 같은 자를 찾을 수 없었다.

들리는 소문을 모두 종합해 보면, 그는 마을 외곽에 한동안 숨어 있었으며, 그가 인간영혼 마을을 빠져나갈 때, 여기저기에서 그를 얼핏 봤다고 하는 사람들이 몇몇 있었다. 또한 그가 마을 밖에서 아주 빠른 걸음으로 광야를 지나가는 것을 확실히 보았다고 하는 사람도 한두 명 있었다.

디아볼루스에게로 간 불신

그런데 불신을 본 목격 씨(Mr. Did-see)의 말을 따르면, 불신은 자기 친구인 디아볼루스를 찾기까지 메마른 땅을 다니다가, 결국 디아볼루스를 만난 것이 확실하다고 하였다. 그들은 지옥문(Hell-gate) 언덕에서 서로 만난 것이 틀림없다고 그는 말했다.

그러나 늙은 노인인 그 불신은 임마누엘 왕자가 인간영혼에 감행한 변화들에 관해 디아볼루스에게 얼마나 구슬프게 말했는지 모른다.

먼저 다소 시간적으로 지체가 있긴 했지만, 그래도 인간영혼 마을 사람들이 임마누엘 왕자의 손으로부터 어떻게 사면을 받게 되었는지, 그들이 그 왕자를 어떻게 마을에 초대하였는지, 그들이 성을 왕자의 소유로 넘겨준 일 등에 대해 불신은 디아볼루스에게 말하였다.

그뿐 아니라, 불신은 마을 사람들이 왕자의 병사들을 마을로 초청한 것과 그 병사들을 서로 자기 집에 묵게 하려고 선의의 경쟁을 한 것, 그리고 인간영혼 마을 사람들이 북을 치고 노래하고 춤을 추면서 왕자를 환대한 것 등에 대해서도 디아볼루스에게 말해 주었다. 그러나 자신에게 가장 괴롭고 쓰라린 경험은 따로 있다고 하면서 불신은 다음과 같이 말하였다.

"오, 아버지여, 그 임마누엘 왕자는 당신의 형상을 끌어내리고, 자기 형상을 그 자리에 세웠습니다. 그리고 당신이 세운 관리들을 모두 파면하고 자기 사람들을 그 자리에 임명하였습니다. 특히 자유의지 경, 다른 사람은 다 당신을 배신해도 정말 그 사람만은 결코 우리에게서 등을 돌리지 않으리라 여겼는데, 그마저 당신을 반역하여 예전에 당신에게서 총애를 받던 것과 같

불신이 감옥을 탈출하다

이, 지금은 임마누엘 왕자로부터 총애를 받고 있습니다. 그뿐 아니라, 이 자유의지 경은 자기 주인에게서 특별한 명을 받아, 인간영혼 마을에서 찾을 수 있는 모든 부류의 디아볼루스 추종자들을 사로잡아 죽이려 하고 있습니다. 실제 이 자유의지 경은 주인님께서 인간영혼 마을에서 가장 신임하던 친구들 가운데 여덟 명을 이미 사로잡아 감옥에 처넣었습니다. 주인님, 사실 이런 말씀까지 드리자니 제 마음이 심히 슬프지만, 사로잡힌 이들 모두는 법정에 소환되어, 유죄 판결을 받아, 제 생각에 아마 지금쯤은 인간영혼 마을에서 처형당했을 것입니다. 주인님께 조금 전 여덟 명이라고 말했지만, 저를 포함하면 아홉 명입니다. 저도 그들과 함께 동일한 고통의 잔을 마셔야 했지만, 저는 용케 당신이 보시는 바와 같이 그들에게서 도망쳐 나왔습니다."

소식을 듣고서 울부짖는 디아볼루스

불신의 이야기

디아볼루스는 이 서글픈 이야기를 다 듣고서 울부짖었다. 그는 마치 용처럼 콧김을 내며 부르짖었다. 그의 포효(咆哮)로 하늘마저 어두워지는 것 같았다.

그는 맹세하여 이르기를, 인간영혼 마을에 자신이 당한 그대로 복수하겠다고 했다. 이렇게 해서 디아볼루스와 그의 옛 친구인 불신은 어떻게 하면 인간영혼 마을을 다시 찾을 수 있을지에 대해 논의하며 깊은 대화를 나누었다.

이윽고 시간이 흘러 인간영혼 마을에 죄수들이 처형되는 날이 밝았다(롬 8:13). 죄수들은 십자가¹⁾ 앞으로 인도되었다. 이 일은 인간영혼 사람들에 의해 아주 엄숙한 방식으로 진행되었다(롬 6:12-14). 왜냐하면 이 형 집행은 인간영혼 마을 사람들의 손으로 직접 해야 한다고 임마누엘 왕자가 말했기 때문이다. 왕자는 다음과 같이 말했다. "나는 구원받은 인간영혼 백성들이 지금 나의 말과 명령을 지키는 열심을 보고자 한다. 그렇게 하는 인간영혼을 나는 축복하겠다. 나를 기쁘게 하는 신실함을 너희는 드러내 보여야 한다. 그러므로 인간영혼 백성들이여, 먼저 너희의 손으로 직접 디아볼루스의 부하들을 처형하도록 하라"(갈 5:24).

그래서 인간영혼 마을 사람들은 왕자의 말대로 그들을 처형하였다. 그러나 이 죄수들을 죽이기 위해 십자가 앞으로 끌고 나갈 때, 인간영혼 사람들은 디아볼루스의 부하들을 처형하는데 이루 말할 수 없을 만큼 고통을 겪었다. 이들이 얼마나 큰 어려움을 겪었는지, 아무리 내가 말해줘도 여러분은 내 말을 전혀 믿으려고 하지 않을 것이다. 그들에게는 다음과 같은 사태가 벌어졌다. 반드시 죽게 될 것이라는 사실을 알게 된 죄수들은 하나같이 인간영혼에 대해 마음속 깊이 앙심을 품게 되었다. 이렇게 억누르기 힘든 적

---

1) 대부분의 마을에 시장이 있는 것처럼, 인간영혼 마을의 시장에 십자가가 세워져 있었으며, 이 십자가가 있는 곳은 공개적인 선포와 집행이 이루어지는 장소였다. 우리가 지은 죄들을 십자가에서 죽이는 것은 우리의 죄들을 공개적으로 끊어버림으로써, 그리스도인들이 살아 있는 편지, 즉 "뭇 사람이 알고 읽는"(고후 3:2) 공개적인 편지가 되는 것을 뜻한다 ― 원주

개심을 품은 자들이 십자가에서 얼마나 담대하게 인간영혼 마을 사람들에게 발악을 했겠는가? 그래서 인간영혼 마을 사람들은 하는 수 없이 임마누엘 왕자의 장군들과 병사들에게 도움을 요청하지 않을 수 없었다.[2]

그 당시 마을에는 위대한 샤다이 왕의 비서가 있었다. 그는 인간영혼 사람들을 매우 사랑하는 자로, 그도 형을 집행하는 장소에 있었다. 그는 죄수들의 몸부림과 발악으로 인해 괴로워하는 인간영혼 마을 사람들의 외침을 듣고는, 자리에서 일어나 그들에게로 가서, 그의 손을 인간영혼 사람들의 손 위에 얹었다.[3] 그래서 지금까지 인간영혼 마을 사람들에게 일종의 역병이자 슬픔이며 불쾌한 존재였던 디아볼루스의 부하들이 십자가에 못 박히게 되었다(롬 8:13).

---

2) 더 큰 은혜의 도움 — 원주
3) 이 장면은 아마도 엘리사의 이야기를 암시하는 듯하다. 구원의 화살을 쏘면서 엘리사는 자기 손을 왕의 손 위에 얹었다("엘리사가 자기 손을 왕의 손 위에 얹고" — 왕하 13:16). 죄를 정복하고 십자가에 못 박는 것은 거룩한 하나님의 도움 없이는 결코 이루어질 수 없는 일이다. 기도로 우리는 성령님의 도우심을 받는다. 그래서 우리는 우리의 죄된 생각과 성향 등을 능히 이길 수 있다 — 원주

제11장

인간영혼 마을에
다시 깃든 평안

내용 — 경험 씨가 장군이 되다 — 인간영혼 마을의 헌장이 갱신되고 몇몇 특권들이 추가되어 확대되다 — 수석 대신의 지도 아래 정규적인 복음사역이 수립되다 — 양심 씨가 설교자로 임명받고 그의 임무가 세분화되다 — 사역자의 행동지침들 — 흰 옷을 입은 마을 주민들이 흰 옷 외에도 다른 구별 표지들을 왕자로부터 많이 받다 — 하나님의 평강이 지배자로 정해지다 — 유례가 없는 인간영혼 마을의 지복(至福)

이 선한 사역이 끝나자, 임마누엘 왕자는 마을로 내려와 인간영혼 마을 사람들을 방문하고 그들과 편안하게 대화하면서 이런 사역을 감당한 그들을 더욱 강하게 하였다. 그는 그들의 행동으로 드러난 사실, 즉 그들이 자신을 사랑하고 자신의 법에 순종하여 자신의 명예를 존중하는 자들이라는 사실을 알게 되었다고 그들에게 말했다. 또한 그는 이런 일로 그들이 손해를 본다거나, 디아볼루스의 부하들이 제거됨으로써 마을이 약해지지 않는다는 것과, 그 부하들을 대신하여 마을 주민들 가운데 한 사람을 장군으로 세우겠다고 말했다. 이 장군은 천명을 다스리는 자가 되어, 지금도 번영해가는 인간영혼 마을의 유익과 발전을 위해 일할 것이라고 덧붙였다.

왕자는 대기(Waiting)라는 이름을 가진 자를 불러서 다음과 같은 명을 내렸다. 성문으로 신속하게 가서, 거기서 충성스러운 장군인 신뢰 장군(Captain Credence)의 시중을 들고 있는 경험 씨(Mr. Experience)를 찾아, 그가 임마누엘 왕자에게 나아오도록 전하라고 하였던 것이다.

마땅히 새로운 장군이 되어야 할 경험

선한 임마누엘 왕자를 시중드는 그 좋은 경험 씨에게 가서, 자신이 명을 받은 대로 그에게 전했다. 그 때 그 젊은 신사는 성(城)의 뜰에서 장군들을 훈련시키고 부하들을 소집하는 신뢰 장군의 모습을 보면서 그를 시중들고 있었다. 대기 씨가 그에게 말했다. "임마누엘 왕자께서 명을 내려, 왕자님께서 계신 곳으로 즉시 나아올 것을 분부하셨습니다."

그래서 왕자가 보낸 그 종과 함께 임마누엘 왕자 앞으로 나아간 경험 씨는 그 앞에 엎드렸다. 경험 씨는 인간영혼 마을에서 나고 자랐기 때문에, 마을 사람들은 그에 대해 잘 알고 있었다. 그는 매사에 빈틈이 없고 용감하며 실천적인 사람이라는 것을 마을 사람들도 알고 있었던 것이다. 게다가 말도 잘하고 맡은 일에서 큰 성과를 낼 뿐만 아니라 용모도 준수했다.

임마누엘 왕자는 이 경험 씨를 친히 불러, 그를 마을 주민들을 다스리는 장군으로 임명해야 할 필요성에 대해 피력하였다.

마을 사람들도 경험 씨의 임명을 좋게 여겼다

그러자 마을 사람들은 모두 기쁨에 들떴다. 그들은 모두 한마음으로 임마누엘 왕자 앞에 무릎을 꿇고 엎드리면서, "임마누엘 왕자, 만세수(萬歲壽)를 누리소서"라고 크게 소리쳤다. 왕자가 경험 씨라는 이름을 가진 그 젊은 신사에게 "나의 인간영혼 마을을 다스릴 명예와 신임의 지위를 그대에게 부여하는 것이 좋을 것이라 생각한다"라고 말하자, 그 젊은이도 머리를 조아려 왕자에게 경의를 표했다. 임마누엘 왕자는 "그대를 내 사랑하는 인간영혼 마을의 장군, 천명을 다스리는 장군으로 임명한다"고 말하였고, 그 장군은 "왕이여, 만세수를 누리소서"라고 대답했다. 왕자는 즉시 비서에게 명령을 내려 천명을 다스리는 장군으로 임명한다는 내용의 임명장을 작성하여 그에게 주도록 하였다. 또한 왕자는 그 임명장을 가지고 와서 자신의 인을 찍

게 하였다. 비서는 왕자의 명령대로 하였다. 임명장은 작성되었고, 작성된
임명장은 임마누엘 왕자에게 인도되었으며, 왕자는 그 임명장에 자신의 인
을 찍었다. 그러고 나서 대기 씨(Mr. Waiting)의 손을 거쳐 그 임명장은 경험 장
군에게 수여되었다.

경험 장군은 임명장을 받자마자, 자신의 나팔을 불어서 자원병들을 모집
하였다. 즉, 젊은이들이 즉시 자신에게로 나아오게 하였던 것이다. 그러자
마을에 있던 주요 인사들과 귀인들은 자기 자녀들을 보내어 그의 수하에 있
게 하였고, 경험 장군은 인간영혼 마을의 유익을 위해 임마누엘 왕자의 수하
에 있게 되었다. 경험 장군은 부관으로 능숙 씨(Mr. Skilful)를, 그리고 보좌관
으로는 기억 씨(Mr. Memory)를 세웠다. 그의 수하에 있던 장교들의 이름은 언
급할 필요가 없을 것 같다.

그의 군대의 깃발은 인간영혼 마을을 상징하는 흰색 깃발이었으며, 깃발
의 문양은 죽은 사자와 죽은 곰이었다.[1] 이 후에 임마누엘 왕자는 왕궁으로
돌아갔다.

왕자가 왕궁으로 돌아오자, 인간영혼 마을의 장로들, 즉 시장, 서기관, 그
리고 자유의지 경이 나아와 왕자가 인간영혼 마을에 보여준 사랑, 관심, 따
스한 자비 등에 대해 특별히 감사하며 그를 칭송하였다. 그들은 왕자와 화
기애애하게 환담을 나눈 후, 왕자에게 엄숙한 예를 갖추었다. 그러고는 각
자 자기들의 처소로 돌아갔다.

마을의 헌장을 새롭게 하려는 임마누엘 왕자

임마누엘 왕자는 이번 기회에 인간영혼 마을의 헌장(憲章)을 개정할 날짜
를 그들에게 지정해 주었다. 다시 말해, 왕자는 기존 헌장을 개정할 뿐만 아

---

1) 삼상 17:36-37, 골리앗과 접전하기로 결심한 다윗은 자신의 지난 경험으로 자신을 위로하
였다. "주의 종이 사자와 곰도 쳤은즉 살아 계시는 하나님의 군대를 모욕한 이 할례 받지
않은 블레셋 사람이리이까 그가 그 짐승의 하나와 같이 되리이다 또 다윗이 이르되 여호
와께서 나를 사자의 발톱과 곰의 발톱에서 건져내셨은즉 나를 이 블레셋 사람의 손에서
도 건져내시리이다." — 원주

니라 확대하고, 인간영혼에 매인 멍에를 좀 더 가볍게(마 11:28-30) 하기 위해, 그 속에 있는 몇몇 오류들을 바로잡고 싶어 했다. 이 일은 마을 사람들의 바람으로 이루어진 것이 아니라, 오로지 왕자 자신의 정직하고 고귀한 마음에서 우러나온 것이었다.

왕자는 사람을 보내어 옛 헌장을 가지고 와서 살핀 후, 그것을 옆으로 치우면서 "낡아지고 쇠하는 것은 없어져 가는 것이니라"(히 8:13)고 말씀하셨다. 또한 그는 앞으로 인간영혼 마을이 새롭고 개선된 다른 마을, 이전보다 훨씬 더 안정적이고 확고한 마을이 될 것이라고 말씀하셨다. 새 헌장의 내용은 대략 다음과 같았다.

그들에게 공포된 새 헌장의 대략적인 내용

"평화의 왕자이며, 인간영혼 마을을 크게 사랑하는 나 임마누엘은 내 아버지의 이름과 나의 관대함으로, 내가 사랑하는 인간영혼 마을에 다음과 같은 내용을 선사하고 허락하며 보증한다.

첫째, 너희가 나의 아버지와 나와 너희 이웃과 너희 자신을 대적하여 행한 모든 허물과 피해와 범죄들을 대가 없이 전적으로 영원히 용서하겠다(히 8:12).

둘째, 나는 너희에게 거룩한 법과 나의 증언들을 줄 것이며, 그 속에 있는 모든 것은 너희에게 영원한 안식과 위로가 될 것이다.[2]

셋째, 나는 내 아버지의 마음과 내 마음에 있는 동일한 은혜와 선함을 너희에게 베풀겠다(벧후 1:4; 고후 7:1; 요일 4:16).

넷째, 나는 너희의 유익을 위해, 이 세상과 그 속에 있는 모든 것들을 너희에게 값없이 주어, 이를 사용하도록 허락하고 양도하겠다. 그리하여 너희는, 내 아버지와 나의 영광을 위해 세워졌고 또한 너희를 위로하기 위해 세워진

---

2) 요 16:8-14, "거룩한 법"이라고 해서 우리는 이것을 십계명으로 제한해서는 안 된다. 십계명에 나오는 열 개의 계명은 물론이고, 신약과 구약까지 포함해서 생각해야 한다. 여기에 기록된 것들은 모두 계시된 하나님의 온전한 뜻이다. 십계명과 마찬가지로 새로운 계명들도 받아들여야 한다. 그리스도를 믿는 영혼들이 법과 언약 안에서 영원한 안식과 위로를 얻는 것은 얼마나 큰 은혜인지 모른다 ─ 원주

공포된 새 헌장

이 만물을 다스릴 권한을 가지게 될 것이다. 진실로 나는 너희에게 생명이
나 사망이나 지금 것이나 장래 것이나(고전 3:21-22) 그 모든 유익들을 하사하
겠다. 이 특권은 다른 성이나 마을이나 자치 지역은 가질 수 없으며, 오직 나
의 인간영혼 마을만 가질 것이다.

다섯째, 나는 너희가 어느 때든지 나를 만나기 위해 내가 있는 천상의 궁
이나 지상의 궁에 자유롭게 출입하는 것을 허락하며, 그곳에서 너희는 너희
의 필요를 나에게 말할 수 있을 것이다(히 10:19-20). 그 뿐만 아니라 너희의 모
든 불만들을 내가 친히 듣고 바로잡을 것도 약속하겠다(마 7:7).

여섯째, 내가 인간영혼 마을에 전적인 권한과 권위를 주어 허락한다. 너희
는 언제 어디서든 디아볼루스의 부하를 발견하면, 즉, 어떤 식으로든 디아
볼루스에게 협조한 자들을 인간영혼 마을 주변이나 내부에서 발견하면, 즉
시 그를 색출하여 사로잡아 종으로 삼고 그들 모두를 멸망시킬 권한과 권위
를 하사하겠다.[3]

일곱째, 나는 나의 사랑하는 인간영혼 마을에 또 다른 권한을 주겠다. 어
떤 이방인이나 객이나 그 자녀들이 복된 인간영혼 마을 내부에서 자유로운
백성이 되는 것과 이 마을에 고유한 탁월한 특권들을 공유할 것을 금하는 권
한을 너희는 갖게 될 것이다(엡 4:22).[4] 내가 유명한 인간영혼 마을에 하사한
이 모든 선물과 특권과 면책권은 오로지 인간영혼 마을 사람들에게만 해당
되는 것이며, 옛 토박이들과 실제로 그 마을에 살고 있는 현 주민들과 그들
의 뒤를 이은 합당한 자녀들에만 해당된다(골 3:5-9). 그러나 어떤 형태로든
디아볼루스를 추종하는 자들은 출생이나 지역이나 국적에 상관없이 인간영
혼 마을 사람들이 가진 특권을 공유할 수 없다."

인간영혼 마을 사람들은 임마누엘 왕자의 손에서 직접 이 은혜로운 헌장

---

3) 죄를 없애기 위해 죽는 사람은 없다 — 원주
4) 그리스도께서는 인간영혼 마을에 그 어떤 정욕도 하사한 일이 없으며 방자하게 행할 자
   유도 주지 않으셨다 — 원주

을 받았다. 사실 이 헌장은 이렇게 간략하게 요약한 것보다 아주 엄청나게
방대한 분량이었다. 그들은 이 헌장을 시장 광장으로 가지고 가서 서기관에
게 건네 주었고, 모든 백성들 앞에서 그것을 읽어 그들이 듣도록 하였다(고후
3:3; 렘 31:33). 다 읽고 난후, 사람들은 이를 다시 성문으로 가져가서, 그 내용
을 성문 위에 아름답게 새기고, 그 새긴 글씨를 황금으로 입혔다. 그들이 이
렇게 한 것은 인간영혼 마을에 거하는 모든 백성들이 항상 이 헌장을 볼 수
있도록 하기 위함이며, 그들이 와서 이것을 볼 때마다 임마누엘 왕자가 그들
에게 하사한 자유가 얼마나 복된 것인지를 알게 하여, 그들의 기쁨이 더욱
커지고, 그들의 위대하고 선한 임마누엘 왕자를 향한 사랑이 다시금 새로워
지도록 하기 위함이었다(히 8:10).

인간영혼 마을 사람들의 마음을 사로잡은 그 기쁨과 평안과 위로가 어느
정도였을지 여러분은 생각해 보라! 종소리가 울려 퍼지고, 노래가 연주되며,
백성은 춤을 추고, 장군들을 소리를 지르며, 깃발들은 바람에 휘날리고, 은
빛 나팔들이 울렸다. 그러자 디아볼루스의 부하들은 자신의 얼굴을 숨기고
자 하였다. 왜냐하면 그 모습이 오래 전에 죽은 자 같은 외모였기 때문이다.

이런 축하 행사가 끝나자, 임마누엘 왕자는 인간영혼 마을의 장로들을 불
러, 그가 그 마을에 하고자 하는 사역에 관해, 즉 그들에게 공개된 사역으로
서 그들의 현재 상태와 미래 상태에 관한 것들을 마을 사람들에게 가르칠 계
획을 장로들과 논의하였다.

왕자는 "너희에게 선생이나 인도자가 없다면 너희는 스스로 내 아버지의
뜻을 알 수 있는 능력이 없으니, 그 뜻을 모른다면 너희는 틀림없이 그 뜻을
행할 수 없을 것이다"(렘 10:23; 고전 2:14)라고 말했다.

인간영혼 마을의 장로들이 이 소식을 마을 사람들에게 전하자, 모든 사람
들이 함께 뛰쳐나왔다. 왜냐하면 왕자가 지금까지 행한 일들은 모두 그들을
기쁘게 하였기에, 이 소식도 그들을 아주 기쁘게 하였기 때문이다.

그들은 모두 한마음으로 왕자에게 나아와, 그들에게 법과 심판, 법조문과
계명 등에 대해 가르치고, 유익하고 건전한 모든 것들을[5] 문서로 남길 대신

(大臣)을 즉시 세워 달라고 간청하였다. 왕자는 그들의 요구를 받아들여 그들 가운데 두 사람을 세웠다. 한 사람은 아버지의 왕궁에서 온 사람이었고, 또 한 사람은 인간영혼 마을의 토박이였다.

샤다이의 수석 대신

왕자는 다음과 같이 말하였다. "궁에서 온 분은 내 아버지와 나와 비교해 그 인품이나 위엄이 결코 떨어지지 않는 분이시다.[6] 그분은 내 아버지 집의 수석 대신(大臣, Lord Chief Secretary)이시다. 그분은 지금까지 내 아버지의 모든 법에 대한 수석 대언자였으며, 지금도 그러하시다. 그분은 내 아버지와 나와 마찬가지로, 모든 신비한 것들을 완전히 통달한 분으로서 신비로운 지식을 알고 계신다. 진실로 그분은 본성상 우리와 하나이며, 인간영혼 마을에 영원한 관심을 가진 분으로서 이 마을을 신실하게 사랑하신다."

왕자는 계속하여 말했다. "너희의 주된 선생이 되어야 할 분이 바로 그분이시다. 왜냐하면 고상하고 초자연적인 모든 것들을 너희에게 분명하게 가르쳐줄 수 있는 분은 오직 그분밖에 없기 때문이다(살전 1:5-6). 왕궁에 계신 내 아버지의 뜻과 방식을 아는 분이 바로 그분이시다. 아니, 오직 그분만 알고 계신다. 인간영혼을 향하여, 범사에 내 아버지의 마음이 항상 어떠한지를 그분처럼 보여줄 이는 아무도 없다. 사람의 일을 사람의 속에 있는 영 외에 누가 알겠는가(고전 2:11)? 이와 마찬가지로 내 아버지의 일들도 그의 고귀하고 능력 있는 이 대신(大臣) 외에 누가 알 수 있겠는가? 지속적으로 내 아버지의 사랑 안에 머물기 위해서 인간영혼 마을 사람들이 무엇을 어떻게 해야 할지 그분만큼 알 수 있는 자는 아무도 없다. 잃어버렸던 너희의 기억을 되살릴 수 있는 이도 그분이시다. 너희에게 장래의 일들을 말해 주실 이도 그분이시다. 그러므로 이런 교사는 너희의 사랑과 판단에 있어서 다른 교사들보다 필연적으로 더욱더 탁월해야만 한다(롬 8:26). 그분의 인격적인 위엄

5) 일반적인 좋은 생각들 — 원주
6) 성령 — 원주

과 탁월한 교훈과 능숙한 솜씨로, 그분은 너희가 내 아버지에게 도움을 요청하는 간청문을 기획하고 작성할 때 너희를 도와주실 것이다. 또한 그분은 아버지의 기쁘신 뜻대로(유 20; 엡 6:18) 아버지를 사랑하고 아버지를 경외하며, 혹시라도 너희가 아버지를 근심하게 하지 않도록 주의하는 의무를 틀림없이 너희에게 부과할 것이다(계 2:7, 11, 17, 29; 엡 4:20).

또한 그분은 자신이 하는 모든 말씀에 생명과 활력을 불어넣는 분이기에, 너희의 마음에도 생명을 불어넣을 수 있는 분이시다. 그분은 너희를 선견자로 만들어, 장래 일을 너희가 알 수 있도록 하기도 하신다(행 21:10-11). 또한 너희는 반드시 이분을 통해 내 아버지와 나에게 너희의 청원을 알려야 하고, 먼저 그분의 조언이나 자문을 받지 않고서는 아무도 이 인간영혼 마을이나 성으로 결코 들어올 수 없다. 왜냐하면 그분의 도움 없이 이 성으로 들어오는 것은 이 고귀한 분을 불쾌하게 하고 근심하게 하는 일이기 때문이다(사 63:10).

내가 말하지만, 너희는 이 대신(大臣)을 근심하게 하지 않도록 주의하라. 혹시라도 너희가 이 대신을 근심하게 한다면, 그는 너희를 대적하여 싸울 것이기 때문이다. 일단 그분이 너희로 인해 격분하여, 친히 너희를 대적하여 원수로 삼아 전열(戰列)을 가다듬는다면, 내 아버지의 왕궁에서 소환된 열두 군대가 너희를 대적하여 싸우는 것보다 너희는 훨씬 더 큰 고통을 받게 될 것이다.

그러나 내가 이미 말한 바와 같이, 너희가 그분의 말씀을 청종하고 그분을 사랑한다면, 그리고 너희가 그분의 가르침에 진심으로 헌신하면서 대화하고, 그분과 지속적으로 대화하고자 한다면, 너희는 온 세상을 얻는 것보다 그분을 찾는 것이 수십 배 더 나은 것인 줄 깨닫게 될 것이다. 진실로 그분은 내 아버지의 사랑을 너희의 마음에 널리 쏟아 부을 것이므로, 인간영혼은 모든 민족들 가운데서 가장 지혜롭고 축복받은 민족이 될 것이다"(고전 13:14; 롬 5:5).

이 말을 한 후에 왕자는 인간영혼의 예전 서기였던 양심이라는 노신사를 불러서, 그가 인간영혼 마을의 법과 통치에 정통할 뿐 아니라 언변도 좋아서, 모든 세속적인 일과 마을 내부의 문제에 주인의 뜻을 적절하게 전할 수 있는 적임자이기에, 그를 아름다운 인간영혼 마을의 사역자로 삼고자 하였다. 다시 말해 그를 유명한 인간영혼 마을의 모든 법과 조문과 재판과 관련된 담당자로 임명하였다.

왕자는 그에게 다음과 같이 말하였다.

"너는 도덕적인 교훈과 주민의 기본적인 의무에 대해서만 가르치도록 하라. 너는 내 아버지인 샤다이 왕의 가슴에 은밀하게 간직되어 있는 고귀하고 초자연적인 신비들을 계시할 수 있는 것처럼 착각해서는 절대로 안 된다. 그런 신비한 것들은 결코 사람이 알 수 없고, 어느 누구도 드러낼 수 없다. 오직 내 아버지의 대신(大臣)만이 계시할 수 있다.

너는 인간영혼 마을의 토박이지만, 그 대신은 내 아버지와 함께하는 토박이이다. 너는 이 자치 마을의 법과 관습에 대한 지식을 가지고 있지만, 그 대신은 내 아버지의 뜻과 사정을 알고 계신다. 그러므로 양심 사역자여, 내가 비록 너를 인간영혼 마을의 사역자와 설교자로 세웠지만, 그럼에도 불구하고 그 대신이 알고 있는 것과 이 백성에게 가르칠 내용에 대해서는 너도 인간영혼 마을의 다른 사람들과 마찬가지로 그 대신(大臣)의 학생, 즉 그로부터 배우는 자가 되어야만 한다.

또한 너는 모든 고귀하고 초자연적인 것들에 대해서는 그분에게 가서 정보와 지식을 얻어야 한다. 사람에게 영이 있다 해도, 이 대신의 영감이 사람에게 임해야 그것을 이해하게 되기 때문이다(욥 33:8). 그러므로 오! 양심 사역자여, 디아볼루스의 부하들이 처음에 주어진 자신의 책임을 망각하고 그 지위를 떠나, 지금은 무저갱의 구렁텅이에 있는 감옥의 죄수가 된 것을 너는 기억하고 겸손하게 낮은 곳에 있어야 한다. 그러므로 너는 너의 지위에 만족하도록 하라.

나는 너를 이미 앞서 언급한 일에 내 아버지의 지상 대리인으로 세웠다. 이처럼 너는 그것들을 인간영혼 마을 사람들에게 가르칠 권한을 부여받았으니, 혹시라도 그들이 너의 명령에 의도적으로 귀를 기울이지 않는다면, 참으로 너는 채찍과 형벌로써 강제로라도 그들이 명령을 따르게 하라.

그리고 양심 사역자여, 너는 연로할 뿐 아니라 지금까지 많은 학대를 받아 몸이 약한 상태이다. 그러므로 나는 너에게 다음과 같은 것들을 할 수 있는 권한을 허락한다. 즉, 너는 나의 샘과 시내로 가서 내 피의 포도주를 마음껏 마시도록 하라.

양심 사역자의 자유

내 시내[7]에는 항상 포도주가 흐르기 때문이다. 그 포도주를 마심으로써 너의 마음과 뱃속에 있는 모든 더럽고 역겹고 해로운 체액들이 너에게서 빠져 나올 것이다. 또한 나의 포도주는 너의 눈을 밝혀주고, 너의 기억력을 강화시켜, 네가 샤다이 왕의 가장 고귀한 대신이 가르쳐 주는 그 모든 것을 받아들이고 지킬 수 있게 될 것이다"(히 5:14).

이렇게 왕자가 양심 서기관(한때 그는 '서기관'으로 불렸다)을 인간영혼의 사역자라는 직분과 자리에 앉히자, 양심 서기관은 그 직분을 감사함으로 받아들였다. 그러자 임마누엘 왕자는 친히 인간영혼 마을 사람들을 대상으로 다음과 같은 특별한 연설을 하였다.

인간영혼 사람들을 향한 왕자의 연설

"너희를 향한 나의 사랑과 관심을 보라. 나는 지금까지 너희에게 많은 은혜를 베풀었다. 그 은혜에 덧붙여 나는 너희에게 설교자들을 임명하는 은혜를 베풀겠다. 가장 고귀한 대신(大臣)은 너희에게 고귀하고 숭고한 모든 신비들을 가르쳐줄 것이며, 이 노신사는 너희에게 인간적인 문제와 마을 내부의 모든 문제들을 가르쳐줄 것이다. 이것이 그가 감당해야 할 사역이다."

왕자는 양심 사역자를 가리키며 이 말을 하였다. "그렇다고 해서 이 양심

7) 육체 — 원주

임마누엘의 샘

사역자가 고귀한 주님인 대신(大臣)의 입에서 듣고 받은 어떤 것을 인간영혼 마을 사람들에게 말할 수 없다는 것은 아니다. 이것은 내가 앞서 말한 바와 같다. 다만 그는 그 고귀한 신비들을 자신이 드러내 주는 계시자로서 행세해서는 안 된다는 뜻이다. 그 신비들을 열어서 그것들을 인간영혼 사람들이 발견하게 하도록 하는 것은 주님이신 고귀한 대신(大臣), 바로 그분의 능력과 권위와 솜씨에 달려 있다. 양심 사역자는 그 신비에 대해 말할 수 있을 뿐이며, 이것은 인간영혼 마을의 다른 사람들도 마찬가지이다. 진실로 인간영혼 마을 사람들은 기회가 있을 때마다 이 신비에 대해 서로 강권할 수 있다. 왜냐하면 그것이 너희 전체에게 유익하기 때문이다. 그러므로 너희가 이 신비로운 것들을 살피고 행하기를 나는 소망한다. 왜냐하면 그것은 너희의 생명을 위한 일이며, 너희의 날을 길게 할 것이기 때문이다.

나는 내가 사랑하는 서기관과 인간영혼 마을의 모든 자들에게 한 가지만 더 말하고자 한다. 양심 서기관은 너희가 내세(來世)에 대해 신뢰하고 기대하는 어떤 것을 너희에게 가르칠 사명을 받지 않았다. 그러므로 너희는 이것에 관해서 그에게 조금도 기대해서는 안 되며, 이에 대해 그가 가르친다 해도 그것을 마음에 두어서는 안 된다. 내가 말하지만, 현재 이 세상이 소멸된 후에 임하게 될 내세에 대한 가르침을 위해서는 나는 다른 사역자를 인간영혼에 보낼 계획이다. 내세의 가르침을 위해서 너희는 최고 선생님이신 그분의 도움을 전적으로 구하고, 오직 그분만의 도우심을 요청해야 한다. 그리고 그분의 가르침만을 간직해야 한다. 진실로 서기관은 자신이 계시한 것에서 생명을 찾아서는 안 된다. 그는 다른 설교자가 가르치는 것을 의지해야만 한다. 서기관은 자신보다 뛰어난 교사인 그분이 전해주지 않은 가르침을 받는다거나 그 가르침을 지시하지 않도록 주의해야 한다. 또한 서기관은 자기의 지식 안에만 머물러서도 안 된다."

왕자는 유명한 인간영혼 마을의 제반문제들을 이렇게 정리한 후, 계속해서 이 자치 마을의 장로들에게 필수적인 주의사항들을 말해 주었다. 즉, 아버지의 왕궁에서 보내심을 받아 왕자와 함께 이 유명한 인간영혼 마을로 오게 된 고귀하고 충성스러운 왕자의 장군들에게 마을 장로들이 어떻게 해야 하는지를 알려 주고자 했던 것이다.

왕자는 다음과 같이 말했다. "이 장군들은 인간영혼 마을을 사랑하는 자들로, 그들은 이 마을을 지키기 위해 디아볼루스의 병사들을 대적하는 전투를 매우 충성스럽게 이행한 최고의 정예 장교들이자 많은 이들 중에서 선별된 장군들이다.[8]

그러므로 나는 너희에게 다음과 같이 명한다. 오, 지금도 번영해가고 있는 인간영혼 마을의 주민들이여, 너희는 나의 장군들과 그들의 병사들을 야박하게 대하거나 언짢게 대하지 않도록 주의하라. 왜냐하면 내가 이미 말한 바와 같이 그들은 엄선된 정예 요원으로서, 인간영혼 마을의 유익을 위해 많은 자들 가운데서 뽑힌 자들이기 때문이다.

나는 너희에게 말한다, 아니 나는 너희에게 명령한다. 나의 장군과 병사들이 샤다이 왕의 원수들, 즉 인간영혼 마을의 원수들과 접전하여 싸우러 나아갈 때, 비록 그들의 마음과 얼굴이 사자의 모습과 같았다 해도, 너희는 그들을 언짢게 대해서는 안 될 것이다. 인간영혼 마을 사람들이 조금이라도 그들을 언짢은 눈빛으로 대한다면, 그들은 기가 죽어서 얼굴을 숙이게 될 것이며, 마음이 약해져 낙담하게 될 것이다.[9] 오, 내가 사랑하는 인간영혼 마을 주민들이여, 그러므로 너희는 나의 용맹스러운 장군들과 사기충천한 전사들을 절대로 불친절하게 대하는 일이 없도록 하고, 오히려 그들을 사랑하고 대접하며, 그들을 도와주고, 너희의 가슴으로 그들을 맞이하라. 그러면 그들은 너희를 위해 싸울 뿐 아니라, 할 수만 있으면 너희를 완전히 파멸시키려고 애쓰는 디아볼루스의 모든 부하들을[10] 무찔러, 그 원수들이 너희에게서 도망치게 할 것이다.

만약 나의 장군과 병사들 가운데 언제라도 아프거나 병약한 군사가 있어

---

8) 은혜는 일반 미덕들 가운데서 엄선된 것이다 — 원주
9) 우리가 우리의 은혜를 약화시킬 수는 있어도, 사탄은 우리의 은혜를 약화시킬 수 없다 — 원주

서, 온 마음을 다해 감당해야 할 사랑의 직무를 잘 감당하지 못하는 자들이 있다 해도, 그들의 건강이 온전히 회복되기만 하면 그 일을 잘 감당할 것이므로, 너희는 그런 상황에서도 그들을 얕보지 말고 무시하지 마라. 비록 그들이 연약하여 죽기 일보 직전이라 해도, 오히려 그들이 강해지도록 돕고 그들을 격려하라(히 12:12). 왜냐하면 그들은 너희의 울타리요, 너희의 파수꾼이요, 너희의 성벽이요, 너희의 성문이요, 너희의 자물쇠요, 너희의 빗장이기 때문이다. 그들이 연약해져 아무것도 할 수 없고, 너희가 그들로부터 대단한 것들을 기대하기는커녕 오히려 그들이 너희들의 도움을 받아야 할 필요가 있을 때도, 그들이 건강만 회복된다면, 그들은 너희를 위해 능히 온갖 공훈과 공적과 전공(戰功) 등을 세울 수 있음을 너희는 알아야 한다.

게다가 그들이 연약한데 인간영혼 마을이 강할 수는 없으며, 그들이 강한데 인간영혼 마을이 약할 수는 없다. 그러므로 너희의 안전은 그들의 건강과 그들에 대한 너희의 안색에 달려 있다(사 35:3). 또한 그들이 아프다면, 그들은 인간영혼 마을 자체의 질병을 담당하고 있는 것이다(계 3:2; 살전 5:14).

내가 이러한 말들을 너희에게 하는 것은, 너희를 사랑하여 너희의 복지와 명예를 위해서다. 그러므로 나의 인간영혼 백성이여, 내가 너희에게 명한 모든 것들을 정확히 준행하도록 하라. 자치 마을 전체가 내 명령을 지킬 뿐 아니라, 너희 관리들과 파수병과 주요 책임자들과 백성의 행복과 한 개인의 행복도 모두 너희의 주님인 나의 계명과 명령을 준행하는 여부에 달려 있기 때문이다.

아직 인간영혼에 남아 있는 디아볼루스의 부하들에 관한 주의 사항

다음으로 나의 인간영혼이여, 너희에게 경고할 것이 있다. 현재 너희 가운데 개혁이 시행되고 있기는 하나, 너희는 아직 경고를 받아야 할 필요가 있으니, 너희는 내 말에 귀를 기울이도록 하라.

10) 말들 — 원주

너희도 장차 알게 되겠지만, 지금 내가 확신하고 있는 것은 아직도 디아볼루스의 부하들이 이 인간영혼 마을에 남아 있다는 사실이다. 완악하고 무자비한 디아볼루스의 부하들은 내가 너희와 함께하고 있는 지금도 활동하고 있는데, 만일 내가 너희를 떠난다면 그들은 연합하여 애굽에서의 노예생활보다 더욱 비참한 상태로 너희를 파멸시키고자 더욱더 연구하고 음모와 계략을 꾸밀 것이다. 이들은 스스로도 인정하듯이 디아볼루스의 친구들이다. 그러므로 너희는 너희 주위를 살펴야 한다. 불신(Incredulity)이 이 마을의 시장이었을 때부터 지금까지, 그들은 성 안에 있는 그들의 주군(主君)인 디아볼루스와 함께 지내곤 하였다(막 7:21-22). 그러나 내가 이 마을에 입성한 이후로, 그들은 마을 외곽과 성벽에 거하였으며, 동굴에 구멍을 내고 은신처를 만들어 그 안에 요새를 만들었다. 그러므로 인간영혼이여, 이 잔당들과 관련하여 너희가 해야 할 일은 매우 어렵고 힘든 일이 될 것이다(롬 7:18). 즉, 너희가 내 아버지의 뜻을 따라 이들을 사로잡아 고문하고 사형시켜야 한다는 말이다. 그러나 너희가 이 마을의 성벽들을 무너뜨리지 않는 이상, 그들을 완전히 제거할 수는 없을 것이다. 그리고 너희가 이 성벽을 무너뜨리는 것은 나도 결코 원하는 바가 아니다.[11]

그러면 너희는 '도대체 우리가 무엇을 해야 합니까?' 라고 물을 것이다. 너희는 성실하게 사내대장부처럼 행동하라는 것이다. 다시 말해 너희는 이들의 토굴들을 살피다가 그들이 자주 출몰하는 곳을 찾아내 그 진지를 공격하고, 어떤 경우라도 그들과 화친(和親)하지 말아야 한다. 그들은 장소에 따라 출몰하기도 하고 숨기도 하고 일정 기간 체류하기도 하면서, 어떤 조건으로 화친을 제의하기도 하겠지만 너희는 그 모든 것을 무시하라. 그리하면 나와 너희 사이의 관계는 전적으로 좋을 것이다. 그리고 너희는 인간영혼의 토박이들과 그들을 잘 구분하여야 한다. 나는 그들의 주요명단을 간략하게나마 너희에게 알려주겠다. 그들의 이름은 다음과 같다.

---

11) 그리스도께서 원하는 것은 우리가 우리 자신을 멸하는 것이 아니라, 우리의 죄악을 멸하는 것이다 — 원주

인간영혼에 남아 있는 디아볼루스 부하들의 일부 명단

음행 경(The Lord Fornication), 간음 경(the Lord Adultery), 살인 경(the Lord Murder), 분노 경(the Lord Anger), 호색 경(the Lord Lasciviousness), 사기 경(the Lord Deceit), 악한 눈 경(the Lord Evil-eye), 술취함 씨(Mr. Drunkenness), 흥청 씨(Mr. Revelling), 우상 숭배 씨(Mr. Idolatry), 마술 씨(Mr. Witch-craft), 변덕 씨(Mr. Variance), 경쟁 씨(Mr. Emulation), 분노 씨(Mr. Wrath), 반목 씨(Strife), 선동 씨(Mr. Sedition), 그리고 이단 씨(Mr. Heresy) 등이 그들이다. 오, 인간영혼이여, 그들이 바로 너희를 영원히 넘어뜨리고자 하는 주요 인물들이다. 내가 말한 바와 같이, 그들은 아직도 인간영혼 마을 안에 숨어 있다. 하지만 너희가 샤다이 왕의 법을 자세히 살핀다면, 거기서 그들의 인상착의와 또 다른 특징들을 알게 될 것이고, 그러면 너희는 그들을 분명히 알아보게 될 것이다.

오, 나의 인간영혼이여, 너희가 이 사실을 분명히 알게 되기를 나는 원한다. 만일 그들이 원하는 대로 마을 곳곳을 돌아다니도록 내버려 둔다면, 그들은 마치 독사처럼 너희의 내장을 순식간에 다 먹어 치울 것이다. 진실로 그 독사들은 너희 장군들을 독살할 것이며, 너희 병사들의 힘줄을 끊을 것이고, 너희 성문의 자물쇠와 빗장들을 부수어, 지금 이렇게 번창해가는 인간영혼 마을을 황량한 폐허의 불모지와 멸망의 무더기로 만들어 버릴 것이다. 그러므로 너희는 용기를 내어 이 악당들을 발견할 때마다 사로잡도록 하라. 나는 시장과 자유의지 경과 양심 서기관과 모든 인간영혼 마을 주민들에게 다음과 같은 전적인 권한과 사명을 부여한다. 즉, 언제 어디서든 어떤 부류의 디아볼루스 부하든 상관없이, 인간영혼 마을의 성벽 안에 잠복해 있든 아니면 성벽 밖에서 돌아다니든 관계없이, 이들을 발견하기만 하면 십자가에 매달아 처형할 수 있는 권한과 임무를 주겠다.

내가 이미 너희에게 이른 바와 같이, 나는 너희 가운데 상시적인 사역자를 세워두었다. 그리고 너희에게는 이 사역자만 있는 것이 아니라, 인간영혼 마을에 있는 디아볼루스의 부하들의 대장이자 주군인 디아볼루스를 대적하기 위해 이 곳에 온 네 명의 장군들도 있다. 이 장군들도, 너희에게 필요하고 요구된다면, 그들은 너희를 개인적으로 가르칠 뿐만 아니라, 너희를 바른 길로 인도할 유익하고 건전한 교훈들을 이 자치 마을에 공개적으로도 전할 것이다.

필요한 때를 대비해 인간영혼 마을에 예비해 둔 더 많은 설교자들

오, 인간영혼 마을 사람들이여, 진실로 그들은 일주일마다 너희를 가르칠 것이지만, 정말 필요하다면 너희를 날마다 가르칠 수도 있을 것이다. 따라서 너희가 이렇게 유익한 가르침들을 주목해서 배운다면 결과적으로 너희에게 유익할 것이다. 너희는 이와 같은 사명을 부여받았으니, 디아볼루스의 부하는 단 한 명도 남기지 말고 모두 사로잡아 십자가에 처형해야 한다는 점을 특별히 유념하도록 하라.

자, 나는 이미 너희 눈 앞에 이 악당들과 도망자들의 명단을 제시하였다. 다시 내가 너희에게 말하지만 그들 중 일부는 너희 가운데 몰래 기어들어와 너희를 속일 것이다. 비록 외관상 아주 성숙해보이고, 신앙심이 뜨거워 보인다 해도, 그들의 이런 모습조차 너희를 속이는 것이다. 너희가 깨어 있지 않는다면, 그들은 현재 너희가 감히 생각지도 못한 화를 너희에게 끼칠 것이다.

방금 말한 이것은 앞서 말한 그들의 특성과는 또 다른 특성이다. 그러므로 인간영혼이여, 깨어 근신하여 너희가 속지 않도록 주의하라.”

이렇게 왕자는 인간영혼 마을을 새롭게 정비하고, 마을 사람들이 알면 유익한 일들을 가르쳐 주었다. 그런 다음 왕자는 또 다른 날을 정해 마을 사람들이 모두 모인 자리에서, 인간영혼 마을에 명예로운 표지(標識)를 하사할 계획을 하였다.

인간영혼을 위한 또 다른 특권

그 표지는 우주에 있는 모든 나라에 거하고 있는 백성과 민족과 방언으로부터 그들을 구분해 줄 수 있는 표지였다. 오랜 시간이 지나지 않아 이제 정해진 날이 되자, 임마누엘 왕자와 그의 백성들은 왕자가 그들에게 처음으로 짧은 연설을 했던 왕궁에서 만났다. 왕자는 앞서 말한 바대로 그가 백성들에게 약속한 바를 말하였다.

"나의 인간영혼이여, 지금 내가 하려고 하는 것은 너희가 내 백성임을 온 세상에 알리고, 또한 너희 가운데 몰래 숨어 들어온 모든 거짓반역자들을 분별하는 법을 너희가 똑똑히 알게 하기 위함이다."

흰 옷

그리고 나서 왕자는 시중드는 자들에게 명하여 자신의 보고(寶庫)에 들어가서, 인간영혼 마을을 위해 예비해 둔 빛이 나는 흰 옷들을 가지고 오게 하였다. 그러자 시종들은 왕자의 보고에 가서 흰 옷들을 가지고 왔고, 백성들이 보는 앞에서 진열하였다. 왕자는 백성들이 자신의 키와 크기에 맞는 옷들을 가져다가 입게 하였다. 그래서 사람들은 빛나고 깨끗한 세마포 옷(계 19:8)을 입었다.

그 옷을 입은 백성들을 보고 왕자는 다음과 같이 말하였다. "오, 인간 영혼이여, 이것은 내가 너희에게 하사하는 제복이며, 다른 종들과는 구별되는 표지, 즉 너희는 나의 것이라는 표지이다. 진실로 이 제복은 나에게 속한 모든 자들에게 하사하는 것이며, 이 옷이 없이는 그 누구도 나의 얼굴을 볼 수 없을 것이다. 그러므로 너희는 이 옷들을 준 나를 위해 이 옷을 입도록 하라. 그러면 너희가 내 백성인 줄 온 세상이 알게 될 것이다."

그 때 인간영혼이 얼마나 찬란히 빛났는지 여러분은 상상할 수 있겠는가? 인간영혼 마을은 마치 태양처럼 아름답고 달처럼 맑았으며 깃발을 든 군대처럼 대단하였다(아 6).

인간영혼 마을 사람들이 다른 백성들과 구별되는 점

왕자는 계속 말을 이어갔다. "나 외에 이 우주에 있는 그 어떤 왕자나 능력자나 권력자도 이런 제복을 하사한 적이 없다. 그러니 내가 앞서 말한 이 제복을 통해 너희가 내 백성인 줄 온 세상이 알게 될 것이다. 이제 나는 너희에게 나의 제복을 주었으니, 이 옷과 관련해 다음과 같은 명령을 내리겠다. 너희는 내 말에 귀를 기울여라. 첫째, 너희가 내 백성이 아닌 것처럼 다른 사람들에게 비쳐지지 않도록, 너희는 날마다 이 옷을 입어야 한다. 둘째, 너희는 언제나 이 옷을 깨끗이 해야 한다. 왜냐하면 이 옷이 더럽혀진다면 그것은 나를 욕되게 하는 것이기 때문이다(전 9:8). 셋째, 그러므로 너희는 이 옷에 허리띠를 차서 땅에 있는 흙이나 먼지들이 묻지 않도록 하라. 넷째, 너희는 이 옷을 잃어버려, 벌거벗고 다니면서 네 수치를 보이지 않도록 주의하라(계 3:2). 다섯째, 너희가 이 옷을 상하게 하거나 더럽게 한다면, 나는 너희의 이런 행동을 아주 불쾌하게 여기겠지만, 폭군 디아볼루스는 너희의 이런 행동을 기뻐할 것이다. 그러나 만약에라도 너희 옷이 더러워졌다면 너희는 신속히 나의 법에 기록된 대로 행하여, 나와 나의 보좌 앞에서 실족하지 말고 굳건히 서도록 하라(눅 21:36). 너희가 이렇게 해야 나는 이곳에서 너희를 떠나지 않고 버리지 않을 뿐 아니라, 이 인간영혼 마을에서 영원히 거하게 될 것이다"(계 7:15-17).

이제 인간영혼 마을과 마을 주민들은 임마누엘 왕자의 오른손에 쥐어진 옥새(玉璽)와 같은 존재가 되었다. 따라서 인간영혼 마을과 비교될 수 있는 마을이나 도시나 자치구역 같은 곳이 그 어디에 있을 수 있겠는가? 이 마을은 디아볼루스의 능력과 손아귀로부터 구원받은 마을, 즉 샤다이 왕이 사랑하여 그 극악무도한 소굴의 폭군으로부터 구해내기 위해 임마누엘 왕자를 보낸 마을이었다.

인간영혼의 영광스러운 상태

또한 진실로 이 마을은 임마누엘 왕자가 거하기를 좋아하여 자신의 보좌를 이 곳으로 정한 마을이었으며, 왕자가 친히 요새를 만들고 자신의 군대 병력으로 강하게 한 마을이었다. 내가 무슨 말을 더하겠는가? 이제 인간영혼 마을에는 가장 탁월한 왕자와 황금처럼 귀한 장군들과 병사들, 그리고 입증된 무기들과 눈처럼 흰 옷이 있었다. 이런 특권들은 결코 작다고 할 수 없는, 매우 큰 특권으로 여겨질 수밖에 없었다. 인간영혼 마을 사람들은 과연 이 특권들을 귀한 것으로 여기고, 이를 하사한 그분의 목적과 뜻을 계승 발전시킬 수 있을 것인가?

인간영혼 마을을 정비하는 일을 마친 후, 왕자는 이 일을 손수 행한 것에 대해 크게 기뻐하였을 뿐만 아니라, 이 일이 번창해가는 유명한 인간영혼 마을에 유익을 끼쳤다는 사실에 대해서도 기뻐하였다. 왕자는 이 큰 기쁨을 드러내 보이기 위해 백성들에게 명을 내려 깃발을 성벽 위에 꽂도록 하였다. 그 이후로도 왕자는 다음과 같은 일들을 행했다.

첫째, 왕자는 백성들을 자주 방문하였다. 하루도 빠짐없이 인간영혼 마을의 장로들은 왕자가 사는 궁으로 와서 그를 알현(謁見)하였고, 왕자도 그들을 찾아간 것이 분명하였다. 이제 백성들은 왕자와 함께 걸으면서, 그가 지금까지 행한 모든 위대한 일들 뿐 아니라, 인간영혼 마을을 위해 장차 행할 약속 등에 대해서도 함께 이야기를 나누었다(고후 6:16).

이해 시장과 자유의지 경

왕자는 종종 이해(Understanding) 시장, 자유의지 경, 정직한 보조 설교자인 양심 서기관과도 함께 걸으면서 대화를 나누었다. 오! 인간영혼 마을을 향한 이 복된 왕자의 행동이 얼마나 은혜롭고, 사랑스러우며, 예의 바르며, 온화한지 이루 말할 수 없을 정도였다. 왕자는 모든 거리, 정원, 과수원, 그리고 다른 곳들을 찾아갔으며, 특별히 가난한 자들이 왕자의 환대와 축복을 받았다.[12] 진실로 왕자는 이들에게 입을 맞추어 주었으며, 그들 가운데 아픈 이가 있다면 손을 얹어 안수하여 병을 낫게 해주었다. 왕자는 장군들에게도 날마다 찾아갔다. 진실로 어떤 때는 왕자의 임재와 훌륭한 말씀이 매 시간 그들의 용기를 북돋워 주었다. 여러분이 반드시 알아야 할 사실은 그들을 향한 왕자의 미소가 하늘 아래 있는 그 어떤 것보다 그들에게 많은 활력과 생명과 강인함을 주었다는 점이다.

또한 왕자는 그들에게 잔치를 베풀었다. 왕자와 함께하는 그들과의 잔치는 계속되었다. 일주일이 채 지나기도 전에 왕자와 그들 간에는 틀림없이 연회가 베풀어졌다(고전 5:8). 여러분은 앞에서 왕자가 인간영혼 마을에 처음으로 들어갈 때 잔치가 열렸다고 말한 것을 기억할 것이다. 그런데 지금 그들에게 잔치는 아주 일상적인 것이 되었다. 이제 인간영혼 마을에서는 매일이 잔칫날이었다.

왕자는 사람들이 집으로 돌아갈 때 빈손으로 돌려보내지 않았다. 그들이 반지[결혼의 증표]나 금목걸이[명예의 증표]나 팔찌[아름다움의 증표]나 백옥[용서의 증표]이나 그 외의 것들을 가지고 가게 하였다.[13] 그래서 인간영혼 마을은 왕자에게 아주 소중하고, 그의 눈에 매우 사랑스러운 존재가 되었다.

둘째, 장로들과 마을 사람들이 왕자를 알현하지 못할 때, 왕자는 그들에게 필요한 것들을 풍성히 공급하였다. 즉, 궁에서 가지고 온 고기와 부왕의 식탁을 위해 예비해 둔 포도주와 빵을 그들에게 보내 주었던 것이다. 진실로 왕자가 그들에게 준 것은 산해진미(山海珍味)들이었다. 그들은 그것으로 식탁을 차렸으며, 그 음식을 맛본 자들은 이구동성으로 그 어떤 나라에서도 이런 음식을 본 적이 없다고 솔직히 말하였다.

셋째, 왕자는 인간영혼 마을 사람들이 자주 자신을 찾아오기를 원하였다. 그들이 자주 왕자를 방문하지 못하기라도 하면, 왕자는 직접 그들을 찾아가 집 대문을 두드리며 들어가려고 하였다.

왕자는 자신과 그들 사이에 우호관계가 지속되기를 원했다.[14] 만일 그들이 집안에 있어서, 왕자의 음성을 듣고 그들이 하던 대로 그에게 문을 열어 주면, 왕자는 예전의 사랑을 다시 새롭게 하고, 새로운 증표와 지속적인 우애의 표시들로써 이 사랑을 확증해 주었다(계 3:20; 아 5:2).

한때 디아볼루스가 거처로 삼고 자기 부하들을 끌어들여 인간영혼 마을

---

12) 굶주린 생각들 — 원주
13) 결혼의 증표[당신을 만드신 분이 당신의 남편이다], 명예의 증표, 아름다움의 증표, 용서의 증표 — 원주

을 완전한 파멸로 이끈 바로 그 장소에서, 인간영혼 마을 사람들이 만왕의 왕자와 함께 앉아 먹고 마시며, 왕자의 모든 강한 장군들과 전사들과 나팔 부는 자들과 부왕의 노래하는 종들이 이들을 시중들기 위해 주위에 함께 서 있다니, 이런 광경을 지켜보는 것은 정말 놀라운 일이지 않은가!

인간영혼의 영광

이제 인간영혼의 잔은 흘러넘치고, 이 마을의 시내에는 달콤한 포도주가 흐르며, 인간영혼 마을 사람들은 기름진 밀과 반석에서 나오는 꿀(시 81:16)과 젖을 먹게 되었다! 그래서 인간영혼은 다음과 같이 말하였다. "그분의 선하심이 어찌 그리 큰지(슥 9:17, KJV)! 내가 그분의 눈 속에서 은혜를 보니, 내가 입은 은혜가 얼마나 큰지!"

복되신 왕자는 이 마을에 새로운 관리를 세웠다. 그는 훌륭한 인품을 지닌 자로 그의 이름은 하나님의 평강 씨(Mr. God's-peace, 골 3:15)였다. 이 사람은 자유의지 경, 시장, 보조 설교자인 양심 서기관, 그리고 마음 씨(Mr. Mind) 등을 다스릴 뿐만 아니라, 인간영혼 마을의 모든 토박이들까지 다스렸다. 하나님의 평강, 이 사람은 마을의 토박이가 아니라, 샤다이 왕의 궁에서 임마누엘 왕자와 함께 마을로 온 자였다. 그는 신뢰 장군(Captain Credence)과 선한 소망 장군(Captain Good-hope)과도 잘 알고 있었다. 어떤 사람은 이들이 서로 친척이라고도 말하는데, 내 생각도 그러하다(롬 15:13). 내가 말한 바와 같이, 이 사람은 특별히 성을 포함하여 마을 전체를 다스렸으며, 신뢰 장군이 이 성에서 그를 도왔다. 내가 마을을 자세히 살펴보니, 다정한 본성을 지닌 이 신사가 다스리는 동안, 인간영혼은 만사가 형통하였으며 마을은 가장 행복한 상태를 유지하였다. 이제 인간영혼 마을에는 그 어떤 불화나 비난이나 간섭이나 부정한 일들이 없었다. 인간영혼 마을의 모든 사람들은 자기 일에 최선을 다하였다. 귀족, 관리, 병사 등 각계각층의 모든 사람들이 자기 자리에서 질서

14) 방황하는 생각들의 위험 — 원주

를 지켰다.

거룩한 개념들과 선한 생각들

마을의 여인들과 아이들도 노래하며 일하면서 자신이 해야 할 일들을 기쁜 마음으로 감당하였다. 그들은 아침부터 밤까지 노래하며 일했다. 그래서 인간영혼 마을 전역에는 화합, 정숙, 기쁨, 활력만이 흘러넘치고 있다. 이런 상태는 여름 내내 계속되었다.

제12장

임마누엘 장군이
근심하게 된 경위

내용 — 육신의 안락이 마을을 장악하자 임마누엘 왕자와 마을 주민들 간에 냉기가 흐르다. 이 일로 왕자가 격분하여 은밀히 마을을 떠나다 — 왕자가 마을을 떠난 것을 눈치 챈 하나님 경외가 육신의 안락 씨를 멸하도록 사람들을 선동하다 — 이제 인간영혼 마을을 되돌릴 조치들이 논의되다

그런데 당시 인간영혼 마을에는 한 사람이 살고 있었다. 바로 육신의 안락 씨(Mr. Carnal-security)라는 이름을 가진 자였다. 임마누엘 왕자가 자치 마을에 베풀어준 그 모든 은혜에도 불구하고, 육신의 안락이라는 이 사람으로 인해 인간영혼 마을은 다시 극심하고 비참한 구속과 속박에 빠져들게 되었다. 그가 어떤 사람인지, 그리고 어떤 일을 했는지 간단히 설명하면 다음과 같았다.

디아볼루스가 처음에 인간영혼 마을을 장악할 때, 그는 자신과 비슷한 성정(性情)을 가진 많은 자들을 부하로 삼고 마을로 데리고 왔다. 그 부하들 중에는 독단적인 자만 씨(Mr. Self-conceit)라는 이름을 가진 사람이 있었는데, 이 사람은 인간영혼 마을을 점령할 당시의 다른 병사들과 마찬가지로 역동적이었지만 그 중에도 활발하기로 유명한 자였다.

이 사람이 지닌 남다른 적극성과 담대함을 알아챈 디아볼루스는 필사적인 계획들을 그에게 많이 맡겼다. 그 때마다 그는 일들을 잘 감당하여, 악의 소굴에서부터 함께한 다른 부하들보다 더욱더 그의 주인인 디아볼루스를 기쁘게 하였다. 독단적인 자만이야말로 자신이 주도한 계획에 적임자라는 것을 알게 된 디아볼루스는 그를 총애하여 위대한 자유의지 경의 다음 자리에 앉혔다. 자유의지 경에 대해서는 우리가 아주 예전에 언급한 부분을 참고하라. 상황이 이렇게 되자 그 당시 자유의지 경도 독단적인 자만 씨와 그가 이룬 업적들을 기뻐하며, 아무것도 두려워하지 않는 부인(Lady Fear-nothing)이라는 이름의 자기 딸을 그에게 아내로 주었다. 이렇게 하여 아무것도 두려워하지 않는 부인과 독단적인 자만 씨 사이에서 태어난 아들이 바로 육신의 안락(Mr. Carnal-security)이었다.

육신의 안락의 혈통

당시 인간영혼 마을에는 아주 이상한 여러 유형의 잡혼들이 성행했기 때문에, 어떤 경우에는 누가 토박이인지 아닌지조차 구별하기 어려웠다. 육신의 안락 씨 경우만 보더라도 어머니 쪽으로는 마을 토박이인 자유의지 경의 혈통으로 태어났지만, 본성적으로는 디아볼루스의 부하인 자기 아버지를 닮았기 때문이다.

이런 배경으로 태어난 육신의 안락은 자기 아버지와 어머니를 아주 많이 닮아 있었다. 다시 말해 그는 독단적으로 자만하였으며, 아무것도 두려워하지 않았다. 또한 그는 아주 바빴는데, 인간영혼 마을에서 떠도는 어떤 소식이나 가르침이나 변화나 변경된 말 등 그 어떤 것에 대해서도 그는 그 내막을 처음부터 끝까지 분명하게 알고 있었다.

육신의 안락은 항상 제일 강한 자들의 편에 섰다

마을에서 일어나는 일들 가운데 그가 모르고 있는 일은 하나도 없었던 것이 분명했다. 또한 그는 자기가 보기에 아주 연약하다고 판단한 자들은 무시했으며, 자기가 생각하기에 제일 강한 편에 속한 것으로 판단한 자들과 항상 함께 했다. 이것이 바로 그가 살아가는 방식이었다. 전능한 샤다이 왕과 그의 아들인 임마누엘 왕자가 인간영혼 마을을 탈환하기 위해 전쟁을 할 때, 육신의 안락 씨는 마을 사람들 사이에서 큰 일을 하였다. 즉, 마을 사람들이 완악해지도록 그들의 마음을 충동질하여 샤다이 왕의 군대에 저항하도록 했던 것이다. 그러다가 인간영혼 마을이 점령을 당해 영광스러운 임마누엘 왕자의 소유로 넘어가게 된 것과, 디아볼루스의 최후의 모습, 즉 사람이 받을 수 있는 가장 큰 경멸과 조롱을 받으면서 자신의 보금자리였던 그 성에서 쫓겨나는 모습과, 인간영혼 마을이 임마누엘 왕자의 장군들과 전쟁 무기들과 병사들과 군수 물자들로 가득 채워지는 모습을 보고서, 그는 교활하게도 자신의 입장을 백팔십도 바꾸었다. 그는 과거에 선한 왕자를 대적하여 디아볼루스를 섬겼지만, 이제는 디아볼루스를 원수로 삼고 임마누엘 왕자를 섬기는 척 가장하였다.

그는 임마누엘 왕자가 마지막까지 행한 일들을 수박 겉핥기식으로 대강 살펴보았다. 그러고는 감히 용기를 내어 마을 사람들과 사귀면서 그들과 대화까지 나누려고 하였다. 임마누엘 왕자의 수중에서 인간영혼 마을이 이제 힘과 권력을 가진 대단한 마을이 되었다는 사실과, 이 마을의 능력과 영광을 소리 높여 칭송하기만 하면 이 백성들은 기뻐할 수밖에 없다는 사실도 그는 알게 되었다.

육신의 안락 씨가 마을에서 영향력을 끼치기 시작하게 된 경위

그래서 그는 인간영혼 마을의 강한 능력들과 관련된 말을 서두로 하여, 인간영혼 마을은 이제 난공불락의 마을이 되었다고 확신에 차서 말하였다. 그는 임마누엘 왕자의 장군들과 그들의 투석기와 파성퇴(破城槌)를 칭송하고는, 그들이 만들어 놓은 성채와 요새에 대해서도 소리 높여 칭찬하였다. 그는 마지막으로 그들의 왕자께서 "인간영혼이여 영원히 행복할지어다"라고 하신 그 확실한 말씀도 찬양하였다. 마을 주민들 가운데 일부가 자기가 하는 말에 현혹되어 관심을 보이자, 그는 이 거리 저 거리를 돌아다니며 이집 저집을 찾아가 이 사람 저 사람을 만나는 것을 자기 일로 삼았다. 마침내 인간영혼 마을 사람들은 그가 부는 피리 소리를 따라 춤을 추면서 육신의 안락을 추구하게 되었다. 처음에는 이야기를 나누는 것에서 시작하더니, 이제는 잔치를 벌이고, 잔치에서 시작된 연회는 오락으로 변하였다. 이런 식으로 오락은 쾌락을 추구하는 또 다른 것으로 확대되어 갔다. 그 때도 임마누엘 왕자는 여전히 인간영혼 마을 안에 계셨다. 왕자는 이들이 행하는 것들을 유심히 지켜보고 계셨다. 시장, 자유의지 경 그리고 서기관까지 수다쟁이인 이 디아볼루스 부하의 말에 완전히 속아 넘어갔다. 그들은 왕자가 예전에 그들에게 하신 말씀, 즉 디아볼루스의 부하들이 부리는 교활한 술수에 넘어가지 말라고 한 경고의 말씀을 잊어버렸던 것이다.[1]

왕자는 과거에 다음과 같은 말씀도 하셨다. "지금 번창해 가고 있는 이 인간영혼 마을의 안전은 현재 마을에 있는 요새나 병력에 달린 것도 아니고, 마을에 있는 어떤 것들을 잘 활용하는 정도에 달린 것이 아니라, 오로지 나 임마누엘 왕자가 마땅히 이 성 안에 머물러 있는지 그러지 않은지에 따라 좌우된다."

그들은 왕자의 이 말씀도 잊고 있었다. 임마누엘 왕자가 가르쳐준 바른 가르침 속에는 인간영혼 마을이 부왕인 샤다이 왕의 사랑과 왕자의 사랑을 잊지 않도록 주의하고, 계속해서 그 사랑 안에 거할 수 있도록 스스로 처신할 것을 명한 말씀도 있었다. 하지만 그들은 왕자가 명한 방식대로 하지 않았다. 그들은 일개 디아볼루스의 부하인 육신의 안락 씨 같은 자와 사랑에 빠져 그의 코에 이끌려[2] 이리저리 끌려 다녔다. 사실 그들은 왕자가 하신 말씀을 듣고, 왕자를 경외하고 사랑하여, 이 사악한 놈을 돌로 쳐 죽이고 나서, 왕

[1] 현재의 위험들이 지속되고 있는 것은 은혜를 받은 것이 아니라, 은혜를 받은 것처럼 보이는 것이다 — 원주
[2] 'Led by the nose', 어떤 강한 냄새를 발견하고는 냄새의 출처를 알아보지도 않고 아무 저항 없이 끌려가는 모습 — 원주

자가 명한 길을 걸을 수 있도록 주의해야 했다. 그렇게 했다면 그들의 평강
은 강처럼 흘렀을 것이며, 그들의 의는 바다 물결 같았을 것이다.

　육신의 안락 씨의 계략에 빠져 인간영혼 마을 사람들의 마음이 냉담해지
고, 그들의 실제적인 사랑이 식은 것을 임마누엘 왕자도 알게 되었다.

임마누엘 왕자가 인간영혼을 바라보며 슬퍼하다

　먼저 왕자는 그들을 불쌍히 여기고, 그들의 상태를 대신(大臣, Secretary)과
함께 슬퍼하였다. "오, 내 백성이 나의 말을 청종하고, 내 길을 따랐더라면!
나는 그들에게 기름진 밀과 반석에서 나오는 꿀(시 81:16)을 먹였을 텐데"라
고 왕자는 말하였다. 그러고는 심중에 다음과 같이 말하였다. "이제 끝이 났
다. 인간영혼 마을 사람들이 잘못을 깨닫고 인정하기까지 나는 궁으로 돌아
가, 내 자리에 있을 것이다."

　왕자가 그런 생각을 하며 그들을 떠난 주된 이유는 인간영혼 마을 사람들
이 그를 거부하였기 때문이다.

인간영혼이 다시 타락하게 된 경위

　그 이유들을 상세히 열거하면 다음과 같다. 첫째, 그들은 예전처럼 왕자
를 알현하지도 않았고, 왕자의 궁에 오지도 않았다. 둘째, 그들은 왕자가 그
들을 찾아오든 말든 전혀 신경 쓰지 않았고 관심도 없었다. 셋째, 왕자와 그
들 사이에 항상 있어 왔던 애찬(love-feasts)을 왕자는 계속해서 베풀고 거기에
그들을 초대했지만, 그들은 그 애찬에 나아오는 것을 무시했으며 그 잔치를
좋아하지도 않았다. 넷째, 그들은 왕자의 조언을 기대하지 않았고, 오히려
스스로 확신에 차서 방자하게 행하기 시작하였다. 그러다가 그들은 급기야
다음과 같은 결론을 내렸다. 즉, 그들은 강하여 무적의 용사들이 되었으므
로, 이제 인간영혼 마을은 그 어떤 원수도 넘볼 수 없는 안전한 곳이 되었으
며 이 상태는 결코 변함없이 영원하리라고 생각하였다.

　앞서 언급한 바와 같이 임마누엘 왕자는 인간영혼 마을이 육신의 안락 씨

의 꼬임에 빠져, 자신과 자신의 아버지인 샤다이 왕을 의지하지 않을 뿐 아니라, 그들에게 베풀어 준 은혜마저 저버린 것을 알게 되었다. 먼저 왕자는 그들의 이런 모습을 보고 슬퍼하였다. 그러고 나서는 그들이 지금 위험한 길로 나아가고 있다는 사실을 그들에게 이해시킬 수 있는 방법을 강구하였다. 왕자는 최고 대신 경(Lord High Secretary)을 그들에게 보내어 그 길로 가지 말 것을 명하였다.

최고 대신 경은 그들을 두 번씩이나 찾아갔지만 그때마다 그들은 육신의 안락 씨의 거실에서 저녁을 먹고 있었다. 최고 대신 경은 그들이 자신들의 유익과 관련된 문제인데도 그에 대해 논의하고자 하는 마음이 전혀 없음을 알아차렸다. 그래서 그는 슬퍼하며 돌아갔다. 그가 이 사실을 임마누엘 왕자에게 고하자, 왕자도 화를 내며 슬퍼하였다. 그러고 나서 왕자는 아버지의 궁으로 돌아갈 채비를 하였다.

인간영혼 마을 사람들이 성령과 그리스도를 근심하게 하다

앞에서 말한 바와 같이, 이제 그들을 떠날 채비를 하는 왕자의 모습은 다음과 같았다. 첫째, 비록 왕자가 그들과 함께 인간영혼 마을에 있었지만, 그는 마을 사람들과 다소 거리를 두면서 예전보다 조금 외딴 곳에 계셨다.[3] 둘째, 비록 왕자가 그들과 교제를 나누긴 하였지만, 예전처럼 친밀하고 즐겁게 말씀하지는 않으셨다. 셋째, 왕자는 예전에 하던 것처럼 자신의 식탁에 있는 산해진미(山海珍味)들을 인간영혼 마을 사람들에게 보내지 않으셨다. 넷째, 그래도 마을 사람들은 이따금씩 왕자를 찾아왔다. 하지만 왕자는 예전처럼 그들과 편하게 대화하지 않으셨다. 예전에는 마을 사람들이 왕자가 있는 궁의 문을 한번만 두드려도 왕자는 누군가 하며 내다봤지만, 이제는 문을 두 번이나 두드려도 누가 왔는지 전혀 내다보지 않는 듯하였다. 예전에는 마을 사람들의 발자국 소리만 들려도 뛰어나가 그들을 반기며 가슴으로 그들

3) 그리스도께서는 단번에 즉시 떠나지 않으신다 — 원주

을 안아주던 왕자였지만, 지금은 그러지 않으셨다.[4]

임마누엘 왕자가 이런 모습을 보인 것은 마을 사람들이 자신들의 모습에 대해 생각하고 왕자에게 되돌아오도록 하기 위함이었다. 그러나 너무나 슬프게도! 그들은 자신들에 대해 생각하지도 않았으며, 왕자의 의도를 알아보지도 않았다. 그들은 관심도 없었고, 왕자의 배려에 감동하지도 않았으며, 예전에 왕자가 베풀어준 은혜에 대해서도 바르게 기억하지 못했다. 그래서 왕자는 인간영혼 마을 사람들이 자신들의 죄를 뉘우치고 왕자의 얼굴을 간절히 구할 때까지(호 5:15), 우선 자신의 궁을 떠나 마을 문으로 은밀히 물러나 있을 수밖에 없었다.[5]

하나님의 평강 씨(Mr. God's-peace)도 자기 일에서 물러나, 인간영혼 마을의 실무에 더 이상 관여하지 않았다(겔 11:21).

이런 식으로 마을 사람들이 왕자의 바람과는 정반대로 행동하자, 왕자도 그들에게 앙갚음하는 식으로 그들을 대항하였다(레 26:21-24). 그런데 더욱 슬픈 일이 벌어졌다! 즉, 상황이 이렇게 흘러가자 이번에는 마을 사람들이 제멋대로 완악해져 육신의 안락 씨가 일러주는 말에 빠져, 왕자가 그들을 떠났는데도 전혀 충격을 받지 않았으며, 언제 왕자가 떠났는지 알지도 못했다. 당연히 그들은 왕자가 그들과 함께 계시지 않는 것에 대해 슬퍼하지도 않았다(렘 2:32).

왕자가 떠난 후 어느 날, 노신사인 육신의 안락 씨는 인간영혼 마을 사람들을 위해 잔치를 베풀었다.

하나님 경외 씨를 대상으로 한 속임수

당시 마을에는 하나님 경외 씨(Mr. Godly-fear)라는 사람이 있었다. 그는 예전에는 사람들로부터 많은 각광을 받았지만 지금은 무시를 받는 자였다. 늙

---

4) 그들을 사랑하는 왕자의 모습 — 원주
5) 그들을 떠나버린 왕자 — 원주

은 노인인 육신의 안락은 마을 대부분의 사람들을 속여서 타락시켰던 것처럼, 가능하다면 하나님 경외 씨도 속여서 타락시킬 심산이었다. 그래서 이웃들과 함께 하나님 경외 씨도 잔치에 초대했다. 마을 사람들을 위해 마련된 잔칫날이 되자, 초대받은 다른 사람들과 함께 하나님 경외 씨도 이 잔치에 모습을 드러냈다. 모두들 식탁에 앉아 먹고 마시며 즐거워하는데, 유독 하나님 경외 씨만은 그러지 않았다. 하나님 경외 씨는 마치 낯선 사람처럼 앉아서, 먹지도 않고 기뻐하지도 않았다. 이를 육신의 안락 씨가 눈치 채고는 즉시 그에게 다음과 같이 말했다.

육신의 안락 씨와 하나님 경외 씨 간의 대화

육신의 안락. 하나님 경외 씨, 어디 불편하십니까? 제가 보기에 몸이나 마음 어느 한 곳이, 아니면 몸과 마음 둘 다 좋지 않아 보입니다. 제게는 망선 씨가 만든 강심제(强心劑)가 있습니다. 그것을 한 모금만 마셔도 몸이 개운해지고 기분도 한결 좋아질 것입니다. 그러면 우리와 함께 이 잔치를 좀 더 재미있게 즐길 수 있을 것입니다.

이에 대해 선한 노(老) 신사는 다음과 같이 신중하게 대답하였다.

하나님 경외. 육신의 안락 씨, 당신이 베풀어 준 호의와 배려에 먼저 감사드립니다. 하지만 당신의 강심제는 필요 없을 것 같습니다. 그 대신 이 곳에 모인 인간영혼 마을의 토박이들, 다시 말해 당신처럼 이 마을의 장로들과 주요 인사들에게 한 마디 하고 싶은 말이 있습니다. 지금 인간영혼 마을은 처참하기 그지없는 상황인데도, 여러분은 즐겁게 왁자지껄 떠들고 있다니, 제 눈에는 그저 이상하게 보일 뿐입니다.

그러자 육신의 안락 씨가 말하였다.

육신의 안락. 선한 선생, 아무래도 당신에게는 잠이 필요한 것 같습니다. 자, 여기 누워 잠시 눈을 붙이면, 틀림없이 기분이 좋아질 것입니다. 그동안 우리는 계속해서 즐거운 시간을 보내겠습니다.

이 말에 대해 선한 사람은 다음과 같이 말하였다.

육신의 안락 잔치에서의 하나님 경외 씨

하나님 경외. 선생, 만약 당신에게 조금이라도 정직한 마음이 남아 있다면, 당신이 지금까지 해온 그런 일들을 앞으로는 할 수 없을 것입니다.

육신의 안락이 짧게 말하였다.

육신의 안락. 뭐라고요?

하나님 경외. 원하건대 내가 하는 말을 중간에 끊지 말기를 바랍니다. 인간영혼 마을이 강해진 것은 사실입니다. 이 마을이 난공불락의 마을이 된 것도 사실이고요. 하지만 인간영혼 마을 사람들, 바로 여러분이 이 마을을 약화시키고 있습니다. 지금도 원수들은 이 마을을 호시탐탐 노리고 있습니다. 지금은 우쭐할 때도 아니며 침묵하고 있을 때도 아닙니다. 육신의 안락 씨, 교활하게 인간영혼 마을을 유린하고 마을의 영광을 찬탈한 자가 바로 당신입니다. 당신이 마을의 망루들을 무너뜨리고, 마을 문들을 부수었으며, 마을 문에 채워져 있던 자물쇠와 빗장들을 훼손하였습니다.

이제 이 말들이 무슨 말인지 내가 설명하겠습니다. 선생, 당신 같은 인간영혼 마을의 귀족들이 막강한 힘을 가지게 된 그 때부터, 또한 강해진 인간영혼 마을이 임마누엘 왕자를 불쾌하게 하던 그 때부터, 왕자께서는 자리에서 일어나 우리 곁을 떠나셨습니다.[6] 혹시 지금 내가 하는 말의 진실성을 의심하는 자가 있다면, 나는 다음과 같은 질문들로 그에게 대답할 것입니다. 지금 임마누엘 왕자는 어디에 있습니까? 인간영혼 마을 주민들이 그분을 알현한 때가 언제입니까? 여러분이 그분의 음성을 듣고, 그분이 주시는 진수성찬을 조금이라도 맛본 때가 언제입니까? 지금 여러분은 디아볼루스의 부하인 이 괴물 같은 자와 함께 잔치를 벌이고 있습니다. 하지만 디아볼루스는 여러분이 섬겨야 할 왕이 아닙니다. 이제 저는 여러분에게 말씀드립니다. 지금까지 마을 밖에 있는 원수들은 여러분을 집어삼킬 수 없었습니다. 하지만 이제 여러분은 여러분의 왕인 임마누엘 왕자를 대적하여 죄를 지었

6) "멸망에 앞서 교만이 떠나가며, 넘어짐에 앞서 거만한 영이 있느니라"(잠 16:18 KJV) — 원주

으므로, 마을 안에 있는 여러분의 원수들이 여러분을 가혹하게 대할 것입니다. 여러분은 이 사실을 명심하십시오.

그러자, 육신의 안락 씨가 말하였다.

육신의 안락. 젠장, 빌어먹을! 하나님 경외 씨, 쓸데없는 소리 집어 치우시오. 당신은 언제까지 그 소심한 마음을 버리지 못할 참입니까? 당신은 참새가 짹짹 하며 우는 소리도 무서워하지 않습니까? 도대체 누가 당신을 해친단 말입니까? 생각해 보십시오. 나는 당신 편입니다. 우리의 현 상황에 대해 오직 당신만 의심할 뿐, 나는 이 상황을 아주 낙관적으로 보고 있습니다. 게다가 지금이 슬퍼해야 할 때입니까? 신나게 즐기기 위해 마련된 잔치에서 당신은 마음껏 먹고 마시고 흥겨워하기는커녕, 뜬금없이 아주 우울한 얘기를 꺼내다니, 이런 당신의 행동은 당신에게는 창피한 일이며 우리에게는 짜증나는 일입니다. 그렇게 생각하지 않습니까?

이에 하나님 경외 씨가 다시 말하였다.

하나님 경외. 임마누엘 왕자가 인간영혼 마을을 떠나셨으니, 제가 슬퍼하는 것은 당연한 일입니다. 다시 말하지만 그분은 떠나셨습니다. 그분을 쫓아낸 사람은 바로 당신입니다. 사실 그분은 떠나시면서 인간영혼 마을의 귀족들에게도 자신이 떠난다는 것을 알리지 않으셨습니다. 이것은 그분이 화가 나셨다는 표시가 아니겠습니까? 그분의 선한 뜻이 무엇인지 저는 잘 모르겠습니다.

인간영혼의 장로들을 향한 하나님 경외 씨의 연설

저는 지금 이 마을의 여러 귀족들과 신사들에게 말씀드립니다. 사실 지금까지 제가 드린 말씀도 여러분을 향한 것이었습니다. 어쨌든 여러분이 임마누엘 왕자를 서서히 멀리하면서, 그분을 화나게 하였기 때문에 그분의 마음도 서서히 여러분에게서 떠났습니다. 그분은 여러분을 떠나시기까지 시간적 여유를 여러분에게 주셨습니다. 그것은 혹시라도 여러분이 그분의 마음을 알아차리고 스스로 겸손해져서 다시 새로워지기를 그분께서 바라셨기 때문입니다. 이러한 배려에도 불구하고 아무도 왕자에게 관심을 갖지 않았고, 아무도 그분의 분노와 두려운 심판에 대해서 생각하지 않았습니다. 마을 사람들의 이런 반응을 보신 왕자는 급기야 이곳을 떠나셨습니다. 그분께서 마을을 떠나시는 것을 저는 두 눈으로 똑똑히 보았습니다. 지금처럼 이렇게 여러분이 자만해 우쭐해하는 동안, 여러분은 마치 어깨 근방까지 길게 드리워져 너풀거리던 자기 머리털을 잃은 사람[7]처럼 되었습니다. 아마도 여러분은 여러분에게 잔치를 베푼 연회장과 함께 이 잔치를 흥겹게 즐기고, 잔치가 끝난 다음 다른 시간에 왕자를 위해 무언가를 해보기로 결론을 내렸을 수 있습니다. 하지만 이것만은 알아두십시오. 여러분은 왕자 없이는 아무것도 할 수 없습니다. 왕자는 여러분을 떠나셨습니다. 그러므로 여러분은 이 잔치를 탄식의 장으로 바꾸고, 시시덕대는 여러분의 웃음소리를 애통으로 바꾸십시오.

그 때 보조 설교자이며 예전에 인간영혼의 서기관이었던 양심이라는 노인이 하나님 경외 씨의 말을 듣고서, 깜짝 놀라며 다음과 같은 말로 앞서 말한 하나님 경외 씨의 말을 이어갔다.

양심. 진실로 나의 형제들이여, 삼가 말하건대 이 하나님 경외 씨는 우리에게 사실을 말해 주었습니다. 제 경우를 말하자면, 저 역시 오랫동안 왕자님을 알현하지 못했습니다. 그분을 언제 뵈었는지 기억조차 나지 않습니다. 저도 하나님 경외 씨의 질문에 대해 할 말이 없습니다. 하지만 제가 분명히 말할 수 있는 것은 이제 인간영혼 마을이 완전히 멸망하지 않을까 하는 두려운 마음뿐이라는 것입니다.

하나님 경외. 그렇습니다. 제가 알기로 왕자는 이미 우리를 완전히 떠나셨기 때문에 여러분은 이제 그분을 마을에서 찾을 수 없을 것입니다. 진실로 장로들의 허물, 즉 그분이 베풀어 주신 은혜를 매정하게 대한 그들 때문에 왕자는 우리를 떠나셨습니다.

---

7) 삼손을 가리킨다. 사사기 16장을 보라 — 원주

연회에 참석한 모든 이들이 놀라 혼비백산하다

하나님 경외 씨의 말이 끝나자, 보조 설교자는 연회장의 식탁 위에 쓰러져 마치 죽은 사람처럼 일어나지 못했다. 그러자 집 주인인 육신의 안락 씨를 제외한 거기 있던 모든 자들의 얼굴이 핏기 없이 창백해지기 시작했다. 하지만 얼마 후 그들은 다시 정신을 차렸다. 그러고는 하나님 경외 씨와 그가 한 말에 서로 동의하고서 어떻게 하는 것이 최선의 행동일지 논의하기 시작했다.

그러자 이런 침울한 행동들을 못마땅하게 여긴 육신의 안락 씨는 응접실로 들어가 버렸다. 사람들은 자신들을 악으로 이끈 그 집 주인을 어떻게 처리할지, 그리고 임마누엘 왕자의 사랑을 어떻게 하면 회복할 수 있을지, 이 두 문제에 대해 논의했다.

그러던 중 그들의 왕자가 했던 말이 그들의 마음에 아주 뜨겁게 되살아났다. 즉, 왕자는 이 인간영혼 마을을 속이려는 거짓 선지자들이 일어날 테니 그런 자들을 엄히 다스리도록 명령하셨던 것이다.

그들은 논의 끝에 잔치를 베푼 연회장의 집을 불태워버렸다

그래서 그들은 육신의 안락 씨를 사로잡아, 그가 거짓 선지자임이 분명하다고 결론짓고, 그와 그의 집을 함께 불태워 버렸다. 왜냐하면 그는 태생적으로 디아볼루스의 부하였기 때문이다.

이렇게 일이 일단락된 후, 그들은 급히 임마누엘 왕자를 찾았다. 그들은 그분을 찾아 헤맸지만, 그들은 그분을 찾지 못했다(아 5:6). 그제야 비로소 그들은 하나님 경외 씨가 한 말이 사실임을 더욱 확신하면서, 너무 사악하고 경건하지 못했던 자신들의 행동을 심각하게 반성하기 시작했다. 왜냐하면 그들은 왕자가 떠난 것이 그들 자신 때문이라는 결론을 내렸기 때문이다.

자신들의 잘못을 깨달은 그들은 한 마음으로 대신 경(Lord Secretary)을 찾아갔다. 사실 이전까지 그들은 그의 말을 듣고자 하지 않았고, 그들의 행동으로 그의 마음을 슬프게 하였다. 하지만 이제는 임마누엘 왕자가 어디 계신지 알기 위해 그를 찾아갔던 것이다. 왜냐하면, 이 대신 경은 선견자로서, 임마누엘 왕자가 어디 계신지를 그들에게 말해줄 수 있을 뿐 아니라, 어떻게 하면 왕자에게 직접 간구할 수 있는지 그 방법도 알고 있었기 때문이다.[8] 그러나 대신 경은 그들이 이런 문제로 자신과 논의하는 것을 허락하지 않았으며, 그들이 자신이 거하는 왕궁에 들어오는 것도 허락하지 않았다. 또한 그들 앞에 나아가 자신의 지혜를 베풀기는커녕, 자신의 얼굴도 보여주지 않았다(사 63:10; 엡 4:30; 살전 5:13).

그리하여 이제 인간영혼 마을은 우울하고 어두운 날, 짙은 암흑의 구름이 낀 날들을 보내게 되었다. 그들은 자신들이 얼마나 어리석은지를 깨달았으며, 육신의 안락 씨가 행한 감언이설과 그와 함께한 교제가 어떤 것이었는지, 그리고 으스대는 그의 말들이 불쌍한 인간영혼 마을에 얼마나 치명적인 해를 끼쳤는지 알게 되었다. 하지만 그들은 이번 일로 자신들이 얼마나 큰 희생을 치러야 하는지에 대해서는 전혀 모르고 있었다. 이제 다시 하나님 경외 씨는 인간영혼 마을 사람들로부터 명성을 얻기 시작했다. 진실로 그들은 하나님 경외 씨를 한 사람의 선지자로 기꺼이 존경하였다.

안식일이 되자 그들은 보조 설교자인 양심 씨의 설교를 들으러 갔다. 그날 그의 설교는 마치 천둥과 번개가 내리치는 것처럼 얼마나 대단했는지 모른다![9] 그가 전한 설교 본문은 요나서에 기록된, "거짓되고 헛된 것을 숭상하는 모든 자는 자기에게 베푸신 은혜를 버렸사오나"(욘 2:8)라는 말씀이었다.

그 설교에는 대단한 능력과 권위가 있었으며, 그 날 설교를 들은 백성들의 얼굴에는 낙담한 빛이 역력하였다. 그런 설교는 지금까지 좀처럼 들어보지 못한 것이었다. 설교가 끝났지만 사람들은 도저히 집으로 갈 수 없었다. 설교를 들은 지 한 주가 지났지만 그들은 일터로 나갈 수 없었다. 그들은 그 설교로 너무 세게 매를 맞은 것 같았으며, 그렇게 매를 맞아 병이 생길 정도로

8) 그들은 자원하는 마음으로 성령님께 문의하였지만, 그분은 이루 말할 수 없을 정도로 슬퍼하셨다 — 원주
9) 우레 같은 설교 — 원주

그 설교는 강력한 힘이 있었다. 그래서 그들은 어떻게 해야 할지 몰랐다(호 5:13).

그 설교자는 인간영혼 마을 사람들의 죄만 들춰낸 것이 아니라, 자신이 지은 죄로도 그들 앞에서 두려워 떨었다. 그는 그들에게 설교하면서 다음과 같이 외쳤다. "나는 얼마나 불행한 사람인지 모릅니다! 나는 얼마나 사악한 일들을 저질렀는지 모릅니다! 나는 이곳에서 아무런 생각 없이 술주정뱅이로 살면서 죄된 일에서는 둘째가라고 하면 서러워할 사람들 중의 하나였습니다. 이런 나를, 임마누엘 왕자께서는 자신의 법을 이 인간영혼 마을 사람들에게 가르치는 한 사람의 설교자로 세워 주셨습니다. 제가 이런 죄악들을 대적해 울부짖어야 했지만, 저는 인간영혼 마을 사람들이 죄악에 빠져 들어가는 것을 방치하였습니다. 이로써 마침내 우리는 임마누엘 왕자를 마을 언저리로 내쫓았던 것입니다." 그는 이런 말을 하면서 인간영혼 마을의 모든 귀족들과 유지들을 책망하였다. 그래서 그들은 거의 미칠 지경이 되었다(시 88).

인간영혼 마을에 퍼진 역병

그즈음 인간영혼 마을에는 큰 역병이 돌아서, 주민들 대부분이 큰 고통을 겪었다. 진실로 장군들과 병사들마저 오랫동안 질병에 시달려 기력이 쇠하였다. 설령 원수들이 쳐들어온다 해도, 그들에게는 원수들을 맞서 싸울 의지조차 없었다. 이런 사정은 마을 사람들이나 전장(戰場)의 장군들이나 매한가지였다. 오, 얼마나 많은 자들이 창백한 얼굴과 축 늘어진 손과 힘없는 무릎으로 비틀거리면서 인간영혼 거리를 배회하고 있었는지 모른다. 이런 모습은 이제 이 마을에서 흔하게 볼 수 있었다. 여기저기에서 신음소리와 숨을 헐떡이는 소리가 끊이지 않았으며, 한쪽 구석에는 인사불성(人事不省)인 자들도 있었다(히 12:12-13; 계 3:2).

또한 임마누엘 왕자가 그들에게 하사한 옷은 눈으로 보기에 민망할 정도가 되어버렸다. 어떤 옷은 해졌고 어떤 옷은 찢어져, 모두 불결한 상태였다. 어떤 사람들은 이 옷을 대충 아무렇게나 입고 다녀서 숲을 지날 때면 거의 벗겨질 정도였다(사 3:24).

이렇게 침울한 기간이 어느 정도 지나자, 보조 설교자는 금식일을 선포하여, 위대한 샤다이 왕과 그의 아들을 대적한 그들의 사악한 행동에 대해 스스로 겸비토록 하였다. 또한 그는 보아너게 장군이 설교해 주기를 바랐다.

인간영혼 마을 사람들을 대상으로 보아너게 장군이 설교하다

보아너게 장군이 그의 청에 동의하고, 설교하기로 정해진 날이 이르자, 그는 "찍어 버리라 어찌 땅만 버리게 하겠느냐?"(눅 13:7)라는 말씀을 본문으로 삼아, 가슴을 후벼 파는 것 같은 듣기에 고통스러운 설교를 하였다. 먼저 그는 주님께서 이 말씀을 하게 된 이유를 말하였다. 즉, 무화과나무에서 열매를 구하되 얻지 못하였기 때문에 주님께서 이런 말씀을 하셨다는 사실을 전한 후, 이 말씀이 포함하고 있는 의미들을 설명했다. 즉, 회개하지 않으면 완전히 멸망하게 된다는 것을 전했던 것이다. 그리고 나서는 누구의 권위로 이 말씀이 선포되었는지, 다시 말해 샤다이 왕의 권위로 이 말씀이 선포되었음을 그들에게 전했다. 마지막으로 이런 요점에 이르게 된 근거들을 제시한 후, 그는 설교를 마쳤다.

보아너게 장군이 전한 설교의 적용이 매우 적절했기 때문에, 불쌍한 인간영혼 마을 사람들은 그의 설교로 인해 두려워 떨게 되었다. 보아너게 장군의 설교도 앞서 행한 보조 설교자의 설교와 마찬가지로 인간영혼 마을 사람들의 마음에 아주 크게 역사하였다. 진실로 이 설교는 앞서 행한 설교로 인해 각성된 사람들이 계속해서 깨어 있도록 하는데 아주 큰 도움을 주었다. 이제 마을 전역에는 슬픔과 애통과 절규 외에는 그 어떤 소리도 들리지 않았으며, 서글픈 모습을 하지 않은 자는 한 사람도 볼 수 없었다.

설교가 끝이 나자 마을 사람들은 함께 모여서 어떻게 하는 것이 최선인지를 논의하였다. 그때 보조 설교자가 말하였다. "내 이웃인 하나님 경외 씨(Mr. Godly-fear)의 조언을 받지 않은 채, 제 머리에서 나온 그 어떤 것도 저는 하지 않을 것입니다. 왜냐하면 그는 이전에도 우리 왕자의 마음을 우리보다 더 잘 이해하고 있었기 때문입니다. 지금 우리가 선을 향해 다시 돌아선 마당에, 그에게 어떤 묘안이 없을 리 없습니다." 그래서 그들은 사람을 보내어 하나님 경외 씨를 불렀다. 그는 즉시 그들 앞에 모습을 드러냈다. 그들은 그에게 자신들이 어떻게 하는 것이 최선일지를 말해 달라고 부탁했다.

하나님 경외 씨의 조언

그러자 늙은 노인은 다음과 같이 말했다. "제 생각에는 오늘날 이처럼 마을이 고통 받고 있는 이 때, 인간영혼 마을 사람들이 겸손하게 탄원서를 작성하여, 지금 화가 나 있는 임마누엘 왕자에게 보내는 것이 좋을 것 같습니다. 그러면 왕자께서는 사랑과 은혜를 다시 여러분에게 베풀어 주시고, 영원토록 그 노여움을 간직하지 않으실 것입니다."

마을 사람들은 이 말을 듣고 나서, 한마음으로 그의 조언에 동의하였다. 그들은 즉시 그들이 원하는 바를 담아 탄원서를 작성하였다. 그런 다음, 누가 이 탄원서를 왕자에게 가지고 갈 것인지를 논의하다가, 결국 시장(Lord Mayor)을 보내기로 합의하였다.

시장을 궁으로 보내기로 한 마을 사람들

시장은 이 일을 맡아 왕자에게 가는 여정을 감당하겠다고 그들에게 말했다. 그리고는 임마누엘 왕자가 가신 샤다이 왕궁을 향해 길을 떠나 그 궁에 이르렀다. 왕궁의 문은 닫혀 있었고, 그 곳의 경비는 삼엄하여 탄원서를 가지고 간 시장은 꽤 오랜 시간 동안 궁 밖에서 서성일 수밖에 없었다(애 3:8). 그러다가 그는 어떤 사람에게 부탁하여, 왕자에게 가서 지금 문 앞에 누가 서 있고, 어떤 용무로 그를 만나려고 하는지를 말해 달라고 하였다. 그 부탁을 받은 사람은 샤다이 왕과 그의 아들인 임마누엘 왕자에게 가서, 인간영혼 마을의 시장이 샤다이 왕의 아들인 임마누엘 왕자를 알현하고자 지금 왕궁 밖에 서 있으니, 부디 왕자의 존전(尊前)에 설 수 있도록 허락해 주시기를 아뢰었다. 그러나 왕자는 문으로 내려오지 않았고, 시장에게 궁의 문을 열어 주도록 허락하지도 않았다. 오히려 왕자는 다음과 같은 대답과 함께 그를 돌려보냈다. "너희가 이전에는 내게 얼굴과 등을 돌리더니, 지금 고통을 받는 시기가 되자 '일어나, 우리를 구원하소서'(애 3:44[렘 2:27 ― 역주])라고 말하는구나. 너희가 나를 외면하고 육신의 안락에게 가서 그를 인도자요, 주님이요, 보호자로 삼더니, 지금 너희가 고통을 받고 있는데 왜 그 육신의 안락에게 가지 않느냐? 너희가 번영할 때는 어긋난 길로 제 멋대로 가더니, 너희가 고통을 받게 되니 왜 나를 찾아오느냐?"(렘 2:27-28)

이 대답을 들은 시장은 얼굴이 사색(死色)이 되었다. 왕자의 이런 대답에 그는 불안하였고 당황했으며 마음이 찢어지는 것 같았다(렘 4:7-8). 이제 그는 육신의 안락 씨 같은 디아볼루스의 부하들과 사귄 것이 어떤 결과를 초래하는지 다시금 알게 되었다. 샤다이 왕과 임마누엘 왕자로부터 자신을 위한 도움뿐 아니라, 인간영혼 마을에 있는 다른 친구들을 위한 도움도 더 이상 기

궁 문에서 기다리는 시장

대할 수 없다는 것을 궁전 입구에서 알게 된 시장은 가슴을 치고 울면서 마을로 돌아오고 있었다.

시장이 다시 돌아오게 된 경위

그는 마을로 돌아오는 내내 인간영혼 마을의 비참한 처지를 생각하면서 애통해하였다. 그를 맞이하기 위해 마을 문 앞까지 나와 기다리던 마을 사람들의 시야에 시장이 나타나자, 인간영혼 마을의 장로들과 주요 인사들은 그를 반가이 맞으면서, 그가 궁에서 어떤 대답을 들었는지 서둘러 물었다. 그는 아주 침통한 목소리로 그들에게 말했다. 그 말을 듣자 그들은 모두 크게 소리를 지르고 애통해하며 울었다. 그들은 머리 위에 재와 티끌을 날리며, 굵은 베로 허리를 동이고, 인간영혼 마을 전체를 두루 다니며 슬피 울었다. 이 모습을 본 마을 사람들도 모두 슬피 울었다. 이 날은 인간영혼 마을 사람들에게 책망과 괴로움과 고통의 날이었으며, 큰 시련의 날이었다.

얼마 후 그들의 마음이 다소 진정되자, 앞으로 어떻게 해야 할지 논의하기 위해 그들은 다시 모였다. 그들은 지난번처럼 다시 하나님 경외 씨에게 조언을 구했다. 그는 지난번에 그들이 했던 대로 다시 하는 것보다 더 좋은 방법은 없으며, 지난번에 왕의 궁에서 겪었던 일로 낙담하지 말라고 그들에게 말했다. 그리고 그들이 거듭 간구하는 간청에 대해 왕자가 무시하거나 침묵하거나 책망으로 응답한다 해도, 결코 낙담하지 말라고 조언했다.

이렇게 사람들이 기다리고 인내를 연습하도록 하는 것이 지혜로운 샤다이 왕의 방식이기 때문에, 궁핍함 속에서도 그분이 주시는 여유 가운데 기꺼이 머무르는 것이 마땅히 인간들의 방식이 되어야 한다는 조언도 그들에게 해주었다. 그리하여 그들은 용기를 내어 다시 탄원서를 보냈다. 그들은 계속해서 거듭, 거듭, 거듭 탄원서를 보냈다. 인간영혼 마을 사람들의 머리에는 이 탄원서에 대한 생각이 한시도 떠나 있지 않았다.

인간영혼 마을에서 샤다이 왕이 계신 궁으로 나팔을 불며 급하게 달려가는 전령(傳令)들의 모습을 사람들은 어느 거리에서든 흔하게 볼 수 있었다.

그 전령들은 모두 왕자가 인간영혼 마을로 다시 돌아오기를 바라는 탄원서를 가지고 있었다.[10]

당시 인간영혼 마을의 길들은 오고 가는 전령들이 서로 만나면서 매우 붐볐다. 어떤 전령은 왕의 궁에서 돌아오는 길이었고, 또 다른 전령은 인간영혼 마을에서 궁을 향해 출발하는 길이었다. 이것은 살을 에는 듯이 춥고 지루한 겨울 내내, 비참한 인간영혼 마을에서 일어난 일이었다.

여러분이 잊지 않았다면, 내가 앞에서 한 말을 기억할 것이다. 무슨 말인가 하면, 임마누엘 왕자가 인간영혼 마을을 탈환한 후에, 즉 왕자가 이 마을을 새롭게 재정비할 때, 자치 마을 곳곳에는 옛 디아볼루스의 부하들이 상당수 몇몇 장소에 숨어 있다는 말을 했었다. 그들은 폭군 디아볼루스가 이 마을을 공격하여 점령할 때 그와 함께 마을에 온 자들이거나, 또는 합당하지

Godly-Fear's Advice.

MESSENGERS GOING TO AND FROM MANSOUL

급하게 오고 가는 전령들

10) 배도한 성도가 각성하여 어떤 일들을 하는지 보라 — 원주

않은 잡혼을 계기로 이 마을에서 출생하여 자란 자들이었다. 그들이 숨은 구덩이나 토굴 등의 은신처들은 마을의 성벽 안이나 아래, 또는 그 주변에 있었다. 그들 중 몇몇의 이름을 호명하면 다음과 같았다. 음행 경(The Lord Fornication), 간음 경(the Lord Adultery), 살인 경(the Lord Murder), 분노 경(the Lord Anger), 호색 경(the Lord Lasciviousness), 사기 경(the Lord Deceit), 악한 눈 경(the Lord Evil-eye), 신성모독 경(the Lord Blasphemy), 그리고 끔찍한 불한당으로 늙고 위험한 탐심 경(the Lord Covetousness)[11] 등이 그들이다. 내가 앞서 말한 바와 같이, 임마누엘 왕자가 그들의 왕인 디아볼루스를 성 밖으로 몰아낸 후에도, 여전히 그들 외에 많은 디아볼루스의 부하들이 인간영혼 마을에 거하고 있었다.

선한 임마누엘 왕자는 이들을 대적할 권한을 자유의지 경과 다른 이들에게 우선적으로 주었다. 그러나 실제 이 권한은 인간영혼 마을의 모든 주민들에게 주어진 것으로서, 마을 사람들은 할 수 있는 한 온 힘을 다해 이 잔당들을 추적하고 체포하고 감금하고 멸하는 모든 권한을 위임받았다. 왜냐하면 이 잔당들은 본성적으로 왕자의 원수인 디아볼루스의 부하들로서, 항상 복된 인간영혼 마을을 멸하고자 꾀하였기 때문이다. 그러나 인간영혼 마을은 이 원수들을 사로잡을 권한을 거부하였을 뿐만 아니라, 디아볼루스의 부하들을 찾아 체포하고 감금하고 멸하는 일을 등한시하였다. 그리하여 이 악당들은 서서히 움직이면서 자기머리를 들이밀 용기를 내더니, 드디어 자기 모습을 마을 주민들에게 드러내 보였다. 이미 말한 바와 같이, 진실로 인간영혼 마을 사람들 가운데 일부는 이 잔당들 몇몇과 너무 친밀한 사이가 되어 이 자치 마을에 슬픔이 될 정도였다. 이와 관련된 많은 이야기들에 대해서는 적절한 때가 되면 들을 수 있을 것이다.

---

11) 사도들은 탐심을 "우상 숭배"(엡 5:5; 골 3:5)라고 불렀다. 탐심은 맘몬을 섬기는 것으로서, 번연은 이 탐심에 마땅한 치욕스런 오명을 적절하게 '끔찍한 불한당으로 늙고 위험한 탐심 경'이라고 표현했던 것이다. 탐심은 다른 악덕과 달리 나이가 들어가면서 더욱더 용맹스러워진다 — 원주

제13장

디아볼루스를 따르던 무리들이 개혁에 반대하는 음모를 꾸미다

내용 — 임마누엘 왕자가 마을을 떠난 이후로, 디아볼루스의 부하들은 용기를 얻었고, 인간 영혼 마을의 개혁을 막기 위한 음모들이 지옥에서 논의되다 — 탐심, 호색, 분노 등이 자기 이름을 바꾸고, 훌륭한 가정에 잠입하여 주인들을 타락시키며, 믿을 수 없을 정도로 엄청난 해악을 끼치다 — 의심군대 병사 이만 명이 일어나 마을을 급습하다

한편, 디아볼루스를 따르다가 도망친 귀족들은 인간영혼 마을 사람들이 죄를 지어서 임마누엘 왕자를 격노하게 하였고, 그로 인해 왕자가 그들에게서 물러나 마을을 떠났다는 사실을 알고는, 인간영혼 마을을 파멸시키기 위한 음모를 꾸미기에 바빴다.

디아볼루스 부하들의 음모

어느 때인가 그들은 디아볼루스의 부하인 해악 씨(Mr. Mischief)의 집에 함께 모여, 어떻게 하면 인간영혼을 디아볼루스의 수중에 다시 넣을 수 있을지를 논의하였다. 어떤 사람은 이런 의견, 또 어떤 사람은 저런 의견을 제시하면서, 각자 마음에 드는 제안들을 하였다. 그러던 중 드디어 호색 경(Lord Lasciviousness)이 최고의 최선책은 아니지만 어쨌든 다음과 같은 안을 제시하

였다. 즉, 인간영혼 마을에 있는 디아볼루스의 부하들 가운데 일부가 마을 토박이들이 사는 몇몇 집에 종으로 가장하여 과감하게 잠입하자는 제안을 하였다. 그는 다음과 같이 말했다. "만일 우리가 그렇게 한다면, 인간영혼 마을 사람들은 종으로 가장한 이들을 받아들일 것입니다. 그러면 이 일에 자원한 그들은 우리를 위해, 그리고 우리의 주인인 디아볼루스를 위해 인간영혼 마을을 탈환하고자 노력할 것입니다. 인간영혼을 탈환하는데 있어서 이보다 더 손쉬운 방법은 없을 것입니다."

그러자 살인 경(the Lord Murder)이 일어나 말했다. "지금 상황으로 그것은 무리입니다. 현재 인간영혼 마을은 다소 격분해 있는 상태입니다. 그 마을은 우리 친구인 육신의 안락 씨의 꾐에 빠져 한때 그들의 왕자를 대적하는 죄를 범하였지만, 지금 이 사람들의 머릿속에는 온통 어떻게 하면 자신의 주인과 화해할 수 있을까 하는 생각뿐입니다. 게다가 우리가 알기로 그들은 어디서든 우리를 발견하면 우리를 사로잡아 죽일 권한까지 위임받았다고 합니다. 따라서 지금 우리는 여우처럼 지혜로워야 합니다. 우리가 살아 있으니 그들에게 해를 끼칠 수 있는 것이지, 만약 우리가 죽는다면 그러지도 못할 것입니다." 이런 식으로 그들은 이 문제를 놓고 찬성이나 반대를 표하며 공방하다가, 당장 디아볼루스에게 편지를 보내자는 의견에서 모두 동의하였다.

조언을 구하기 위해 지옥으로 편지를 보내는 디아볼루스의 부하들

그들은 현재 인간영혼 마을의 상황을 그에게 아뢰면서, 임마누엘 왕자가 마을 사람들에 대해 얼마나 심기가 불편한지도 편지에 썼다. 어떤 이들은 "디아볼루스에게 우리의 의도도 말씀드리고, 이 상황에 합당한 그분의 조언도 함께 구하도록 합시다"라고 말하였다.

그들은 편지를 신속히 작성했다. 편지의 내용은 다음과 같았다.

"땅 밑 지옥 구덩이에 거하는 우리의 위대한 주, 디아볼루스 왕께 삼가 아룁니다.

오, 위대한 아버지이며 강한 힘을 가진 디아볼루스 왕이여, 우리는 참된 디아볼루스의 부하들로서 당신을 반역한 인간영혼 마을에 아직까지 남아 있습니다. 우리의 존재는 당신에게 달려 있으니, 이는 우리가 당신의 손길로 양육을 받았기 때문입니다.

우리가 오늘날 보는 바와 같이, 마을 사람들이 당신을 얼마나 비난하고 헐뜯으며 당신에게 무례하게 행동하는지 모릅니다. 우리는 그들의 이런 모습을 더 이상 좌시할 수도 없고 참을 수도 없습니다. 당신께서 오랫동안 이 곳에 계시지 않음으로써 우리에게는 전혀 기쁨이 없고 손해가 극심합니다.

이런 상황에서 우리가 주군께 편지를 드리는 이유는, 이 마을이 다시 당신의 거처가 될 수 있다는 소망이 우리에게 있기 때문입니다. 이 마을은 임마누엘 왕자와 사이가 멀어졌고, 결국 왕자는 자리에서 일어나 그들을 떠나가 버렸습니다. 그로 인해 이들은 왕자가 다시 돌아오도록 탄원서를 계속해서 거듭 보내고 있기는 하지만, 아직 왕자로부터 좋은 소식을 듣지 못한 것으로 보아, 그리 성과가 있는 것 같지는 않습니다.

또한 최근에는 마을 사람들 사이에 역병이 돌아 큰 고통을 당하여 실신하는 자들도 있었으며, 아직까지도 역병은 사라지지 않았습니다. 이 역병은 마을의 극빈층뿐 아니라, 지역 유지들과 장군들과 주요 인사들에게도 퍼졌습니다. 반면에, 본성적으로 디아볼루스 당신의 부하인 우리만은 이 역병이 비켜가서, 몸 건강히 활기차고 강하게 살아가고 있습니다. 이와 같이 인간영혼 마을 사람들은 한편으로는 큰 죄를 범했고, 또 다른 한편으로는 위험한 질병에 시달리고 있기 때문에, 우리의 판단으로는 이 마을이 당신의 수중으로 넘어오는 것이 그리 어렵지 않으리라 생각합니다. 그러므로 당신의 지독한 교활함과 당신과 함께한 다른 폭군들의 교활함을 더하여, 인간영혼 마을에 와서 마을을 다시 탈환할 의향이 있으시면 우리에게 전갈을 보내 주십시오. 그러면 이 마을이 당신의 수중에 들어갈 수 있도록 우리가 가진 온 힘을 다해 최선을 다하겠습니다. 혹시라도 우리가 지금까지 드린 말씀이 우리의 아버지와 같은 당신께서 생각하시기에 최선의 선택이 아니라면, 다시 말해 우리가 행동으로 옮길 수 있는 가장 합당한 일이 아니라면, 당신의 생각을 간단히 적어 우리에게 보내 주시기를 바랍니다. 그러면 우리는 우리의 목숨뿐 아니라, 우리가 가진 다른 모든 것까지 다 바쳐 당신의 권고를 전적으로 따르겠습니다.

우리가 갖고 싶은 인간영혼 마을에 거처를 삼고 여전히 살아가고 있는 해악 씨의 집에서 우리는 긴밀하게 협의한 다음, 우리의 손으로 직접 날짜와 요일을 적고 위의 내용에 서명합니다."

디아볼루스에게 가는 전령인 불경 씨(Mr. Profane)는 이 편지를 가지고 지옥문 언덕(Hell-gate-Hill)에 이르러, 입구에 마련된 놋 문을 두드렸다. 그러자 문을 지키는 수문장인 케르베로스(Cerberus)[1]는 인간영혼 마을에 있는 디아볼루스의 부하들에게서 건네받은 편지를 들고 온 불경 씨에게 문을 열어 주었다. 수문장은 그에게서 편지를 건네받아 주인인 디아볼루스에게 전하면서, "나의 주인님, 인간영혼 마을에 있는 우리의 충성스러운 친구들로부터 전갈이 왔습니다"라고 말했다.

그러자, 그 구렁텅이의 여기저기에서 바알세불, 루시퍼, 아볼루온, 그리고 그들과 함께 있던 다른 어중이떠중이들도 인간영혼에서 온 소식을 듣기 위해 나아왔다. 그 편지는 그들 앞에서 개봉되어 전해졌다. 수문장인 케르베로스도 그 옆에 서 있었다. 편지가 공개적으로 읽혀지자, 그 모든 내용들이 지옥 구렁텅이의 구석구석까지 모두 퍼져나갔다. 편지 내용에 너무나 기쁜

---

1) 지옥에 있는 플루토(Pluto, 그리스 신화에 나오는 저승의 신인 '하데스'의 호칭 ─역주)의 궁을 지키는 수문장으로 세 개의 머리를 가지고 있으며 모든 머리카락은 뱀의 모양을 하고 있다. 어떤 사람들은 이 세 개의 머리가 말씀, 육신, 마귀를 상징한다고 생각한다. 다시 말해, 케르베로스는 인간을 잡아먹는 수문장으로 간주된다 ─ 원주

구렁텅이 문 앞에서의 불경 씨

나머지, 가감 없이 끊이지 않고 계속해서 죽은 자를 위한 종을 치라는 명령이 떨어졌다. 그리하여 지옥 곳곳에 종소리는 울려 퍼졌고, 인간영혼이 이제 멸망할 것이라는 생각에 다른 폭군들도 모두 기뻐하였다. 울려 퍼지는 종의 추는 다음과 같이 말하는 것 같았다. "인간영혼 마을 사람들은 이제 곧 우리와 함께 살게 될 것이니, 인간영혼 마을 사람들을 위한 자리를 마련하여라." 진실로 그들은 이런 생각으로 종을 울렸다. 왜냐하면 그들은 인간영혼을 다시 차지할 것을 소망하였기 때문이다.

기쁨을 표현하는 끔찍한 의식이 어느 정도 진행되자, 그들은 인간영혼 마을에 있는 친구들에게 어떤 내용으로 회신해야 할지 모여서 의논하였다. 어떤 이는 이런 의견을, 또 어떤 이는 저런 의견을 내놓았다. 그러다 마침내 결정해야 할 시간이 되자, 그들은 이 모든 일을 그들의 왕인 디아볼루스에게 일임하였다. 왜냐하면 그들은 디아볼루스야말로 인간영혼이란 지역에 가장 적합한 주인이라고 판단하였기 때문이다. 그래서 디아볼루스는 불경 씨가 가지고 온 서신에 대해 적절한 대답을 적어서 인간영혼 마을에 거하는 자기 부하들에게 보냈다. 물론 디아볼루스의 이 편지는 인간영혼에서 보내온 동일한 손길에 의해 그들에게 다시 보내졌다. 디아볼루스가 보낸 편지의 내용은 다음과 같았다.

"인간영혼의 위대한 왕인 나 디아볼루스는 여전히 인간영혼 마을에 거하고 있는 나의 자녀들이자, 고상하고 막강한 디아볼루스의 부하들에게 이 글을 쓴다. 너희는 우리가 가진 명예를 존중하고 사랑하는 심정으로, 인간영혼 마을을 대적하고자 하는 소원을 마음에 품고 있는 줄을 나는 알고 있다. 너희가 꾀하는 다양하고 용맹스러운 음모와 계략과 술책들이 큰 성과로 끝나기를 나는 진심으로 바란다.

음행 경, 간음 경과 그 외 나의 부하들이여, 너희는 사랑하는 나의 자녀들이나 제자들과 같다. 우리는 황량한 구렁텅이인 이곳에서 충성스러운 종인 불경 씨 편으로 너희가 보낸 고마운 서신을 받아 최고의 기쁨과 흡족함으로 이를 읽어 보았다. 너희가 보낸 편지를 보고서 우리는 매우 기쁜 나머지 종을 울려 우리의 기쁨을 표현하였다. 우리의 명예를 지키고자 인간영혼 마을을 멸망시키려는 복수심을 간직한 친구들이 아직도 인간영혼에 남아 있다는 사실을 알고서, 우리는 그 기쁨을 주체할 수 없었다. 또한 마을 사람들의 마음상태가 타락하여 그들의 왕자가 격노하고 결국 마을을 떠났다는 소식을 들으니, 그 또한 기쁜 일이 아닐 수 없다. 설상가상으로 마을 사람들은 역병에 걸려 고생을 하였지만, 너희는 건강하여 힘과 기운이 넘친다니 이 또한 기쁜 일이며, 마을을 다시 우리의 손아귀에 넣을 수만 있다면, 다른 이들로부터 대단한 사랑을 정당하게 받게 될 것이니, 이 또한 기쁜 일이 아닐 수 없다. 너희가 과감하게 결의하여 시작하는 이 흉악한 계략들이 너희의 바람대로 성사되도록, 우리는 우리가 가진 기지와 교활함과 술책들을 아끼지 않고 지원하겠다.

우리가 낳은 자녀들인 너희가 이 편지로 위로를 받기 바란다. 우리는 이 마을을 다시 급습하여 인간영혼을 탈환할 것이며, 너희의 모든 원수들을 칼로 처단한 후 너희를 마을의 위대한 영주와 장군들로 임명할 것이다. 우리가 마을을 다시 취한 후 혹시라도 나중에 우리가 다시 쫓겨나지는 않을까 절대 염려하지 마라. 왜냐하면 이번에는 우리가 더 많은 병력으로 공격할 것이며, 처음에 우리가 마을을 점령했을 때보다 더욱더 신속하게 공격할 것이기 때문이다. 그 뿐만 아니라, 현재 인간영혼 마을 사람들이 가지고 있는 법은 임마누엘 왕자가 제정한 것으로, 그 법대로 적용하자면, 만약 우리가 그들을 두 번이나 취한다면, 그들은 영원히 우리의 것이 될 것이다(마 12:33-35).

그러므로, 충성스러운 나 디아볼루스의 부하들이여. 너희는 더욱더 주의하여 적들의 동태를 살피는데 힘을 쓸 뿐 아니라, 인간영혼 마을의 약점도 파악하도록 하라. 우리의 바람은 너희가 그들을 더욱더 연약하게 만들었으면 하는 것이다. 그리고 마을을 재탈환할 수 있는 최상의 방책에 대해 너희가 생각하는 바를 우리에게 말해 주기를 바란다. 다시 말해, 그들이 헛되고 방탕한 생활을 하도록 설득하는 방법이라든지, 아니면 그들이 의심하거나 절망하도록 하는 방법이라든지, 그것도 아니면 교만이나 자만이라는 화약으로 마을을 날려 버리는 방법이라든지, 어쨌든 어떤 것이 가장 최선의 방법일지 생각하여 우리에게 말해 주기 바란다. 오, 용감한 디아볼루스의 부하일 뿐 아니라 구렁텅이의 참된 자녀들인 너희여, 우리가 인간영혼 마을 밖에서 폭풍 같은 공격을 할 준비를 하는 동안에, 너희는 마을 안에서 가장 끔찍한 공격을 감행할 수 있도록 언제나 만반의 태세를 갖추도록 하라. 이제 너희는 너희가 세운 계획을 속히 이행하고, 우리도 우리의 바람대로 지옥문이 지닌 최고의 능력을 발휘하여, 인간영혼 마을에 대한 우리의 공격을 마을 사람들이 장차 임할 심판으로 알고 두려워 떨게 하라. 이것이야말로 인간영혼의 원수이자 너희의 위대한 디아볼루스가 간절히 바라는 바이다. 지옥 구렁텅이에 있는 모든 복들로 너희를 축복한다. 이 축복으로 우리의 편지를 끝맺고자 한다.

어둠의 모든 권세들이 한마음으로 동의하여, 지옥 구덩이 입구에서 작성하여 불경 씨 편으로, 여전히 인간영혼 마을에 남아 있는 우리의 능력자들과 권세자들에게 보냄.

나 디아볼루스가 친히 씀."

인간영혼 마을로 다시 돌아간 불경

디아볼루스가 있는 어두운 지하 감옥에서 인간영혼 마을로 보낸 편지, 정확히 말해 여전히 마을에 남아서 성벽[2] 안에 거하고 있는 디아볼루스의 부하들을 향해 쓴 이 편지는 디아볼루스가 편지에서 언급한 대로, 인간 마을에 있는 그의 부하들이 지옥 구렁텅이에 있는 그에게 쓴 편지를 가지고 온 불경 씨 편으로 다시 전달되었다.

2) 육신 ─ 원주

이 편지를 가지고 다시 인간영혼 마을로 돌아간 불경 씨는 마을에 이르자마자, 늘 하던 대로 해악 씨의 집으로 달려갔다. 왜냐하면 음모를 꾸민 자들이 함께 모여 비밀회의를 하는 장소가 바로 그 곳이었기 때문이다. 그들은 자신들이 보낸 전령이 무사히 다녀온 것을 보고 대단히 기뻐하였다. 불경이 디아볼루스가 그들에게 쓴 편지를 건네자, 그들은 편지를 읽었다. 편지를 읽으며 디아볼루스의 진심을 생각하자, 그들의 마음속에는 이루 형언할 수 없는 기쁨이 흘러넘쳤다. 그들은 불경 씨에게 친구들의 안부를 물었다. 다시 말해 그들의 주인인 디아볼루스와 루시퍼와 바알세불과 지옥 구덩이에 거하는 다른 친구들의 안부까지 물었던 것이다. 이에 대해 불경은 다음과 같이 대답하였다. "여러 경들에게 전합니다. 그들은 모두 잘 지내고 계십니다. 지금 있는 곳에서 더할 나위 없을 정도로 정말 잘 지내고 계십니다. 그들이 보낸 편지를 여러분도 읽어서 알겠지만, 그들은 여러분이 보낸 편지를 읽고 너무 기쁜 나머지 종까지 울렸습니다."

그들은 편지를 읽은 후, 자신들이 하고자 하는 일에 큰 용기를 얻었다. 그래서 자신들이 세운 음모를 다시 한 번 꼼꼼히 살폈다. 간단히 말해, 인간영혼 마을을 목표로 디아볼루스의 부하들이 세운 계략을 어떻게 하면 완벽하게 이행할 수 있을지 꾀하였다. 그들은 첫 번째로 이 모든 일들이 인간영혼에 절대로 알려지지 않도록 은밀히 자기 일에 최선을 다할 것을 결의하였다. "결코 이 일이 알려져서는 안 됩니다. 우리가 인간영혼 마을을 목표로 세운 계략을 마을 사람들이 알게 해서는 절대로 안 됩니다." 그 다음 두 번째로 그들은 인간영혼 마을을 어떻게 어떤 방법으로 파괴하고 전복시킬지에 관해 논의하였다. 한 사람이 이런 식으로 하자고 말하자, 또 다른 사람은 다른 식으로 하자고 말하면서 갑론을박(甲論乙駁)이 이어지자, 사기 씨(Mr. Deceit)가 일어나 다음과 같이 말하였다.

"합법적인 디아볼루스의 부하들이자 나의 친구들이고 우리의 귀족들이며, 깊은 지하 감옥에 있는 고귀한 이들이 우리에게 다음과 같은 세 가지 제안을 제시했습니다. 첫째, 인간영혼 마을 사람들이 헛되고 방탕한 생활을

하게 해서 마을이 멸망하도록 우리가 최선을 다하라. 둘째, 그들이 의심하
거나 절망하도록 유도하라. 셋째, 그것도 아니면 자만이라는 화약으로 마을
을 완전히 폭파하도록 하라.

제 생각은 이렇습니다. 그들이 교만하거나 방탕한 생활을 하도록 우리가
인도하는 것은 의미 있는 방법으로 우리의 계획에 도움이 될 것입니다. 하
지만 제가 보기에는 그들이 절망하도록 우리가 유도한다면, 그것은 그들의
머리에 못을 박는 것처럼 그들의 허를 정확하게 찌르는 격이 될 것입니다.
무엇보다도 그들을 향한 왕자의 사랑을 그들이 의심하게 된다면, 그들은 왕
자를 한층 더 싫어하게 될 것이기 때문입니다. 이 일이 계획대로 잘 되기만
한다면, 왕자에게 탄원서를 보내는 일을 그들은 서둘러 포기할 것이며, 도움
과 지원을 바라는 그들의 간절한 간청도 이제 영영하지 않을 것입니다. 그
로 인해 그들은 '그렇게 애써봐야 아무 소용이 없다' 는 사실을 자연스럽게
알게 될 것입니다." 그들은 이 사기 씨의 제안에 만장일치로 동의하였다.

그 다음 주제는 "어떻게 우리가 이 계획을 실천에 옮기는가?" 하는 것이었
다. 이 문제에 대해서도 앞서 제안한 그 신사가 최선의 묘책을 내놓았다.

"우리 주인님의 뜻을 실천하는 일이라면 어떤 위험도 기꺼이 감수하겠다
는 우리의 친구들이 너무나 많이 있습니다. 제 생각은 그들이 다른 옷을 입
어 변장을 하고 이름도 바꾸고는, 마치 먼 나라에서 온 사람처럼 위장하여
시장으로 들어가, 유명한 인간영혼 마을에서 종이 되어 주인을 잘 섬기겠다
고 그럴싸한 시늉을 하는 것입니다. 우리의 친구들이 이런 모습을 보이면,
인간영혼 마을 사람들은 그들을 종으로 부리게 될 것이고, 그러면 짧은 시간
내에 이 자치 마을은 타락하여 부패하게 될 것입니다. 그러면 이제 임마누
엘 왕자는 그들로 인해 더욱더 격분하게 될 뿐 아니라, 급기야 그의 입에서
그들을 토해 낼 것입니다. 그때가 되면 우리의 왕인 디아볼루스가 이들을 손
쉽게 집어삼킬 수 있을 것입니다. 진실로 그들은 그들 스스로 먹는 자의 입
에 떨어지는(나 3:12) 꼴이 될 것입니다."

사기 씨가 이 제안을 하자마자 그들은 열렬히 환영하며 받아들였고, 모든

디아볼루스의 부하들은 그리 쉽지 않을 것 같은 이 제안을 실행하고자 후속
조치에 만전을 기하였다. 하지만 그들은 이 일에 모든 부하들이 나서는 것
은 그리 합당하지 않다고 여겼다. 그리하여 그들 중 두세 명이 선정되었고,
뽑힌 이들의 이름은 다음과 같았다.

　탐심 경(the Lord Covetousness), 호색 경(Lord Lasciviousness), 분노 경(the Lord
Anger)이 바로 그들이었다. 탐심 경은 자기 이름을 신중한 검소(Prudent-thrifty)
로 바꾸었으며, 호색 경은 무해한 오락(Harmless-mirth)으로, 분노 경은 선한 열
정(Good-zeal)으로 이름을 바꾸었다.

　드디어 장이 서는 날이 되자 그들은 시장 안으로 들어갔다. 세 사람은 건
장한 청년처럼 보였다. 그들은 당시 인간영혼 마을 사람들이 입고 있던 흰
옷과 같은 색의 흰 양털로 짠 조잡한 옷을 입고 있었다.

　또한 그들은 인간영혼 마을 사람들이 쓰는 말을 아주 유창하게 할 수 있었

시장에 선 변장한 디아볼루스의 추종자들

다. 그래서 그들이 시장에 들어가 마을 사람들에게 종이 되겠다고 하자마자 그들은 즉시 종으로 팔려나갔다. 왜냐하면 그들은 삯으로 단 한 푼도 요구하지 않으면서 주인들에게 최고의 봉사를 약속하였기 때문이다.

그리하여 신중한 검소는 마음 씨(Mr. Mind)의 종이 되었으며, 선한 열정은 하나님 경외 씨(Mr. Godly-fear)의 종이 되었다. 그때는 인간영혼 마을 사람들이 사순절 기간을 보내고 있었기 때문에, 무해한 오락이라는 작자는 한동안 백수로 지내야 했으며, 다른 두 명의 디아볼루스 부하들처럼 그렇게 빨리 자기 주인을 찾을 수 없었다. 이것은 분명한 사실이었다. 그러다 사순절이 거의 끝나갈 무렵, 자유의지 경(the Lord Will-be-will)이 무해한 오락을 시종 겸 하인으로 받아들였다. 이렇게 하여 그들 모두는 종이 되어 주인들을 갖게 되었다.

이 악당들은 인간영혼 마을 사람들의 집에 들어가자마자 그 집에 엄청난 해를 끼치기 시작하였다. 부정하고 음흉한 교활함으로 이들은 종으로 섬기고 있는 집안의 식구들을 즉시 타락시켰다. 진실로 종으로 위장하여 잠입한 디아볼루스의 부하들은 그 주인들을 더욱 많이 타락시켰다. 특히 신중한 검소와 사람들이 무해한 오락이라고 부르는 종들은 더욱 그랬다. 사실 선한 열정이라는 가명으로 행세하던 분노 경은 주인인 하나님 경외로부터 그리 큰 호감을 얻지 못하였다. 자신이 위장한 사기꾼이라는 것이 발각된 것을 알게 된 선한 열정은 그 집에서 서둘러 도망쳐 나와야했다. 그렇게 하지 않았다면 그 주인은 틀림없이 그를 교수대에 매달았을 것이다. 이 또한 의심할 바 없는 분명한 사실이었다. 어쨌든 이 부랑자들은 이렇게 자신들의 계획을 추진하면서 할 수 있는 한 최선을 다해 그 마을을 타락시켰다.

다음 과제로 그들은 마을 밖에 있는 그들의 왕인 디아볼루스와 마을 안에 있는 그들이 인간영혼 마을을 공략할 협공작전을 언제 펼쳐야 할지 고민했다. 결국 그들은 시장이 열리는 날이야말로 그들이 계획한 거사(擧事)를 일으키기에 가장 좋은 때라고 모두 동의하였다. 그날이 왜 최적의 때인가 하면, 그 날은 마을 사람들이 자기 일로 바쁜 날이기 때문이다. 따라서 설령 깜짝 놀랄 만한 일이 일어난다 해도, 사람들은 그리 크게 놀라지 않을 것이라고 생각했다. 이런 생각은 누구나 항상 예상할 수 있는 일종의 법칙과 같은 것이었다. 그들은 다음과 같이 말했다.

"우리의 친구들과 귀족들이 계획한 그 일을 위해 우리가 그 날 다같이 모인다면, 마을 사람들에게 의심도 덜 받을 것이며, 설령 우리가 계획한 이 거사가 실패한다 해도, 그 날은 시장이 서는 날이니 우리가 도망칠 길을 확보하기에도 편하고, 군중들 사이에 숨기에도 한결 쉬울 것입니다."

이렇게 의견의 일치를 본 그들은 디아볼루스에게 보낼 또 다른 편지를 써서, 불경 씨 편으로 그것을 디아볼루스에게 보냈다. 편지의 내용은 다음과 같았다.

"인간영혼 마을의 성벽 안과 그 주변에 있는 우리의 구덩이와 동굴과 토굴, 그리고 요새 등에 거하고 있는 방종의 경들이 위대하고 고귀한 디아볼루스에게 문안드립니다.

우리의 위대한 주군이며 생명의 공급자인 디아볼루스여, 당신께서 인간영혼 마을을 멸망시키고자 하는 우리의 시도를 기꺼이 동감해 주시고, 우리의 계획을 적극적으로 도와주시려는 당신의 그 아버지와 같은 마음을, 당신의 편지로 알고 나서 우리는 얼마나 기뻤는지 모릅니다! 언제 어디서나 선한 것이 발견되면 그 어떤 것이든 대적하는 우리와 같은 이들이 아니라면, 누가 이런 기쁨을 감히 알 수 있겠습니까?(롬 7:21; 갈 5:17).

우리를 격려해 주시는 당신의 그 위대함에 우리는 감동을 받았고, 그 기쁨으로 우리는 인간영혼 마을의 완전한 파멸을 위해 계속해서 궁리하고 계획하고 연구하고 있습니다. 우리가 염원하는 이 바람에 대해 우리는 더 이상 염려하지 않습니다. 왜냐하면 우리의 원수들, 다시 말해 우리의 생명을 노리는 그 원수들이 우리 발에 밟혀 죽거나, 우리 앞에서 도망치는 것을 보는 것은 우리에게 마땅히 신나는 일이자 유익한 일이라는 사실을 우리가 매우 잘 알고 있기 때문입니다. 그래서 우리는 이 음모가 최고의 성과를 내도록, 그리고 이 일이 당신과 우리에게 가장 유익하고 수월하게 진행될 수 있도록 여전히 연구하고 있습니다.

먼저 당신께서 앞서 보낸 편지로 우리에게 제안한 세 가지 안들은 비록 간단하지만 모두 소름 끼칠 만큼 가장 흉악한 계략들이라고 우리는 생각하였습니다. 그 세 가지 제안들을 각각 살펴본 결과, 교만이라는 화약으로 그들을 모두 완전히 날려 버리는 것도 좋고, 그들이 헛되고 방탕한 생활을 하도록 유인하는 것도 도움이 되겠다는 생각이 들었습니다. 하지만 그들이 절망이라는 심연(深淵)에 빠지도록 궁리하는 것이 다른 제안들보다 훨씬 좋다는 결론을 내렸습니다. 당신의 명령을 받들어 섬기는 우리는 결정된 이 방안을 실행하기 위한 두 가지 세부 안을 생각하였습니다. 우선 우리 쪽에서 온 힘을 다해 그들을 비열한 자들로 만들어 놓겠습니다. 그런 다음, 당신께서 정한 때에 우리와 함께 최고의 병력으로 그들을 넘어뜨리는 것입니다. 우리가 생각하기에, 당신께서 즐겨 사용하는 모든 나라의 군대들 가운데 의심 군대 병사들(army of Doubters)이야말로 인간영혼 마을을 공격해서 정복하기에 가장 적합한 군대로 보입니다.[3]

우리가 이런 식으로 이 원수들을 정복한 다음, 그들이 들어갈 지옥 구덩이의 문을 열어 놓기만 하면, 절망이 그들을 그 문으로 밀쳐 떨어뜨릴 것입니다. 우리가 의도하는 이 계략이 더 큰 효력을 발휘하기 위해 우리는 충성스러운 디아볼루스의 부하 세 명을 이미 그 원수들 가운데 잠입시켜 두었습니다. 이들은 다른 옷을 입고 변장하였고 이름도 바꾸었습

---

3) 이런 식의 음모는 더할 나위 없이 완벽하고 노력한 최상의 계략이다. "우리의 온 힘을 다해 그들을 비열한 자들로 만들어 놓겠습니다"라는 표현대로, 원수들은 먼저 그리스도인들로 하여금 경박하고 헛된 세상의 길을 걷게 하여 자신의 구원을 의심하게 하고 두려워하게 하는 식으로 그리스도인들을 공격한다. 그러므로 그리스도인에게는 "인간영혼 마을 사람들이여, 자세히 살피라! 주의하라!"는 권면이 필요하다 ― 원주

니다. 그랬더니, 인간영혼 마을 사람들은 그들을 받아주었습니다. 그들의 이름은 탐심과 호색과 분노였습니다. 그 중 탐심은 '신중한 검소'로 이름을 바꾸고, 마음 씨의 종이 되었습니다. 그러자 마음 씨도 우리 친구만큼이나 악한 사람이 다 되었습니다. 호색은 이름을 '무해한 오락'으로 바꾸고, 자유의지 경의 하인이 되어, 자기 주인을 완전히 허랑방탕한 사람으로 만들어 버렸습니다. 분노는 이름을 '선한 열정'으로 바꾸고는 하나님 경외 씨로부터 환대를 받았습니다. 하지만 이 까다로운 노신사는 코에 후춧가루가 들어간 것처럼 흥분하더니 우리의 친구를 집에서 내쫓아 버렸습니다.[4] 이 분노가 우리에게 알려준 바에 따르면, 그가 그 집에서 도망쳤기 망정이지 만약 도망치지 않았다면, 그가 섬기던 노신사는 분노가 저지른 사기행각으로 그를 교수대에 매달았을 것이라고 하였습니다.

이렇게 이 세 사람은 인간영혼 마을에 대해 계획한 일들을 많이 진척시켜 나갔습니다. 마지막으로 언급한 그 노신사의 심술과 싸우기를 좋아하는 기질 때문에, 잠입한 세 명 중 한 명의 계획은 실패했지만, 그럼에도 불구하고 다른 두 명은 자신의 임무를 충실히 감당하고 있으므로, 우리의 계획은 차질 없이 진행되어 빠른 시일 내에 성과를 얻게 될 것입니다.

그 다음으로 우리가 생각하는 과제는, 시장이 서는 날, 사람들이 모두 자기 일로 열을 낼 때, 당신께서 이 마을을 급습하는 것입니다. 왜 그 때가 좋은가 하면, 마을 사람들은 틀림없이 그 날을 가장 안전한 날로 여길 것이며, 그들을 향한 공격이 그 날 일어나리라고는 결코 생각하지 못할 것이기 때문입니다.

또한 그런 날에는 그들이 자신을 조금도 방어할 수 없을 것이며, 우리

---

4) "코에 후춧가루가 들어간 것처럼" 쉽게 흥분하는 하나님 경외 씨는 분노가 변장하기 위해 입고 있던 옷을 알아차렸고, 그로 인해 그에 관한 모든 것이 들통나버렸다. 이 표현은 번연 당시 종종 사용되던 속담에서 유래한 것이다 — 원주

가 계획하여 감행한 당신의 공격에 대해 반격조차 할 수 없을 것입니다. 당신의 충성스러운 부하들이자 마땅히 당신의 사랑을 받고 있는 우리는 당신께서 마을 밖에서 맹렬한 공격을 퍼부으실 때, 마을 안에서 제2의 교전을 기꺼이 감당하겠습니다. 이렇게 되면 인간영혼 마을은 우리의 공격으로 인해 완전히 혼란스러운 상태가 될 것이며, 그들이 정신을 차리기도 전에 우리는 그들을 완전히 집어삼킬 수 있을 것입니다. 뱀처럼 교활한 머리와 가장 음흉한 용의 심성을 지녀서, 최고의 찬사를 받기에 합당한 우리의 주군인 당신께서 보기에, 이보다 더 나은 묘책이 있다면, 당신의 그 생각을 우리가 속히 알게 해주십시오.

인간영혼 마을에 있는 해악 씨의 집에 모인 자들이, 불신 씨 편으로 지옥 동굴에 있는 괴물들에게 이 서신을 전합니다."

인간영혼 마을의 서글픈 상황

격분한 부랑자들과 지옥의 사자들처럼 흉악한 디아볼루스의 부하들이 인간영혼 마을의 파멸을 위해 이렇게 음모를 꾸미는 동안, 마을 사람들, 즉 불쌍한 인간영혼 마을 사람들은 슬프고 비참한 처지에 놓이게 되었다. 왜냐하면 그들은 한편으로는 샤다이 왕과 그의 아들인 임마누엘 왕자의 기분을 상하게 하였으며, 또 다른 한편으로는 원수들이 그들 가운데서 새롭게 힘을 얻고 있었기 때문이다.

그들은 임마누엘 왕자와 그의 아버지인 샤다이 왕으로부터 용서와 은혜를 입기 위해 많은 간청을 하였지만, 왕자와 왕의 미소 띤 얼굴을 단 한 번도 보지 못했다. 오히려 마을 안에 남아 있던 디아볼루스 부하들의 교묘한 술책으로 그들에게 드리워진 구름은 더욱더 암담하게 짙어져갔으며, 그들의 왕자와도 점점 더 멀어져갔다.

게다가 역병마저 인간영혼 마을에 여전히 만연한 상태여서, 마을에 거하는 주민들은 물론이고 장군들까지도 병마로 고통을 겪고 있었다. 그러나 그들의 원수들만은 여전히 활기찬 몸으로 강건해져서, 인간영혼 마을 사람들

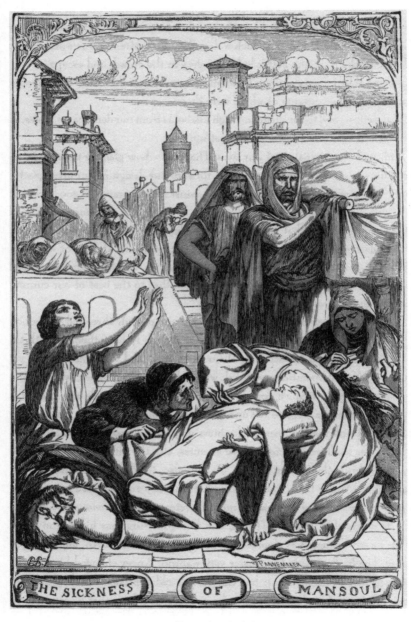

인간영혼 마을의 역병

은 꼬리로 전락하고 그 원수들은 머리로 부각되는 것 같았다.

그 무렵, 앞에서 언급한 편지, 즉 인간영혼 마을에 숨어 있는 디아볼루스의 부하들이 쓴 그 편지는 불경 씨 편으로 암흑의 소굴에 있는 디아볼루스에게 전해졌다.

지옥문 언덕에 이른 불경

불경은 지난번처럼 지옥문 언덕(Hell-gate-Hill)에 이르러, 그 편지를 케르베로스(Cerberus)에게 건넸고, 그는 그것을 주인에게 전하였다.

케르베로스와 불경 씨, 이 두 사람은 서로 만나자마자 자기들이 마치 대단한 거물이라도 되는 양, 이내 인간영혼 마을에 대해서 그리고 이 마을을 대적하기 위한 음모 등에 대해서 대화를 나누기 시작했다.

케르베로스. 아! 나의 오랜 친구여, 당신이 또 지옥문 언덕에 왔군요! 거룩한 마리아(St. Mary)[5]의 은혜로 당신을 다시 만나게 되니 반갑습니다.

불경. 그렇습니다. 저는 인간영혼 마을 문제로 이렇게 다시 오게 되었습니다.

케르베로스. 현재 인간영혼 마을 상황이 어떠한지 말해 주십시오.

불경. 예, 제 생각에는 우리의 경(卿)들과 이곳에 있는 경들에게 아주 유리한 때인 것 같습니다. 우리가 진심으로 바라던 대로, 경건하던 그들은 극도로 부패하였습니다. 그래서 그들의 주인은 그들에게서 멀리 떠나버렸습니다. 이 또한 우리를 기쁘게 하는 일입니다. 우리는 이미 그들의 접시에 한 걸음 다가섰습니다.[6] 왜냐하면 디아볼루스의 부하들인 우리의 동지들이 그들

---

5) 이것은 번연의 작품들에 자주 등장하는 예리하고 정확한 여러 풍자들 가운데 하나로, 마귀들은 하나님의 어머니인 '거룩한 마리아'의 이름으로 맹세한다. 로마 가톨릭에서 맹세할 때 흔히 사용하는 이 말을 사용함으로써, 케르베로스는 자신이 사탄적인 위엄을 가진 것과 자신이 로마 가톨릭과 맺은 독특한 관련성을 나타내 보이고 있다 — 원주
6) 한 걸음 내딛는 것, 즉 끼어드는 것은 허락을 받았다는 의미로, "그들의 접시에 한 걸음 다가섰다"는 말은 인간영혼 마을 사람들과 함께 먹고 마실 정도로 친밀하게 되었다는 뜻이다 — 원주

의 마음을 사로잡았기 때문입니다. 따라서 이제 우리가 가서 그 지역 사람들 위에서 군림하기만 하면 됩니다. 게다가, 인간영혼 마을에 있는 우리의 충성스러운 친구들은 마을의 경들을 배신할 음모를 날마다 꾸미고 있을 뿐만 아니라, 역병마저 아주 심하게 기승을 부리고 있습니다. 우리의 바람은 이 역병이 좀 더 힘을 얻어 마을에 창궐하였으면 하는 것입니다.

그러자 지옥문을 지키는 그 개가 말하였다.

케르베로스. 그들을 공격하는데 지금보다 더 좋은 때는 없겠습니다. 이 음모가 계획한대로 추진되어 빠른 시일 내에 성공적으로 끝이 나기를 바랍니다. 우리를 반역한 인간영혼 마을에서 지금도 생명의 위협을 받으면서 살아가고 있는 불쌍한 디아볼루스의 부하들을 위해서라도 이 계획이 성사되기를 진심으로 바라겠습니다.

불경. 이 계획은 다 완성되어 가고 있습니다. 인간영혼 마을에 있지만 디아볼루스를 따르는 여러 경들이 밤낮으로 최종 점검을 하고 있습니다. 그런데 어떤 다른 부하들은 어리석은 비둘기마냥, 마을이 멸망할 날이 가까워오는 것을 생각하면서, 나중에 자신이 어떤 자리를 차지하게 될지, 온통 그런 생각만 하고 있습니다. 이제 당신도 인간영혼 마을에 대한 이 모든 말들을 다 들었으니, 디아볼루스께서 왜 그렇게 가능한 한 빨리 서두르려고 하시는지 알게 되었을 것입니다.

케르베로스. 당신이 한 말이 모두 사실이라면, 사태가 이렇게 흘러가고 있다니, 저도 기쁩니다. 용맹한 불경 씨, 이리 들어와 우리의 경들을 만나보십시오. 그들은 온 나라에서 출 수 있는 가장 매력적인 **춤**을 추면서 당신을 뜨겁게 환영할 것입니다. 당신이 가지고 온 편지는 이미 디아볼루스에게 전달하였습니다.

불경이 받은 환대

그러고 나서, 불경 씨는 지옥 구덩이로 들어갔다. 주인인 디아볼루스가 불경 씨를 보자, 디아볼루스는 "환영한다, 나의 충성스러운 종이여. 나는 네가

불경이 디아볼루스와 만나다

가지고 온 편지를 보고 기뻤다"라는 말과 함께 불경 씨를 반갑게 맞아 주었
다. 그 구덩이에 있는 다른 경들도 그를 보고서 각자 반갑게 맞아 주었다. 그
러자 불경은 그들 모두에게 경의를 표하고 다음과 같이 말하였다. "인간 영
혼이 나의 주군이신 디아볼루스에게 소유권이 넘어가고, 디아볼루스가 영
원히 그 마을의 왕이 되기를 원합니다." 이 말이 끝나자마자 움푹 꺼진 배와
집어삼킬 듯이 크게 입을 벌린 지옥에서 아주 크고 끔찍한 신음 소리가 들려
왔다. 사실 이 신음 소리는 그 곳의 음악이었다. 그 신음소리로 산들은 금방
이라도 무너져 산산조각이 날 것처럼 흔들렸다. 그들은 편지를 읽고 나서 어
떤 답변을 해야 할지 서로 논의하였다. 첫 번째로 의견을 개진(開陳)한 자는
루시퍼였다. 루시퍼는 다음과 같이 말하였다.

루시퍼. 인간영혼 마을에 있는 우리의 동지들이 제시한 첫 번째 안을 받아
들여도 성공적일 것 같습니다. 즉, 우선 우리의 동지들이 할 수 있는 한 모든
수단과 방법을 동원하여 인간영혼 마을을 더욱더 야비하고 부정한 마을로
만드는 것입니다. 한 영혼을 멸망시키는데 이보다 더 좋은 방법은 없을 것
입니다. 이 방법은 이미 증명된 것입니다(probatum est). 수 년 전 우리의 옛 친
구인 발람(Balaam)도 이 방법을 사용하여 성공하였습니다. 그러므로 우리도
이것을 하나의 처세훈(處世訓)으로 삼을 뿐 아니라, 디아볼루스를 따르는 모
든 이들에게 보편적인 규칙으로 삼게 해야 합니다.

이 방법을 실패로 끝나게 하는 것은 은혜 외에는 아무것도 없으니, 제 소
망은 이 마을이 은혜를 나누지 못하게 하는 것입니다(민 31:16; 계 2:14). 그러나
시장이 서는 날은 사람들이 자기 일로 다들 시달리기 때문에, 그 날 마을을
습격하자는 제안에 대해서는 과연 그것이 좋을지 좀 더 논의해 봤으면 좋겠
습니다. 이 문제는 다른 것보다 더 의논해야 할 많은 이유가 있습니다. 왜냐
하면 우리가 시도하고자 하는 모든 계획들이 언제 급습하느냐 하는 이 문제
에 달려 있기 때문입니다. 우리가 하려는 이 일의 때를 잘 맞추지 못한다면,
우리의 모든 계획들은 실패할 것입니다. 디아볼루스를 따르는 우리의 친구
들은, 장날은 가장 분주한 날이어서 인간영혼 마을 사람들은 매우 놀랄 만한

그런 일이 일어나리라 예상하지 못할 것이기 때문에, 그 날이 가장 좋다고 말합니다.

하지만 혹시라도 그런 날에 그들이 경계를 두 배로 강화한다면 어떻게 되겠습니까? 제 생각에 시장이 서는 날들은 그 특성상 여러 이유들로 인해 그럴 수도 있을 것 같습니다. 다시 말해, 혹시라도 그들에게 어떤 사정이 생겨서 그 날 경계를 강화한다면 어떻게 되겠습니까? 정말로 그들이 그 날에 무장을 강화한다면, 여러 경들은 우리가 시도한 계획에 절망할 것이고, 마을에 있는 우리의 친구들은 완전히 위험에 노출되어, 오히려 우리가 파멸을 면치 못하게 될 수도 있습니다.

그러자 위대한 바알세불이 말하였다.

바알세불. 루시퍼 경이 한 말에도 일리가 있습니다. 하지만 경의 추측은 맞을 수도 있고 틀릴 수도 있습니다. 루시퍼 경이 말한 의도는 자신의 주장을 결코 철회할 수 없다는 것이 아니라, 자신이 개진한 의견에 대해 좀 더 진지하게 토론해 보자는 것으로 압니다. 그러므로 제 생각에는 인간영혼 마을 사람들이 자신들의 부패한 상태에 대해 어느 정도로 알고 있는지, 또 우리가 그들을 대적하기 위한 음모에 착수했다는 사실에 대해 그들이 감지하고 있는지, 그래서 장날에는 마을 문에 대한 경계 태세를 강화하고 경비 병력을 두 배로 늘리려고 하지는 않는지, 우리가 할 수 있는 한 모든 능력을 동원하여 파악해야 할 것 같습니다.[7] 일단 이런 것들을 먼저 알아보고 난 후에, 그들이 장날에도 다른 때와 마찬가지로 조는 것처럼 흐리멍덩한 상태로 경계심을 갖지 않는다면, 장날이 급습하기에 가장 좋은 날일 것입니다. 이 안건에 대한 나의 판단은 이것입니다.

그러자 디아볼루스가 말하였다.

디아볼루스. 우리가 이것을 어떻게 알 수 있겠소?

디아볼루스의 물음에 "이에 대해서는 불경 씨에게 물어서 그의 말을 들어

---

7) 그리스도인들을 위한 교훈 — 원주

보아야 할 것 같습니다"라는 대답이 들렸다. 그래서 불경은 그의 앞에 불려 나와 그 질문을 받고 다음과 같이 대답하였다.

인간영혼 마을의 현 상황에 대한 불경의 설명

불경. 여러 경들 앞에서 현재 인간영혼 마을의 상황에 대해 제가 알고 있는 한에서 전하겠습니다. 그들의 믿음과 사랑은 타락하여, 그들의 왕자인 임마누엘 왕자조차 그들에게서 등을 돌린 상태입니다. 그들은 왕자를 다시 모셔오기 위해 탄원서를 거듭 보내었지만, 왕자는 그 요구에 신속하게 대답해주지 않을 뿐 아니라, 그들 가운데 이렇다 할 개혁적인 일들도 일어나지 않고 있습니다.

디아볼루스. 그들이 개혁에 대해 반기를 들었다니 나로서는 기쁜 일이다. 하지만 그들의 탄원서가 여전히 마음에 걸린다. 하지만 그들이 지금도 방탕한 생활을 하는 거보니 자기들이 보내고 있는 탄원서에 별 마음이 없나보군? 마음이 없는 일에는 가치도 느끼지 못하는 법이지. 자, 나의 참모들이여, 계속 논의를 해보시오. 여러 경들, 이제 나는 더 이상 그대들을 참견하지 않을 참이오.

바알세불. 현재 인간영혼 마을의 상황이 불경 씨가 설명한 바와 같다면, 어느 날에 우리가 이 마을을 급습할지는 전혀 중요한 문제가 아닐 것 같습니다. 그들이 하는 기도나 그들의 능력이나 그들에게는 전혀 도움이 되지 않을 테니까요.

바알세불이 이야기를 마치자, 아볼루온이 이야기를 시작했다.

아볼루온. 이 문제에 대한 제 생각은 이것을 너무 성급하게 해결하려고 하지 말고, 운영의 묘를 적절히 살려나가야 한다는 것입니다. 인간영혼 마을에 있는 우리의 친구들이 계속해서 마을 사람들을 더 많은 죄악으로 인도하여, 그들이 더럽고 부정한 일들을 하도록 해야 합니다. 왜냐하면 죄악만큼 인간영혼 마을을 집어삼키기에 좋은 수단도 없기 때문입니다. 우리의 친구들이 이렇게 해서 효과가 나타난다면, 마을 사람들은 스스로 경계를 서는 일이나 탄원서를 올리는 일도 더 이상 하지 않을 것이며, 자기 마을의 안전 보장을 위한 그 밖의 일에 대해서도 자연스럽게 관심이 멀어질 것입니다. 이제 인간영혼 마을은 임마누엘 왕자를 잊을 것이고 왕자와의 교제를 바라지 않을 것이며, 또한 그들이 앞으로도 계속해서 그런 식으로 살아간다면, 그들의 왕자도 빠른 시일 내에 그들에게 다시 오지 않을 것입니다. 우리의 충성스러운 친구인 육신의 안락 씨는 단 한 번의 속임수로 왕자를 마을에서 쫓아내었습니다. 그렇다면 탐심 경과 호색 경은 뭐가 부족해서 왕자를 마을에서 쫓아내지 못하겠습니까? 따라서 저는 다음과 같은 한 가지 사실을 여러분에게 말하고자 합니다. 즉, 디아볼루스의 부하들 가운데 두세 사람이 인간영혼 마을 사람들로부터 지지와 환대를 받는다면, 우리가 많은 군대를 파견하여 왕자와 맞서는 것보다, 차라리 능력 있는 이 두세 사람이 왕자로부터 마을 사람들을 떼어놓고, 인간영혼 마을을 우리 것으로 만드는 데 더 큰 공을 세울 수 있으리라 저는 생각합니다. 여러분은 이 사실을 모르고 있습니까?

그러므로 인간영혼 마을에 있는 우리의 친구들이 착수한 첫 번째 제안에 온갖 교활한 술책들을 더하여, 이 계획이 강력하고 신실하게 이뤄지도록 합시다. 동지들 가운데 한 사람은 이런 변장을 하고, 또 다른 동지는 다르게 변장하여 계속해서 마을 사람들 사이에 들어가, 더 많은 우리의 동지들이 인간영혼 마을 사람들을 농락하도록 합시다.

이런 식으로 하면, 우리는 그들과 전쟁을 할 필요도 없을 것이며, 설령 우리가 그들과 전쟁을 해야 할 상황이 되었다 해도, 그들이 죄를 많이 범하면 범할수록 우리에게 대항할 수 있는 힘은 점점 더 없어질 것이 분명하므로, 그때가 되면 우리는 그들을 더욱더 쉽게 정복할 수 있을 것입니다. 아울러 다음과 같은 경우도 생각해 볼 수 있을 것입니다. 즉, 우리가 생각할 수 있는 최악의 상황으로, 임마누엘 왕자가 그들을 다시 찾아온다 해도, 이와 유사한 방법으로 우리가 왕자를 한 번 더 쫓아내지 못할 이유가 없지 않겠습니까? 진실로 처음에 왕자가 그들을 떠난 것은 그들의 죄 때문이었습니다. 그렇다면 이들이 다시 죄를 짓는 잘못을 범한다면, 이번에는 처음과 달리 왕자가 그들을 영원히 떠나지 않겠습니까? 그렇게 되지 않는다는 보장이 어디 있겠습니까? 이런 일이 실제로 일어난다면, 그 때는 왕자가 자신이 가지고 왔던 파성퇴와 투석기는 물론 자기의 장군들과 함께 인간영혼 마을을 떠날 것입니다. 그리하여 인간영혼 마을에는 아무 것도 없는, 그야말로 무방비상태가 될 것입니다.

그렇게 되면, 왕자로부터 처절하게 버림받았다는 것을 알게 된 마을 사람들은 다 같이 한마음이 되어 우리에게 다시 마을 문을 열어 주고, 옛날처럼 우리를 섬기지 않겠습니까? 하지만 이 일이 실제로 일어나기까지는 틀림없이 시간이 많이 걸릴 것입니다. 며칠 내에 이처럼 엄청난 일이 일어나지는 않을 것입니다.

아볼루온이 말을 끝내자마자, 디아볼루스는 속에서 끓어오르는 분노를 잠시 가라앉히고, 자기 생각을 다음과 같이 주장하였다. "이 동굴의 권세자들인 나의 경들과, 신실하고 충성스러운 나의 친구들이여, 나는 나만이 가지고 있음직한 엄청나게 성급한 성격에도 불구하고 너희의 장황하고 지루한 말들에 귀를 기울였다. 다 듣고 보니, 유명한 나의 인간영혼 마을을 다시 차지하고픈 욕망으로 인해 나는 분통이 터지고 억장이 무너지는 것 같았다. 어떤 일이 벌어져도 이 마을을 다시 되찾고자 하는 계획이 지체되는 것을 더 이상 기다리면서 두고 볼 수만은 없을 것 같다. 더 이상 지체하지 말고, 내가 가진 능력을 총동원하고 모든 방법들을 강구하여 만족할 줄 모르는 나의 심연을 인간영혼 마을 사람들의 육체와 영혼으로 반드시 채우고자 한다. 그러므로 이제 나는 너희의 머리와 가슴과 도움을 받아 나의 마을인 인간영혼 마을을 되찾고자 한다."

지옥 구덩이에 있는 경들과 귀족들은 디아볼루스 속에서 불타오르는 욕망, 즉 인간영혼 마을을 집어삼키고자 하는 소망이 너무 강렬한 것을 보고서, 더 이상 반대 의견을 제시할 수 없었다. 그들은 아볼루온의 조언을 받아들이는 것이 인간영혼 마을에 더 큰 두려움을 줄 수 있음을 알았지만, 그럼에도 불구하고 온 힘을 다해 디아볼루스를 돕기로 마음을 모았다. 디아볼루스가 이런 말을 할 때 그들은 그를 돕겠다고 약속을 하긴 하였지만, 사실 그에게 어떤 도움을 줄 수 있을지 모른 채, 그저 온 힘을 다해 그를 돕겠다고 말했던 것이다. 그래서 그들은 2차 논의에 들어갈 것을 제안하였고, 디아볼루스가 인간영혼 마을을 공격하러 갈 때, 어떤 병사가 어느 정도로 함께 출정할지를 의논했다. 몇 번의 회의 끝에 그들은 디아볼루스의 부하들이 제안한대로, 무시무시한 의심 군대(Terrible Doubters)의 병사들보다 더 적절한 군대는 없을 것으로 결론지었다. 그리하여 그들은 인간영혼 마을을 대적하기 위해 불굴의 의심 군대 병사들을 출정시킬 것을 결정하였다. 그들이 생각하기에 이 임무를 감당할 수 있는 적절한 병사들의 수는 이만에서 삼만 명이었다.

의심 군대가 인간영혼 마을을 공격하기 위해 일어나다

DIABOLUS BLOWING OUT HIS MALICE

분통을 터뜨리는 디아볼루스

고귀하고 막강한 여러 경들이 모인 총회가 끝이 나자마자, 디아볼루스는 울분을 참지 못하고 즉석에서 자신의 북을 크게 울려, 소위 지옥문 언덕(Hell-gate-Hill)이라 불리는 지역 안에 있는 의심의 땅(land of Doubting)에 있는 자들을 불러 모았다. 이들은 비참한 인간영혼 마을을 공격하기 위해 디아볼루스가 직접 모병한 자들이었다.

그리고 여러 경들이 친히 전쟁에 참가하여 디아볼루스를 돕고, 전쟁의 최후까지 병사들의 선두에 서서 이끌고 지휘하는 것도 이 총회에서 결의한 내용이었다. 총회가 끝나자 그들은 불경 씨가 돌아오기만을 기다리면서 인간영혼 마을에 숨어 있는 디아볼루스의 부하들에게, 현재 계획하고 있는 전략과 앞으로의 일정 등을 알리는 편지를 작성했다. 편지의 내용은 다음과 같았다.

디아볼루스가 인간영혼 마을에 있는 부하들에게 보낸 또 다른 편지

"어둡고 무시무시한 지옥 구덩이에 거하고 있는 디아볼루스는, 어둠의 권세자들이 모인 회의에 참석한 모든 이들과 더불어, 인간영혼 마을의 성벽과 그 주변에 거하고 있는 충성스러운 우리의 동지들에게 말하노니, 인간영혼 마을을 대적하기 위한 너희의 악독하고 사악한 계획들에 대해 우리의 극악무도한 대답을 듣고자 조급하게 기다리는 너희에게 우리는 이 편지를 전한다.

이곳에서 나고 자란 우리의 고향 사람인 너희를 우리는 날마다 자랑하였으며, 너희의 행동들로 인해 우리는 매년 크게 즐거워하였다. 우리는 노신사이며 사람들로부터 크게 사랑을 받는 우리의 충성스러운 친구인 불경 씨 편으로 너희가 보낸 편지, 다시 말해 너희의 따뜻한 마음이 서려 있는 최고의 귀한 편지를 받았다. 우리가 편지 봉투를 열고 너희의 놀라운 기억력이 엿보이는 편지 내용들을 보았을 때, 우리가 지금 거하고 있는 이곳, 다시 말해 마치 배가 움푹 들어가 입을 크게 벌리고 있는 것 같은 이곳은 너무 기쁜 나머지 소름끼칠 정도로 시끄러운 소리를 질렀으며, 지옥 문 언덕 주변을 에워싸고 있는 산들은 그 소리에 흔들려 산산조각이 날 뻔하였다.

또한 인간영혼 마을을 대적하고자 하는 우리를 돕기 위해 머리를 짜낸 너희의 대단한 섬세함을 보고서, 우리는 너희의 충성심에 감탄하지 않을 수 없었다. 반역한 백성들을 우리가 어떻게 처리해야 할지에 대해서 너희는 매우 탁월한 전술들을 고안해 냈다. 너희가 제시한 전술보다 더 효과적인 방법은, 지옥에 있는 모든 이들의 지혜를 다 모은다 해도 생각해낼 수 없는 것이었다. 너희가 우리에게 마지막으로 보낸 제안들을 보고서, 우리는 그 제안들에 전적으로 동의하고 그것을 칭송하는 것 외에 딱히 해야 할 일이 없을 것 같았다.

자, 심오한 계략을 만들어 낸 너희를 격려하기 위해 우리는 다음과 같은 사실을 너희에게 알리고자 한다. 너희의 주군인 디아볼루스가 주재한 가운데, 이곳에 있는 우리의 지배자들과 권력자들이 모인 비밀 총회에서, 너희의 제안을 가지고 우리의 구렁텅이에 있는 이런저런 입장을 가진 자들이 논의하고 공방을 벌인 결과, 우리를 반역한 인간영혼 마을을 기습 공격하여 그들을 우리의 것으로 사로잡는다는 제안보다 더 나은 것은 있을 수 없다고 판단하였다. 우리가 가진 모든 재주를 동원한다고 해도 너희의 제안보다 더 적절하고 합당한 것은 있을 수 없다고 판단했던 것이다.

따라서 너희가 보낸 편지에서 제안한 것 외에 모든 제안들은 자연히 힘을 잃게 되었으며, 너희의 제안만이 디아볼루스의 마음에 강한 인상을 주었다. 진실로 그분은 분통이 터지고 억장이 무너지는 것 같은 심정으로 너희의 방안을 즉시 실천에 옮기라고 불 같이 명령했다.

이런 상황에서 너희가 알아야 할 사실이 있다. 강인하고 불 같으며 무자비한 성격을 가진 디아볼루스는 너희의 짐을 덜어주고자, 우리를 반역한 인간영혼 마을의 멸망을 위해 이만 명이 넘는 의심군대 병사들을 동원하여 백성들을 공격하도록 하였다. 이 병사들은 모두 강인한 불굴의 용사들로서 오랫동안 전쟁에 출정하여 전쟁이라면 이골이 난 자들이다. 따라서 전쟁터에서 울려 퍼지는 북소리를 능히 견뎌낼 수 있는 자들이다. 감히 말하건대 디아볼루스는 지금 이 일을 가능한 신속하게 끝내고자 마구 밀어붙이고 있다. 그의 마음과 정신은 온통 이 일에 몰두해 있다. 너희는 지금까지 우리의 지시에 적극 순종해 왔으며, 우리에게 충고와 격려도 아끼지 않았다. 이제 우리가 너희에게 바라는 것은 너희가 우리의 계획을 실천하는 것이다. 너희는 전투에서 절대로 패배자가 되지 말고 승리자가 되라. 그러면 진실로 우리는 너희를 인간영혼 마을의 경들로 삼을 것이다.

너희의 계략 중에 절대로 빠뜨려서는 안 될 것이 하나 있다. 그것은 우리와 함께 있는 자들이 바라는 것으로서, 인간영혼 마을에 거하는 너희 한 사람 한 사람은 다른 사람들을 설득하여 속이는 일에 너희가 가진 모든 능력과 교활함과 재간 등을 발휘하여, 인간영혼 사람들이 더 많은 죄를 짓고 더 사악해지도록 유혹해서, 결국에는 죄가 장성하여 사망에 이르도록 그들을 인도하는 것이다.

이와 관련하여 우리가 내린 결론은 다음과 같다. 인간영혼 마을 사람들이 더욱 비열해지고 더 많이 죄를 짓고 타락하면 할수록, 임마누엘 왕자는 그들을 도우러 나타나거나 다른 구원의 손길을 베푸는 일에서 더욱더 지체할 것이다. 그러면 우리가 집어삼키기 위해 그들을 공격할 때도, 그들은 죄를 지으면 지을수록 더욱더 약해지므로, 공격하는 우리에게 저항조차 하지 못할 것이다.

그 결과 그들의 강력한 임마누엘 왕자가 그들을 돌보아주는 일에서 손을 떼고, 그의 장군들과 병사들이 파성퇴와 투석기를 들고 마을을 떠나 고향으로 돌아가게 된다면, 인간영혼 마을은 아무것도 남지 않은 그야말로 무방비상태가 될 것이며, 마을의 문들은 우리에게 완전히 개방되어, 무화과나무의 처음 익은 열매가 흔들기만 하면 먹는 자의 입에 떨어지는 것과 같을 것이다(나 3:12). 그렇게만 되면 우리는 틀림없이 쉽게 그 마을을 점령하여 그들을 정복할 수 있을 것이다.

하지만 우리가 인간영혼 마을을 공격할 시기에 관해서는 아직 확정되지 않았다. 물론 우리 가운데 몇몇은 너희가 생각하는 것처럼 시장이 서는 장날이나 혹은 그 장날 밤이 가장 좋은 때라고 생각하고 있지만 말이다. 그러나 어쨌든 너희는 항상 준비하고 있다가, 우리가 마을 밖에서 미친 듯이 쳐대는 북소리가 들리거든, 분주하게 움직이면서 마을 안에서 가장 무시무시한 혼란이 일어나도록 하라(벧전 5:8). 그러면 인간영혼 마을은 우왕좌왕하면서 큰 어려움을 겪을 것이며 그로 인해 어찌할 바를 모를 것이다. 루시퍼 경, 바알세불 경, 아볼루온 경, 레기온 경과 다른 고관들도 디아볼루스 경과 더불어 너희에게 안부를 전하며, 우리가 지금 누리고 있는 것과 똑같은 성과와 성공을 너희도 함께 누리게 되기를 기원한다.

가장 무서운 지옥 구덩이 안에서 살고 있는 우리는, 여기 우리와 함께 살고 있는 많은 군대들의 흉악한 승리를 바라는 것 못지않게, 너희의 승리를 기원하면서, 이 편지를 전달할 불경 씨 편으로 너희에게 작별 인사를 전한다."

불경 씨는 인간영혼 마을로 돌아가겠다는 말을 고한 후, 끔찍한 지옥 구덩이에서 인간영혼 마을에 거하는 디아볼루스의 부하들에게 보내는 편지를 들고서, 그 깊은 곳에서 케르베로스가 있는 동굴 입구까지 연결된 계단을 따라 올라갔다. 케르베로스가 불경을 보자, 그는 인간영혼 마을과 관련하여 마을을 대적하고자 하는 계획이 구덩이 아래에서 어떻게 논의되었는지 그에게 물었다.

불경과 케르베로스 간의 대화

불경. 모든 일은 우리가 예상한 대로 잘 진행되고 있습니다. 지금 제가 인간영혼 마을로 가지고 가는 이 편지는 여러 경들로부터 뜨거운 호응과 전적인 지지를 받았습니다. 그래서 이 편지의 내용을 인간영혼 마을 사람들에게 전해주기 위해 저는 지금 고향으로 돌아가려고 합니다. 나를 이곳으로 보낸 우리의 경들에게 제 가슴속에 간직한 이 답장을 드린다면, 그들은 틀림없이 기뻐할 것입니다. 왜냐하면 나의 주군인 디아볼루스가 인간영혼 마을을 포위하는 것을 보게 될 때, 우리의 동지들이 계획한 것을 온 힘을 다해 추진하고 마을 내부에서 공격 태세를 갖추도록 독려하는 것이 이 편지의 내용이기 때문입니다.

케르베로스. 그렇다면 디아볼루스는 인간영혼 마을을 공격할 계획입니까?

불경. 그렇습니다! 그분은 그런 계획을 가지고 있습니다. 그분은 원정을 떠나기 위해 의심의 땅(land of Doubting)에서 병사들을 뽑았습니다. 전쟁에 능한 이 군사들은 이만 명이 넘는 숫자로 모두 강인한 병사들로서, 디아볼루스와 동행할 것입니다.

그러자 케르베로스는 기뻐하며 다음과 같이 말하였다.

케르베로스. 비참한 인간영혼 마을을 공격하기 위해 이런 담대한 준비들을 하고 있었군요. 내가 그들 가운데 천부장이 되어 선두에 선다면, 나도 이 유명한 인간영혼 마을을 공격하는 일에 나의 용맹함을 보여줄 수 있을 텐데.[8]

불경. 당신의 바람대로 될 수 있을지도 모르겠습니다. 당신은 제가 보기에도 그런 일을 감당하기에 충분한 패기를 가지고 있는 것 같습니다. 나의 주군께서도 용맹하고 강인한 자가 동행하기를 원하고 계시니, 아마도 가능할 것입니다. 어쨌든 저는 제 일로 빨리 가봐야 할 것 같습니다.

케르베로스. 아, 그렇게 하십시오. 지옥 구렁텅이가 당신에게 제공할 수 있는 가장 심각한 모든 해악들(mischiefs)을 가지고, 서둘러 인간영혼 마을로 돌아가십시오. 마을로 들어가면 디아볼루스의 부하들이 모여 음모를 꾸미

---

8) 밀턴(Milton)에 따르면 케르베로스는 우울증의 조상으로서, 의심 군대의 적절한 지도자가 될 수 있었을 것이라고 한다 ― 원주

고 있는 해악 씨(Mr. Mischief)의 집에 가서, 이 케르베로스는 디아볼루스의 뜻을 따라 그들을 돕기 원하며, 디아볼루스가 허락하기만 하면 이 유명한 인간영혼 마을을 공격하는 일에 디아볼루스의 군대와 함께 올라갈 것이라고 말해주기 바랍니다.

불경. 예, 그렇게 하겠습니다. 제가 보기에 인간영혼 마을에 있는 여러 경들도 당신의 말을 듣는다면 기뻐할 것이며, 당신을 보고 싶어 할 것입니다.

불경 씨는 이런 유의 아첨을 몇 차례 한 뒤, 친구인 케르베로스와 작별인사를 하였다. 케르베로스는 지옥 구렁텅이의 소원들을 입에 침이 마를 정도로 거듭해 말하고는, 디아볼루스의 부하들이 있는 곳으로 전력 질주하도록 그에게 명하였다. 그 말을 들은 불경은 발뒤꿈치가 보이지 않을 정도로 온 힘을 다해 달리기 시작했다.

그리하여 인간영혼 마을에 도착한 불경은 예전처럼 해악 씨의 집으로 갔다. 디아볼루스의 부하들은 그 집에 모여서 불경이 돌아오기만을 기다리고 있었다. 불경은 그 집에 도착해 얼굴을 내비치면서 그들에게 다음과 같은 찬사를 하였다.

다시 인간영혼 마을로 돌아간 불경

"지옥 구렁텅이에 사는 여러 경들과, 그 소굴에 있는 고귀하고 거만한 권력자들과 능력자들은 이곳에 있는 여러분, 즉 인간영혼 마을에 거하는 참된 디아볼루스의 부하들에게 안부를 전했습니다. 이 유명한 인간영혼 마을을 우리의 왕이신 디아볼루스의 소유로 다시 돌려놓고자 헌신한 여러분의 위대한 봉사와 용맹스러운 도전 등에 대해, 그들은 가장 품위 있게 여러분을 위해 복을 빌어 주었습니다."

한편, 당시 비참한 인간영혼 마을의 형국은 다음과 같았다. 마을 주민들이 왕자에게 죄를 범하여, 왕자는 그들을 떠나 버렸다. 그들의 어리석은 행동은 지옥의 세력들이 마을을 대적하기 위해 올라와, 마을의 완전한 멸망을 도모하는 빌미를 제공하였던 것이다.

인간영혼 마을 사람들은 자신의 죄를 어느 정도 인식하고 있기는 하였지만, 실제로는 디아볼루스의 부하들이 마을 사람들의 속마음을 주장하고 있었다. 마을 사람들이 아무리 부르짖어도, 임마누엘 왕자는 이미 떠난 상태였기 때문에, 그들이 부르짖는다고 해서 왕자가 다시 돌아오지는 않았다. 그리고 왕자가 인간영혼 마을에 언젠가는 다시 돌아올지 아니면 아예 다시는 돌아오지 않을지에 대해서도 알지 못했다. 게다가 그들은 원수들의 세력과 열정 등에 대해서도 몰랐으며, 원수들이 자신들을 대적하기 위해 어떤 지옥의 음모를 꾸미고 어떻게 그 일을 진행하려고 하는지에 대해서도 전혀 모르고 있었다.

진실로 마을 사람들은 왕자에게 탄원서를 계속해서 보냈지만, 왕자는 침묵으로 일관하였다. 그들은 개혁을 무시하였는데, 이 또한 디아볼루스가 원하는 것이었다. 마을 사람들이 마음으로 죄악에 관심을 가지고 있는 한, 그들의 왕은 그들의 기도에 귀를 기울이지 않을 것을 디아볼루스는 알고 있었다. 그렇게 그들은 점점 더 나약해지고 연약해져서, 이제는 풍전등화(風前燈火)와 같은 처지가 되고 말았다. 그들은 그들의 왕에게 도움을 구하려고 울부짖었지만, 마음속에는 디아볼루스의 부하들을 품고 있었다.[9]

그러니 그 왕이 도대체 그들을 위해 무엇을 할 수 있겠는가? 이제 인간영혼 마을은 디아볼루스의 부하들과 인간영혼 마을 사람들이 뒤엉켜 함께 거리를 활보하는 것 같았다. 사실 인간영혼 마을 사람들은 마을에 역병이 매우 치명적인 기세로 만연해 있었기 때문에, 그들이 디아볼루스의 부하들과 육박전을 벌인다는 것은 무모한 짓으로 생각되었다. 그래서 마을 사람들은 디아볼루스의 부하들과 평화를 모색하기 시작했다. 인간영혼 마을이 연약할수록 원수들은 힘을 얻었으며, 인간영혼 마을이 죄를 지을수록 디아볼루스의 부하들은 유리해졌다. 이제 인간영혼의 원수들은 이 마을을 소유하게

---

9) 우리가 마음으로는 악한 생각들과 악한 성향들을 장려하면서도, 이것들을 대적해 기도하는 상태는 매우 끔찍한 것이다. "내가 나의 마음에 죄악을 품었더라면 주께서 듣지 아니하시리라"(시 66:18) ― 원주

될 것이라고 장담하기 시작하였다. 인간영혼 마을 사람들과 디아볼루스의 부하들 사이에 그리 큰 차이가 없었기 때문이다. 양쪽 다 인간영혼 마을의 주인인 것 같았다.

진실로 디아볼루스 부하들의 수와 세력은 점점 더 커졌지만, 인간영혼 마을의 영향력은 매우 작아졌다. 인간영혼 마을에서 역병으로 죽은 남자와 여자, 그리고 어린아이들의 수가 만 천 명을 넘어섰다.[10]

10) 선한 생각들, 선한 개념들, 선한 열망들 — 원주

제14장

공격에 방어하는
인간영혼 마을

내용 — 잘 살핌 씨에 의해 음모가 발각되다 — 방어 준비를 하다 — 디아볼루스의 많은 부하들이 처형되다 — 의심군대 병사들이 마을로 접근해오다 — 귀문에 공격을 퍼부었지만, 저항에 부딪히다 — 북치는 자가 평화 협정을 제의했지만 무시당하다 — 감언이설로 속이고자 하는 디아볼루스와 이에 대한 시장의 대답 — 디아볼루스의 젊은 두 부하 명랑과 쾌활이 처형되다 — 움켜짐과 갈퀴로 싹싹 긁어모음이 십자가에 매달리다 — 무엇이든 장군과 고삐 풀린 발이 투옥되다

잘 살핌 씨에 관한 이야기

그는 인간영혼 마을 내부에서든 아니면 마을 밖에 있는 외부에서든, 이 마을에 어떤 해악이 가해지면 어떡하나 하는 마음으로 항상 경계하며 방심하지 않는 자였다. 한 번은 잘 살핌 씨가 마을 여기저기를 두루 다니다가, 마을 안에 있는 야비한 언덕(Vile Hill)이라 불리는 곳을 우연히 발견하게 되었다. 그 곳은 디아볼루스의 부하들이 회합하던 장소였다. 여러분이 반드시 알아야 할 것은 그 때가 밤이었다는 사실이다. 그 때 그 곳에서 그는 사람들이 속삭이는 소리를 들었다.

디아볼루스의 부하들이 세운 음모가 발각된 경위

그 소리를 듣기 위해 그는 조용히 소리가 나는 곳으로 다가갔다. 거기에는 집 한 채가 서 있었다. 그는 집 가장자리에 귀를 기울인지 오래지 않아, 한 사람이 확신에 차서 다음과 같이 말하는 소리를 듣게 되었다. 조만간 아니 그리 오래지 않아 디아볼루스가 친히 인간영혼 마을을 다시 취하게 될 것이며, 그렇게 되면 디아볼루스의 부하들은 인간영혼 마을에 사는 모든 주민들을 칼로 벨 것이고, 임마누엘 왕자에게 속한 장군들을 죽여 멸할 것이며, 그의 모든 병사들을 마을 밖으로 쫓아내려고 한다는 내용이었다.

그 뿐 아니라, 이 음모를 성취하기 위해 디아볼루스는 이만 명 가량의 병사들을 준비한 것으로 알고 있으며, 이제 몇 달 내로 이 모든 계획들이 실제로 벌어지는 것을 모두가 보게 될 것이라는 말도 듣게 되었다. 잘 살핌 씨는 이 말을 듣자 그것이 사실인 것을 즉시 알아차렸다.

그는 당장 시장(Lord Mayor)인 이해 경(Understanding)의 집으로 달려가 그에게 이 소식을 전했다. 그러자 시장은 사람을 시켜 보조 설교자인 양심 씨를 부르도록 하였고, 그에게 이 모든 사실들을 알리고는 즉시 경계령을 마을에 선포하게 하였다.

시장이 보조 설교자를 부른 이유는 당시 대신 경(大臣, Lord Secretary)의 마음이 여전히 편치 않아서, 양심 씨가 인간영혼 마을의 주 설교자 역할을 감당하고 있었기 때문이다. 보조 설교자는 시장의 지시대로 마을에 경계령을 선포하고, 같은 시각에 공고(公告)가 있음을 알리는 종을 울렸다. 그러자 마을 사람들이 다 같이 나아왔다. 그는 그들에게 경계를 늦추지 말 것을 간단하게 권면하고는, 잘 살핌 씨가 가지고 온 소식들에 대해 논의하였다. 그는 다음과 같이 말했다. "지금 이 인간영혼 마을을 대적하기 위한 끔찍한 음모가 진행되고 있습니다. 한 마디로, 그 음모는 한 날에 우리 모두를 학살하려는 계획입니다. 그러므로 이 말은 우리가 가볍게 넘길 일이 아닙니다. 왜냐하면 이 소식을 전한 장본인이 바로 잘 살핌 씨이기 때문입니다. 그는 언제나 인간영혼 마을을 사랑하는 자이며 항상 깨어 있는 가운데 사리 판단이 분명한 자이기에 결코 잘 알지도 못하면서 지껄이는 자가 아니며, 거짓 소문을 퍼뜨리는 자는 더더욱 아닙니다. 도리어 그는 사태의 본질을 꿰뚫어 보기를 좋아하며, 흥미를 불러일으킬 만한 허황된 이야기가 아니라, 아주 확실한 사실만을 전하는 자입니다. 제가 그를 데리고 올 테니, 여러분이 직접 그의 말을 들어보기 바랍니다."

보조 설교자인 양심 씨가 잘 살핌 씨를 부르자, 그는 앞으로 나아와 보고 들은 바를 정확하게 그들에게 말해주었다.

자신이 알게 된 소식들을 인간영혼 마을 사람들에게 말하는 잘 살핌

잘 살핌 씨가 아주 분명한 논지로 이것들이 사실임을 타당하고 확실하게 말하자, 인간영혼 마을 사람들은 그가 한 말이 사실임을 확신하게 되었다. 그러자 보조 설교자인 양심 씨가 그를 뒤로 물러나게 하고 다시 말하였다. "여러분이여, 우리가 이 말을 믿는 것은 터무니없는 일이 아닙니다. 왜냐하면 우리는 샤다이 왕을 화나게 하였으며, 임마누엘 왕자에게 죄를 지어 이 마을을 떠나도록 하였습니다. 또한 우리는 디아볼루스의 부하들과 너무나 많이 교제하면서, 우리가 예전에 받은 은혜들을 저버렸습니다. 그러므로 마을 안팎에 있는 원수들이 우리를 멸망시키기 위해 계획을 세우고 음모를 꾸민다 해도, 전혀 놀랄 만한 일이 아니지 않겠습니까? 더구나 지금 이 마을에는 역병이 창궐하여 우리가 많이 연약해진 상태입니다. 중요한 위치에 있던 선한 이들이 많이 돌아가시는 바람에, 디아볼루스 부하들의 세력은 최근에 더욱더 힘을 얻고 있습니다."

보조 설교자는 계속 말을 이었다. "게다가 저는 이 선한 진리의 전령으로부터 다음과 같은 한 가지 사실을 미루어 짐작할 수 있었습니다. 그가 엿들은 얘기들 가운데서 그가 이해한 바에 따르면, 우리를 멸망시키기 위해 마을 안에 있는 디아볼루스의 부하들과 마을 밖에 있는 복수의 화신들 사이에 여러 통의 편지가 최근에 오고 갔다는 점입니다."

인간영혼 마을 사람들은 이 모든 이야기들을 듣고 이것이 부인할 수 없는 사실임을 깨닫고는, 목소리를 높여 울기 시작했다. 잘 살핌 씨 역시 마을 사람들 앞에서 보조 설교자가 한 말이 모두 사실이라고 확증해 주었다. 이제 백성들은 자신의 어리석음을 깨닫고 다시 통곡하였다. 그들은 샤다이 왕과 그의 아들 임마누엘 왕자에게 보내는 탄원서의 횟수를 두 배로 늘려 보내기 시작했다.

이 사태를 장군들에게 알리는 인간영혼 마을 사람들

또한 그들은 이 소식을 인간영혼 마을에 있는 장군들과 고위 지휘관들과 병사들에게 알리면서, 어떤 수를 써서라도 마음을 강하게 하고 용기를 잃지 말도록 부탁하였다. 아울러 그들이 알게 된 디아볼루스의 속셈대로, 그가 인간영혼 마을을 점령하기 위해 마을을 포위할 경우를 대비해서, 그들의 군복과 무기 등 군비들을 정비하여 밤낮으로 디아볼루스의 병사들과 맞서 싸울 태세를 갖추어 달라고 당부했다.

이 소식을 전해들은 장군들은 인간영혼 마을을 진정으로 사랑하는 자들이기에, 마치 무수한 삼손들처럼 이 슬픔을 털고 일어나, 그들이 과연 무엇을 할 수 있을지, 다시 말해 현재 역병에 시달리면서 연약해져 완전히 힘이 빠져 있는 인간영혼 마을을 대적하기 위해 모든 수단을 동원하고 있는 디아볼루스와 그의 부하들의 공격을 막아내고, 그 담대하고 흉악한 음모를 어떻게 하면 분쇄할 수 있을지, 이에 대해 장군들은 함께 모여 의논하였다. 그 결과 그들은 다음과 같은 구체적인 사항들에 합의하였다.

첫째, 인간영혼 마을의 모든 문들을 닫고 자물쇠와 빗장을 단단히 채운 후, 마을에 들어오고 나가는 모든 자들을 시위대 장군들이 주도면밀하게 검문하도록 한다(고전 16:13). 이것의 궁극적인 목적은 그 음모와 관련된 자들이 마을로 들어오거나 나갈 때 이들을 색출하여, 우리 가운데서 우리의 파멸을 위해 이 음모를 꾸미는 주동자들을 체포하는 것이다(애 3:40).

둘째, 어떤 형태로든 디아볼루스에게 속한 부하들을 찾아내기 위해, 인간영혼 마을 전체를 샅샅이 조사한다. 이 음모에 가담하고 있는 자들이 마을 사람들 가운데 있을지도 모르므로, 이들을 발견하기 위해서 모든 사람들의

함께 의논하는 인간영혼 마을의 장군들

집을 위에서부터 아래까지, 한 집도 빠뜨리지 않고 철저히 조사하도록 한다 (히 12:15-16).

셋째, 추후 결의된 사항으로, 어디서든 누구나 상관없이 디아볼루스에게 도움을 준 부하를 발견한다면, 일벌백계(一罰百戒) 차원에서, 이들 뿐만 아니라 이들에게 집이나 은신처를 제공한 인간영혼 마을사람까지도 공개된 장소에서 고백을 하도록 하여 수치를 당하게 한다(렘 2:34; 5:26; 겔 16:52).

넷째, 이 또한 유명한 인간영혼 마을 사람들에 의해 결의된 사항으로, 자치 마을 전역에 공적인 금식과 참회의 날을 선포하여 지키도록 한다. 이것의 목적은 그들의 임마누엘 왕자와 그의 아버지인 샤다이 왕을 대적하여 자신들이 행한 잘못을 시인하고, 그분 앞에서 자신들을 낮추기 위해서이다(욜 1:14; 2:15-16). 혹시라도 이 날에 금식에 힘쓰지 않거나, 자신의 죄악을 참회하지 않고 오히려 세상일에 온통 정신이 팔려 거리 여기저기를 올라갔다 내려갔다 하면서 배회하는 자들이 있다면, 이들도 디아볼루스의 부하들로 간주하여, 자신의 사악한 행위들로 고통을 받는 디아볼루스처럼, 그와 똑같이 고통을 받도록 한다는 조항이 결의되었다.

다섯째, 이것은 추후에 마지막으로 결의된 사항이다. 즉, 인간영혼 마을 사람들은 서둘러 온 힘을 다해 냉랭한 마음을 버리고, 죄를 참회하여 새 사람이 되어서 샤다이 왕에게 도움을 청하는 탄원서를 보내도록 한다. 또한 그들은 잘 살핌 씨가 말한 모든 소식을 샤다이 왕의 궁정에 알리는 것도 결의하였다(렘 37:4-5).

여섯째, 인간영혼 마을 사람들은 잘 살핌 씨가 마을의 번영을 성실히 도모한 것에 대해 감사를 표하기로 결정하였다.

그는 본성적으로 마을 사람들의 유익을 추구하고 원수들을 물리치고자 애쓰는 성향을 가지고 있었다. 이에 그들은 인간영혼 마을의 유익을 위해서 그를 정찰 대장에 임명하기로 결의하였다.

잘 살핌 씨가 정찰 대장에 임명되다

이 자치 마을은 장군들과 함께 논의한 끝에 이와 같은 결론에 이른 후, 그들이 결의한 대로 행하였다. 그들은 마을 문들을 닫고, 디아볼루스의 부하들을 면밀히 살폈으며, 부하들을 발견하면 누구든 상관없이 공개적인 장소에서 자신이 한 일들을 고백하도록 하였다. 또한 그들은 금식하며 마음을 새롭게 하여 그들의 왕자에게 여러 탄원서들을 보냈다. 잘 살핌 씨는 인간영혼 마을 사람들이 자신을 믿고 맡긴 정찰 대장의 사명을 위대한 양심과 선한 충성심으로 감당하였다. 그는 자신에게 맡겨진 사명에 전적으로 헌신하고자, 마을 안 뿐만 아니라 마을 밖까지 나가서 눈으로 살피며, 여러 이야기를 들었다.

잘 살핌 씨가 정찰하기 위해 여행을 떠난 지 며칠 지나지 않은 어느 날, 그는 의심 군대 병사들이 주둔하고 있는 지옥문 언덕(Hell-gate-Hill)에 이르렀다. 거기서 그는 지난번 인간영혼 마을에서 들었던 말들을 또다시 듣고서, 디아볼루스가 행군할 준비를 거의 다 마쳤다는 것을 직감하였다. 그래서 그는 서둘러 인간영혼 마을로 돌아와, 마을의 장군들과 장로들을 소집한 다음, 그들에게 어디를 다녀왔는지, 거기서 어떤 얘기를 들었는지, 거기서 무엇을 보았는지에 대해 말해 주었다.

특별히 디아볼루스는 행군할 준비를 다 마쳤다는 것과, 예전에 인간영혼 마을의 감옥을 부수고 탈출했던 늙은 불신 씨(Mr. Incredulity)를 자기 군대의 총사령관으로 삼았으며, 그 군대는 모두 의심군대 병사들로 이루어져 있고, 병사의 수가 이만 명이 넘는다는 사실을 전했다. 또한 디아볼루스는 지옥 구렁텅이에 있는 수석 참모들을 데리고 와서 의심군대 병사들을 통솔할 계획이라는 것과, 검은 구렁텅이에 있는 몇몇 사람들도 인간영혼 마을이 디아볼루스에게 복종하도록 하기 위해 자원하여 디아볼루스와 함께 말을 타고 출정하고자 한다는 것을 전했다.

그는 의심군대 병사들을 통해 알게 된 사실이라고 하면서 다음의 사실도 전했다. 즉, 늙은 불신이 연합 군대의 총사령관이 된 이유는 디아볼루스에게 그만큼 충성스러운 부하가 없었을 뿐만 아니라, 늙은 불신은 인간영혼 마

을의 철천지원수로서 마을 사람들의 번영에 앙심을 품고 있었기 때문이라
고 말했다. 또한 잘 살핌 씨는 지금까지 거의 잊고 있다가 방금 기억이 났다
고 하면서 다음과 같이 말했다. 늙은 불신은 인간영혼 마을이 자신을 모욕
한 것에 대해 잊지 않고 복수하겠다는 결심을 했다는 것과, 어둠의 권력자들
이 고위급 사령관으로 임명받은 반면, 이 늙은 불신만이 그들 모두를 통솔하
는 총사령관이 된 이유가 있는데, 그것은 인간영혼 마을을 포위하는 전술에
동원된 권력자들 가운데 늙은 불신만큼 이 일을 아주 쉽게 처리하면서 악랄
하게 감당할 수 있는 자가 없기 때문이라고 했다(히 12:1).

　잘 살핌 씨가 전하는 이런 소식들을 들은 인간영혼 마을의 장군들과 장로
들은 더 이상 지체하지 않고 디아볼루스의 부하들을 대적하는 법들을 시행
하는 것이 마땅하다고 생각하였다. 원래 이 법은 임마누엘 왕자가 그들에게
하사한 것으로, 디아볼루스의 부하들을 대적하고 이들에 대처하기 위해 인
간영혼 마을 사람들에게 명한 것이었다.

몇몇 디아볼루스의 부하들이 인간영혼 마을에서 체포되어 투옥되다

　마을 사람들은 이 법에 따라, 인간영혼 마을에 남아 있는 각양각색의 디아
볼루스의 부하들을 색출해 내기 위해서 마을 안에 있는 모든 집들을 한 집도
빠뜨리지 않고 샅샅이 뒤졌다. 그 결과 마음 씨(Mr. Mind)의 집과 대단한 자유
의지 경의 집에서 두 명의 디아볼루스의 부하들이 발견되었다. 마음 씨의 집
에서는 탐심 경이 발견되었는데, 그는 이름을 신중한 검소(Prudent-thrifty)로 바
꾸고 그 집에 숨어 있었으며, 자유의지 경의 집에서는 호색이 발견되었는데,
그는 이름을 무해한 오락으로 바꾸고 그 집에 숨어 있었다. 인간영혼 마을
의 장군들과 장로들은 이 둘을 체포했고, 이들을 감금하기 위해서 간수인 참
된 사람 씨(Mr. True-man)에게 넘겼다. 이 간수는 이들을 아주 가혹하게 대했
다. 그가 그들에게 쇠로 만든 족쇄를 단단히 채워놓았기 때문에, 이 두 사람
은 그렇게 감금된 상태에서 아주 심한 폐결핵에 걸려 결국 감옥에서 죽고 말
았다.

탐심 경의 체포

자유의지 경과 마음 씨가 죄를 고백하다

이들의 주인들도 장군들과 장로들의 협약에 따라 공개 석상에서 죄를 고백하고 수치를 당하였다. 이렇게 함으로써 인간영혼 마을에 있는 다른 사람들은 이를 일종의 교훈으로 삼게 되었다.

그 당시 죄를 고백하는 방식은 다음과 같았다. 즉, 자신이 저지른 행동이얼마나 악한지를 자각한 죄인들은 잘못을 공개적으로 고백하고, 이와 함께엄격하게 삶을 개선해야 했다. 이 일이 있은 후, 인간영혼 마을의 장군들과장로들은 인간영혼 마을의 성벽 안이나 그 주변 등 그들이 숨을 만한 곳이면어디든, 다시 말해 구덩이와 동굴과 토굴들에 숨어 있는 또 다른 디아볼루스의 부하들을 찾기 위해 계속해서 수색하였다. 그들은 원수들의 흔적을 발자

국이나 체취 등을 통해 정확히 발견하고서 그들이 거하고 있는 은신처, 즉 동굴이나 구덩이 입구까지 그들을 따라가 원수들을 붙잡고 결박한 후 바로 재판에 넘기려고 했지만, 그들은 그렇게 할 수 없었다. 왜냐하면 그 은신처의 통로는 너무 구불구불하고 그 요새도 너무 견고한 바람에, 그들은 신속하게 은밀한 곳으로 몸을 피했기 때문이다.

인간영혼 마을은 잔존해 있는 디아볼루스의 부하들을 매우 강경하게 대했기 때문에, 그들은 마을 구석에서 몸을 웅크리고 있을 수밖에 없었다. 과거에는 이 원수들이 대낮에 공개적으로 거리를 활보하던 때도 있었지만, 지금은 은밀하게 주로 밤에 나다닐 수밖에 없었다. 인간영혼 마을 사람들은 한때 그들을 동료로 여겼던 때도 있었지만, 지금은 그들을 철천지원수로 여기고 있었다. 잘 살핌 씨가 전해준 정보 때문에 이 유명한 인간영혼 마을에 이런 선한 변화가 일어났던 것이다.

이즈음 디아볼루스는 인간영혼 마을을 파멸시키기 위해 출정을 계획한 군대의 모든 준비를 마치고, 이 군대를 통솔할 장군들과 야전 장교들을 자기 멋대로 세웠다. 디아볼루스는 스스로 최고 명령권자의 자리에 앉았고, 불신을 군대 총사령관으로 앉혔다. 그 군대의 고위 장군들의 이름과 그 수하의 장교들과 군기와 깃발 문양들은 다음과 같았다.

디아볼루스의 군대

군대의 첫 번째 장군은 격분(Rage)으로, 그는 택함 의심 병사들(Election-doubters)을 지휘하는 장군이었고, 군기는 붉은색이었으며, 기수는 파괴 씨(Mr. Destructive)였다. 그는 큰 붉은 용을 문양으로 지니고 있었다(계 12:3-4, 13-17).

군대의 두 번째 장군은 발광(Fury)으로, 그는 부르심 의심 병사들(Vocation-doubters)을 지휘하는 장군이었고, 기수는 흑암 씨(Mr. Darkness)였으며, 군기는 창백한 색이었다. 그는 날아다니는 불 뱀을 문양으로 지니고 있었다(민 21).

군대의 세 번째 장군은 저주(Damnation)로, 그는 은혜 의심 병사들(Gracedoubters)을 지휘하는 장군이었고, 군기는 붉은색이었으며, 무생명 씨(Mr. No-life)가 깃발을 들고 있었다. 그는 암울한 무저갱을 문양으로 지니고 있었다(마 22:13; 계 9:1).

군대의 네 번째 장군은 불만족(Insatiable)으로, 그는 믿음 의심 병사들(Faith-doubters)을 지휘하는 장군이었고, 군기는 붉은색이었으며, 집어삼킴 씨(Mr. Devourer)가 깃발을 가지고 있었다. 그는 크게 벌린 턱을 문양으로 지니고 있었다(잠 27:20; 시 11:6).

군대의 다섯째 장군은 유황(Brimstone)으로, 그는 견인 의심 병사들(Perseverance-doubters)을 지휘하는 장군이었고, 군기는 붉은 색이었으며, 화염 씨(Mr. Burning)가 깃발을 가지고 있었다. 그의 문양은 악취를 내뿜는 불꽃이었다(시 11:6; 계 14:11).

군대의 여섯 번째 장군은 고통(Torment)으로, 그는 부활 의심 병사들(Resurrection-doubters)을 지휘하는 장군이었고, 군기는 창백한 색이었으며, 기수는 오래 전부터 그와 함께한 갉아먹음 씨(Mr. Gnaw)였다. 그는 검은 구더기를 문양으로 지니고 있었다(막 9:44-48).

군대의 일곱 번째 장군은 평안 없음(No-ease)으로, 그는 구원 의심 병사들(Salvation-doubters)을 지휘하는 장군이었고, 군기는 붉은 색이었으며, 안식 없음 씨(Mr. Restless)가 깃발을 가지고 있었다. 그의 문양은 송장 같은 사망이었다(계 6:8; 14:11).

군대의 여덟 번째 장군은 무덤(Sepulchre)으로, 그는 영광 의심 병사들(Glory-doubters)을 지휘하는 장군이었고, 군기는 창백한 색이었으며, 기수는 오래 전부터 그와 함께한 부패 씨(Mr. Corruption)였다. 그는 해골과 죽은 사람들의 뼈를 문양으로 지니고 있었다(렘 5:16; 2:25).

군대의 아홉 번째 장군은 절망(Pasthope)으로, 그는 지복(至福) 의심 병사들(Felicity-doubters)이라 불리는 자들을 지휘하는 장군이었고, 기수는 오래 전부터 그와 함께한 단념 씨(Mr. Despair)였으며, 군기는 붉은 색이었다. 그의 문양은 달군 쇠와 완악한 마음이었다(딤전 4:2; 롬 2:5).

위에 언급된 자들이 디아볼루스의 장군들이고, 이 장군들의 병력이며, 이 장군들과 오래 전부터 함께 한 자들이고, 그들 군대의 군기와 문양이었다. 또한 위대한 디아볼루스는 이 모든 장군들 위에 특별 장군들을 세웠다. 특별 장군들의 수는 일곱이었고, 그들의 이름은 다음과 같았다. 바알세불(Beelzebub) 경, 루시퍼(Lucifer) 경, 레기온(Legion) 경, 아볼루온(Apollyon) 경, 피톤(Python) 경, 케르베로스(Cerberus) 경, 벨리알(Belial) 경이었다. 디아볼루스는 이 일곱 명을 장군들 위에 있도록 임명하였으며, 불신 씨(Mr. Incredulity)는 총사령관이었고, 디아볼루스는 왕이었다.

퇴역 장교들도 수백 명이 넘는 무리를 이루었다. 이것으로 불신이 이끄는 군대의 군사배치가 종결되었다.

그들 모두는 지옥문 언덕(Hell-gate-Hill)에 집결하여, 인간영혼 마을을 향해 곧장 행진하기 시작했다. 앞에서 암시한 바와 같이, 인간영혼 마을에는 샤

투석기를 준비하는 인간영혼 마을 사람들

다이 왕의 뜻하신 바대로 잘 살핌 씨(Mr. Prywell)가 있어서, 마을 사람들은 디아볼루스 군대가 마을을 향해 진격해오고 있다는 소식과 이를 대비해 경계해야 할 것을 그의 입으로부터 들을 수 있었다. 그래서 그들은 마을 문들에 삼엄한 경계태세를 갖추고, 시위대를 두 배로 늘렸다. 그리고 미친 듯이 달려드는 맹렬한 원수들에 맞서기 위해 그들은 투석기들을 적재적소에 배치하였을 뿐 아니라, 큰 돌들까지 준비하여 투석 공격을 위한 만반의 준비를 하였다.

이렇게 인간영혼 마을이 각성하여 경계 태세를 갖추는 바람에, 마을에 잔류해 있던 디아볼루스 부하들의 계획은 차질을 빚을 수밖에 없었다. 그러나 애석하게도! 불쌍한 인간영혼 마을 사람들은 원수들이 마을 앞에 앉아 있는 모습을 보자마자 기겁하였다. 특히 시끄럽게 울려 퍼지는 원수들의 북 소리를 들었을 때 그들은 더더욱 놀라 기겁을 하였다(벧전 5:8). 사실 원수들의 북 소리는 듣기에 소름이 끼칠 만큼 끔찍했을 뿐 아니라, 거의 10킬로미터는 더 떨어진 곳에서도 들렸기 때문에, 누구든 듣기만 하면 그 소리에 놀라 까무러칠 정도였다. 게다가 바다 물결처럼 휘날리는 그들의 깃발들은 보는 이들의 마음을 무섭게 하고 낙심하게 만들었다.

디아볼루스는 인간영혼 마을을 마주하여 서서는 가장 먼저 귀문(Ear-gate)에 접근하여 문을 향해 맹렬한 공격을 퍼부었다. 아마도 인간영혼 마을에 있는 그의 친구들이 마을 안에서 공격 준비가 다 된 줄 알고 그는 마을 밖에서 선제공격을 감행한 것 같았다. 하지만 인간영혼 마을의 장군들은 이미 경계 태세를 갖추고 디아볼루스의 공격에 대비하고 있었다. 설상가상으로 디아볼루스와 군사들은 도움을 받을 것으로 예상했던 마을 안의 부하들로부터 지원을 받지 못했을 뿐 아니라, 마을 안 투석기에서 날아오는 돌들의 뜨거운 공격에 직면하여, 인간영혼 마을에서 다소 후퇴했고, 마을에서 공격하는 투석기의 영향권 밖에 있는 지역에 진지를 구축할 수밖에 없었다(약 4:7). 이 대목에서 나는 장군들에 대해 말할 수밖에 없다. 그들은 인간영혼 마을을 오랫동안 괴롭혔던 역병으로 인해 연약해진 상태였음에도 불구하고 매우 용

장군들이 용맹하게 방어하다

맹하게 싸웠다.

후퇴하여 진지에 머물게 된 디아볼루스는 인간영혼 마을을 공격하기 위해 네 개의 언덕을 쌓기 시작하였다. 첫 번째 언덕은 마을에 큰 공포심을 불어넣기 위해 자신의 이름을 따서 만든 "디아볼루스 언덕"(Mount Diabolus)이었다. 또 다른 세 개의 언덕 이름은 지옥에 있는 끔찍한 복수의 화신들의 이름을 따서 알렉토 언덕(Mount Alecto), 메가이라 언덕(Mount Megaera), 티시포네 언덕(Mount Tisiphone)으로 불렸다. 이와 같이 디아볼루스는 인간영혼 마을을 노획물처럼 농락하기 시작했다.

그는 마치 사자가 먹잇감에게 하듯, 그의 앞에서 이 마을을 두려움에 빠뜨려 고꾸라뜨릴 계획이었다. 하지만 인간영혼 마을의 장군들과 병사들은 이미 말한 바와 같이 원수들의 공격에 아주 완강히 저항하였으며, 그들이 준비한 돌들로 맹공격을 퍼부었다. 이와 같은 총공세로 디아볼루스는 속이 쓰려도 후퇴할 수밖에 없었다. 이에 인간영혼 마을 사람들은 용기를 얻기 시작하였다.

자신의 군기를 꽂아 둔 디아볼루스

상황이 이렇게 흘러가자 이 폭군은 마을의 북쪽에 세워진 디아볼루스의 언덕 위에 보기만 해도 두려움을 자아내는 자신의 군기를 꽂아두었다.

이 군기의 문양은 이글거리는 화염을 본 따 만들었기 때문에, 보기만 해도 오금이 저릴 정도로 무시무시했다. 디아볼루스는 인간영혼 마을이 불타는 모습을 악마적인 기법으로 그린 그 군기를 높은 언덕에 꽂아 두었던 것이다.

이 일을 한 후, 디아볼루스는 북을 치는 자에게 명을 내려 밤마다 인간영혼 마을의 성벽 가까이에 가서 평화협정을 제의하는 북소리를 울리게 하였다. 굳이 밤에 이 명령을 이행하도록 한 것은, 낮에는 인간영혼 마을 사람들이 쏘아대는 투석기로 인해 디아볼루스가 매우 곤혹스러웠기 때문이다.

폭군은 "이제 인간영혼 마을을 두려워 떨게 해서 이들이 평화협정을 체결하게 만들려는 계획을 나는 심중에 가지고 있다"고 말하고는, 북 치는 자에

The Holy War.

DIABOLUS' DRUMMER.

디아볼루스의 북 치는 자

게 명을 내려 밤이면 밤마다 쉬지 않고 북을 치라고 했다. 처음에는 마을 사람들이 협정에 응할 마음이 전혀 없다 해도, 매일 밤마다 쉬지 않고 들리는 그 북소리에 질려서, 마침내 디아볼루스가 제의한 평화협정에 응하지 않을 수 없게 하려는 것이었다.

이 명령을 받은 북 치는 자는 일어나 디아볼루스의 북을 쳤다. 그러자 북소리가 울려 퍼지기 시작하였다. 이때 인간영혼 마을의 내부를 살필 수 있는 자가 있다면, 그 북소리로 인해 하늘에 있는 밝은 빛들이 전부 어둡게 된 그 마을의 어둠과 슬픔을 살펴보라. 샤다이 왕께서 말씀하실 때 들리는 그분의 음성 외에, 이처럼 무시무시한 음성이 땅 위에 또 있을 수 있겠는가? 인간영혼 마을 사람들은 그렇게 끔찍한 소리를 지금까지 들어본 적이 없었다. 그때 인간영혼 마을 사람들이 얼마나 두려워 떨었겠는가! 그들은 즉시 디아볼루스에게 잡아먹힐 수밖에 없는 형국으로 보였다(사 5:30).

북 치는 자는 평화협정을 제의하는 뜻으로 북을 치면서, 인간영혼 마을 사람들에게 다음과 같이 말했다. "나의 주군은 내게 명을 내려, 여러분에게 말했습니다. 여러분이 자발적으로 항복한다면, 이 땅의 유익을 여러분이 얻을 것이지만, 만약 여러분이 고집을 부린다면, 그분은 여러분을 무력으로 취하겠다고 마음을 굳히셨습니다." 하지만 이 반역자가 이 말을 하며 북을 쳤을 때는, 인간영혼 마을 사람들이 성 안에 있는 장군들을 만나러 간 시간이었기 때문에, 그의 말에 귀 기울이는 사람은 한 명도 없었고, 이 북소리에 응답하는 사람도 전혀 없었다. 그래서 그는 그 밤에 더 이상 북을 치지 않고, 자기 주군이 있는 진영으로 돌아갔다.

북을 치도록 한 명령을 취소하는 디아볼루스

디아볼루스는 북소리로 인간영혼 마을 사람들을 자기 뜻대로 할 수 없다는 것을 알았다. 그래서 다음날 밤에는 북치는 자에게 명하여 오늘은 북을 들고 가지 말고 빈손으로 가서, 디아볼루스는 여전히 그들과 평화 협정을 맺을 마음이 있다는 것을 마을 사람들에게 알리라고 명하였다.

그는 디아볼루스의 말을 모든 마을 사람들에게 전하였다. 그러자 그들은 디아볼루스의 평화 협정 제의를 그들 스스로 마을을 포기하라는 항복권고로 받아들이고, 북치는 자의 말을 귀담아듣기는커녕 흘려들으려고도 하지 않았다. 그들은 예전에 디아볼루스의 몇 마디 말을 듣고서 어떤 희생을 치러야 했는지 기억하고 있었다.

디아볼루스는 다음날 밤에도 전령을 보냈다. 그런데 이번에 인간영혼 마을에 보낸 사람은 다름 아닌 그 무시무시한 무덤(Sepulchre) 장군이었다. 무덤 장군은 인간영혼 마을 성벽에 올라가서, 마을 사람들을 향해 다음과 같이 연설하였다.

무덤 장군이 인간영혼 마을에 항복권고를 하다

"오, 반역의 마을인 인간영혼 마을에 사는 주민들이여! 내가 디아볼루스

무덤 장군

왕의 이름으로 너희에게 권하니, 너희는 더 이상 야단법석을 떨지 말고, 지금 당장 마을 문들을 열어 위대한 우리의 주군을 마을 안으로 모셔들여라.

만약 너희가 계속해서 반항한다면 우리는 이 마을을 무력으로 차지하여, 너희를 무덤처럼 집어삼킬 것이다. 그러므로 너희가 이 항복권고를 받아들이기 원하는지 원하지 않는지에 대해 내게 알려주기를 바란다.

내가 너희에게 항복을 권하는 이유는 나의 주군은 의심의 여지 없이 너희의 왕이자 주인이기 때문이다. 이 사실은 너희가 예전에 스스로 인정한 바이기도 하다. 전에 임마누엘 왕자가 디아볼루스 왕을 매우 심하게 모욕한 적이 있기는 하지만, 이제는 너희의 왕자가 아무리 우리의 주군을 공격한다 해도, 디아볼루스의 소유였던 이 마을을 되찾고자 하는 우리 주군의 권리와 그 계획을 결코 꺾지 못할 것이다. 그러므로 인간영혼 마을 사람들이여, 너희는 우리가 제안하는 평화 협정을 받아들일지 잘 생각해 보라. 너희가 자진하여 순순히 굴복한다면, 우리와 맺은 오랜 우정은 다시 새로워지겠지만, 혹시라도 이 제의를 거절하고 반발한다면, 너희에게 예상되는 것은 오직 불과 칼뿐이다."

그러지 않아도 쇠약해진 인간영혼 마을 사람들은 이런 항복권유를 하는 무덤 장군의 말을 듣자, 더욱더 의기소침하여 바닥에 털썩 주저앉았다. 그러고는 무덤 장군에게 한 마디도 대답하지 못했다. 그러자 무덤 장군은 왔던 길로 돌아갔다.

대신 경에게 호소하는 인간영혼 마을 사람들

디아볼루스의 전령이 돌아간 후, 마을 사람들은 상의하였다. 논의하는 자리에는 그들의 장군들도 몇몇 함께 하였다. 그들은 새로운 마음으로 대신 경(大臣, Lord Secretary)을 찾아가 지혜와 조언을 구하기로 하였다. 이 대신 경이 바로 그들의 주 설교자였기 때문이다. 하지만 대신 경은 내가 앞에서 언급한 바와 같이 그들에 대해 마음이 편치 않은 상태였다. 그럼에도 불구하고 그들은 그에게 다음과 같이 두세 가지 부탁을 드렸다.

첫째, 대신 경이 그들을 편하게 여기고, 예전처럼 그렇게 멀리 떨어져 있지 않으며, 그들이 아뢰어 그 비참한 처지를 알게 되면, 그들이 하는 말을 귀기울여 들어 달라고 부탁하였다. 하지만 이 부탁에 대해 대신 경은 예전과 똑같은 대답을 하였다. 즉, 그는 그들에 대해 여전히 마음이 편치 않은 상태이기 때문에, 그들이 죄를 범하기 이전처럼 그렇게 그들을 대할 수는 없다고 말했던 것이다.

둘째, 그들이 갈망하는 두 번째 부탁은 지금 그들에게 중요한 사안, 즉 디아볼루스가 그들에게 다가와 마을 앞에서 이만 명이나 되는 병사와 함께 진을 치고 있는 문제에 대해 조언해 달라는 것이었다. 또한 디아볼루스와 병사들은 잔인한 자들이기에 그들이 무섭다는 얘기도 대신 경에게 전했다. 이 부탁에 대해 대신 경은 "당신들은 왕자의 법을 살펴보아야 합니다. 그 법에서 여러분은 여러분이 무엇을 해야 하는지 기록된 것을 보게 될 것입니다"라고 말했다.

셋째, 그러자 마을 사람들은 샤다이 왕과 그의 아들인 임마누엘 왕자에게 보낼 탄원서의 초안 작성을 대신 경이 도와주고, 대신 경도 그들과 한마음이라는 징표로 이 탄원서를 친필로 써달라고 부탁하였다. 그리하여 그들은 "경이시여, 우리는 지금까지 많은 탄원서를 보냈지만, 평화의 답신을 전혀 받지 못했습니다. 그래서 이번에 경께서 손수 탄원서를 써 주신다면, 틀림없이 우리 인간영혼 마을에 좋은 소식이 있을 것입니다"라고 말하였다.

그러나 이 부탁에 대한 대신 경의 대답은 한 마디로 다음과 같았다. 그들은 그들의 왕자인 임마누엘을 화나게 했을 뿐 아니라, 대신 경 자신도 슬프게 하였으므로, 그들이 받아야 할 보응을 반드시 받아야 한다고 대답하였다.[1]

이 대답은 그들에게 청천벽력과 같았다. 그의 대답에 그들의 마음은 산산이 부서지는 듯했으며, 그들은 앞으로 어찌해야 할지 전혀 알 수 없었다. 그

---

1) 대신 경의 마음이 편치 않았던 이유 ― 원주

들은 디아볼루스의 요구에 감히 응할 수도 없었고, 그렇다고 해서 무덤 장군의 요구를 따를 수도 없었다. 당시 인간영혼 마을은 원수들이 다가와 마을을 집어삼키려고 하는데, 정작 마을을 도울 수 있는 친구들은 마을을 도우려하지 않는 상태, 즉 사면초가와 같은 상황에 처해 있었던 것이다(애 1:3).

그 때 이해 경(Lord Understanding)이라 불리는 시장(Lord Mayor)이 일어섰다. 그는 얼핏 듣기에는 가혹하게 들리는 대신 경의 말 가운데 마을 사람들에게 위로가 될 만한 말은 없는지, 대신 경의 말들을 한 마디 한 마디 곱씹으면서 다음과 같이 구체적으로 언급했다.

대신 경이 한 말에 대한 논평

"첫째, 대신 경의 말에 따르면, 우리는 우리가 지은 죄로 말미암아 마땅히 고통을 받아야 한다는 피치 못할 상황에 이르게 됩니다. 둘째, 하지만 그의 말은 우리가 결국에는 우리의 원수들로부터 구원을 받게 될 것이라는 말로 들립니다. 다시 말해, 우리가 어느 정도 슬픔을 당하고 나면, 임마누엘 왕자께서 오셔서 우리를 도와주실 것이라는 뜻 같습니다." 이처럼 시장은 이 대신 경의 말을 나름대로 아주 예리하게 분석했다. 대신 경은 선지자보다 더 큰 분이었고, 그가 하는 말 가운데 의미심장하지 않은 말은 단 한 마디도 없었으며, 언제나 최고의 교훈을 주었기 때문이다. 더구나 대신 경은 인간영혼 마을 사람들이 자신의 말에 대해 구체적인 의미를 묻도록 허락했을 뿐 아니라, 그들이 자신의 말에서 최고의 유익을 얻도록 해석해도 괜찮다고 했기 때문이다.

이 모든 말을 들은 후, 그들은 시장을 떠나 장군들이 있는 곳으로 되돌아갔다. 그들은 장군들을 만나서 최고 대신 경(Lord High Secretary)이 한 말들을 모두 전했다. 모든 말을 전해들은 장군들은 자신들도 시장과 같은 생각이라고 말했다. 장군들은 그들을 격려하며, 용맹스럽게 원수들의 진영을 공격하여, 가련한 인간영혼 마을을 멸망시키기 위해 폭군 디아볼루스가 데리고 온 방랑하는 의심 병사들과 디아볼루스의 부하들을 모두 섬멸하겠다고 했다.

그리하여 모든 사람들은 각자의 위치로 돌아갔다. 장군들도 자기 자리로 돌아갔으며, 시장도 자기 자리로 돌아갔고, 보조 설교자도 자기 자리로 돌아갔으며, 자유의지 경도 자기 자리로 돌아갔다.

질서정연하게 제자리를 잡은 인간영혼 마을

당연한 말이겠지만, 장군들은 전쟁에서 공훈을 세우고 싶었기 때문에 그들의 대장인 임마누엘 왕자를 위해 모종의 역할을 감당하고자 갈망했다. 그래서 다음날 그들은 함께 모여 논의하였다. 거듭된 논의 끝에, 그들은 디아볼루스의 부하들에게 투석기로 공격을 감행하자고 결론지었다. 그런데 그들은 바로 다음 날 해가 떠오를 때 계획했던 투석기 공격을 시작하게 되었다. 그 때 디아볼루스가 겁도 없이 위험을 무릅쓰고 마을로 접근해 오던 중이었기 때문이다. 투석기에 실려 날아가는 돌이 디아볼루스와 그의 병사들 위에 떨어지니, 그야말로 그 돌들은 그들을 공격하는 왕벌과 같았다(슥 9:15). 디아볼루스의 진영에서 울려대는 북소리로 인간영혼 마을 사람들은 두려워 떨었다. 그 북소리처럼 그들을 두렵게 한 것은 없었다. 그와 마찬가지로, 인간영혼 마을에서 퍼부어대는, 임마누엘의 투석기에서 작동하는 그 정교한 공격만큼 디아볼루스의 무리들을 두렵게 하는 것은 없었다.

디아볼루스를 대적하는 일에 적용된 믿음의 말씀들[2]

그리하여 디아볼루스는 또다시 물러날 수밖에 없었으며, 이번에는 유명한 인간영혼 마을의 저 멀리까지 후퇴하게 되었다. 그러자 인간영혼 마을의 시장은 종을 울리게 했을 뿐 아니라, 디아볼루스를 대적할 능력 있는 말씀을 인간영혼 마을의 장군들과 장로들에게 전해준 최고 대신 경에게 감사의 마음을 전하도록 보조 설교자에게 부탁하였다.

한편, 장군들과 병사들과 고위 장교들과 명망 있는 자들이 겁에 질린 채,

---

2) 여기서 '말씀들'은 거룩한 성경말씀을 가리킨다 ― 원주

임마누엘의 투석으로 패퇴하는 디아볼루스

인간영혼 마을의 황금 투석기에서 날아드는 돌에 맞아 쓰러지는 것을 본 디
아볼루스는 다음과 같이 말했다. "이제 나는 감언이설로 이들을 사로잡아볼
것이다. 사탕발림으로 대하면서 그들을 한꺼번에 그물로 낚아채야겠다"(계
12:10).

이렇게 생각한 디아볼루스는 얼마 후에 북도 가지지 않고 무덤 장군도 대
동하지 않은 채, 자기 입술에 온통 달콤한 사탕만 바르고서 인간영혼 마을의
성벽으로 다시 내려갔다. 그는 아주 감미로운 입을 가진 평화의 왕자로 보
였다. 디아볼루스는 인간영혼 마을 사람들에게 다음과 같이 말했다. 종래
그의 모습과는 다른 모습으로 사람들에게 나타나 자칫 그가 변덕스럽게 보
일 수도 있겠지만, 그것은 전혀 그가 의도한 바가 아니며, 인간영혼 마을 사
람들이 그에게 끼친 화에 대해서도 다시 복수하려는 생각이 전혀 없다고 하
면서, 지금 그가 유일하게 바라는 것은 인간영혼 마을과 그 마을 사람들의
번영과 행복과 유익뿐이라고 디아볼루스는 말했다. 그는 인간영혼 마을 사
람들이 그의 말을 듣고서 속아 넘어가기를 바라는 마음으로 그들을 불러 놓
고 다음과 같은 연설을 계속하였다.

방식을 바꾼 디아볼루스

"오! 내 마음의 소망인 유명한 인간영혼 마을이여! 나는 조금이라도 너희
에게 유익을 끼치기 위해 얼마나 많은 밤을 뜬 눈으로 지새웠는지, 그리고
너희에게 다가가기 위해 얼마나 자주 힘든 걸음을 하였는지 모른다(벧전 5:8).
그러니 너희를 대상으로 전쟁을 벌일 마음은 추호도 없다. 진정으로 그것은
내가 바라는 바가 아니다. 너희는 예전부터 나에게 속해 있었음을 너희도 알
고 있을 것이다(마 4:8-9; 눅 4:6-7). 과거에 너희가 나를 주로 섬기는 것을 즐거
워하고, 나도 너희를 백성으로 삼는 것을 즐거워하였을 때, 그때 너희는 너
희의 주인 나 디아볼루스가 너희를 위해 구해온 쾌락들, 혹은 너희의 유쾌하
고 멋진 삶을 위해 내가 고안해낸 이 땅의 온갖 쾌락들을 조금도 부족함 없
이 누렸다는 사실을 너희는 기억할 것이다. 한 번 생각해 보라. 너희가 나의

소유로 있었을 때, 너희는 많이 힘들고 암울하며 고생스러운 일들을 전혀 겪지 않았고, 마음에 고통 받는 시간도 보내지 않았다. 하지만 너희가 나에게 반기를 든 이후로 너희는 힘든 고통과 쓰라린 시간들을 보내게 되었다.

너희와 내가 예전에 그러했던 것처럼 혼연일체, 다시 말해 하나가 되기 전까지는 너희에게 다시는 평안이 없을 것이다. 절대로 없을 것이다. 너희가 나를 다시 받아들이기만 하면, 나는 내가 예전에 너희에게 준 옛 헌장에 더 많은 특권들을 추가하여 하사할 것이다.

그리하여 너희가 이 헌장에 명시된 특권과 자유를 취하고 누리고 즐기도록 해서, 동쪽에서 서쪽까지 이르는 온갖 즐거움들이 다 너희의 것이 되도록 할 것이다.[3] 너희가 내게 끼친 무례한 행동들에 대해서는 그 어떤 것이든 해와 달이 있을 동안 결코 너희에게 책임을 묻지 않을 것이다. 또한 지금도 너희를 두려워하여 인간영혼 마을의 구덩이와 동굴과 토굴 등에 숨어 있는 사랑하는 나의 친구들은[4] 어느 누구든 이제부터 너희에게 해를 끼치지 않을 것이다. 오히려 그들은 너희의 종이 되어, 그들의 물질이나 그들이 가진 모든 것들로 너희를 섬길 것이다. 그들에 대해서는 더 이상 말할 필요가 없을 것 같다. 왜냐하면 너희가 이미 그들을 알고 있으며, 지금까지 종종 그들과 기쁨의 교제를 많이 나누었기 때문이다. 그러므로 우리가 이렇게 서먹하게 지낼 이유가 없지 않은가? 이제 우리는 예전에 나누던 친밀함과 우정을 다시 새롭게 나누도록 하자.

너희의 친구인 내가 하는 말들을 참고 끝까지 들어라. 이번에는 너희에게 실례를 무릅쓰고 너희와 터놓고 이야기할 자유를 누려보고자 한다. 너희를 향한 나의 사랑이 나로 하여금 이것을 말하도록 강권한다. 또한 너희와 함께 있는 나의 친구들을 위한 나의 뜨거운 열정으로 다음과 같이 말한다. 이제 나는 더 이상 고민하지 않을 것이니, 너희도 더 이상 두려워하거나 놀라

---

3) "천하만국과 그 영광을 보여 이르되 만일 내게 엎드려 경배하면 이 모든 것을 네게 주리라"(마 4:8-9) — 원주
4) 죄악들 — 원주

지 마라.

평화적인 방법이든 아니면 전쟁을 통해서든 어쨌든 나는 너희를 소유하게 될 것이므로, 너희는 여러 장군들이 가진 힘과 병력을 자랑하거나, 너희를 도우러 임마누엘 왕자가 곧 올 것이라고 착각하면서 우쭐해하지 마라. 그런 힘은 너희에게 전혀 기쁜 소식이 되지 못할 것이기 때문이다.

너희를 대적하기 위해 나와 함께 온 군대는 강하고 용감무쌍한 군사들로서, 이 군대의 선봉에 선 자들은 모두 지옥 구렁텅이의 수석 참모들이다. 게다가 나의 장군들은 독수리보다 날쌔며, 사자보다 강하고, 하루 온종일 먹이에 굶주린 저녁 이리(습 3:3 — 역주)들보다 더욱더 굶주려 있다. 도대체 바산 왕 옥이 누구냐! 도대체 가드 사람 골리앗은 또 누구냐! 옥이나 골리앗 같은 장수들이 백 명 더 있다 해도, 나의 장군들 가운데 가장 작은 장수 한 사람을 과연 당해낼 수 있겠느냐! 따라서 인간영혼이 나의 힘과 손아귀에서 어찌 도망갈 생각을 할 수 있겠느냐?'

시장의 대답

이렇게 해서 유명한 인간영혼 마을을 향한 디아볼루스의 감언이설이자 사탕발림이며 이들을 속일 목적으로 말한 거짓 연설이 끝나자, 시장은 그에게 다음과 같이 대답하였다.

"오, 흑암의 왕자이며 모든 속임수의 달인인 디아볼루스여, 우리는 당신이 하는 거짓 감언이설을 지금까지 충분히 지켜보았으며, 그 파멸의 잔을 한 방울도 남김없이 이미 마셔본 적이 있습니다. 그런데 우리가 또다시 당신의 말을 듣고서, 우리의 위대한 샤다이 왕께서 주신 계명들을 파기하고, 당신과 친밀한 관계를 맺을 수 있겠습니까? 당신과 친밀한 관계를 맺는다면, 우리의 왕께서는 우리를 저버리고, 우리를 영원히 내쫓지 않겠습니까? 그러면 우리는 그분으로부터 버림받은 자가 되고, 그분께서 당신을 위해 마련해 두신 그 곳이 우리가 안식할 곳이 되지 않겠습니까? 게다가 오, 진실성이라곤 하나도 없고 공허하기만 한 당신이여, 우리가 당신의 감언이설과 거짓 술수에 넘어지느니, 차라리 당신의 손에 죽는 것이 낫겠습니다."

시장과의 평화 교섭 자체가 전혀 소용이 없다는 것을 알게 된 폭군 디아볼루스는 지옥에서나 볼 수 있는 무시무시한 화를 내면서, 의심 군대 병사들과 함께 다시 한 번 결심을 굳혔다. 다른 때에 이 인간영혼 마을을 다시 공격하겠다는 결심 말이다.

그래서 그는 북 치는 자를 불러, 병사들을 모으는 북을 치게 하여 그 자치 마을을 언제든 공격할 수 있는 준비를 갖추도록 명령하였다(북 치는 자가 북을 칠 때 인간영혼 마을 사람들은 두려워 떨었다). 그리고 나서 디아볼루스는 군대와 병사들을 마을에 근접 배치하였다.

그는 잔인 장군(Captain Cruel)과 고통 장군(Captain Torment)에게 접근 명령을 내려 감각문(Feel-gate) 맞은편에 자리를 잡고 거기서 전쟁을 준비하도록 하였다. 그리고 위급한 상황이 벌어졌을 때는 평안없음(No-ease) 장군이 이들을 구조하기 위해 개입하라는 지시도 내렸다.

디아볼루스는 유황(Brimstone) 장군과 무덤 장군을 코문(Nose-gate)에 배치하고서, 인간영혼 마을 옆에서 경계를 늦추지 말고 잘 살피도록 명하였다. 그리고 눈문(Eye-gate)에는 험상궂은 얼굴을 한 절망(Pasthope) 장군을 배치하였으며, 그 장군은 눈문에 끔찍한 깃발을 꽂아두었다. 불만족(Insatiable) 장군에게는 디아볼루스가 탈 병거들을 돌보게 하였고, 언제든 원수들에게서 얻게 될 전리품들이나 포로들을 감시할 사명까지 맡겼다.

한편, 인간영혼 마을 주민들은 마을의 비상구 격인 입문(Mouth-gate)을 철통같이 지키고 있었다. 왜냐하면 마을 사람들이 임마누엘 왕자에게 탄원서를 보낼 때 주로 사용하는 문이 바로 이 문이었기 때문이다. 마을 사람들은 입문 옆이나 이 문 바로 밖에서 탄원서를 보내곤 하였다. 이 문은 다소 높은 지대에 서 있었기 때문에 인간영혼 마을의 장군들은 그 문 꼭대기에 투석기를 설치하고 원수들을 공격하곤 하였다. 다시 말해, 투석기들이 설치된 곳도 입문이며, 투석기에서 날아온 돌들로 폭군 디아볼루스의 군대가 엄청난 타격을 입은 곳도 바로 그곳이었다. 이런 여러 이유들로 인해 디아볼루스는 가

능한 한 이 입문을 더러운 것들로 메워 버리려고 하였다.[5]

디아볼루스가 인간영혼 마을 밖에서 마을을 공격하기 위한 준비로 부지런히 움직일 때, 자치 마을의 장군들과 병사들도 마을 안에서 방어 준비로 분주하였다. 인간영혼 마을 사람들은 투석기를 설치하며 깃발을 내걸고 나팔을 불면서, 적들을 심리적으로 최대한 괴롭히는 것이 인간영혼 마을에 이득일 것이라고 판단하고, 그들에게 내려진 명령대로 행하였다. 병사들도 주어진 명령에 따라, 전쟁을 알리는 나팔 소리가 들리면 언제든 출정할 준비를 하고 있었다.

자유의지 경이 남자답게 당당하게 행동하다

자유의지 경은 마을 내에 있는 반역자들을 수색하는 임무를 맡았다. 그때까지 이 반역자들은 인간영혼 마을의 성벽 안 구덩이와 동굴과 토굴 등에 숨어 있었다. 자유의지 경은 이들이 은신하고 있던 구덩이와 동굴과 토굴 밖으로 나왔을 때 그들을 사로잡는 일에 주력했을 뿐 아니라, 이들이 은신처 안에 숨어 있을 때는 숨은 곳을 막아 버려 그들을 질식시켰다. 사실, 자유의지 경에 대해 솔직히 말한다면, 그는 자신이 저지른 과오를 회개한 이후로, 인간영혼 마을에 살고 있는 어느 누구보다도 더욱 정직하고 용감한 모습을 보여주었다. 그는 자기의 종인 무해한 오락(Harmless-mirth)[6]이 낳은 두 아들 명랑(Jolly)과 쾌활(Griggish)을 사로잡았다. 당시 이들의 아버지인 무해한 오락은 감금되었지만, 그 아들들은 자유의지 경의 집안에 아직 기거하고 있었다.

내가 말하지만, 자유의지 경은 이들을 사로잡아 자기 손으로 십자가에 이들을 매달았다. 그가 이들을 십자가에 매단 이유는 다음과 같았다. 이들의

---

5) 이처럼 영혼에 있어 기도는 매우 귀한 것이다. 그래서 디아볼루스는 이 입문을 막아 지나다니지 못하게 함으로써, 기도를 못하게 막으려는 시도를 한다. "더러운 것들로", "메워 버린다" 등의 말은 기도를 못하게 막는다는 표현으로, 영혼이 순전하고 거룩하신 하나님께 다가가지 못하도록 가로막는다는 뜻을 전할 때 이보다 더 적절한 표현은 아마 없을 것이다 — 원주

6) 앞의 내용을 따르면 디아볼루스의 부하 중 '호색'이라는 자가 이름을 바꾸고 변장하여 자유의지 경의 집에 종으로 들어갔는데, 그가 바로 '무해한 오락'이다 — 역주

아버지가 간수인 참된 사람 씨(Mr. True-man)의 손에 넘어가자, 이 아들들은 자유의지 경의 딸들과 못된 장난을 치면서 딸들을 희롱하였다. 이 나쁜 두 놈들이 자유의지 경의 딸들과 이렇게까지 친밀하게 지낼 수 있었던 것은 바로 이 놈들의 질투심 때문이었다. 급기야 이 소식은 자유의지 경의 귀에도 들리게 되었다. 자유의지 경의 성품은 어떤 범법자든 무분별하게 경솔히 죽이지 않으려는 스타일이었기 때문에, 이들을 갑작스럽게 죽이지 않았다. 대신 그는 감시자와 정탐꾼을 세워, 사태의 진상을 제대로 파악하고자 하였다. 이 사명을 맡은 두 명의 종들, 즉 적발(Find-out)과 모두 직고(Tell-all)라는 이름을 가진 자들은 이들이 한두 번 이상의 부적절한 관계를 갖는 것을 파악하고는, 즉시 자유의지 경에게 이를 보고하였다. 사태의 진상을 확신할 만한 충분한 근거를 갖게 되자 자유의지 경은 두 젊은 디아볼루스의 부하들을 체포하였다. 이들은 원래부터 디아볼루스의 부하들이었다. 이들의 아버지가 디아볼루스의 부하였기에 젊은 두 놈들도 날 때부터 디아볼루스의 부하였던 것이 분명했다.

그래서 자유의지 경은 이들을 눈문으로 끌고 갔다. 눈문에는 아주 높은 십자가가 세워져 있었다. 이것은 디아볼루스와 그의 군대가 직접 볼 수 있는 곳에 자유의지 경이 미리 세워 둔 것이었다. 거기서 그는, 디아볼루스의 절망(Past-hope) 장군과 그가 꽂아 둔 폭군 디아볼루스의 끔찍한 깃발에 대적하는 뜻으로, 그 젊은 나쁜 놈들을 십자가에 매달았다.

이처럼 자유의지 경이 보여준 기독교인다운 용감한 행동은 절망 장군을 크게 당황하게 했을 뿐 아니라 디아볼루스의 군대를 낙담케 하였고, 인간영혼 마을에서 디아볼루스를 따르는 부랑자들을 두려워 떨게 만들었다. 반면에 임마누엘 왕자에게 속한 장군들에게는 힘과 용기를 불어넣어 주었다.[7] 자유의지 경이 보여준 용감한 행동으로 인해, 인간영혼 마을 사람들은 마을 밖에 함께 모여 결사항쟁(決死抗爭)을 다짐하였고, 마을 안에 있던 디아볼루

7) 죄 죽임은 산 소망의 징표이다 — 원주

스의 잔당들은 디아볼루스가 바라는 것들을 더 이상 할 수 없게 되었다. 자유의지 경은 마을을 위해 용감하고 정직하게 행했을 뿐 아니라, 임마누엘 왕자를 위해서도 충성을 다했다. 이에 대한 증거는 위에서 언급한 것만이 아니었다. 이에 대한 얘기들은 나중에 서서히 밝혀질 것이다.

한편, 마음 씨(Mr. Mind)의 집에 거하던 신중한 검소(Prudent-thrifty)[8)는 자신의 정체가 발각되어 감옥에 투옥되면서, 자기 자녀들을 마음 씨에게 맡겼는데, 그 자녀들의 이름은 "움켜짐"(Gripe)과 "갈퀴로 싹싹 긁어모음"(Rakeall)이었다. 이들은 꽉 거머쥐는 악질 여사(Mrs. Holdfast-bad)라는 이름을 가진 마음 씨의 사생아와 신중한 검소가 짝하여 낳은 아이들이었다. 이 아이들은 자유의지 경이 자기와 함께 거하던 자들에게 어떻게 했는지를 아마도 눈치 챘을 것이다. 그래서 자기들도 그런 운명의 잔을 마시지 않으려면, 무슨 수를 쓰든 도망치는 것 외에는 달리 뾰족한 수가 없다고 생각했다.

마음 씨가 남자답게 당당하게 행동하다

하지만 주도면밀하게 이들의 이런 속셈까지 파악한 마음 씨는 이들을 사로잡아 다음날 아침까지 집 안에 가두었다. 밤새도록 잡힌 자와 잡은 자 사이에 그런 실랑이들이 이어졌다. 인간영혼 마을의 법에 따르면, 디아볼루스의 모든 부하들은 마땅히 사형시켜야 한다는 규정이 있었다. 피의자인 아버지 쪽으로 디아볼루스의 피가 흐를 때는 사형이 확실하지만, 어머니 쪽으로 디아볼루스의 혈통인 경우에도 마찬가지로 사형을 시켜야 한다는 것은 일부만의 주장이기는 했으나, 디아볼루스의 부하들에게 적용되는 사형 조항을 기억한 마음 씨는 이들을 사로잡아 사슬로 묶어서, 앞서 자유의지 경이 자기 집에 있던 자들, 즉 무해한 오락(Harmless-mirth)이 낳은 두 아들 명랑(Jolly)과 쾌활(Griggish)을 십자가에 매달았던 그 곳으로 끌고 가, 거기서 그들을 십자가에 매달아 죽였다.

8) 본래 이름은 '탐심'이다 — 역주

인간영혼 마을 사람들은 마음 씨의 이러한 행동들을 보면서 다시 한 번 큰 용기를 얻게 되었다. 그래서 마을 사람들도 마을에서 문제를 일으키던 디아볼루스의 잔당들 가운데 일부를 사로잡기도 하였다. 하지만 이 잔당들은 여전히 외딴 은폐된 곳에 아주 조용히 숨어 있었기 때문에 사로잡기가 쉽지 않았다. 그럼에도 불구하고 마을 사람들은 이들을 찾기 위해 부지런히 수색을 벌였다. 그 후 마을 사람들은 각자의 자리로 되돌아갔다.

내가 조금 전에 여러분에게 말했지만, 디아볼루스와 그의 군대들은 자유의지 경이 한 행동들, 즉 자유의지 경이 젊은 디아볼루스의 부하 두 명을 십자가에 매다는 것을 보고 당황하였을 뿐만 아니라 낙담하게 되었다. 하지만 디아볼루스의 낙담은 곧 인간영혼 마을을 향한 광기어린 분노로 돌변했고, 그에게는 오직 싸우고자 하는 마음만이 불타올랐다.

그러나 마을 사람들과 마을의 장군들은 그들이 궁극적으로 승리하게 될 것을 믿으며 기대와 소망에 부풀어 올라, 디아볼루스의 무리들을 더 이상 두려워하지 않게 되었다. 그들의 보조 설교자는 이와 관련된 주제로 설교를 하였다. 그는 "갓은 군대의 추격을 받으나 도리어 그 뒤를 추격하리로다"(창 49:19)라는 성경 말씀을 설교 본문으로 삼아, 비록 처음에는 인간영혼 마을이 극심한 어려움을 겪겠지만, 마지막에는 한 치의 의심도 없이 승리하게 될 것이라고 역설하였다.

드디어 디아볼루스는 북 치는 자에게 명하여 인간영혼 마을의 공격을 알리는 북을 치도록 하였다. 그러자 인간영혼 마을 측의 장군들도 그들의 공격을 대적하라는 명령을 내렸다. 하지만 이들에게는 북이 없었기 때문에 대신 은 나팔을 크게 불어서, 디아볼루스의 군대를 대적하라는 공격 명령을 내렸다. 그러자 디아볼루스 진영의 병사들이 마을을 점령하기 위해 일제히 밀고 내려왔으며, 성 안에 있던 인간영혼 마을의 장군들은 입문에 설치해 두었던 투석기들을 동원하여 디아볼루스의 군대들에게 맹공격을 퍼부었다.[9] 디

9) 마음과 입으로 — 원주

아볼루스의 진영에서 들리는 소리는 온통 끔찍한 분노와 신성모독의 외침들 뿐, 그 외에는 아무 소리도 들리지 않았다, 하지만 인간영혼 마을 안에서는 선한 말들과 기도와 시편 찬송가가 울려 퍼졌다. 원수들은 무시무시한 반대와 가공할 만한 북소리로 응전했지만, 인간영혼 마을 사람들은 투석기에서 나는 돌 날아가는 소리와 아름다운 나팔 소리로 그들에게 화답하였다. 이런 식의 상호공격이 수일 간 지속되었다. 이따금 짧은 휴전이 찾아오면 마을 사람들은 재충전의 시간을 가졌고, 장군들은 또 다른 공격을 위해 준비하였다.

사상자들

임마누엘의 장군들과 병사들은 외부의 공격을 막아낼 수 있는 은으로 만든 갑옷을 입고 있었다. 하지만 디아볼루스의 병사들은 쇠로 만든 갑옷을 입고 있었다. 그것은 임마누엘 군대에서 쏘아대는 투석기의 공격을 막아내기 위함이었다. 쇠 갑옷이 아니어서 그런지, 인간영혼 마을에는 부상을 당하거나 중상을 당한 이들이 생겨났다. 그런데 설상가상으로 인간영혼 마을에는 의사가 없었다. 임마누엘 왕자가 마을에 없었기 때문이다. 그럼에도 어떤 나무 잎사귀가 효능을 발휘해서 부상자들이 죽음을 면하기는 했으나 상처가 심하게 곪기도 했고, 또 어떤 부상자들에게서는 극심한 악취가 나기도 하였다(계 22:2; 시 38:5).[10] 부상을 당한 사람들의 명단과 그 부위는 다음과 같았다.

이성 경(Lord Reason)은 머리에 부상을 입었다. 용감한 시장(Lord Mayor)은 눈에 부상을 입었다.

마음 씨는 복부에 부상을 입었다.[11] 정직한 보조 설교자도 가슴에서 그리

---

10) 악취와 역겨운 것은 하나님 보시기에 죄악의 모습이다. 우리도 다윗처럼 죄악의 더러움에 대해 민감해지기를 기대해 본다. "내 죄악이 내 머리에 넘쳐서 무거운 짐 같으니 내가 감당할 수 없나이다 내 상처가 썩어 악취가 나오니 내가 우매한 까닭이로소이다"(시 38:4-5) ― 원주

멀지 않은 곳에 공격을 받았지만, 치명적이지는 않았다. 그 밑의 부하들 중에도 다수가 부상을 입었을 뿐만 아니라 즉사하기도 하였다.[12]

한편, 디아볼루스의 진영에서도 상당수가 부상을 입거나 사망하였다. 그들의 상황은 다음과 같았다. 격분 장군(Captain Rage)이 부상을 입었고, 잔인 장군(Captain Cruel)도 부상을 입었다.

저주 장군(Captain Damnation)은 후퇴하여 인간영혼 마을에서 멀리 떨어진 참호 속에 몸을 숨기고 있었다. 디아볼루스의 깃발은 땅에 떨어져 밟혔으며, 그 기를 들고 다니던 중상 장군(Captain Much-hurt)은 투석기에서 날아온 돌에 머리가 깨졌다. 이런 피해로 디아볼루스는 적지 않은 수치와 슬픔을 겪었다.

의심 군대 병사들도 많은 수가 즉사하였지만, 그럼에도 인간영혼 마을을 뒤흔들어 초토화할 수 있을 만큼의 수는 여전히 살아 남아 있었다. 이리하여 그 날의 승리는 인간영혼 마을에게로 돌아갔고, 인간영혼 마을 사람들과 장군들은 큰 용기를 얻게 되었다. 반면, 디아볼루스의 진영에는 먹구름이 드리워졌다. 그러자 디아볼루스의 병사들은 더더욱 맹렬해졌다. 다음날 인간영혼 마을은 휴식을 취하면서, 명을 내려 마을 안에 있는 모든 종들을 울리게 하였다. 나팔 소리가 유쾌하게 울려 퍼지자, 장군들은 마을 도처에서 함성을 질렀다.

자유의지 경은 무엇이든 장군과 고삐 풀린 발을 사로잡아, 이들을 감금해 둘 것을 명하였다

자유의지 경은 한시도 쉬지 않고 마을 내에 있는 원수들, 다시 말해 여전히 마을 안에 놀랄 정도로 꼭꼭 숨어 있는 디아볼루스의 잔당들을 찾는 수고

---

11) 마음이 배에 부상을 입는다는 것이 다소 이상할 수도 있지만, 이것은 이성적으로나 성경적으로나 충분히 입증될 수 있다. 배로 들어가는 음식이나 술 등이 과하여 폭식이나 술 취함 등의 형태로 마음에 해를 끼친다. "지식에 절제를"(벧후 1:6) — 원주
12) 희망적인 생각들 — 원주

를 아끼지 않았다. 그 결과 마침내 그는 무엇이든 장군(Captain Anything)[13]이라는 이름을 가진 원수를 찾아내는 혁혁한 공을 세웠다. 이 친구에 대해서는 앞에서 언급한 바 있다. 여러분 중에도 이 자를 기억하고 있는 사람이 있을 것이다. 무엇이든 장군은 보아너게 장군의 군대에 편입되었던 세 젊은이들을 디아볼루스에게 인도하여 샤다이 왕의 군대를 위해 싸우는 일에 충성을 맹세하게 하고, 이 폭군을 위해 싸우는 병사가 되도록 설득한 당사자였다.

자유의지 경은 고삐 풀린 발(Loose-foot)[14]이라는 이름을 지닌 유명한 디아볼루스의 부하를 사로잡았다. 고삐 풀린 발은 인간영혼 마을에 있는 부랑자들의 정찰병으로서, 인간영혼 마을에서 일어나는 소식들을 디아볼루스의 진영에 알리기도 하고, 반대로 디아볼루스 진영의 소식들을 인간영혼 마을에 있는 원수들에게 퍼뜨리기도 하는 일을 해왔다. 자유의지 경은 이 두 사람을 간수인 참된 사람 씨(Mr. True-man)에게 이송하면서, 이들을 쇠사슬에 묶어 감금해 두라고 명령하였다. 왜냐하면 이 자치 마을에는 최고로 사기를 진작시키고 적의 진영에는 최고로 사기를 저하시킬 수 있는 적절한 순간에, 이들을 십자가에 매달아 처형해야겠다고 자유의지 경은 생각했기 때문이다.

시장도 최근의 전투에서 입은 부상으로 예전처럼 바빠 여기저기를 다닐 수는 없었지만, 그럼에도 그는 인간영혼 마을의 토박이들 모두에게 명을 내려, 좀 더 주의를 살피고 경계를 강화하며 싸워야 할 때가 되면 맹렬히 싸워서, 그들이 사내대장부임을 밝히 드러내 보이도록 하였다.

그들의 설교자인 양심 씨도 하나님의 말씀들이 인간영혼 마을 사람들의 가슴속에서 생생하게 살아 있도록 최선을 다해 설교하였다.

---

13) '무엇이든'(Anything)이라는 말은 영국 국교든 비국교든 종교에 관해서는 개의치 않겠다는 무관심을 뜻한다. 편의성만 중시할 뿐이다 ― 원주
14) '고삐 풀린 발'이라는 표현은 경솔한 언행을 뜻한다 ― 원주

제15장

거룩한 전쟁 이야기 〈 A RELATION OF THE HOLY WAR

전세가 역전되는 듯 하였지만, 다시 대세를 장악하다

내용 — 인간영혼 마을 주민들이 원수들을 대적해 야간기습 공격을 감행했지만, 손실을 입고 퇴각하다 — 디아볼루스는 나약해진 감각문을 주된 공격지점으로 삼고 그의 군대와 함께 필사적인 공격을 퍼부었으며, 그의 의심군대 병사들이 이 마을을 장악하고서 이루 말할 수 없는 비행들을 저지르다 — 극심한 고통을 겪은 마을 주민들은 임마누엘 왕자에게 새로이 탄원할 것을 결의하고, 대신 경의 도움을 받아 탄원서를 작성하여 신뢰 장군에게 건네다 — 신뢰 장군이 극진한 환대를 받아 모든 병사들을 통솔하는 사령관에 임명되다

　얼마 후, 인간영혼 마을의 장군들과 용감한 병사들은 때를 정해서 디아볼루스의 진영에 반격을 감행하기로 뜻을 모으고 결의하였다. 그리고 공격 시간은 당연히 밤이 좋을 것이라고 그들은 생각하였다. 그러나 밤에 반격하기로 정한 것은 전적으로 어리석은 생각이었다. 왜냐하면 밤은 원수들에게 항상 최상의 시간이었지만, 정작 인간영혼 마을 사람들에게는 최악의 시간이었기 때문이다. 그럼에도 불구하고 그들은 이 시간대에 공격을 감행하고자 했다. 그들의 사기는 하늘을 찌를 듯했으며, 최근에 있었던 승리에 대한 기억이 그들의 뇌리에 강하게 남아 있었기 때문이다.

　공격하기로 정한 그 날 밤이 다가오자, 임마누엘 왕자의 용감한 장군들은

디아볼루스와 그의 군대를 징벌하는 이 새롭고 중대한 원정에서 과연 누가 선봉에 서서 병사들을 지휘할 것인지 제비를 뽑아 결정하였다. 그 결과 신뢰 장군(Captain Credence)과 경험 장군(Captain Experience)과 선한 소망 장군(Captain Good-hope)이 제비에 뽑혀 이 가냘픈 희망의 전쟁을 이끌게 되었다.

사실 경험 장군은 임마누엘 왕자가 인간영혼 마을에 머물고 계셨을 때 장군으로 임명을 받았다. 이미 말한 바와 같이, 인간영혼 마을 사람들은 자신들을 에워싸고 있는 디아볼루스의 군대를 향해 반격을 감행했다. 그러나 불행히도 그들은 원수들의 주력부대와 접전을 벌이게 되었다. 디아볼루스와 그의 병사들은 야간 전투에 익숙할 뿐만 아니라 유능하기까지 했다. 마치 인간영혼 마을의 군대가 공격할 것을 미리 디아볼루스의 군대에게 알려주기나 한 것처럼, 디아볼루스의 병사들은 즉시 경계태세를 갖추고 침입자들을

신뢰 장군의 부상

공격할 만반의 준비를 하고 있었다. 인간영혼 마을의 군대는 전방위적으로 맹공격을 퍼부었다. 디아볼루스 군대도 이에 질세라 지옥의 북을 거의 미친 듯이 치고 있었다. 반면에 임마누엘 군대의 나팔 소리는 매우 아름답게 울려 퍼지고 있었다. 전쟁이 접전의 양상을 띠면서, 디아볼루스 군대의 불만족 장군(Captain Insatiable)은 원수들의 태도를 지켜보면서 먹잇감을 얻을 기회만 엿보고 있었다.

임마누엘 왕자의 장군들은 용감하게 싸웠다. 그래서 그들이 기대했던 것 이상의 성과를 얻을 수 있었다. 그들은 디아볼루스의 많은 병사들에게 부상을 입혔을 뿐만 아니라, 디아볼루스의 전체 군대가 후퇴하도록 만들었다.

용감한 신뢰 장군과 경험 장군과 선한 소망 장군은 적군을 칼로 베어 넘어뜨렸을 뿐 아니라, 도망가는 자들을 끝까지 추격하여 후미까지 따라잡았다. 하지만 그 때 신뢰 장군이 비틀거리며 쓰러지고 말았다.

이렇게 넘어지면서 크게 상처를 입은 그는, 경험 장군이 도우러 올 때까지 일어설 수 없었다. 신뢰 장군의 부상으로 인해 그의 병사들은 통제 불능의 상태가 되었으며, 신뢰 장군도 극심한 고통으로 도저히 참을 수가 없어 큰 소리로 울부짖었다. 이 모습을 본 다른 두 장군들도 신뢰 장군이 치명상을 입은 줄 알고 힘이 빠졌으며, 그 두 장군들의 병사들마저 통제 불능의 상태가 되고 말았다. 그리하여 적군과 싸울 병사들이 없었다.

용기를 얻은 디아볼루스

한편, 관찰력이 뛰어난 디아볼루스는 최악의 수세에 몰린 상황이었음에도 불구하고, 임마누엘 장군들이 자신들을 추격해오다가 더 이상 추격하지 않는 낌새를 채고는, 인간영혼 마을의 장군들이 부상을 입었거나 아니면 추격 중에 사망한 것이 분명하다고 판단하였다.

그래서 그는 일단 멈춰 섰다. 그러고는 갑자기 뒤돌아서서 임마누엘 왕자의 군대를 향해 맹렬한 공격을 퍼부었다. 마치 지옥의 권세가 돕기라도 하는 양 불 같은 공격을 퍼부었다. 그러던 중 그가 휘두른 칼이 공교롭게도 세 장군들, 즉 신뢰 장군과 경험 장군과 선한 소망 장군에게 부상을 입혔다. 그들은 매우 치명적인 상해를 입게 되었다. 비록 이 장군들이 인간영혼 마을에서 최고의 능한 손들을 가진 자들이었다 해도, 낙심한 상태에서 병사들마저 통제 불능인데다가 그들이 입은 심각한 부상과 그로 인해 흘린 피 때문에, 그들은 가까스로 인간영혼 마을의 요새로 무사히 돌아올 수 있었다. 자세히는 알지 못해도 대략적인 상황은 그랬다.

세 장군들이 보여준 최악의 모습을 보게 된 임마누엘 왕자 군대의 본대(本隊)는 가능한 한 빨리 후퇴하는 것이 안전하고 유익하겠다는 생각을 해서, 비상구인 입문으로 돌아왔다. 이렇게 해서 인간영혼 마을에서 감행한 야간 기습 공격은 끝이 났다.[1]

인간영혼 마을과는 달리, 이번의 야간 기습 공격으로 인해 디아볼루스는 사기충천하여 수일 내에 인간영혼 마을을 손쉽게 정복할 수 있으리라 장담하였다.

그래서 바로 그 다음 날 디아볼루스는 아주 거만한 모습으로 마을 주위에 다가와, 당장 문을 열고 자신에게 굴복하며 자신의 통치에 순복할 것을 요구하였다. 그와 함께 마을 내에 있던 디아볼루스의 부하들도 어느 정도 활기를 되찾기 시작하였다.

이런 요구에 대해 시장은, 지금은 임마누엘 왕자가 그들이 바라는 대로 그들과 함께 있지 않지만, 그래도 임마누엘 왕자가 살아 있는 한 그들은 인간영혼 마을을 포기하고 다른 이에게 굴복하는 일은 절대 없을 것이므로, 정 그렇게 마을을 취하고 싶다면 디아볼루스는 무력으로 마을을 강탈해야만 할 것이라고 대답하였다.

용감한 자유의지 경의 연설

시장의 대답과 함께 자유의지 경이 일어나 다음과 같이 말하였다. "지옥

---

1) 때때로 사탄은 성도들로 하여금 식언(食言)하도록 한다 ― 존 번연

구덩이의 주인이며 선한 모든 것의 원수인 디아볼루스여, 인간영혼 마을에
살고 있는 가련한 주민들인 우리는 당신이 우리를 다스리고 통치하는 것이
어떤 것인지, 그리고 그 통치의 끝은 분명히 당신에게 굴복하는 것이며, 당신
은 이 목적을 위해 행동할 것임을 우리가 너무나 잘 알고 있습니다. 우리에게
그런 지식이 없었을 때는 당신이 우리를 취하도록 허락하였습니다. 그때 우
리는 마치 올무를 보지 못한 새가 사냥꾼의 손에 떨어진 것과 같았습니다. 하
지만 우리는 이미 어둠에서 빛으로 돌아섰을 뿐 아니라, 사탄의 세력에서 하
나님에게로 이미 돌아섰습니다. 당신의 간교함과 마을 안에 숨어 있는 당신
부하들의 간교함으로 인해 우리가 많은 해를 입었고, 많은 혼란에 빠져 있는
것이 사실입니다. 하지만 그렇다고 해서 우리가 우리 자신을 포기하고, 당
신 같은 끔찍한 폭군에게 굴복하지는 않을 것입니다. 그런 선택을 할 바에
야 차라리 이 자리에서 죽음을 택할 것입니다. 더구나 때가 되면 우리를 돕
기 위해 샤다이 왕이 계신 궁으로부터 도움의 손길이 임하기를 우리는 소망
하고 있습니다. 따라서 우리는 당신을 대적하여 계속해서 싸워 나갈 것입니
다."

자유의지 경과 시장의 용감한 연설로 인해 디아볼루스의 거만함은 다소
누그러졌지만, 그의 불 같은 화는 오히려 더 돋운 격이었다. 그러나 이 연설
들은 인간영혼 마을 사람들과 장군들에게 유익한 것이었다. 진실로 그들의
연설은 용감한 신뢰 장군의 상처를 낫게 하는 고약 같은 역할을 하였다.

장군들이 힘을 얻다

이 대목에서 반드시 알아야 할 사실이 있다. 인간영혼 마을의 장군들은 병
사들과 함께 전쟁에서 패하여 돌아오고 있는 중이었다. 그런데 설상가상으
로 원수들은 승리한 기세를 몰아 사기충천하여 겁도 없이 성벽까지 다가와
서는 감히 성문을 열 것을 요구했다. 바로 그 때 행해진 이들의 연설은 시기
적으로 적절했을 뿐만 아니라, 낙담한 마을 사람들에게도 큰 유익을 주었다.
인간영혼 마을의 세 장군들과 병사들이 전장(戰場)에서 전투를 벌이는 동

안, 자유의지 경은 마을 안에서 사내대장부다운 면모를 보여주었다. 그는 마을 안에서 무장을 하고는, 마을 어디서든 디아볼루스의 잔당들을 수색하였다. 그러다가 잔당들이 발견되는 족족 그는 그들을 가혹하게 대했다. 그들은 자유의지 경의 혹독한 손맛을 실감해야 했을 뿐 아니라, 그가 휘두르는 예리한 칼 솜씨도 맛보아야 했다. 그로 인해 많은 디아볼루스의 부하들이 부상을 입게 되었다. 그 때 부상을 입은 디아볼루스의 부하들은 트집 경(Lord Cavil), 거품 경(Lord Brisk), 참견 경(Lord Pragmatic), 투덜 경(Lord Murmur)이었으며, 이외에도 비열한 무리들 가운데 몇몇은 아예 불구자가 되었다. 그가 발견한 즉시 죽인 자들에 대해서는 이번에는 여러분에게 언급할 수 없을 것 같다. 어쨌든 자유의지 경이 이 같은 일을 행함으로써 보여준 명분과 유익은 여러 장군들이 마을 밖으로 나가 전장에서 원수들과 싸운 업적에 못지 않았다.

그럼에도 불구하고 마을 안에 있던 디아볼루스의 부하들은, 장군들이 전장에 나가는 바람에 마을에 장군들이 보이지 않자, 지금이야말로 이 마을을 휘저어 소동을 일으킬 기회라고 생각하였다. 그들은 즉시 몸을 추슬러 조직을 정비하고는 삽시간에 인간영혼 마을을 허리케인이 불어 닥친 것처럼 아수라장으로 만들어 버렸다. 회오리바람과 폭풍우가 한바탕 휩쓸고 간 것 같았다. 사태가 이 지경이 되자, 앞서 말한 바와 같이 자유의지 경은 이 기회를 놓치지 않고 또다시 사람들과 함께 담대하게 일어나 이들을 칼로 베어 넘어뜨렸다. 이에 디아볼루스의 잔당들은 혼비백산하여 부리나케 자기 요새로 달아났다. 그러나 자유의지 경은 앞서 벌인 소탕 때와 마찬가지로 그들이 있는 곳을 끝까지 추격하였다.

자유의지 경의 용감한 행동은 디아볼루스가 인간영혼 마을의 장군들에게 끼친 해악에 대해 어느 정도 보복이 되었으며, 이를 통해 인간영혼 마을의 사람들은 전쟁에서 한두 번 진다고 해도 절대로 이 마을을 포기하지 않을 것이라는 다짐을 하게 되었다. 그리하여 기세등등하던 폭군 디아볼루스의 날개는 다시 꺾였다.[2] 말하자면, 그가 인간영혼 마을의 장군들에게 행한 것 같은 똑같은 공격을 디아볼루스의 잔당들이 마을에서 감행했더라면, 그는 더욱 기고만장했을 것이라는 뜻이다.

감각문을 새로 공격하는 디아볼루스

어쨌든 디아볼루스는 기필코 한 번 더 인간영혼 마을과 한 판 승부를 벌이겠다고 결심했다. 그는 한 번 무찔렀으니, 한 번 더 그들을 무찌를 수 있을 것으로 생각하였다. 그래서 병사들에게 명을 내려 밤 시간에 인간영혼 마을을 다시 공격할 준비를 하게 하였다. 이번에는 감각문(Feel-gate)을 주 공격지점으로 삼고서, 모든 병력을 총동원하여 그 문을 통해 마을로 들어가라는 특별 명령을 내렸다. 그런 다음 디아볼루스는 장군들과 병사들에게 군호까지 만들어 하달하였다. 디아볼루스 군대의 이번 공격의 군호(軍號)는 "지옥불"(Hell-fire)이었다.[3] 그는 다음과 같이 말했다.

"내가 뜻한 바대로, 우리가 병력을 동원하여 마을로 들어가게 되면, 너희는 절대로 이 군호를 잊지 않도록 주의하라. '지옥불', '지옥불', '지옥불'이라고 계속 군호를 외쳐서 인간영혼 마을에서 이 군호 소리 외에는 그 어떤 소리도 들리게 하지 마라!' 이에 북을 치는 자들은 쉬지 않고 계속해서 북을 치고, 군기를 든 기수들은 깃발을 쉬지 않고 흔들며, 병사들도 용기백배하여 마을을 공격하는 일에 자신의 소임을 사내대장부답게 충실히 감당할 것을 다짐하였다.

드디어 밤이 되었다. 폭군 디아볼루스가 인간영혼 마을을 공격하기 위한 모든 준비가 완료되자, 그는 감각문을 일차 목표로 갑자기 기습공격 명령을 내렸다. 디아볼루스도 그 문에서 한동안 접전하였고, 그러던 중 그는 이 문을 활짝 열어젖혔다. 사실 그 문은 아주 부실해서 쉽게 열리는 문이었다. 디아볼루스는 자신의 계획이 성공한 것을 알고는 감각문에 장군들을 배치하고서 계속 마을로 전진해 들어갔다. 그가 감각문에 배치한 장군은 고통 장

---

2) 디아볼루스를 무찌르는데 있어 믿음보다 더 좋은 것은 없다 ― 원주
3) 사탄은 온 힘을 다해 그리스도인의 감각과 감정을 시험한다 ― 원주

군(Captain Torment)과 평안 없음 장군(Captain No-ease)이었다.

하지만 임마누엘 왕자의 장군들이 완강히 저항하는 바람에, 디아볼루스의 마을 입성은 그가 바라던 것보다 어려워졌다. 그것도 잠시였다. 임마누엘의 장군들은 온 힘을 다해 디아볼루스의 진입을 막았으나, 그 장군들 가운데 최고로 용감한 세 명의 장군들이 부상을 당하는 바람에, 디아볼루스의 공격을 막아 마을을 지키는 일에서 역부족이었다. 게다가 이 세 장군들을 제외한 나머지 병사들은 디아볼루스를 따르는 장군들과 의심 군대 병사들에게 완전히 제압되고 말았다.[4]

이렇듯 인간영혼 마을의 병사들은 무력으로 제압되었기에 더 이상 마을을 지킬 수 없었다. 그래서 임마누엘 왕자의 병사들과 장군들은 마을의 강력한 요새인 성(城) 안으로 피신하였다. 그들이 성으로 피신한 이유는 부분적으로는 자신들의 안위를 위한 것이기도 했지만, 부분적으로는 마을의 안전을 위한 것이기도 했다. 그러나 더 큰 이유는 임마누엘 왕자가 이 마을에 대해 가지고 있는 특별한 통치권을 보존하기 위한 것이었다. 인간영혼 마을에 있는 성은 그들에게 그런 의미가 있었다. 인간영혼 마을의 장군들이 성으로 도피하자, 원수들은 별다른 저항을 받지 않은 채 마을의 나머지 부분을 장악하게 되었다. 그들은 마을의 구석구석을 누비며 행진하였고, 행진하면서 폭군인 디아볼루스의 명령에 따라 "지옥불! 지옥불! 지옥불!"을 크게 외쳤다. 인간영혼 마을 전역에는 한동안 디아볼루스의 병사들이 외쳐대는 쩌렁쩌렁한 북소리와 함께 '지옥불!'이라는 불길한 소리 외에는 아무 소리도 들리지 않았다.

이제 인간영혼 마을 위에는 검은 먹구름이 드리워졌으며, 결론적으로 이 마을은 파멸 외에 다른 것을 기대할 수 없는 상황이 되어 버렸다.[5]

디아볼루스는 병사들을 마을 사람들이 살고 있는 집에 보내서 숙소를 마

---

4) 세 장군들이 힘을 쓸 수 없게 되었을 때, 나머지 다른 병사들은 인간영혼 마을을 위해 과연 무엇을 할 수 있을까 — 원주
5) 배교의 슬픈 결과 — 원주

런하게 하였다. 진실로 보조 설교자의 집에는 그 집이 수용할 수 있는 범위까지 이국(異國)에서 들어온 의심 군대 병사들로 가득했다. 이런 사정은 시장의 집과 자유의지 경의 집도 마찬가지였다. 사실 길모퉁이, 외딴 집, 헛간, 심지어는 돼지우리 같은 곳에도 이 버러지 같은 인간들로 가득 차 있었다. 인간쓰레기들이 점령하지 않은 곳은 단 한 곳도 없었다. 이들은 인간영혼 마을 사람들을 그들의 집에서 내쫓고는 자기들 마음대로 침상에 눕고 식탁에 앉았다.

아, 가련한 인간영혼 마을이여! 너희는 이제야 비로소 죄악의 결과를 뼈저리게 실감하고, 육신의 안락 씨(Mr. Carnal-security)가 말한 감언이설에 어떤 독이 들어 있었는지를 깨닫는구나!

그들은 손에 잡히는 것마다 모조리 파괴해 버렸다. 진실로 그들은 마을 몇몇 곳에 불을 질렀고,[6] 많은 어린 아이들의 몸을 갈가리 찢었으며, 산모의 뱃속에 있는 태아들[7]도 살해하였다. 이외에도 그들이 어떤 만행을 저질렀을지 생각해 보라. 이국에서 들어온 의심군대 병사들의 손에서 양심이나 동정심이나 연민의 정 같은 것을 기대할 수 있겠는가?

인간영혼 마을에 있는 젊은이나 늙은이뿐 아니라 여인들에게도[8] 그들은 무력을 행사하고 강간하며 짐승처럼 학대했다. 마을 사람들은 기절하기도 하고 태아를 유산하기도 했으며 죽기도 했다. 그리하여 거리의 후미진 곳이나 마을 사람들이 많이 다니지 않는 한적한 곳마다 주검들이 널브러져 있었다.

이제 인간영혼 마을은 완전히 용들의 소굴이자 지옥의 상징이며 완전한 흑암처럼 보였다. 인간영혼 마을은 황량한 황무지처럼, 쐐기와 찔레와 가시와 잡초와 악취를 풍기는 것들만 인간영혼 마을의 온 땅을 뒤덮고 있는 것 같았다. 앞에서 말한 바와 같이, 디아볼루스의 부하들인 의심군대 병사들은

6) 죄악 — 원주
7) 선하고 온유한 생각들 — 원주
8) 선을 밴 거룩한 임신— 원주

인간영혼 마을 사람들을 그들의 침상에서 끌어내었다.[9]

그들의 만행은 그뿐이 아니었다. 좀 더 자세히 말하자면, 디아볼루스의 병사들은 마을 사람들에게 해를 끼쳤고, 그로 인해 사람들의 몸에 상처가 생겼다. 지금까지 내가 많은 말을 했지만, 사실 이야기를 다 한 것은 아니었다. 하지만 이제는 그 이야기들을 모두 해볼까 한다. 그들은 양심 씨의 몸에도 상처를 입혔다.

그의 상처는 너무 심하게 곪아서 밤이나 낮이나 하루도 편할 날이 없었다. 그는 마치 선반 위의 물건처럼 계속 누워 있기만 했다. 만약 샤다이 왕이 범사를 다스리지 않았다면 그들은 틀림없이 이 양심 씨를 당장 죽이고 말았을 것이다.[10] 그들은 시장도 아주 심하게 학대하였다. 샤다이 왕의 섭리가 아니었다면, 그들은 시장의 두 눈도 뽑아 버렸을 것이다. 자유의지 경도 성으로 피신하지 않았다면, 그는 벌써 그들에게 붙잡혀 갈가리 찢겨 죽었을 것이다.

그들이 생각하기에 자유의지 경이야말로 샤다이 왕과 임마누엘 왕자에 대해 한결같은 충성심을 가진 자로서, 이 인간영혼 마을에서 디아볼루스와 병사들을 대적하는 가장 악질적인 인사로 여겼기 때문이다. 사실 그는 지금까지 사내대장부다운 면모를 보여주었는데, 그가 행한 더 많은 공훈에 대해서는 앞으로 차차 듣게 될 것이다.

이제 인간영혼 마을은 수일 동안 마을을 거닐어도 경건한 자로 보이는 자는 전혀 찾아볼 수 없을 정도가 되었다.[11] 인간영혼 마을은 끔찍한 상태가 되고 말았다! 이국(異國)에서 들어온 의심 군대 병사들이 떼를 지어 구석구석에 자리 잡고 있었으며, 붉은 색 코트와 검은 색 코트를 입은 자들도 무리지어 마을을 휩쓸고 다녔다. 모든 집에는 소름끼치는 소음들과 허망한 노래들과 거짓 이야기들과 샤다이 왕과 그의 아들을 대적하는 불경한 언어들로 시끌벅적하였다.

9) 안식 — 원주
10) 인간영혼 마을 사람들에게 일어난 슬픈 일 — 원주
11) 생각들 — 원주

한편, 인간영혼 마을 안의 성벽이나 구덩이나 토굴 등에 숨어 있던 디아볼루스의 부하들도 은신처에서 나와 자신의 모습을 드러냈다.[12] 진실로 이들은 인간영혼 마을에 진입한 의심 군대 병사들과 함께 어울려 서로 이야기하면서 거리를 활보하였다.

끔찍하게 변해 버린 이 마을은 그 어떤 정직한 주민들보다도 디아볼루스의 병사들이 더 당당하게 돌아다녔다.

그러나 디아볼루스와 이국(異國)에서 들어온 그의 의심 군대 병사들이 인간영혼 마을과 사이가 좋은 것은 아니었다. 왜냐하면 그들은 예전에 임마누엘 왕자의 장군들과 병사들이 이 마을에서 받았던 만큼의 환영을 받지 못했기 때문이다. 인간영혼 마을 사람들은 그들을 보기만 하면 눈살을 찌푸리기 일쑤였다. 의심 군대 병사들은 인간영혼 마을의 생필품들을 하나도 남김없이 모두 싹쓸이했을 뿐 아니라, 마을 사람들의 뜻과는 정반대로 주민들을 사로잡았기 때문에 마을 사람들은 할 수만 있으면 이 병사들을 피해 다녔다. 미처 도망가지 못해 사로잡힌 사람들은 병사들에 대한 적개심을 가질 수밖에 없었다. 마을 주민들은 의심 군대 병사들이 이 마을에 있는 것보다 없는 것이 훨씬 더 낫다고 생각하였다. 이들이 주민들에게 전혀 도움이 되지 않았다. 그럼에도 불구하고 마을 사람들은 이 병사들에게 사로잡힌 포로들이었기 때문에, 어쩔 수 없이 포로 신세로 지낼 수밖에 없었다(롬 7). 그래도 마을 사람들은 그들에게 불쾌감을 드러냈을 뿐 아니라, 할 수 있는 한 최고의 적개심을 드러내보였다.

하나님 경외 씨가 성문들을 지키다

한편, 성으로 도피한 인간영혼 마을의 장군들은 투석기로 계속해서 공격을 감행하여 원수들의 마음을 초조하고 불안하게 만들었다. 사실 디아볼루스는 이 성이 있는 문들을 부수어 열려고 여러 번 시도했었다. 하지만 용감하며 품행이 단정하고 대범한 하나님 경외 씨(Mr. Godly-fear)가 이 문들을 지

---

12) 쓸데없는 생각들과 불경스런 생각으로 가득한 영혼 — 원주

키고 있었기 때문에, 그의 목숨이 끊어지지 않는 한, 원수들의 공격은 헛된 것이 되고 말았다.

성문 파괴를 통한 성내 진입을 디아볼루스는 너무나 간절히 바라고 있었 지만, 아무리 그의 바람이 간절하다 해도, 디아볼루스가 벌인 하나님 경외 씨를 향한 수 차례의 공격은 허사였다. 나는 이 하나님 경외 씨가 언젠가는 인간영혼 마을을 전적으로 다스리게 되기를 소망하고 있다.

인간영혼 마을의 이런 상태는 약 2년 반이나 지속되었다. 마을의 중심지 는 전쟁터가 되었고, 마을 사람들은 굴 속으로 내몰렸으며, 인간영혼 마을의 영광은 한 줌의 재가 되어 버렸다.

전쟁터가 되어 버린 인간영혼 마을

그러니 마을 주민들에게 무슨 안식이 있겠으며, 인간영혼 마을에 무슨 평 안이 있고, 이 마을 위에 무슨 햇빛이 비칠 수 있겠는가? 원수들이 마을을 대 적하면서 마을 광야에서 오랫동안 진 치고 있었다면, 그들은 두말할 필요 없 이 모두 굶어 죽었을 것이다. 하지만 마을 안으로 진입한 원수들은 마을을 자신들의 거처와 참호로 삼았을 뿐만 아니라, 이 마을에 있는 성을 공략하기 위한 요새로 삼고 있었다. 사실 이 성은 마을을 대적하는 다른 마을의 공격 에 대비하여 마을 사람들의 생명과 재산을 지키기 위해 세워진 것이었다.

그런데 지금 원수들이 이 성을 점령해서 파괴해 버리려고, 마을의 여러 요 새들은 물론 마을 전체를 장악하고 있었던 것이다. 이것이 바로 인간영혼 마 을이 처한 끔찍한 상황이었다.[13]

인간영혼 마을의 슬프고 비참한 상황이 오래토록 계속되면서, 인간영혼 마을 사람들은 그들의 왕자인 임마누엘 왕자에게 보내던 탄원서를 보내지

---

13) 전적으로 비참한 이런 상황에서도 성은 안전하였다. 다른 말로 표현하자면, 인간영혼의 성(城)인 마음은 하나님과 더불어 아주 평안하였다. 바로 하나님 경외가 이 성을 지키고 있었기 때문이다. 극심한 고난 가운데 의심의 지배를 받는 많은 영혼들이라 해도, 그리고 이런 상태가 수년 씩 지속된다 해도, 그 마음에 하나님을 경외하는 마음만 있다면, 이 하 나님 경외로 인해 의심들을 물리치고 죄악들을 대적할 수 있게 된다 — 원주

못하고 있었다. 그러다가 인간영혼 마을의 장로들과 주요 인사들을 위시하여 마을 사람들 전체가 함께 모였고, 그들은 자신들이 처한 비참한 상황과 자신들에게 임할 참담한 심판을 오랫동안 슬퍼한 후, 구원을 요청하는 탄원서를 한 번 더 작성하여 임마누엘 왕자에게 보내기로 합의하였다.

임마누엘 왕자에게 보낼 탄원서를 작성하는 것과
관련된 하나님 경외 씨의 조언

그러자 하나님 경외 씨가 일어나 다음과 같이 말했다. "임마누엘 왕자는 대신 경(Lord Secretary)의 서명이 없는 탄원서, 특히나 구원을 목적으로 한 탄원서를 지금까지 받아들인 적이 없으며, 그런 탄원서를 받고 싶어 하지도 않는 것으로 저는 알고 있습니다. 여러분이 지금까지 보낸 탄원서들이 받아들여지지 않은 이유가 바로 이것이라고 생각합니다." 그래서 그들은 탄원서를 작성한 후, 탄원서에 대신 경의 서명을 받고자 하였다.[14] 이에 하나님 경외 씨가 다시 말했다. "대신 경은 자신이 친히 구상하고 작성하지 않은 그 어떤 탄원서에도 서명하지 않는 줄로 저는 알고 있습니다. 게다가 임마누엘 왕자 께서는 세상 모든 사람들의 여러 다양한 필체와 구분되는 대신 경의 필체를 구별하실 수 있습니다. 그러므로 그분은 우리가 대신 경의 필체와 비슷하게 쓴다고 해도 결코 거기에 속지 않으실 것입니다. 결론적으로 제가 드릴 수 있는 조언은 여러분이 직접 대신 경에게 가서 도와주시기를 간청하는 것입니다." 그 당시 대신 경은 모든 장군들과 병사들이 있는 성 안에 아직 머무르고 있었다.

마을 사람들은 이런 조언을 해준 하나님 경외 씨에게 감사하며, 그가 일러준 대로 행하였다. 그들은 대신 경을 찾아가 그를 찾아온 이유에 대해 말했다. 인간영혼 마을이 현재 매우 비통한 상황에 처해 있기 때문에, 대신 경이

---

14) 기도는 반드시 성령님의 도우심으로 이성과 함께 드려져야 한다. 그리고 믿음이 그리스도의 이름으로 이 기도를 유용하게 한다. 이와 관련해서는 번연의 훌륭한 논문인 「성령으로 기도하기」(*Praying in the Spirit*)를 참조하라 — 원주

그들을 무례하다고 생각하지 않는다면, 전능하신 샤다이 왕의 아들인 임마누엘 왕자와 그의 아버지인 샤다이 왕에게 보낼 탄원서를 그가 친히 대신해서 작성해 주기를 청하였다.

그러자 대신 경이 물었다. "내가 당신들을 위해 써주기를 바라는 탄원서에 어떤 내용이 들어가기를 원합니까?" 이에 마을 사람들은 다음과 같이 대답했다. "인간영혼 마을의 현재 상황과 처지에 대해서는 대신 경께서 가장 잘 알고 계십니다. 우리가 왕자를 배신하고 어떻게 타락했는지, 그리고 우리를 대적하여 전쟁을 일으킨 자가 누구인지, 그리고 인간영혼 마을이 지금 어떻게 해서 전쟁터가 되었는지, 당신께서 가장 잘 알고 계십니다.

더 나아가, 이 야만인들이 우리의 청년들과 여인들과 어린 아이들에게 어떤 비행을 저질렀는지, 우리 마을에서 자란 디아볼루스의 부하들이 어떻게 해서 이 마을의 토박이들보다 더 당당하게 거리를 활보하고 다니는지에 대해서도 대신 경이 잘 알고 계십니다. 그러므로 우리의 대신 경이여, 임마누엘 왕자 안에 있는 하나님의 지혜를 따라, 이 가련한 종들을 위해 우리의 임마누엘 왕자에게 보낼 탄원서를 작성해 주시기 바랍니다."

인간영혼 마을을 위한 탄원서를 대신 경이 작성해주다

이 대답을 듣고 대신 경은 "좋습니다. 내가 당신들을 위해 탄원서를 작성하고, 그 탄원서에 서명도 하겠습니다"라고 말하였다. 이 말은 들은 마을 사람들이 "대신 경께서 손수 작성한 탄원서를 언제쯤 가지러 오면 되겠습니까?"라고 묻자, 대신 경은 다음과 같이 말했다. "내가 탄원서를 작성하는 동안 당신들은 필히 나와 함께 있어야 합니다. 당신들의 바람이 반드시 그 탄원서에 반영되어야 하기 때문입니다. 사실대로 말하자면 서명과 글 쓰는 펜은 내 것이지만, 잉크와 종이는 반드시 당신들의 것이어야 합니다. 그렇지 않다면 어떻게 이 탄원서가 당신들의 것이라고 말할 수 있겠습니까? 게다가 나는 죄를 범하지 않았기에, 나를 위해서는 탄원서가 필요 없습니다."

대신 경은 이어서 다음과 같은 말도 덧붙였다. "이 청원에 전적으로 관련된 자들의 마음과 영혼이 탄원서를 작성하는 일에 담기지 않는다면, 나는 그런 탄원서에 내 이름을 써서 왕자에게 보낼 수 없으며, 그런 탄원서는 왕자를 통해 그의 아버지에게 전달되지도 않을 것입니다. 그러므로 탄원서에는 당신들의 영혼과 마음이 반드시 담겨야 합니다."[15]

탄원서를 작성하여 신뢰 장군 편으로 임마누엘 왕자에게 보내다

그들은 대신 경이 한 말에 진심으로 동의하고, 당장 자신들을 위한 탄원서를 작성하기 시작했다. 이번에는 누가 이 탄원서를 가지고 가야 할지가 문제였다. 이에 대해 대신 경은 신뢰 장군(Captain Credence)이 말을 잘 하는 사람이니, 그가 탄원서를 가지고 가야 한다고 말했다.

그들은 신뢰 장군을 불러서 이런 사정을 설명하였다. 그러자 장군은 다음과 같이 대답했다. "기꺼이 그 제안을 따르겠습니다. 제가 다리를 다치기는 했지만, 그럼에도 저는 여러분을 위한 이 일을 온 힘을 다해 가능한 한 신속하게 감당하겠습니다."

탄원서에는 다음과 같은 내용이 적혀 있었다.

그들이 쓴 탄원서의 내용

"오, 우리의 주인이며 주권자인 임마누엘 왕자시여, 당신은 능력이 무한하고 오래 참는 왕자이십니다. 당신의 입술에서는 은혜가 하염없이 흘러내리며, 우리가 당신을 대적하여 반역을 일삼았다 해도, 당신에게는 자비와 용서가 가득합니다. 우리는 더 이상 당신의 인간영혼 마을 주민이라고 불릴 가치조차 없는 사람들일 뿐 아니라, 당신께서 내려 주시는 일상의 유익에 동참할 자격조차 없는 자들입니다. 그럼에도 불구하

---

15) 이것은 "이와 같이 성령도 우리의 연약함을 도우시나니 우리는 마땅히 기도할 바를 알지 못하나 오직 성령이 말할 수 없는 탄식으로 우리를 위하여 친히 간구하시느니라"(롬 8:26)고 한 말씀에 대한 설명이다. 그리고 "하물며 너희 하늘 아버지께서 구하는 자에게 성령을 주시지 않겠느냐"(눅 11:13)라고 말씀한 하나님은 찬양받기에 합당한 분이시다 ― 원주

신뢰 장군이 탄원서를 전달하다

고 당신에게 간구하니, 당신으로 말미암아 부왕(父王)께서 우리의 죄악들을 도말해 주시기를 간절히 바랍니다. 고백하건대, 당신은 우리가 범한 죄악들로 인해 우리를 내버리고 싶어 하시는 줄로 알고 있습니다. 하지만 당신의 이름을 생각해서라도, 그리 하지 말아 주십시오. 오히려 우리의 주군께서는 지금을 우리의 비참한 처지를 돌볼 기회로 여기서서, 당신의 마음속 깊은 곳에서 우리를 불쌍히 여겨 주시기를 바랍니다. 주군이시여, 우리는 사방에서 우겨쌈을 당하고 있습니다. 우리 자신은 타락하였습니다. 우리가 타락했다는 그 사실이 우리를 책망하고 있습니다. 마을 내부에 있는 우리의 원수들인 디아볼루스의 부하들은 우리를 놀라게 하고, 무저갱의 천사들로 이루어진 군대들이 우리를 괴롭히고 있습니다. 당신의 은혜만이 우리를 구원할 수 있으며, 오직 당신에게만 구원이 있음을 우리는 알고 있습니다.

　오, 은혜로운 왕자시여, 더구나 우리의 장군들은 쇠약해져서 병에 걸려 낙담하고 있습니다. 또한 최근에는 전장에서 폭군 디아볼루스와 함께 온 강한 병사들의 공격을 받아, 그 장군들 가운데 몇몇이 최악의 상태가 되고 말았습니다. 예전부터 우리가 가장 신뢰하던 용맹스러운 우리의 장군들마저 지금은 부상자가 되었습니다. 주군이시여, 이에 기세등등한 우리의 원수들은 오만불손하게 우쭐대면서, 우리를 마치 전리품처럼 취급하며 위협하고 있습니다. 주군이시여, 그들은 수천 명도 더 되는 의심 군대 병사들과 함께 우리를 습격하였습니다. 우리가 이들을 어떻게 대적해야 할지 모르겠습니다. 그들은 모두 험상궂게 생기고 무자비하여 우리를 대적할 뿐 아니라 당신까지도 대적하려고 합니다.

　당신께서 우리를 떠나시자 우리의 지혜도 떠나가고 우리의 능력도 사라졌습니다. 우리는 우리 자신을 죄와 수치로 부를 수밖에 없기에, 우리의 얼굴은 죄악으로 뒤범벅이 되어 버렸습니다. 우리를 불쌍히 여겨 주십시오. 오, 주군이시여, 비참한 마을이 되어 버린 당신의 마을인 인간 영혼 마을의 우리를 불쌍히 여겨 주십시오. 우리 원수들의 손아귀에서 우리를 구원해 주십시오. 아멘."

앞서 언급한 바와 같이, 이런 내용의 탄원서에 대신 경이 서명한 후, 용감하고 굳센 신뢰 장군이 이를 받아 샤다이 왕이 있는 궁으로 가지고 갔다. 그는 입문을 통해 궁으로 나아갔다. 앞에서 말한 바와 같이 입문은 마을의 비상구였다. 그는 이 탄원서를 가지고 임마누엘 왕자를 향해 나아갔던 것이다.

계획을 알게 된 디아볼루스

그런데 인간영혼 마을이 임마누엘 왕자에게 탄원서를 보냈다는 소문이 어떻게 사람들 사이에 퍼져나갔는지 정확히 알 수는 없지만, 어쨌든 이 소문은 디아볼루스의 귀에까지 들어가고 말았다. 내가 곰곰이 생각해 본 결과 이 폭군은 일이 진행되어가는 말미에 이 소식을 들었던 것 같다. 그는 이것을 듣자마자 인간영혼 마을을 비난하기 시작했다. 그의 비난은 다음과 같은 말들로 시작되었다. "반항하며 완고한 마음을 지닌 너 인간영혼아, 나는 너희가 탄원서를 보내는 일을 그만두게 할 것이다. 어떻게 감히 너희가 탄원서를 보낼 계획을 세우는가? 나는 탄원서가 절대로 전달되지 못하도록 할 것이다."[16] 사실 디아볼루스는 임마누엘 왕자에게 전달될 이 탄원서를 누가 가지고 가는지도 알고 있었다. 신뢰 장군이 사신이 되어 탄원서를 가지고 간다는 사실에 그는 두렵기도 했고 분노하기도 했다.

드디어 디아볼루스는 명을 내려, 다시 북을 치도록 하였다. 사실 이 북소리는 인간영혼 마을 사람들이 듣기에 고역이었다. 하지만 디아볼루스가 다시 북을 치도록 명령하였기 때문에, 인간영혼 마을 사람들은 잠자코 그 소리를 들어야만 했다. 북소리가 울려 퍼지는 가운데 디아볼루스의 부하들이 모여들었다.

16) 사탄은 기도와 함께 거할 수 없다 ― 원주

그러자 디아볼루스는 다음과 같은 연설을 하였다. "오, 나 디아볼루스를 따르는 굳센 용사들이여, 반역의 마을인 인간영혼 마을에서 우리를 대적하는 반란이 이제 막 시작되었음을 너희는 알라. 너희도 알다시피 원래 이 마을은 우리의 소유인데, 비참한 상태의 인간영혼 마을 사람들은 감히 임마누엘 왕자에게 도움을 청하기 위해 그가 있는 궁으로 사신을 보냈다고 한다. 내가 이 말을 너희에게 하는 것은, 파렴치한 인간영혼 마을을 우리가 어떻게 보복해야 할지 너희가 알게 하기 위함이다.

오, 나에게 충성을 다하는 디아볼루스의 부하들이여, 내가 명하노니 너희는 인간영혼 마을을 더욱더 괴롭힐 뿐 아니라, 너희의 계략으로 마을에 고통을 가중시키고, 마을의 여인들을 강간하며, 마을에 있는 처녀들을 범하고, 그들의 자녀들을 죽이며, 마을에 있는 노인들의 머리를 후려갈기고, 마을에 불을 지르는 등, 너희가 할 수 있는 모든 비행들을 다 하도록 하라. 나를 대적한 그들의 필사적인 반항의 끝이 무엇인지를, 내가 하는 이런 보복을 통해 인간영혼 마을 사람들이 알도록 하라."

디아볼루스는 이런 말로 인간영혼 마을을 비난하였다. 하지만 이런 비난과 실제 행동 사이에는 모종의 어떤 것이 개입되었다. 다시 말해 이렇게 분내는 행동 외에 그가 실제로 감행한 일은 거의 없었던 것이다.

디아볼루스는 이 말을 하고 나서 성문으로 행보를 옮기고는, 사망의 고통으로 인간영혼 마을을 위협하면서, 그에게 성문을 열어 주도록 요구하였다. 즉, 열린 문으로 디아볼루스가 들어가고 그 뒤를 따라 병사들이 들어가도록 문을 열어 줄 것을 요구하였던 것이다. 그러자 그 문에 책임을 맡고 있는 하나님 경외 씨(Mr. Godly-fear)가 대답했다. 디아볼루스에게는 문을 열어 주지 않을 뿐 아니라, 그를 뒤따르고 있는 병사들에게도 열어 주지 않을 것이라고 말했다. 더 나아가 그는 인간영혼 마을이 잠시 고통을 받더라도, 그 고통으로 인해 이 마을이 더욱 온전해지고 굳건해지며 그 터가 견고하게 될 것이라고도 했다(벧전 5:10).

그러자 디아볼루스가 말하였다. "좋다. 그렇다면 나를 대적하여 탄원서를

작성한 사람들을 내 놓으라. 특히, 그 탄원서를 가지고 임마누엘 왕자에게
간 신뢰 장군을 내 놓으라.[17] 그 놈만 내 손에 넘겨 준다면, 나는 이 마을을
떠날 것이다."

그 때, 디아볼루스의 부하 가운데 하나인 바보 씨(Mr. Fooling)가 일어나 말
하였다. "우리 주인께서 너희에게 좋은 제안을 하셨다. 한 사람이 망하는 것
이 인간영혼 마을 전체가 망하는 것보다 더 낫지 않은가?"

그러나 하나님 경외 씨는 그에게 다음과 같이 대답하였다. "우리가 디아
볼루스에 대한 믿음을 저버리지 않는다고 해서, 감옥행을 피할 수 있는 기간
이 얼마나 되겠는가? 우리에게는 신뢰 장군을 잃는 것이나 이 마을을 잃는
것이나 마찬가지다. 신뢰 장군이 없는 마을은 이 마을이 멸망해 없어지는 것
과 똑같은 일이다." 하나님 경외 씨가 이렇게 말을 하자 바보 씨는 한 마디도
대답하지 못했다.

시장도 다음과 같이 대답하였다. "오, 탐욕스러운 너 폭군아, 우리 가운데
아무도 너의 말을 귀담아 듣지 않을 것이라는 사실을 알아 두어라. 우리는
인간영혼 마을에 단 한 사람의 장군, 단 한 사람의 병사, 단 한 대의 투석기,
단 한 개의 돌멩이만 남아 있어도 너에게 대항할 결심을 굳혔다." 그러자 디
아볼루스가 대답하였다. "너희는 아직도 너희를 도와 구원해 줄 도움의 손
길을 소망하고 기다리며 바라고 있느냐? 너희는 임마누엘 왕자에게 사신을
보냈지만, 너희의 사악함이 너희 주위에서 뗄 수 없을 정도로 너희를 옥죄고
있기 때문에, 너희의 입에서는 순전한 기도가 나올 수 없다. 너희는 너희가
계획한 것이 성공하여 효력을 발휘할 것으로 생각하느냐? 너희의 소망은 부
질없이 끝이 날 것이며, 너희가 시도한 계획도 부질없이 끝이 날 것이다. 너
희를 대적하는 것은 나만이 아니다. 너희의 임마누엘 왕자도 너희를 대적하
고 있다(시 42:10). 진실을 말하자면, 너희를 대적하여 정복하라고 나를 보내
신 이가 바로 임마누엘 왕자시다. 자, 사실이 이러한데, 너희에게 도대체 무

---

17) 사탄은 믿음과 함께 거할 수 없다 — 원주

슨 소망이 있으며, 또 무슨 수로 나의 제안을 피할 수 있겠느냐?"

그러자 시장이 말하였다. "우리는 진실로 죄를 범하였다. 하지만 그렇다고 해서 너의 도움은 절대로 받지 않을 것이다. 왜냐하면 우리의 임마누엘 왕자께서는 '내게 오는 자는 내가 결코 내쫓지 아니하리라'(요 6:37)고 말씀하셨기 때문이다. 그리고 우리의 원수인 디아볼루스야, 임마누엘 왕자께서는 '사람에 대한 모든 죄와 모독은 사하심을 얻되'(마 12:31)라는 말씀도 하셨다. 그러므로 우리는 감히 절망할 수 없을 뿐만 아니라 우리의 구원을 바라고 기다리며 소망할 것이다."[18]

이렇게 디아볼루스와 인간영혼 마을 사람들이 실랑이를 벌이고 있을 때, 신뢰 장군이 임마누엘 왕자가 계신 궁에서 인간영혼 마을의 성으로 돌아오고 있었다. 그는 꾸러미 하나를 들고 오고 있었다. 신뢰 장군이 돌아오고 있다는 소식을 들은 시장은 시끄럽게 떠들며 소란을 피우는 디아볼루스에게서 물러났다. 시장은 마을 벽과 성의 문들을 뒤로 하고, 고래고래 소리를 지르는 디아볼루스를 떠났다. 시장은 신뢰 장군이 묵고 있는 곳까지 이르러, 그와 반갑게 인사를 나눈 후, 그의 건강은 어떠한지, 궁에서 들은 최고의 소식은 무엇인지에 대해 물었다. 시장이 이런 질문을 했을 때, 신뢰 장군의 눈에는 눈물이 맺혔다.

좋은 징조

신뢰 장군이 말하였다. "시장님, 힘내십시오. 때가 되면 모든 일이 다 잘 될 것입니다." 그리고 나서 장군은 먼저 꾸러미를 자기 옆에 내려놓았다. 시장과 다른 장군들은 신뢰 장군의 이런 행동을 좋은 소식을 가지고 온 징조로

18) 이런 성경 구절들은 우리 주님이 광야에서 사탄의 시험을 받았을 때 사용하신 무기들이다. 시험받고 있는 불쌍한 영혼들이여, 가장 극심한 시련의 때에도 성경 말씀이 우리를 돕는다는 생각으로, 이 말씀을 가장 완벽하게 믿고 의지하라. "비록 더딜지라도 기다리라 지체되지 않고 반드시 응하리라"(합 2:3). 성경 말씀 외에 다른 도움들은 마치 상한 갈대(사 36:6)처럼 전혀 믿을 수 없는 것들이다 — 원주

여겼다. 드디어 은혜가 임할 때가 되었던 것이다. 시장은 사람을 보내, 모든
장군들과 성 안 여기저기에 묵고 있던 마을 장로들과 시위대까지 불러서, 신
뢰 장군이 샤다이 왕의 궁에서 돌아왔으며, 그들 전체에게 이를 말과 그들
중 몇몇 사람들에게 개인적으로 이를 말이 있음을 알렸다. 그러자 그들 모
두 신뢰 장군에게 나아와 인사를 하며, 그의 여정이 어떠하였는지, 그리고
궁에서 들은 최고의 소식은 무엇인지에 대해 물었다.

그들의 질문들에 대해 신뢰 장군은 앞서 시장에게 말한 바와 같이 "결과
적으로 모든 일이 다 잘 될 것입니다"라고 대답하였다. 장군은 이렇게 인사
한 뒤, 자기 옆에 있던 꾸러미를 풀어서 몇 개의 편지를 꺼내어 각각의 수신
인들에게 전하였다. 첫 번째 편지는 시장에게 보낸 것으로, 그 편지에는 서
명이 되어 있었다.

시장에게 보낸 편지

첫 번째 편지의 내용은 다음과 같았다. 임마누엘 왕자는 시장이 인간영혼
마을 및 주민들과 관련된 모든 일들을 아주 세심하게 살피면서, 시장의 직무
를 신실하고 충성스럽게 잘 감당하고 있는 것을 매우 높이 평가한다고 했다.
그 뿐만 아니라, 임마누엘 왕자를 위해서 시장이 담대하게 행동한 것과 디아
볼루스를 대적하는 일에서 합당한 근거에 입각하여 신실하게 행동한 점에
대해서도 왕자는 시장을 아주 크게 치하하고 있음을 시장에게 알린다는 내
용이었다. 그리고 편지 말미에는 시장의 이런 공로로 인해 조만간 상을 받
게 되리라는 내용까지 적혀 있었다.

자유의지 경에게 보낸 편지

두 번째 편지는 자유의지 경에게 보낸 것으로, 그 편지에도 서명이 되어
있었다. 두 번째 편지의 내용은 다음과 같았다. 임마누엘 왕자의 부재중에
디아볼루스가 왕자의 이름을 경멸할 때, 자유의지 경이 왕자의 명예를 위해
얼마나 용감무쌍하게 대처했는지를 임마누엘 왕자는 너무나 잘 알고 있다

고 했다. 또한 유명한 인간영혼 마을 안의 몇몇 토굴에 여전히 숨어 있는 디
아볼루스 무리들의 일거수일투족을 삼엄하게 예의주시하여 그들의 운신을
옥죄는 등, 인간영혼 마을을 위해 그가 신실하게 헌신한 것에 대해서 임마누
엘 왕자는 그의 노고를 크게 치하하였다. 더 나아가, 자유의지 경이 직접 자
기 손으로 반역자들의 우두머리들을 확실히 처형함으로써, 적군들의 사기
를 크게 떨어뜨린 것과 인간영혼 마을 전체에 좋은 선례를 남긴 것에 대해서
임마누엘 왕자는 조만간 상을 내리겠다고 서명하여 약속했다.

보조 설교자에게 보낸 편지

세 번째 편지는 보조 설교자에게 보낸 것으로, 그 편지에도 서명이 되어
있었다. 세 번째 편지의 내용은 다음과 같았다. 자신의 직무를 매우 정직하
고 신실하게 감당했을 뿐 아니라, 인간영혼 마을 법에 따라 마을 사람들을
권면하고 때로는 책망하거나 경계(警戒)함으로써 자신의 소임을 다한 것에
대해 임마누엘 왕자는 그를 치하하였다.

더 나아가, 인간영혼 마을이 반란을 꾀하였을 때, 직접 금식을 선포하고
베옷을 입고 재를 몸에 뿌리도록 한 것에 대해서도 왕자는 칭찬을 아끼지 않
았다. 그 뿐만 아니라, 중차대한 일에서 보아너게 장군의 도움을 요청한 것
에 대해서도 왕자는 그를 칭찬하면서, 그에게도 조만간 상을 내릴 것을 서명
하여 약속하였다.

하나님 경외 씨에게 보낸 편지

네 번째 편지는 하나님 경외 씨에게 보낸 것으로, 그 편지에도 임마누엘
왕자의 서명이 들어 있었다. 네 번째 편지의 내용은 다음과 같았다. 왕자는
인간영혼 마을 사람들 중에서 하나님 경외 씨가 육신의 안락이라는 자의 정
체를 밝혀낸 첫 번째 사람이라는 사실을 알고 있었다. 육신의 안락 씨는 교
활함과 간교한 계략으로 디아볼루스의 환심을 얻은 자로, 복된 인간영혼 마
을이 가진 선한 마음을 변절시키고 부패하게 한 장본인이라는 것을 하나님

경외 씨가 알아내었던 것이다. 더 나아가, 왕자는 하나님 경외 씨가 인간영혼 마을의 상태를 보고서 슬퍼하며 눈물을 흘린 것을 지금도 기억하고 있다고 했다. 또한 이 편지에는 육신의 안락 씨가 자기 집에서 손님들과 함께 식탁에 앉아 유쾌하게 떠드는 와중에, 인간영혼 마을을 대적하기 위한 자신만의 완벽한 악행을 꾀하고 있었는데, 이것을 하나님 경외 씨가 알아낸 것에 대해 왕자는 알고 있었다. 그리고 폭군 디아볼루스의 모든 시험과 위협에 맞서 성문 앞에 의연히 서 있었던 것과, 마을 사람들을 설득하여 왕자에게 탄원서를 보내는 방안을 제시해서 결국 왕자로부터 평화의 대답을 얻게 한 사람이 바로 경건한 하나님 경외 씨임을 알고, 왕자는 그를 주시하고 있었다는 내용이었다. 따라서 그에게도 조만간 상을 내리겠다고 언급하였다.

인간영혼 마을 사람들에게 보낸 편지

그 꾸러미 안에는 마지막으로, 인간영혼 마을 사람들 모두에게 보내는 편지가 있었다. 마지막 편지의 내용은 다음과 같았다. 왕자는 그들이 빈번하게 보낸 탄원서들을 지켜보고 있었으며, 때가 되면 그들의 행동들이 열매를 맺게 될 것이라고 하였다. 또한 왕자는 그 편지에서, 디아볼루스가 그들을 공격해 들어와 한편으로는 그들에게 사탕발린 소리를 하며 회유하기도 하고, 또 한편으로는 그들을 가혹하게 대하면서 원수들의 잔인한 계획 가운데 그들을 집어삼키려고 하였지만, 그 때에도 인간영혼 마을 사람들은 그들의 생각과 마음을 최종적으로 왕자의 인품과 그 뜻으로 정한 것에 대해 언급하였다. 왕자는 이에 대해 그들을 크게 칭찬하였다. 편지의 끝부분에서 왕자는 인간영혼 마을에 대한 통치권을 대신 경의 손에 맡겨 신뢰 장군이 다스리도록 하였으며, 이들의 통치에 순복할 것과, 때가 되면 마을 사람들도 상을 받게 될 것이라고 덧붙였다.

대신 경이 묵고 있는 곳으로 물러난 신뢰 장군

용감한 신뢰 장군은 가지고 온 편지들을 수신인 각자에게 전달한 후에, 대

신 경이 묵고 있는 곳에 거하면서 대신 경과 이야기를 나누며 시간을 보냈
다. 이들은 매우 대단한 사람들이었기 때문에, 인간영혼 마을이 앞으로 어
떻게 될지에 대해서 마을에 있는 다른 사람들보다 실제로 더 잘 알고 있었
다. 대신 경은 신뢰 장군을 아주 사랑하였으며, 대신 경의 식탁에 차려진 온
갖 진수성찬으로 그를 극진히 대접하였다.

　인간영혼 마을에 있는 다른 사람들이 풀이 죽어 있을 때도, 대신 경은 자
신의 모습을 이 장군에게는 드러내 주었다. 그리하여 얼마동안 대화를 나눈
다음 신뢰 장군은 잠자리에 들었다. 대신 경이 사람을 보내 신뢰 장군을 다
시 부른 것은 얼마 지나지 않아서였다. 장군이 대신 경 앞에 이르자, 그들은
인사를 하면서 서로의 안부를 물었다.

신뢰 장군이 인간영혼 마을에 있는
모든 군사들을 지휘하는 사령관이 되다

　장군이 대신 경에게 말하였다. "경이시여, 이 종에게 하실 말씀이 있으십
니까?" 그러자 대신 경은 그에게 특별한 호의를 보이는 손짓을 한 후, 그를
자기 옆으로 인도하고서 친밀한 목소리로 다음과 같이 말하였다. "나는 이
날 이 시간 이후부터 당신을 인간영혼에 있는 모든 군대를 지휘하는 사령관
으로 임명합니다. 당신은 인간영혼 마을의 내부뿐 아니라 마을 밖까지 통솔
하십시오. 당신은 직위에 충실하여 당신의 왕자와 인간영혼 마을을 위하여
디아볼루스의 군대와 그 세력을 대적하는 전쟁을 감당하도록 하며, 다른 장
군들은 당신의 명령에 따를 것입니다."

　이제 마을 사람들은 신뢰 장군이 샤다이 왕자와 대신 경의 신임을 얻었음
을, 다시 말해 신뢰 장군이 왕자가 있는 궁과 마을에 있는 대신 경으로부터
신임을 얻었음을 깨닫기 시작하였다. 지금까지 궁에 갔던 사신들 가운데 신
뢰 장군처럼 임마누엘 왕자로부터 좋은 소식을 빨리 받아 온 자는 아무도 없
었다. 그래서 그들은 예전에 고통을 받을 때 신뢰 장군에게 도움을 요청하
지 않은 것에 대해 다소 후회하면서, 신뢰 장군이 그들의 존재와 소유 자체

로 모든 것이 되어 주기를 갈망하였다. 그들은 신뢰 장군이 그들을 돌봐주고 보호해 주며 인도하는 등, 그에게 통치권을 전적으로 일임하겠다는 뜻을 보조 설교자를 통해 대신 경에게 전하였다.[19] 그들의 설교자는 사신으로 대신 경에게 가서 그의 입에서 직접 다음과 같은 말을 들을 수 있었다. "신뢰 장군은 샤다이 왕의 모든 군대의 총사령관이 되어, 샤다이 왕의 원수들을 대적하고, 인간영혼 마을의 번영을 도모하는 모든 일을 전권으로 맡는다."

이 대답을 들은 보조 설교자는 땅에 엎드려 대신 경에게 절하고는, 마을로 돌아와 이 소식을 모든 사람들에게 말해 주었다. 하지만 마을 안에는 여전히 원수들이 크게 활개를 치고 있는 상황이었기 때문에, 이 모든 일들은 아주 극비리에 이루어졌다.

---

19) 이렇게 한 의도는 영혼은 믿음으로 살지 감정[감각]으로 살지 않는다는 사실을 보여주기 위함이었다. 하나님의 영인 성령은 믿음을 칭송하면서, 장군들을 다스리는 총사령관의 자리에 이 믿음을 임명하였다. 이것은 의심군대 병사들에 대한 승리의 서곡이기도 했다 ─ 원주

제16장

약속들을 신실하게 지키는
임마누엘 장군

내용 — 부와 번영으로 마을을 멸망시키고자 하는 새로운 계략이 모의되다 — 임마누엘 왕자는 약속대로 인간영혼 마을의 군대를 지원하기 위해 들판에 나타났고, 이로써 의심 군대 병사들은 모두 퇴각하였다 — 임마누엘 왕자가 인간영혼 마을의 주민들이 외치는 기쁨의 환호성 속에서 인간영혼 마을로 입성하시다

디아볼루스는 인간영혼 마을의 시장으로부터 자신이 노골적인 도전을 받고 있을 뿐 아니라, 마을에 있는 하나님 경외 씨의 단호함까지 감지하고는 격분해서, 인간영혼 마을에 감행할 보복 전쟁을 논의하기 위해 즉시 회의를 소집하였다. 그리하여 구렁텅이에 있는 모든 두령들이 모였고, 특히 늙은 불신(Incredulity)을 선두로 그의 군대에 있는 모든 장군들이 함께 모였다. 모인 그들은 앞으로 어떻게 해야 할지를 논의하였다. 그 날 회의의 궁극적인 관심사는 어떻게 해야 그들이 이 성(城)을 차지할 수 있을까 하는 것이었다. 이 성을 그들의 원수인 인간영혼 마을 사람들이 장악하고 있는 한, 궁극적으로 그들이 이 마을을 완전히 차지했다고 말할 수 없었기 때문이다. 그래서 이 문제에 대해 한 사람은 이런 의견을 내고, 다른 사람은 저런 의견을 냈다.

갑론을박하면서 최종 결론에 이르지 못하자, 회의를 주재하던 아볼루온(Apollyon)이 일어나 다음과 같이 말하기 시작하였다. "내 형제들이여, 저는

여러분에게 두 가지를 제안하고자 합니다. 첫째는, 우리가 이 마을에서 물러나 다시 광야로 나가는 것입니다. 우리가 여기 계속 있어봐야 전혀 도움이 되지 않을 것입니다. 왜냐하면 그 성은 여전히 원수들의 손아귀에 들어 있고, 성 안에는 용맹한 장군들도 다수 포진해 있으며, 특히 용감한 하나님 경외라는 작자가 성의 문들을 지키고 있는 한, 우리가 그 성을 차지하기란 불가능하기 때문입니다. 그래서 일단 우리가 광야로 물러난 후에 둘째 안을 실행하는 것입니다. 무슨 말인가 하면, 우리가 마을에서 물러난다면, 마을 사람들은 자연히 어느 정도 안도를 하면서 기뻐할 것입니다. 그러고 나면 또 다시 그들은 자연스럽게 마음이 해이해지기 시작할 것입니다. 그들이 방심하게 되는 것은 우리가 그들을 공격하여 끼치는 타격보다 그들에게 더 큰 타격을 줄 것입니다. 설령 이 안이 실패한다 해도, 우리가 마을 밖으로 후퇴할 때 인간영혼 마을의 장군들은 우리를 추격해 따라올 것입니다. 지난번 우리가 광야에서 그들과 싸웠을 때 그들에게 얼마나 큰 타격을 입혔는지 여러분은 알 것입니다. 게다가 우리가 그들을 광야로 끌어낼 수만 있다면, 우리 중 일부는 마을 뒤편에 매복해 있다가 그들이 마을 밖으로 빠져나간 후에 마을 안으로 돌진하여 성을 장악할 수 있을 것입니다."

그러자 바알세불(Beelzebub)이 일어나 반대 의견을 제시하며 다음과 같이 말했다. "그들을 모두 성 밖으로 유인해 내는 것은 불가능한 일입니다. 여러분이 분명히 알아야 할 사실은 마을 사람들 가운데 일부가 성에 남아서 성을 지킬 것이라는 점입니다. 그러므로 마을 사람들 모두가 성에서 나온다는 보장이 있기 전에는 그 시도는 허사로 끝날 것이 분명합니다."

그 성을 장악하기 위해서는 어떻게 해야 할지에 관한 문제로 시작한 그의 이야기는 앞서 제기된 안들과는 다른 수단들이 강구되어야 한다고 끝을 맺었다. 그래서 그들은 여러 가지 것들을 생각하였고, 그들이 생각한 것들 중에 가장 그럴듯하다고 여긴 것은 예전에 아볼루온이 제안했던 것, 즉 마을 사람들로 하여금 다시 죄를 짓도록 하는 것이었다.[1]

1) 제13장 — 역주

악한 자들의 회의

바알세불은 일어나 다음과 같이 말했다. "우리가 마을로 들어가든, 광야로 물러나든, 또는 전쟁을 벌여 원수들의 병사들을 죽이든, 그 어떤 것을 해도 우리는 인간영혼 마을을 장악할 수 없습니다. 왜냐하면 그 마을에 최후의 한 사람만 살아 남는다 해도, 다시 말해 우리를 대적할 그 사람이 손가락 하나 까딱일 정도의 힘만 있어도, 임마누엘 왕자는 그들의 편이 되어 줄 것이기 때문입니다. 만약 임마누엘 왕자가 그들의 편이 된다면, 어느 세월에 이 마을이 우리의 손에 넘어올지 도통 알 수 없을 것입니다. 그러므로 제가 판단하기로는, 그들이 죄를 범하도록 하는 적절한 방책을 강구하는 것 외에는 이들을 우리의 종으로 삼을 방법이 없을 것 같습니다(벧후 2:18-21). 의심 군대 병사들이 이 성을 장악하여 통치권을 가지지 못한 이상, 의심 군대 병사들을 괜히 데리고 온 듯합니다. 그냥 집에 두고 오는 것이 더 나았을 것 같습니다. 지금 이 정도의 성과는 이제까지 우리가 해온 수준에 불과하기 때문입니다. 그렇다고 해서 의심 군대 병사들을 내팽개친다면 그것도 백해무익한 반발만 불러일으킬 것입니다. 진실로 우리가 이들에게 명하여 마을의 요새에 잠입해서 마을을 장악하게 했더라면, 이 성이 우리의 것이 되는 날이 분명히 왔을 텐데 말입니다. 우리는 이제 광야로 물러나도록 합시다. 인간영혼 마을의 장군들이 우리를 추격해 올 것이라는 예상은 하지도 맙시다. 제가 감히 말하건대, 우리가 마을을 떠나기 전에, 인간영혼 마을의 요새들 안에 아직도 남아 있는 충성스러운 우리의 디아볼루스 동지들에게 다시 청하여, 마을 사람들이 왕자를 배신하고 마을을 우리에게 건네도록 부추기는 활동을 재개하도록 합시다. 우리의 동지들은 진심으로 그 일을 감당해야 합니다. 그들이 그렇게 하지 않는다면, 우리의 모든 계획은 영영 이룰 수 없을 것입니다."

내 기억이 정확하다면 이 제안을 한 사람은 바알세불이었다. 그가 한 말에 대해 회의에 참석한 모든 자들은 찬성할 수밖에 없었다. 그의 의견, 즉 마을 사람들로 하여금 죄를 짓게 해서 성을 장악하자는 방책을 그들은 따르지 않을 수 없었다. 이제 그들은 이 계획에 대한 실천 방안들을 모색하기 시작했

다.[2]

그러자 루시퍼(Lucifer)가 일어나 말하였다. "바알세불이 한 제안은 적절하다고 생각합니다. 제 생각에 이 제안을 실천하기 위한 방법으로는 우리의 병력을 인간영혼 마을에서 철수시켜야 한다고 봅니다. 그리고 소집 명령이나 위협, 혹은 우리가 치는 북소리나 그들을 놀라게 할 만한 그 어떤 것이라도, 그것이 그들에게 공포심을 불러일으킨다면, 우리는 그것을 중단해야 합니다. 우리는 그저 광야 같은 곳에서 그들에 대해 전혀 신경 쓰지 않는 것처럼, 그들에게서 멀리 떨어져 있으면 됩니다. 왜냐하면 제가 보기에 그들에게 겁을 주면, 그들은 더욱 각성하고 무장하여 완강하게 우리를 대적하기 때문입니다. 그리고 제 머릿속에는 또 하나의 전략이 있습니다. 여러분도 알다시피 인간영혼 마을은 장이 서는 마을입니다. 다시 말해 이 마을은 사고파는 것을 좋아합니다. 그러므로 디아볼루스의 동지들 가운데 누군가가 먼 나라에서 온 것처럼 변장하여, 인간영혼 마을에 있는 시장에 나가서 우리의 물건들을 팔게 하는 것입니다. 그 물건들을 설령 반값에 파는 사람이라 해도 그게 무슨 상관이겠습니까? 단, 그 시장에서 장사할 사람은 기지(奇智)가 있어야 하며 우리에게 충성을 다하는 자라야 합니다. 제 머리에 쓰고 있는 관을 걸고 장담하건대, 이 일은 틀림없이 성공할 것입니다. 이 일을 잘 할 것으로 보이는 두 사람이 제 머릿속에 떠올랐습니다. 그 두 사람은 한 푼을 아끼려다 열 냥을 잃는 바보 씨(Mr. Penny-wise-pound-foolish)[3]와 소탐대실 씨(小貪大失, Mr. Get-i' the-hundred-and-lose-i' the-shire)[4]입니다. 이들의 이름이 길다고 해서, 그

---

2) 사탄의 최대 목적은 인간영혼이 죄를 짓도록 미혹하는 것이다. 죄악으로 인해 성의 문들, 다시 말해 마음의 문들이 열리지 않는다면, 사탄은 인간영혼의 성이라고 할 수 있는 사람의 마음을 결코 장악할 수 없다 ─ 원주

3) 이 말은 유명한 속담으로 일 페니를 얻기 위해 일 파운드를 버리는 어리석은 자를 일컫는다 ─ 원주

4) 이 말도 옛 속담으로, 옛 영국의 주[州, shire]는 '백'[百, hundred]이라고 불리는 많은 소 행정 구획지구로 구성되었는데, '백'이라고 불리는 이 작은 지역을 얻기 위해 한 '주'를 포기하는 어리석은 일을 뜻한다 ─ 원주

능력이 다른 사람들보다 떨어지는 것은 결코 아닙니다.

　이 두 사람 외에도 여러분이 허락한다면 세상 향락 씨(Mr. Sweet-world)와 현실 만족 씨(Mr. Present-good)를 함께 보냈으면 합니다. 이들도 사교적이고 교활할 뿐 아니라 충성스러운 우리의 친구이자 돕는 자들입니다. 이들을 위시하여 더 많은 자들이 이 장사에 동참하게 하여, 인간영혼 마을이 더욱더 풍성하고 부한 마을이 되도록 하는 것입니다. 이것이 바로 이 마을을 근본에서부터 무너뜨릴 수 있는 방법입니다. 여러분은 이 방법으로 우리가 라오디게아에서 효과를 본 것을 잊지 않았을 것입니다. 지금도 우리 가운데 얼마나 많은 자들이 이런 올무를 사용하고 있는지 여러분은 알지 못합니까?(계 3:17).

　인간영혼 마을이 번성하기 시작하면, 마을 사람들은 자신들의 비참했던 상황을 잊을 것입니다. 그리고는 우리가 그들에게 위협을 가하지 않는 이상, 잠에 곯아떨어져 자신들이 감당해야 할 경계(警戒) 활동, 즉 성문들의 경계는 물론이고 마을의 경계와 성(城)의 경계도 게을리하게 될 것입니다.

　진실로 물질적인 풍요로 인간영혼 마을을 공략하고자 하는 우리의 이 방법이 크게 방해 받지 않는다면, 이 마을은 우리를 대적하는 원수들의 주둔지나 병사들의 피난처가 아니라, 물건을 사고파는 큰 가게가 될 것입니다. 특히 그들의 성은 그렇게 될 수밖에 없을 것입니다. 그리하여 우리가 쓰는 물건과 상품들을 거기에 갖다 놓기만 해도, 제가 보기에 그 성은 절반 이상 우리 것이 되었다고 할 수 있습니다. 더군다나 가게가 된 이 성을 그런 물건들로 가득 채우라는 명령만 떨어진다면, 그래서 우리가 이런 식으로 그들을 기습 공격한다면, 인간영혼 마을의 장군들은 그 성에서 피신할 곳을 찾기가 힘들 것입니다. 여러분은 재물과 향락에 기운이 막혀 온전히 결실하지 못하는 자(눅 8:14)에 대한 비유를 알지 못합니까? 방탕함과 술 취함과 생활의 염려로 마음이 둔해질 때(눅 21:34-36), 온갖 불행들은 부지불식간에 그들에게 임할 것입니다.

　더 나아가 경들이여, 마을 주민들이 자기 집을 우리의 물건들로 가득 채우

게 하는 것이 결코 쉬운 일이 아니며, 디아볼루스의 동지들을 그들의 집이나
직장에 하인으로 있게 하는 것도 결코 쉬운 일이 아니라는 것을 여러분은 너
무나 잘 알 것입니다. 하지만 이 세상에 마음을 완전히 빼앗긴 사람들은 씀
씀이가 헤픈 씨(Mr. Profuse)나 낭비 씨(Mr. Prodigality), 혹은 호색한 씨(Mr.
Voluptuous), 참견 씨(Mr. Pragmatical), 겉치장 씨(Mr. Ostentation) 같은 디아볼루스
의 동지들을 자기의 하인과 시종으로 삼을 것입니다. 인간영혼 마을의 사람
들도 이 세상에 마음을 완전히 빼앗기게 된다면, 틀림없이 우리의 동지들을
자기 종으로 삼을 것입니다.

　그러지 않을 자들이 인간영혼 마을에 있겠습니까? 따라서 우리의 이 동지
들이 인간영혼 마을의 성을 점령하거나 장악하는 것이 어려우면 그 성을 완
전히 파괴하고, 그것도 어려우면 어쨌든 임마누엘 왕자의 수비대가 주둔하
기에 적절하지 않은 곳으로 만들 것입니다. 이 가운데 어떤 공격을 가해도
소기의 목적은 달성될 것입니다. 이들은 잘은 몰라도 2만 명의 병사들이 하
는 것보다 이 일을 더 잘 해낼 것입니다. 결론적으로 말하면, 적어도 이번만
큼은 이 성에 더 이상의 공격이나 공포 분위기를 조성하지 말고, 조용히 철
수한 다음, 우리가 새롭게 세운 이 계획이 어떻게 진행되는지, 이 새로운 작
전이 어떻게 원수들을 파괴시키는지 살펴보도록 합시다. 이것이 바로 제가
제안하는 안입니다."

　이 제안은 거기 모인 모든 이들로부터 최고의 계략이라고 박수를 받았을
뿐 아니라, 이보다 더 좋은 안은 있을 수 없는 지옥 최고의 걸작으로 여겨졌
다. 간단히 말해, 이 안은 인간영혼 마을 사람들을 이 세상의 부요함으로 질
식시키고, 그들의 마음이 세상에 있는 좋은 것에 빠지도록 한다는 것이었다.

　그런데 어떻게 해서 다음과 같은 일들이 일어나게 되었는지 들어보라. 디
아볼루스 무리들의 모임이 파할 바로 그 때, 신뢰 장군은 임마누엘 왕자로부
터 편지 한 통을 받았다. 편지의 내용은 다음과 같았다. "사흘 후에 너는 인
간영혼 마을 부근에 있는 광야 들판에서 나를 만나게 될 것이다." 신뢰 장군
은 "들판에서 나를 만나자고 하시다니! 왕자께서 무슨 일로 나를 보자고 하

시는 걸까?"라고 말하였다. 그는 편지를 손에 들고 대신 경에게 가서 그의
생각을 여쭈어 보았다. 대신 경은 샤다이 왕에 관한 모든 일과 인간영혼 마
을의 유익과 위로에 관한 선견자(seer)였기 때문이다.

신뢰 장군이 임마누엘 왕자로부터 편지를 받았지만, 그 편지의 뜻을 이해하지 못하다

그래서 신뢰 장군은 대신 경에게 편지를 보여주고, 그 편지에 관한 그의
생각을 말해 주기를 바랐던 것이다. 신뢰 장군이 "나로서는 이 편지가 무슨
뜻인지 도저히 알지 못하겠습니다"라고 말하자, 대신 경은 편지를 받아 읽
은 후 잠시 뒤에 다음과 같이 말했다.

"디아볼루스의 무리들은 인간영혼 마을을 공격하기 위해서 오늘 중대 회
의를 가졌습니다. 내가 말하건대 오늘 모인 그들은 이 마을을 완전히 멸망
시키기 위한 모략을 꾸몄습니다. 그들이 회의한 결과 그들은 인간영혼 마을
을 장악하기 위한 한 수단으로, 이 마을이 분명히 자멸하게 될 방법을 모색
하였습니다. 그들은 다시 광야로 나가서 그들의 계략이 성공할지의 여부를
살피기 위해 이 마을을 자발적으로 철수할 채비를 하고 있습니다. 하지만 당
신은 임마누엘 왕자의 병사들과 함께 전쟁을 치를 준비를 하십시오. 왜냐하
면 삼일 째 되는 날에 임마누엘 병사들은 광야에 이르러 디아볼루스의 병사
들과 접전을 하게 될 것이며, 그 시각에 임마누엘 왕자도 그 들판에 계실 것
이기 때문입니다. 진실로 날이 밝을 무렵, 해가 뜨기 바로 전에 강력한 군대
가 디아볼루스의 군대들을 공격할 것입니다. 임마누엘 왕자는 디아볼루스
의 군대를 전방에서 공격할 것이고, 당신의 군대는 후방에서 그들을 공격하
여, 두 군대가 협공으로 이 원수들을 멸하게 될 것입니다."

대신 경의 말을 들은 신뢰 장군은 다른 장군들에게 가서, 그가 임마누엘
왕자로부터 받은 편지의 내용을 말해 주었다. "그 편지에 적힌 알기 어려운
말들의 뜻을 대신 경이 설명해 주었습니다. 그리고 대신 경은 이 편지에 대
한 응답으로, 나뿐 아니라 다른 장군들도 우리의 임마누엘 왕자를 위해 어떻

게 행해야 할지를 말해 주었습니다."

　신뢰 장군의 말이 끝나자, 이 말을 들은 다른 장군들은 모두 기뻐하였다. 이에 신뢰 장군은 왕의 모든 나팔수들에게 명을 내려, 성벽으로 올라가서 디아볼루스와 인간영혼 마을의 사람들이 모두 들을 수 있도록, 마음으로 만들어낼 수 있는 음악 가운데 가장 아름다운 음악을 연주하게 하였다.

나팔수들이 부는 진기한 음악

　이에 나팔수들은 그 명을 받들어, 성의 가장 높은 곳으로 올라가 나팔을 불기 시작하였다. 그러자 디아볼루스가 놀라서 다음과 같이 말했다. "이 나팔 소리는 도대체 무슨 뜻인가? 나팔수들이 내는 이 소리는 말을 탈 준비를 하라는 소리도 아니고, 마차에 말을 매라는 소리도 아니고, 말을 풀라는 소리도 아니고, 공격하라는 소리도 아닌데? 이 미친 자들이 도대체 무슨 뜻으로 이런 짓을 하고 있는 것인가? 왜 그들은 기뻐하며 즐겁게 나팔을 불고 있는가?"

　그러자 디아볼루스의 무리들 가운데 한 사람이 말했다. "이 소리는 그들의 왕자인 임마누엘이 인간영혼 마을을 구하기 위해 오고 있음을 기뻐하는 나팔 소리입니다. 인간영혼 마을을 구하기 위해 왕자는 그 군대의 선두에 서 있으며, 왕자가 베푸는 구원이 가까웠다는 것을 뜻하는 것입니다."

　인간영혼 마을의 사람들도 아름다운 곡조의 나팔 소리에 큰 관심을 보였다. 진실로 그들은 이구동성으로 "이 나팔 소리는 절대로 우리에게 해로운 소리가 아닐 것이다. 분명히 이 소리는 우리에게 해로운 소리가 아닐 것이다"라고 말했다.

　반면에 디아볼루스의 무리들은 "우리가 도대체 어떻게 하는 것이 최선일까?"라고 말하자, 어떤 이가 다음과 같이 대답했다. "이 마을에서 철수하는 것이 최선이다. 지난번 회의에서 우리가 결의한 대로 하는 것이 좋을 것 같다. 우리를 공격해 오는 원수들과 마을 밖에서 전쟁을 벌이는 것이 더 유리할 것이다." 그래서 디아볼루스의 무리들은 다음날 인간영혼 마을에서 철수하여 마을 밖 광야에 주둔하게 되었다. 그러면서도 그들은 자신들이 드러내 보일 수 있는 최고의 포악한 방식으로 무시무시하게 눈문(Eye-gate) 앞에 진을 쳤다.

디아볼루스가 마을에서 철수하게 된 이유

그들이 마을에 더 이상 머무르지 않게 된 이유는 일전에 모인 비밀회의에서 결의한 이유도 있겠지만, 그와 함께 그들이 마을의 요새를 장악하지 못한 이유도 있었다. 그들이 말한 바를 옮기자면, 광야처럼 사방이 뚫린 곳에 진을 친다면 전쟁을 할 때도 좀 더 유리한 곳을 선점하게 될 뿐만 아니라, 위급한 상황에서 도망치게 되더라도 더 유리할 것이라는 그들의 판단 때문이었다. 그리고 임마누엘 왕자가 그들의 전면에 나타나 그들을 에워싸 마을 안으로 집어넣고 밖으로 나오지 못하게 한다면, 그 마을은 결국 그들에게 왕자의 공격을 막는 방어 시설이 아니라 지옥의 구렁텅이가 될 것이라고 그들은 생각하였다. 그래서 그들은 들판으로 철수하였다. 사실 그들은 마을 안에 있는 동안 투석기의 공격으로 적지 않은 어려움을 겪었기 때문에 투석기의 사정거리 밖인 광야로 나갔던 것이다.

디아볼루스의 무리들을 공격할 시간이 다가오자, 인간영혼 마을 장군들은 열심히 전쟁 준비를 하였다. 지난밤에 신뢰 장군은 여러 장군들에게 내일이면 들판에서 그들의 왕자를 만나게 될 것이라고 말하였다.

신뢰 장군의 말 때문인지, 장군들은 원수들과의 접전을 더욱더 고대하였다. 왜냐하면 그들이 내일 들판에서 왕자를 보게 될 것이라는 말은 마치 타는 불에 기름을 붓는 것 같은 말이었기 때문이다. 그들은 오랜 시간 왕자와 떨어져 있었기 때문에, 왕자를 다시 보기 위해서라도 이번 전쟁을 위해 더욱 열심히 준비하고 갈망했다.

들판으로 인솔되는 병사들

이미 말한 공격의 시간이 다가오자, 신뢰 장군은 다른 장군들과 함께 날이 밝기 전에 병사들을 마을의 비상구로 인솔하였다. 공격을 위한 모든 준비를 마치자, 신뢰 장군은 군대의 선두에 서서 나머지 장군들에게 군호를 전했고, 장군들은 부관들과 병사들에게 그 군호를 하달하였다.

임마누엘 왕자가 내린 군호는 "신뢰 장군의 방패로다", 즉 인간영혼 마을 사람들의 방언으로는 "하나님의 말씀과 믿음이로다"였다. 이 군호가 떨어지자마자 장군들은 기습공격을 감행하여, 디아볼루스의 진영을 앞, 뒤, 측면 가릴 것 없이 전방위로 몰아 부치기 시작했다.

그들은 경험 장군(Captain Experience)을 마을에 남겨 두고 나온 상태였다. 왜냐하면 그는 지난번 전투에서 디아볼루스의 병사들로부터 입은 부상에서 아직 회복되지 않았기 때문이다. 그러나 경험 장군은 다른 장군들이 전투에 참여한 것을 알고는, "나의 형제들은 전장에 있고, 임마누엘 왕자는 들판에서 그의 종들에게 친히 모습을 보여주신다고 하는데, 어떻게 나만 여기 누워 있겠는가?"라고 말하면서, 서둘러 목발을 가지고 오게 하여 일어나 전장으로 나갔다. 그런데 경험 장군이 친히 목발을 짚고 나아오는 것을 본 원수들은 기가 더 꺾이고 말았다. 왜냐하면 원수들은 '도대체 어떤 영이 인간영혼 마을 사람들을 사로잡았기에 이들이 목발을 짚고도 우리와 싸우려고 하는가!'라는 생각을 했기 때문이다. 인간영혼 마을의 장군들은 무기를 들고 용감하게 원수들을 향해 달려들었다. 그들은 원수들을 가격(加擊)하면서 "임마누엘 왕자의 칼과 신뢰 장군의 방패로다"라는 군호를 큰 소리로 외치는 것도 잊지 않았다.[5]

이렇게 인간영혼 마을의 장군들이 전면에 나서서 용감무쌍하게 자기 쪽 병사들을 에워싸는 것을 본 디아볼루스는 이 상황에서는 인간영혼 마을이 가진 좌우에 날선 검(히 4:12)의 예리한 칼날에 죽어나가는 수밖에 없겠다는 결론을 내렸다.

---

5) "구원을 얻기 위하여 믿음으로 말미암아 하나님의 능력으로 보호하심을 받았느니라"(벧전 1:5) — 원주

그래서인지 디아볼루스도 임마누엘 왕자의 군대를 향해 온 힘을 다해서 필사적으로 달려들었다. 그리하여 이 전쟁은 용호상박(龍虎相搏)의 접전을 이루었다.

먼저 디아볼루스가 전쟁에서 상대해야할 자는 누구였겠는가? 한쪽으로는 신뢰 장군이었고, 다른 한쪽으로는 자유의지 경이었다. 자유의지 경의 공격은 마치 거인이 공격하는 것과 같았다. 왜냐하면 그는 팔 힘이 아주 강해서, 디아볼루스의 근위병들인 택함 의심 병사들(Election-doubters)을 넘어뜨리고는 탁월한 전술로 재빠르게 칼날로 제압하면서 공격하였다.

신뢰 장군도 자유의지 경이 접전하는 모습을 보고, 다른 쪽에서 택함 의심 병사들을 향해 맹렬한 공격을 퍼부었다. 이내 원수들은 큰 혼란에 빠졌다. 한편 선한 소망 장군(Captain Good-hope)은 부르심 의심 병사들(Vocation-doubters)과 접전하고 있었다. 사실 부르심 의심 병사들도 강인했지만, 선한 소망 장군은 그보다 더 억센 장군이었다. 더구나 경험 장군이 지원부대를 보내주어 그는 부르심 의심 병사들을 무찌를 수 있었다. 다른 병사들도 사방에서 맹렬하게 싸웠으며, 디아볼루스의 군사들도 악착같이 싸웠다.

그 때, 대신 경이 성 위에서 투석기를 발사하라는 명령을 내렸다. 대신 경에게 속한 병사들은 사람의 머리카락 정도 되는 가는 물체도 돌로 맞힐 수 있는 만큼 노련했다. 하지만 얼마 후 임마누엘 왕자의 장군들 앞에서 도망치던 디아볼루스의 병사들은 다시 집결하더니, 왕자의 군대 후방에서 맹렬하게 공격을 퍼부으며 올라왔다. 그러자 임마누엘 왕자의 병사들이 낙담하기 시작했다.

그러나 조금만 있으면 임마누엘 왕자를 볼 수 있을 것이라는 생각으로 그들은 다시 용기를 내어 더욱 치열하게 전투에 임했다. 그 때 임마누엘 왕자의 장군들은 "임마누엘 왕자의 칼과 신뢰 장군의 방패로다"라는 군호를 크게 외쳤다. 그러자 디아볼루스는 그들을 지원해 줄 더 많은 병사들이 이른 줄 알고 후퇴하였다. 하지만 임마누엘 왕자는 아직 나타나지 않았다. 전투의 결과가 불확실한 가운데, 양측 병사들은 조금씩 뒤로 물러섰고, 그 와중

자유의지 경과 신뢰 장군

에도 전투는 계속되었다. 전투가 잠시 소강국면에 이르렀을 때 신뢰 장군은 병사들을 격려하여 끝까지 용감하게 싸우도록 사기를 북돋워 주었다.

두 군대가 물러나 전투가 잠시 중단되었을 때, 신뢰 장군이 병사들에게 연설을 하다

디아볼루스도 신뢰 장군처럼 온 힘을 다해 병사들을 격려하였다. 하지만 신뢰 장군은 병사들에게 원수들을 용감하게 맞서 싸울 용기를 주기 위해 다음과 같은 연설을 하였다.

"친애하는 장병들과 이 전투에 함께하는 나의 형제들이여! 우리의 임마누엘 왕자를 위해 이처럼 강인하고 용맹스러운 군대와 인간영혼 마을을 충성스럽게 사랑하는 여러분을 오늘 이 들판에서 보게 되다니 저는 감개무량할 따름입니다. 여러분은 지금까지 디아볼루스의 군대를 대적하여 싸우는 진리와 용기의 사람들인 것을 보여주었으며, 지금도 여러분은 그런 모습을 보여주고 있습니다. 우리의 원수들도 자기들이 우세하다고 자랑하고 싶어 하지만, 그들은 지금까지 실제 자랑할 만한 전쟁의 성과를 내지 못했습니다. 자, 이제 장병들은 여느 때와 마찬가지로 스스로 용기를 내어, 한번만 더 사내대장부다운 기개(氣槪)를 보여주기 바랍니다. 이번에 치를 교전이 끝나자마자 바로, 여러분은 임마누엘 왕자를 이 들판에서 보게 될 것입니다. 따라서 우리는 폭군 디아볼루스를 대적하는 두 번째 공격을 당연히 감당해야 합니다. 두 번째 공격 이후에야 비로소 임마누엘 왕자가 오실 것입니다."

병사들을 향한 신뢰 장군의 연설이 마치자마자, 신속 씨(Mr. Speedy)가 와서는 임마누엘 왕자가 가까이 왔다는 소식을 신뢰 장군에게 말하라는 전갈을 전해 주었다. 전갈을 받은 신뢰 장군은 이 소식을 들판에 있는 다른 장군들에게 알렸고, 장군들은 다시 병사들과 장병들에게 이 소식을 전했다. 소식을 들은 장군들과 병사들은 마치 죽은 자 가운데서 다시 살아난 사람처럼, 예전과 마찬가지로 "임마누엘 왕자의 칼과 신뢰 장군의 방패로다"라는 군호를 크게 외치며 원수를 향해 돌진하였다.

임마누엘의 승리

디아볼루스 병사들도 이에 질세라 전열을 가다듬고 온 힘을 다해 완강히 저항했다. 그러나 마지막 교전 중에 그들은 전의를 상실하였고, 많은 의심 군대 병사들이 땅에 쓰러져 죽었다. 이렇게 격렬한 전투가 한 시간 넘게 계속되던 중, 신뢰 장군은 임마누엘 왕자가 가까이 오고 계심을 눈을 들어 보게 되었다. 왕자는 나부끼는 깃발들과 울려 퍼지는 나팔 소리와 함께 오고 계셨다. 왕자의 병사들은 발이 거의 땅에 닿지 않을 만큼 신속하게 교전 중인 장군들을 향해 집결하였다. 그러자 신뢰 장군은 병사들을 두 군대로 나눠, 한 군대는 인간 영혼 마을 쪽에 배치하고, 또 한 군대는 디아볼루스가 있는 들판 쪽에 배치하였다. 임마누엘 왕자는 신뢰 장군의 군대와는 다른 쪽에서 디아볼루스와의 전투를 준비하고 있었다. 따라서 원수들은 신뢰 장군과 임마누엘 왕자의 중간에 위치하게 되었다. 이 상태에서 다시 전투가 벌어졌다. 서로 맞은편에 서 있던 신뢰 장군과 임마누엘 왕자가 다시 만나기까지는 정말 많은 시간이 걸리지 않았다. 그 때까지 그들은 원수들을 칼날로 공격하면서 짓밟아 쓰러뜨렸다.[6]

다른 장군들도 임마누엘 왕자를 보자, 디아볼루스의 병사들을 왕자의 반대편에서 공격해 들어갔다. 그렇게 신뢰 장군과 임마누엘 왕자는 원수들을 궁지로 몰아넣고 협공하였다. 인간영혼 마을의 병사들은 "임마누엘 왕자의 칼과 신뢰 장군의 방패로다"는 군호를 외치고 또 외쳤다. 그들은 이 군호를 땅이 울릴 정도로 크게 외쳤다. 디아볼루스는 자신과 병사들이 왕자와 왕실 군대에 의해 완전히 포위된 것을 알았다.

모든 원수를 죽인 임마누엘 왕자와 그의 병사들이 승리를 차지하다

그러자 디아볼루스와 지옥 구렁텅이의 두령들은 자기의 병사들을 버리고 도망치기에 바빴다. 즉, 교전 중인 임마누엘 왕자와 고귀한 신뢰 장군의 손

---

6) 그리스도와 믿음 중간에 끼인 원수들은 틀림없이 멸망한다 — 원주

에 자기 군대를 넘긴 채 도망쳐 버렸던 것이다. 디아볼루스의 병사들은 임마누엘 왕자와 왕실 군대의 칼날 앞에서 모두 땅에 쓰러졌다. 그 결과 의심 군대 병사들 중에 단 한 사람도 이 전투에서 살아 남지 못하게 되었다. 전장에는 마치 누군가 땅에 오물을 뿌린 것처럼, 죽은 시체들이 널브러져 있었다.

전쟁이 이렇게 끝이 나자 모든 것들이 제자리를 찾기 시작했다. 인간영혼 마을의 장군들과 장로들은 임마누엘 왕자가 아직 마을 밖에 있는데도, 그를 찾아가 인사하며 기쁨으로 맞이했다. 그들은 수천 번도 더 그를 기쁨으로 환영했는데(아 8:1), 이는 왕자가 다시 인간영혼 마을의 경계까지 오셨기 때문이다. 왕자는 그들에게 미소를 지으며, "너희에게 평강이 있으라"(요 20:19)고 말씀하셨다.

임마누엘의 귀환. 디아볼루스의 도망

임마누엘 왕자가 다시 인간영혼 마을로 들어가심

그들이 마을로 올라갈 것을 권하자, 거기 있는 모든 이들이 인간영혼 마을로 올라갔다. 여기에는 임마누엘 왕자는 물론이고 왕자와 대동하여 전쟁에 참여한 새로운 군대의 모든 병사들도 함께 하였다. 마을의 모든 문들이 왕자를 맞이하기 위해 활짝 열렸으며, 그들은 왕자의 복된 귀환을 기뻐하였다. 왕자가 인간영혼 마을에 입성한 절차와 예전들은 다음과 같았다.

첫째, 앞서 말한 바대로 마을에 있는 모든 문들이 활짝 열렸다. 성에 있는 문들도 열려 있었다. 인간영혼 마을의 장로들은 마을로 들어오는 왕자를 맞이하기 위해 마을 문 앞에 도열해 있었다. 장로들이 서 있는 가운데 드디어 왕자가 문으로 가까이 다가오자, 장로들은 "문들아 너희 머리를 들지어다 영원한 문들아 들릴지어다 영광의 왕이 들어가시리로다"라고 말했다. 그러고는 다시 "영광의 왕이 누구시냐?"라고 물었다. 그 질문에 그들은 "강하고 능한 여호와시요 전쟁에 능한 여호와시로다 문들아 너희 머리를 들지어다 영원한 문들아 들릴지어다 영광의 왕이 들어가시리로다"(시 24:7-9)라고 서로 묻고 답하며 화답하였다.

둘째, 인간영혼 마을 사람들에게 다음과 같은 명령이 떨어졌다. 즉, 마을 문에서 성문에 이르는 모든 길에, 인간영혼 마을에서 최고의 음악적 재능을 가진 자들이 복되신 왕자를 맞이하기에 합당한 노래를 부르게 했던 것이다. 그런 다음 임마누엘 왕자가 마을로 들어오셨을 때부터 성문 가까이에 오실 때까지, 장로들과 모든 주민들은 노래와 나팔 소리로 서로 화답하며, "하나님이여 그들이 주께서 행차하심을 보았으니 곧 나의 하나님 나의 왕이 성소로 행차하시는 것이라"(시 68:24)고 말했으며, "소고 치는 처녀들 중에서 노래 부르는 자들은 앞서고 악기를 연주하는 자들은 뒤따르나이다"(시 68:25)라는 말씀과 똑같이 행하였다.

셋째, 인간영혼 마을의 장군들에 대해 한 마디 하고 싶은 말이 있는데, 왕자가 인간영혼 마을 문으로 들어오실 때, 이 장군들은 서열대로 왕자를 응대하였다. 맨 앞에 신뢰 장군이 섰고, 그 곁에 선한 소망 장군이 섰으며, 자애 장군(Captain Charity)은 다른 동료들과 함께 그 뒤에서 왕자를 따랐고, 인내 장군(Captain Patience)이 맨 뒤에서 따랐다. 나머지 장군들은 두 부류로 나뉘어 한 부류는 오른쪽에 서고 다른 부류는 왼쪽에 서서, 임마누엘 왕자가 인간영혼 마을로 입성하기까지 왕자를 보좌하였다. 이런 대열로 왕자와 장군들이 마을로 들어오는 동안, 깃발들이 휘날렸고 나팔소리가 울려 퍼졌으며, 병사들 사이에서는 끊이지 않고 함성소리가 들려 왔다. 왕자는 전체가 금박이 된 갑옷을 입고 친히 말을 타고 마을로 들어오셨는데, 왕자가 타신 병거의 바퀴 축은 은으로 되어 있었으며, 바닥은 금으로 되어 있었고, 덮개는 자색 천으로 되어 있었으며, 병거의 중앙에는 인간영혼 마을의 딸들에게 줄 사랑의 선물들로 가득하였다.

넷째, 왕자가 인간영혼 마을의 입구에 이르렀을 때, 그는 모든 거리들이 백합화와 여러 꽃들로 뒤덮여 있는 것과, 마을 주위에 서 있는 푸른 나무들이 크고 작은 가지들로 기이할 만큼 잘 가꾸어져 있는 모습을 보았다. 그리고 집집마다 대문에는 사람들이 모두 나와 있었고,[7] 이들은 왕자가 거리를 지나갈 때 그를 환영하기 위한 독특하고 다채로운 어떤 것들로 집 앞의 모든 곳들을 장식해 놓았다. 또한 그들은 임마누엘 왕자가 실제로 그들 앞을 지나가자, "찬송하리로다. 그의 아버지 샤다이 왕의 이름으로 오시는 왕자시여"라고 하며 기쁨의 환호성을 질러댔다.

다섯째, 인간영혼 마을의 장로들, 다시 말해 시장, 자유의지 경, 보조 설교자, 지식 씨(Mr. Knowledge), 마음 씨(Mr. Mind)와 그 지역에 있는 유지들도 성문에서 임마누엘 왕자를 기쁨으로 맞이하였다. 이들은 왕자 앞에서 절을 하고 먼지 묻은 그의 발에 입을 맞추고는, 왕자께서 그들의 죄악을 빌미로 책망하지 않으시고, 도리어 그들의 비참한 상황을 긍휼히 여기셔서 인간영혼 마을을 영원히 세워 주려고 마을로 다시 돌아오신 것에 대해, 이 왕자를 자신의 임금으로 삼고 그에게 감사와 찬양과 영광을 돌려드렸다. 이 일이 있은 후,

---

7) 선하고 기쁜 생각들 ─ 원주

왕자는 지체하지 않고 성으로 들어가셨다. 왜냐하면 이 성은 왕자가 머무르
는 곳이었으며, 또한 그의 영광이 머무는 장소였기 때문이다. 이 성은 대신
경이 상주하고 신뢰 장군이 수고하여 임마누엘 왕자를 위해 미리 예비해 둔
곳이었다.[8] 이렇게 왕자는 성으로 입성하셨다.

여섯째, 그 후 인간영혼 마을의 주민과 모든 자들이 왕자가 있는 성으로
나아와, 그들의 죄악으로 인해 왕자가 마을을 떠날 수밖에 없었던 사실에 대
해 애통해했다. 사죄하는 마음으로 왕자에게 나아온 그들은 땅에 일곱 번 엎
드려 절을 하며, 큰 소리로 슬피 울면서 왕자에게 다시 한 번 용서를 구하고,
왕자가 예전처럼 인간영혼 마을에 사랑을 베풀어 주시기를 간청하였다.

이들의 사죄와 간청에 대해 위대한 왕자는 다음과 같이 대답했다. "슬퍼
하지 말며 울지 말라. 너희는 가서 살진 것을 먹고 단 것을 마시되 준비하지
못한 자에게는 나누어 주라. 이 날은 우리 주의 성일이니 근심하지 말라. 여
호와로 인하여 기뻐하는 것이 너희의 힘이다(느 8:10). 나는 긍휼을 가지고 인
간영혼 마을로 다시 돌아왔다. 내가 베풀 이 긍휼로 말미암아 나의 이름이
세움을 입을 것이다."

이 말씀을 하신 후, 왕자는 주민들을 껴안아 주고 그들에게 입맞춰 주었
다. 그 뿐 아니라 왕자는 인간영혼 마을의 장로들과 관리들 한 사람 한 사람
에게 황금 목걸이와 인장을 주었으며, 그 부인들에게도 귀고리와 보석과 팔
찌 등을 선물로 주었다.[9] 왕자는 인간영혼 마을에서 바르게 태어난 어린아
이들에게도 많은 귀한 것들을 선물로 주었다.[10]

임마누엘 왕자는 유명한 인간영혼 마을을 위해 이 모든 일들을 하면서, 그
들에게 다음과 같이 말했다. "먼저 너희의 의복을 깨끗이 하고 그 옷에 너희
의 장신구들을 달아라. 그리고 나서 인간영혼 마을의 성에 있는 내게로 나

8) "또 마음을 아시는 하나님이 우리에게와 같이 그들에게도 성령을 주어 증언하시고 믿음
으로 그들의 마음을 깨끗이 하사"(행 15:8-9)— 원주
9) 인간영혼 마을에 대한 거룩한 개념들 — 원주
10) 어리고 여린 거룩한 생각들 — 원주

아오라"(출 9:8). 그리하여 그들은 유다와 예루살렘의 죄와 더러움을 씻기 위해 활짝 열려진 샘(슥 13:1)으로 가서, 거기서 죄를 씻고 더러워진 의복을 희게 한 다음, 왕자가 있는 성으로 돌아왔다. 그렇게 단장한 후에 그들은 왕자 앞에 섰다(계 7:14-15).

이제 인간영혼 마을 전역에는 춤과 음악이 흘러넘쳤다. 그들의 왕자인 임마누엘이 다시 그들과 함께한 것은 물론, 그의 얼굴빛을 그들에게 비추자 마을에 종소리가 울려 퍼지고 햇빛이 오래도록 그들을 따스하게 비춰 주었다.

인간영혼 마을은 성벽이나 토굴에 거하고 있는 디아볼루스의 잔당들을 모두 멸하고자 좀 더 철저한 방안을 모색하였다. 왜냐하면 이 유명한 인간영혼 마을에서 그들을 제거하려는 손길을 피해 아무런 상처 없이 도망다니는 잔당들이 아직도 많이 있었기 때문이다.

그 잔당들에게 자유의지 경은 예전보다 더욱더 무서운 존재가 되었다. 자유의지 경은 디아볼루스 잔당들을 추적하여 이들을 사형에 넘길 계획만 궁리하는데 마음이 온통 팔려 있었기 때문이다. 그는 이들을 밤낮으로 추적하였다. 그로 인해 그들은 극심한 불안 가운데 시달리고 있었다. 이런 상황은 나중에 드러날 것이다.

죽은 자들을 장사하라는 명령이 떨어지다

이렇듯 유명한 인간영혼 마을의 모든 것들이 제자리를 잡아가자, 복되신 임마누엘 왕자는 신경 써서 인간영혼 마을 사람들에게 다음과 같은 명령을 내렸다. 즉, 몇몇 사람들을 정하여 광야로 나가서, 거기서 전사한 원수들의 시신을 수습하여 조금도 지체하지 말고 땅에 묻어 장사하도록 명하였던 것이다.

이 시신들은 임마누엘 왕자의 칼과 신뢰 장군의 방패에 쓰러진 자들이었다. 왕자가 이런 명령을 내린 이유는 시신들에게서 나는 가스와 악취로 인해 유명한 인간영혼 마을이 오염되지 않도록 하기 위해서였다. 그리고 왕자가 이런 명령을 내린 다른 이유가 있었는데, 그것은 인간영혼 마을뿐 아니라 마을 주민들의 생각 속에서, 원수들의 이름과 존재와 그 기억까지 완전히 지우기 위한 것이기도 했다.

현명하고 믿음직스러운 인간영혼 마을 사람들의 친구인 시장은 마을 사람들에게 명을 내려, 왕자가 명한 이 시급한 일을 이행하도록 하였다. 하나님 경외 씨(Mr. Godly-fear)와 올바름 씨(Mr. Upright)가 이 일에 감독자가 되었고, 사람들은 그들의 지시를 받아 들판으로 나가 전사한 원수들을 장사하는 일에 동참하였다. 그들은 각자 해야 할 역할을 분담하였다. 어떤 사람은 무덤을 팠고, 어떤 사람은 시신을 땅에 묻었다. 또 어떤 사람은 광야와 인간영혼 마을 주위를 이리저리 다니면서, 의심 군대 병사들의 해골이나 뼈, 혹은 작은 뼛조각이라도 마을 가까운 곳에서 발견하게 되면, 누가 발견한 것이든 또는 찾지 않았는데 자연스럽게 드러난 것이든 상관없이, 그 장소에 뚜렷한 표시를 해서, 시신들을 매장하는 자들이 이것을 보고 시신을 눈에 보이지 않게 땅 속에 묻었다. 그렇게 함으로써 디아볼루스를 따르던 의심 군대 병사들의 이름과 그에 대한 기억까지 하늘 아래에서 모조리 사라지게 하였다. 특히 인간영혼 마을에서 태어난 어린아이들은 가능한 한 의심 군대 병사들의 해골이나 뼈, 아주 작은 뼛조각이라도 결코 알지 못하게 하였다.

시신들을 찾아 땅에 묻도록 명을 받고 그 역할을 배정 받은 매장인들은 왕자의 명령을 준행하여 의심 군대 병사들을 장사하였다. 의심 군대 병사들의 모든 해골과 뼈들과 작은 뼛조각까지도 발견되는 것은 모조리 땅에 매장했기 때문에 광야는 깨끗하게 되었다. 하나님의 평강 씨(Mr. God's-peace)도 해야 할 일을 배정 받고서 예전처럼 다시 활동하였다.

인간영혼 마을 주변에 있는 광야에서 그들이 장사한 시신들의 이름은 다음과 같았다. 택함 의심 병사들, 부르심 의심 병사들, 은혜 의심 병사들, 견인 의심 병사들, 부활 의심 병사들, 구원 의심 병사들, 영광 의심 병사들이었고, 이 의심 군대 병사들을 통솔하는 장군들도 있었다. 그 장군들 각각의 이름은 다음과 같았다. 격분 장군(Captain Rage), 잔인 장군(Captain Cruel), 저주 장군(Captain Damnation), 불만족 장군(Captain Insatiable), 유황 장군(Captain Brimstone),

고통 장군(Captain Torment), 평안 없음 장군(Captain No-ease), 무덤 장군(Captain Sepulchre), 절망 장군(Captain Pasthope) 등이었다. 디아볼루스 아래에서 총사령관 역할을 감당했던 자는 늙은 불신이었으며, 두령으로 있던 자들은 바알세불 경, 루시퍼 경, 레기온 경, 아볼루온 경, 피톤 경, 케르베로스 경, 벨리알 경이었다.

   그런데 사실 디아볼루스 군대의 총사령관이었던 늙은 불신을 포함하여 그 두령들과 장군들은 모두 도망을 갔기 때문에, 그들의 병사들이 임마누엘 왕자가 이끄는 군대나 인간영혼 마을의 병사들이 휘두르는 칼날에 모조리 쓰러졌던 것이다. 이렇게 해서 앞에서 말한 대로 그들 모두가 장사되었다. 그래서 유명한 인간영혼 마을은 이루 형언할 수 없을 만큼 크게 기뻐하였다. 디아볼루스의 병사들을 장사한 자들은 원수들이 쓰던 무기들까지도 땅에 파묻어 버렸다. 그들이 사용하던 사망의 잔인한 도구들인 화살과 단도(短刀), 그리고 군사용인 큰 망치와 횃불, 그 밖의 무기들도 땅 속에 매장했다. 또한 마을 사람들은 원수들이 사용하던 갑옷, 군기, 여러 깃발들, 디아볼루스가 쓰던 문양들은 물론, 디아볼루스의 의심 군대 병사들이 사용했던 흔적까지도 발견되는 즉시 모조리 땅에 파묻어 버렸다.

제17장

거룩한 전쟁 이야기 〈 A RELATION OF THE HOLY WAR

추후 공격들에 반격을 가하다

내용 — 유혈 병사들로 이루어진 새로운 군대가 박해자로 나타나 인간영혼 마을을 공격하였지만, 믿음, 인내 등을 선두로 한 인간영혼 마을 사람들에 의해 포위되다 — 몇몇 지도자들의 자질 점검 — 악한 질문이 몇몇 의심 병사들을 환대하였으나, 부지런함 씨에 의해 발각되다 — 주요 의심 병사들이 기소되고 유죄가 입증되어 처형당하다

한편, 폭군 디아볼루스는 오랜 친구인 불신(Incredulity)과 함께 지옥문 언덕에 이르자마자 지옥 구렁텅이로 내려갔다. 거기서 그들은 인간영혼 마을을 대적하다가 맞게 된 불운과 손실을 생각하면서, 동료들과 함께 한동안 한탄하였다. 그러다가 결국은 노발대발하면서, 그들이 입은 손실에 대해 복수하기로 했다. 그 즉시 그들은 인간영혼 마을을 대적하기 위해서 어떻게 해야할지 계략을 모색하기 위해 회의를 소집하였다. 불룩하게 튀어나온 배를 가진 그들은 루시퍼 경과 아볼루온 경이 예전에 제안했던 안을[1] 도저히 가만두고 볼 수만은 없었다. 걸신들린 것 같은 식탐으로 인해 그들의 배가 몸과 영혼, 살과 뼈, 그리고 인간영혼 마을에 있는 온갖 산해진미들로 채워지지

---

1) 인간영혼 마을 사람들로 하여금 다시 죄를 짓도록 하는 것으로서 다소 점진적이며 온건한 제안들, 제13장과 제16장 참조 — 역주

않는 한, 그들에게는 하루하루가 영원처럼 길게만 느껴졌다. 급기야 그들은 인간영혼 마을의 탈환을 위해 다시 한 번 공격을 감행하기로 결의하였다. 이번 공격은 연합군대를 조직하여 출정하기로 했으며, 연합군은 일부는 의심 군대 병사들이고, 다른 일부는 유혈병사(Bloodmen)로 구성하기로 했다. 이 두 병사들에 대해서 좀 더 자세히 살펴보겠다.

의심 병사들과 유혈 병사들로 이루어진 군대

의심 병사들(Doubters)이라는 이름은 그들의 본성에 따라 붙여진 것이기도 하고, 그들이 태어난 나라와 그 곳의 지주 이름을 따라서 붙여진 것이기도 했다. 그들은 임마누엘 왕자가 말한 모든 진리에 대해 의심하는 천성을 갖고 있으며, 의심의 땅(land of Doubting)이라고 불리는 곳에서 살고 있었다.

그 곳은 암흑의 땅(Land of Darkness)과 사망의 그늘 골짜기(Valley of the Shadow of Death)라 불리는 곳의 가운데 있는 지역으로, 북쪽 방향으로 아주 멀리 떨어져 있는 곳이었다. '암흑의 땅'과 '사망의 그늘 골짜기'로 불리는 곳이 때로는 마치 한 지역인 것처럼 동일한 곳으로 말하기도 하지만, 사실 이 두 지역은 조금 떨어져 있는 서로 다른 곳이었다. 의심 병사들이 사는 '의심의 땅'은 두 지역의 중간에 위치해 있었으며, 디아볼루스와 함께 인간영혼 마을을 멸하기 위해 온 자들이 바로 그 나라의 토박이들이었다.

유혈 병사들(Bloodmen)이라는 이름도 그들의 악랄한 본성과 인간영혼 마을에 감행하는 그들의 표독한 어떤 것 때문에 붙여진 것이었다. 그들이 사는 땅은 천랑성(天狼星, the Dog Star)[2] 아래에 있었으며, 그들의 지적 능력은 이 별의 지배를 받고 있었다.

그들이 사는 나라는 선(善) 혐오 지방(Province of Loath-Good)으로서, 이 지방은 '의심의 땅'과는 아주 멀리 떨어져 있기는 했으나, 그럼에도 '선 혐오 지방'과 '의심의 땅' 이 두 곳은 지옥문 언덕과 아주 인접해 있었다. 유혈 병사

---

2) 가장 밝은 항성이다 ― 역주

들은 항상 의심 병사들과 동맹을 맺고 있었다. 왜냐하면 이 두 부류의 병사들은 인간영혼 마을 사람들이 자신의 믿음과 신앙심에 대해서 항상 의심하게 만들었기 때문이다. 이런 공통점으로 인해 그들은 디아볼루스를 왕으로 섬기고자 하는 동일한 자질을 가진 셈이었다.

디아볼루스는 북을 울려 인간영혼 마을을 공격할 또 다른 군대를 이 두 나라 사람들 가운데서 모집하였고, 2만 5천 명의 강한 용사들을 모을 수 있었다. 그 중 1만 명은 의심 병사들이었고, 나머지 1만 5천 명은 유혈 병사들이었다. 이들은 인간영혼 마을과의 전쟁을 위해 몇몇 장군들의 통솔을 받았고, 이번에도 늙은 불신(old Incredulity)이 군대의 총사령관이 되었다.

의심 병사들에게는 다섯 명의 장군들이 배정되었는데, 사실 이들은 지난번 전쟁에서 디아볼루스의 군대를 지휘하던 일곱 장군들 가운데 다섯 장군이었다. 이들의 이름은 바알세불 장군, 루시퍼 장군, 아볼루온 장군, 레기온 장군, 그리고 케르베로스 장군이었다. 이전에 장군이었던 이들 중 몇몇은 부관이 되기도 하였고, 또 어떤 장군은 군대의 기수가 되기도 하였다.

그런데 디아볼루스는 이번 원정에서 의심 병사들을 주력 부대로 삼지 않았다. 왜냐하면 지난번 전투에서 이들의 병력을 시험해 본 결과, 그들은 인간영혼 마을 사람들로부터 최악의 대접을 받았기 때문이다.

그래서 이번에는 병사들의 수를 확보하여 혹시라도 위급한 일이 벌어졌을 때 도움을 받는 차원에서 이 의심 병사들을 동원했던 것이다. 디아볼루스는 유혈 병사들을 더 신뢰했다. 이들은 생김새부터가 매우 험상궂은 악당이었고, 지금까지 저지른 그 악랄한 짓들에 대해서 디아볼루스가 잘 알고 있었기 때문이다.

유혈 병사들의 장군들

유혈 병사들에게도 명령체계가 정해졌는데, 이들을 통솔할 장군들의 이름은 다음과 같았다. 가인 장군(Captain Cain), 니므롯 장군(Captain Nimrod), 이스마엘 장군(Captain Ishmael), 에서 장군(Captain Esau), 사울 장군(Captain Saul), 압살롬 장군(Captain Absalom), 가룟 유다 장군(Captain Judas), 그리고 교황 장군(Captain Pope)이었다.

첫째, 가인 장군은 두 부대를 맡게 되었는데, 한 마디로 그의 부대원들은 열광적이고 분노하는 유혈 병사들이었다. 군대 기수는 붉은 깃발을 가지고 다니며, 문양은 사람을 쳐 죽이는 곤봉(창 4:8)이었다.

둘째, 니므롯 장군도 두 부대를 맡았는데, 그의 부대원들은 포악하여 남의 권리를 빼앗는 유혈 병사들이었다. 그 군대의 기수도 붉은 깃발을 가지고 다니며, 문양은 피 냄새에 민감한 큰 블러드하운드(창 10:8, bloodhound)[3]였다.

셋째, 이스마엘 장군도 두 부대를 맡게 되었는데, 그의 부대원들은 다른 사람을 조롱하고 멸시하는 유혈 병사들이었다. 그 군대 기수도 붉은 깃발을 가지고 다니며, 문양은 아브라함의 아들 이삭을 놀리는 모습(창 21:9-10)이었다.

넷째, 에서 장군도 두 부대를 맡게 되었는데, 그의 부대원들은 다른 사람이 자기가 받을 축복을 가로챘다면서 그에게 앙심을 품는 유혈 병사들과 다른 사람들에게 은밀하게 복수를 감행하는 유혈 병사들이었다. 그의 군대 기수도 붉은 깃발을 가지고 다니며, 문양은 은밀하게 숨어 야곱을 죽이는 모습(창 27:42-45)이었다.

다섯째, 사울 장군도 두 부대를 맡게 되었는데, 그의 부대원들은 아무 이유 없이 다른 사람을 시기하고 악마처럼 화를 내는 유혈 병사들이었다. 그의 군대 기수도 붉은 깃발을 가지고 다니며, 문양은 잘못이 없는 다윗에게 피 묻은 세 개의 단도를 집어 던지는 모습(삼상 18:10; 19:10; 20:33)이었다.

여섯째, 압살롬 장군도 두 부대를 맡게 되었는데, 그의 부대원들은 이 세상의 영광을 위해서는 아버지나 친구도 죽일 수 있는 유혈 병사들과 그들에게 자원하여 친절하게 말해 주는 자를 칼로 찌르는 유혈 병사들이었다. 그의 군대 기수도 붉은 깃발을 가지고 다니며, 문양은 아버지의 피를 추구하는

3) 후각이 예민한 영국산 경찰견 ― 역주

아들의 모습(삼하 15, 16, 17)이었다.

일곱째, 가룟 유다 장군도 두 부대를 맡게 되었는데, 그의 부대원들은 돈 때문에 사람의 목숨을 팔고 친구를 한 번의 입맞춤으로 배신하는 유혈 병사들이었다. 그의 군대 기수도 붉은 깃발을 가지고 다니며, 문양은 은 삼십과 목을 매는 밧줄의 모습(마 26:14-16)이었다.

여덟째, 교황 장군은 한 부대를 맡게 되었는데, 이 모든 영혼들이 그의 앞에서 연합하여 한마음이 되었기 때문이다. 그의 군대 기수도 붉은 깃발을 가지고 다니며, 문양은 화형대와 불길과 그 속에 있는 선한 사람의 모습(계 13:7-8; 단 11:33)이었다.

디아볼루스가 광야 전투에서 크게 패한 이후, 이렇게 서둘러 또 하나의 군대를 모집한 이유는 유혈 병사들로 이루어진 이 군대를 대단히 신뢰하였기 때문이다. 지금까지는 의심 병사들이 디아볼루스의 나라를 강건하게 하는 데 큰 역할을 감당했지만, 이제 디아볼루스는 의심 병사들보다는 유혈 병사들을 훨씬 더 신뢰하고 있었다.

그래도 그는 유혈 병사들을 종종 시험해보았다. 그때마다 병사들의 칼날은 그냥 돌아오는 경우가 없었다. 게다가 이 병사들은 마스티프(mastiff)[4]처럼 어떤 사람이든 한 번 물면, 그가 아버지든, 어머니든, 형제든, 자매든, 왕자든, 통치자든. 심지어 만왕의 왕이든 상관없이, 물고 늘어져 절대로 놓아주지 않았다. 그리고 디아볼루스가 유혈 병사들에게 더 애착이 갔던 것은 이들이 임마누엘 왕자를 우주라는 나라에서 예전에 강제로 몰아낸 적이 있었기 때문이다. 따라서 그는 이번에도 이 병사들이 임마누엘 왕자를 인간영혼 마을에서 쫓아내지 못할 이유가 전혀 없을 것이라고 생각했다.

그리하여 2만 5천 명의 강한 병사들로 구성된 이 군대는 위대한 총사령관인 불신 경의 통솔 하에 인간영혼 마을을 향해 진격하였다. 한편, 인간영혼 마을의 총 정찰대장인 잘 살핌 씨는 마을 밖으로 나가 은밀하게 정찰활동을

4) 털이 짧고 덩치가 큰 맹견 — 역주

하던 중, 이 군대가 마을을 향해 오고 있다는 것을 알고서, 그 소식을 인간영혼 마을 사람들에게 알렸다. 그러자 인간영혼 마을 사람들은 문들을 닫고, 마을을 향해 진격해 오는 새롭게 구성된 디아볼루스 군대의 공격에 대비해 방어 태세를 갖추기 시작하였다.

인간영혼 마을을 포위한 유혈 병사들

군대와 함께 인간영혼 마을로 가까이 다가온 디아볼루스는 마을을 포위하였다. 의심 병사들은 감각문(Feel-gate) 부근에 배치되었고, 유혈 병사들은 눈문과 귀문 앞에 각각 자리를 잡았다.

이렇게 군사들이 진을 치자, 불신 경은 인간영혼 마을 사람들이 여전히 대적하며 완강히 버틸 경우, 마을을 즉시 불태워 버릴 것이라는 협박과 함께, 디아볼루스의 이름과 자신의 이름과 자신과 함께한 다른 이들의 이름까지 합하여 이들 전체의 이름으로, 자기들에게 항복할 것을 명하는 항복 권고문, 즉 불이 붙어 뜨거운 다리미처럼 화급한 항복 권고문을 인간영혼 마을 사람들에게 보냈다.

인간영혼 마을을 협박하면서, 이들에게 항복을 권유하는 유혈 병사들

여기서 반드시 알아야 할 사실이 있었다. 유혈 병사들은 인간영혼 마을이 항복하는 것보다 이 마을이 완전히 멸망하여 생명이 있는 이 땅에서 흔적도 없이 사라지는 것을 더 원한다는 사실이었다. 진실로 디아볼루스의 군대는 인간영혼 마을에 항복 권고문을 보냈다. 하지만 이 마을 사람들이 그들에게 항복했다고 해도, 그것으로는 유혈 병사들의 갈증, 즉 피에 대한 갈증이 충족되지는 못했을 것이다. 이 병사들은 피를 마셔야만 했다. 그들은 인간영혼 마을 사람들의 피를 먹어야만 했다. 그렇지 않으면 그들이 죽을 수밖에 없었다. 그렇기에 그들의 이름이 유혈(流血) 병사, 즉 피 군대였던 것이다(시 26:9-10; 사 59:7; 렘 22:17). 이런 이유로 디아볼루스는 자신의 모든 공격 수단들이 별 효과를 거두지 못할 경우를 대비해, 인간영혼 마을을 공격하는 계획에서 이 유혈 병사들을 최후의 확실한 카드로 남겨 두었던 것이다.

이 화급한 항복 권고문을 받자마자, 인간영혼 마을 사람들의 마음속에는 복잡미묘한 생각들이 스쳐지나갔다. 하지만 반시간도 지나지 않아서 그들은 항복 권고문을 가지고 왕자에게 나아갔다. 그들은 그 권고문 밑에 다음과 같은 문구를 써 넣었다. "피 흘리기를 즐기는 자에게서 나를 구원하소서"(시 59:2).

이 권고문을 건네받은 왕자는 그것을 보고 생각하였다. 특히 권고문의 아래에 적힌 인간영혼 마을 사람들의 짤막한 간청을 눈여겨보았다. 그러고는 사람을 보내어 충성스러운 신뢰 장군을 불러, 인내 장군과 함께 지금 유혈 병사들에게서 포위당한 인간영혼 마을에 가서 마을 측면을 경계하도록 명령하였다(히 6:12, 15). 왕자의 명령대로, 신뢰 장군은 인내 장군을 데리고 인간영혼 마을로 갔다. 거기서 두 사람은 유혈 병사들이 포위한 인간영혼 마을의 측면을 방어하였다.

그 후에 왕자는 또 명을 내려, 선한 소망 장군, 자애 장군, 자유의지 경을 불러 마을의 다른 쪽을 담당하게 하였다. 왕자는 "나는 성벽 위에 나의 깃발을 꽂으려고 한다. 너희 세 명은 내가 깃발을 꽂는 동안 대적해 오는 의심 병사들을 막아 나를 엄호하도록 하라"고 말하였다. 이렇게 해서 왕자는 성벽 위에 깃발을 꽂은 후, 용맹스러운 장군인 경험 장군에게 명을 내려 병사들을 시장으로 인솔하고 인간영혼 마을 사람들이 보는 앞에서 날마다 훈련을 시키도록 하였다. 이런 포위 상태는 오랫동안 지속되었고, 원수들은 격렬한 공격을 여러 번 감행하였다. 특히 유혈 병사들의 공격을 받아서 인간영혼 마을 사람들은 지혜로운 소규모 전투를 벌인 적이 많았다. 자기 부인 장군(Captain Self-denial)이 이런 접전을 지혜롭게 잘 수행하였다. 이 장군에 대해서는 미리 언급해야 했으나 그렇게 하지 못했다.

인간영혼 마을에서 마지막으로 임무를 맡게 된 자기 부인 장군

자기 부인 장군은 유혈 병사들을 대적하여 귀문과 눈문을 맡은, 젊고 강인

한 장군으로서 경험 장군과 마찬가지로 인간영혼 마을의 사람이었다. 임마
누엘 왕자가 인간영혼 마을로 두 번째 돌아왔을 때, 왕자는 이 마을의 유익
을 위하여 그를 인간영혼 마을 사람들을 다스리는 천부장으로 임명하였다.
담대하게 인간영혼 마을의 유익을 위한 일이라면 위험을 무릅쓰고라도 감
당하고자 하는 자기 부인 장군은 종종 유혈 병사들에게 반격을 감행하여, 여
러 번 원수들의 간담을 서늘하게 하였고, 그들과 격렬한 소규모 접전을 벌였
으며, 원수들 중 몇 명을 처단하였다. 여기서 반드시 고려해야 할 점은 이런
전과(戰果)를 쉽게 얻은 것이 아니었다는 사실이다. 그는 불가피하게 상처
를 입을 수밖에 없었다. 그는 얼굴 여기저기에 상처를 입었을 뿐 아니라 다
른 부분에도 많은 부상을 당하였다.[5]

원수들과 전쟁을 준비하는 임마누엘 왕자

  어느 정도 믿음, 소망, 사랑이 주축이 된 인간 영혼 마을의 훈련 기간이 지
나자, 임마누엘 왕자는 어느 날 장군들과 병사들을 소집한 후, 이들을 두 군
대로 나누었다. 군대의 재배치가 끝나자, 왕자는 정해진 때, 즉 아주 이른 새
벽에 원수들을 공략하도록 명령하였다. 왕자는 다음과 같이 말했다.
  "너희 가운데 절반은 의심 병사들을 공격하고, 나머지 절반은 유혈 병사
들을 공격하라. 너희는 의심 병사들을 집중 공격하여 닥치는 대로 이들을 죽
여라. 어떤 방법을 동원해서라도 그들을 멸하도록 하라. 유혈 병사들도 마
찬가지로 집중 공격하라. 하지만 유혈 병사들은 절대로 죽여서는 안 되며 생
포해야 한다."[6]

---

5) 유혈 병사들, 즉 박해자들을 대적하기 위해 믿음, 인내, 자기 부인 등은 훌륭하게 배치되
  었다. 순례의 길을 걸었던 우리 믿음의 조상들이 살았던 시대에 이런 덕목들은 얼마나 큰
  효과가 있었는지 잘 알려져 있다. 이 세 가지는 옛날보다 더욱 행복한 지금 우리 시대에도
  큰 도움이 되는데, 특히 친구를 잃거나 재산을 잃었을 때, 우리를 지탱해 주는 매우 귀중
  한 경계(警戒)가 된다 — 원주
6) "너희 원수들을 사랑하며, 너희를 저주하는 자들을 축복하고 너희를 미워하는 자들에게

그리하여 새벽, 즉 정해진 때가 되자 장군들은 명령을 받은 대로 원수들을 향해 출격하였다. 선한 소망 장군, 자애 장군, 이들과 연합한 장군들, 즉 무흠 장군과 경험 장군이 의심 병사들을 대적하여 출정하였으며, 장군, 인내 장군, 자기 부인 장군, 이 장군들과 연합한 나머지 다른 병사들은 유혈 병사들을 대적하여 출정하였다.

의심 병사들을 공격하기 위해 출정한 인간영혼 마을 병사들은 광야 앞에서 본대를 이룬 후 전장으로 행군하였다. 그러자 의심 병사들은 지난번 전투에서 패한 기억 때문에, 감히 이들을 대항해 저항할 생각도 하지 못한 채 뒤로 물러나 도망쳐 버렸다.

이것을 본 왕자의 군대는 이들을 추격하면서 많은 수를 무찔렀다, 하지만 원수 모두를 사로잡을 수는 없었다. 도망친 자들 가운데 일부는 자기 집으로 갔으며, 나머지는 다섯, 아홉, 혹은 열일곱 씩 무리 지어 다녔다.[7] 이들은 마치 낙오된 부랑자들처럼 온 나라를 두루 다니며 야만 민족들을 찾아서, 디아볼루스의 무리들다운 악행을 그들에게 저질렀다. 하지만 그 야만 민족들은 이들을 대항하거나 무장 봉기하여 대적하지 못한 채, 이들에게 사로잡혀 종살이를 감내하였다.[8] 이런 악행을 범한 후에 이들은 종종 인간영혼 마을 앞에 무리를 지어 모습을 드러내기도 했지만, 결코 마을 안에 머무르지는 못했다. 왜냐하면 신뢰 장군, 선한 소망 장군, 경험 장군 등의 눈에 발각되면

선을 행하며, 악의를 품고 너희를 다루며 너희를 핍박하는 자들을 위해 기도하라"(마 5:44 KJV). 이 말씀은 임마누엘의 주님께서 자기를 따르는 자들에게 반드시 이행하라고 하신 명령으로, 주님은 이 명령을 산 위에서 설교하는 중에 내리셨다. 여러분의 정욕은 반드시 십자가에 못 박아야 하며, 의심도 반드시 멸해야 한다. 하지만 여러분을 박해하는 자들에게는 긍휼을 베풀고 이들을 위해서 기도해야 한다 ─ 원주

7) "5, 9, 17." 왜 이렇게 홀수로 무리지어 다녔는지 젊은 친구들에게는 이해하기 힘든 수수께끼처럼 보일 것이다. 다섯 명의 극악무도한 영들은 사탄 군대의 지도자들이었으며, 사탄의 군대는 의심 병사들로 이루어진 아홉 부대와, 유혈 병사 혹은 박해자들로 이루어진 여덟 부대가 있었다. 첫째로 타락한 다섯 천사들, 둘째로 의심 병사들로 이루어진 아홉 개의 무리들, 셋째로 앞의 무리들로 인간 영혼들을 종으로 삼기에 역부족일 때는 박해자들로 이루어진 여덟 무리들로부터 도움을 받았다. 악한 원수들이 왜 다섯, 아홉, 열일곱 씩 무리를 지어 다녔는지 이것으로 설명될 수 있을 것이다 ─ 원주

8) 불신자들은 의심 병사들과 절대로 싸우지 않는다 ─ 원주

도망가기에 바빴기 때문이다.

신뢰 장군, 선한 소망 장군, 경험 장군도 왕자의 명을 받아 유혈 병사들을 향해 출격하였다. 이들은 유혈 병사들을 한 사람도 죽이지 않으려고 조심하였고, 가능하면 병사들을 포위하려고 노력하였다. 그런데 유혈 병사들은 임마누엘 왕자가 들판에 없는 것을 보고는 왕자가 인간영혼 마을 안에 없다고 결론을 내렸다. 그리하여 인간영혼 마을의 장군들이 행하는 것을 보면서 자기들 멋대로 '부질없는 짓' 이라고 여겼다. 이것은 다 완악하고 어리석은 그들의 착각이었다. 그로 인해 유혈 병사들은 인간영혼 마을 장군들을 두려워하기는커녕 오히려 우습게 여겼다. 그러나 장군들은 이들의 심산을 알아차리고 마침내 이들을 완전 포위하게 되었다. 의심 병사들을 공격하기 위해 출정했던 인간영혼 마을의 병사들도 이 생포 작전을 지원하기 위해 신속하게 회군하였다. 그래서 최후의 소규모 접전이 벌어지게 되었다. 유혈 병사들은 마을 병사들의 공격에 도망치려고 하였지만 때는 이미 늦었다. 그들이 도망치려고 한 이유는 다음과 같았다. 그들은 전쟁에서 승산이 있을 것 같을 때는 온갖 비행을 저지르며 잔인해지지만, 원수들의 전력이 비등하거나 똑같다고 생각될 때는 겁을 먹고 소심해지기 때문이었다. 그리하여 인간영혼 마을 장군들은 이 병사들을 사로잡아 임마누엘 왕자에게로 끌고 갔다.

왕자 앞에 끌려 나온 이들을 조사한 결과, 이들은 세 부류로 나뉘어졌다

생포한 자들을 왕자 앞에 데리고 가서 조사한 결과, 그들 모두 한 나라 출신들이었으나 세 지방에서 왔다는 것을 알게 되었다.

첫째, 그들 중 한 부류는 맹인 주(州, Blindmanshire)에서 왔는데, 그들은 자신이 무슨 일을 하는지도 모른 채 그런 일을 하는 자들이었다(딤전 1:13-15; 마 5:44).

둘째, 또 한 부류는 맹목적인 열정 주(Blindzealshire)에서 왔는데, 그들은 미신적으로 그런 일들을 하는 자들이었다(눅 6:22).

셋째, 세 번째 부류는 질투 군(郡, county of Envy)에 있는 원한 마을(town of Malice)에서 왔는데, 그들은 마음속 깊이 맺힌 악의로 그런 일들을 하는 자들이었다(요 16:2).[9)]

이들 중 첫째 부류의 사람들, 즉 맹인 주에서 온 자들은 자신이 지금 어디에 있으며, 자신이 대적해 싸운 자들이 누구인지를 알게 되자, 두려워 떨며 왕자 앞에서 울부짖었다. 이들 대다수는 그에게 자비를 간구하였다. 그러자 왕자는 그들의 입술에 자신의 황금 규(圭)를 갖다 대었다(행 9:5-6).

그러나 맹목적인 열정 주에서 온 자들은 앞의 동료들과는 전혀 다르게 행동하였다. 그들은 자신들의 행동이 정당하다고 변명하였다. 자기들이 살던 곳의 법과 관습은 인간영혼 마을의 법과 관습과 전적으로 다르다고 했던 것이다. 그럼에도 이들 가운데 극소수는 자신들의 악행을 깨닫고 왕자에게 긍휼을 간구하여 그분에게서 은혜를 입기도 하였다(요 8:40).

질투 군(郡)에 있는 원한 마을에서 온 자들은 울지도 않고 자신의 행동에 대해 변명하지도 않으며 회개하지도 않았다. 이들은 고통과 광기로 이를 갈면서 왕자 앞에 서 있었다. 이들은 인간영혼 마을에 저지른 일들과 관련해 회개할 마음이 전혀 없었기 때문이다(계 9:20-21).

유혈 병사들은 심판 날에 있을 최종 재판에서, 자신들이 행한 일들에 대해 대답하기 위해서 그 때까지 구금 형에 처해졌다.

이 마지막 부류의 유혈 병사들과 함께, 앞서 말한 두 부류 중에서도 자신의 잘못에 대해 진심으로 용서를 구하지 않은 자들에게, 임마누엘 왕자는 우리의 주님이자 왕이신 그분께서 온 우주의 나라와 왕국을 위해 친히 정하신

---

9) 유혈 병사들은 세 계급으로 나뉘어 있었지만, 이들 모두는 기독교에 대한 증오와 강탈로 인해 힘을 얻고 있었다. 하나님은 헌금을 강탈하는 것을 가증스럽게 여기신다. 그럼에도 광신적인 상태에 빠져 눈이 먼 사람들은 이웃의 재산을 취하여 주머니에 넣어 두었다가 자신이라는 성전을 치장하는데 사용한다. 부디 하나님께서 은혜를 베푸셔서 다소의 사울처럼 이들도 변화되기를 기원한다 — 원주

곳에서 그분의 영광을 위해 열릴 최종 재판 때에, 그들이 인간영혼 마을과
그 마을을 다스리는 왕을 대적한 악행에 대해 해명할 수 있도록 상당 기간의
구금 형을 선고했다.

그들은 구금된 채 있다가 각자의 이름이 호명되면, 우리의 왕이신 주님 앞
에서, 지난날 자신이 행한 일들에 대해 대답하게 될 것이다.[10]

인간영혼 마을을 전복하기 위해 디아볼루스가 두 번째로 보낸 군대의 결
말은 이렇게 끝이 났다.

인간영혼 마을에 잠입한 서너 명의 의심 병사들이
환영을 받게 된 경위

그런데 의심의 땅(land of Doubting)에서 온 세 사람이 있었다. 이들은 전장
에서 도망쳐 나온 자신들의 처지를 자각하고 우주 여기저기를 기웃거리며
떠돌아다녔다. 그러다가 인간영혼 마을에 아직도 디아볼루스를 따르는 자
들이 있다는 사실을 알고서, 배짱도 두둑하게 그들은 마을에 몰래 들어가야
겠다고 생각했다.

내가 말하고 싶은 점은, 그들은 인간영혼 마을로 몰래 들어가고자 할 만큼
배짱이 두둑했다는 것이다. 내가 방금 세 사람이라고 말했던가? 다시 생각
하니 네 명이었던 것 같다. 디아볼루스를 따르던 이 의심 병사들이 누구의
집에 들어갔는가 하면, 많고 많은 집들 중에 하필이면 인간영혼 마을에 살면
서 디아볼루스를 따르는 한 노인의 집이었다. 그 노인의 이름은 악한 질문
(Evil-questioning)이었다. 노인은 인간영혼 마을의 철천지원수로, 거기 있는 디
아볼루스의 무리들 중에 가장 큰 해악을 끼친 자였다. 어쨌든 유랑하던 디
아볼루스의 병사들은 앞서 말한 바대로 이 악한 질문 씨의 집에 이르렀다.

---

10) 회개하지 않고 죽은 박해자들은 심판 날에 반드시 그 모습을 드러내야만 할 것이다. 그
날이 되면 경건하지 않은 자가 경건하지 않게 행한 모든 일과, 또 주를 거슬러 한 모든 완
악한 말로 인해 그리스도를 믿는 자들이 보는 가운데 심판을 받게 될 것이다(유 15) — 원
주

여기서 여러분은 이 병사들은 노인의 집으로 갈 수 있는 지도를 가지고 있었다는 사실을 알 수 있을 것이다. 집으로 들어온 그들을 노인은 진심으로 맞아주었다. 그는 그들의 패전에 대해 안타깝게 여기면서, 자기 집에 있는 가장 좋은 것으로 그들을 대접하였다. 그들은 만난 지 오랜 시간이 지나지 않았는데도 불구하고, 서로에 대해 친밀감을 느낄 수 있었다. 노인은 의심 병사들에게 다들 같은 마을 출신인지를 물었다. 이들이 모두 한 나라에서 온 줄은 그도 알고 있었다.

의심 병사들과 악한 질문 노인의 대화

이 질문에 그들은 "아닙니다. 서로 같은 곳에서 오지 않았습니다"라고 대답하였다. 한 병사가 "저는 택함 의심 병사입니다"라고 말하자, 다른 병사는 "저는 부르심 의심 병사입니다"라고 말했고, 세 번째 병사는 "저는 구원 의심 병사입니다"라고 말했다. 그리고 네 번째 병사는 은혜 의심 병사라고 했다. 이런 대답을 들은 노인은 "당신들이 어느 주 출신이든, 모두 다 내 마음에 드는군요. 당신들이 바로 내 발 길이와 똑같은 자들이며,[11] 나와 한마음인 자들이군요. 진심으로 당신들을 환영하는 바입니다"라고 말했다. 그러자 그들은 그에게 감사하다고 말하며, 인간영혼 마을에서 은신처를 얻게 되어 기쁘다고 말하였다.[12]

이에 악한 질문 노인이 그들에게 말하였다. "인간영혼 마을을 포위하기 위해 당신들과 함께 온 병사들의 수가 얼마나 됩니까?" 노인의 질문에 그들은 "의심 병사들은 모두 합쳐 1만 명 정도 되고, 나머지는 모두 1만 5천 명의 군대로 이루어진 유혈 병사들입니다. 이 유혈 병사들은 우리가 사는 나라와

---

11) '내 발 길이'(Length of my foot)는 기질이 서로 같음을 의미하는 속담이다 ― 원주
12) 우리는 최고의 지위에 오르고도, 하나님 말씀의 진리에 대해 의심하며 질문하고, 그분의 신실함에 대해서도 의심하며 질문하려는 경향이 농후하다. 우리는 그분의 능력을 믿어야 한다. 그것을 믿지 않는 것은 우리를 구원해 주시려는 그분의 뜻을 의심하는 것이며, 그 의심의 은신처를 제공하는 것이 된다. 주여, 우리에게 믿음을 더하소서! ― 원주

인접한 곳에서 온 자들인데, 우리가 들은 바에 따르면 이들은 불쌍하게도 한 명도 남김없이 임마누엘 군대에 사로잡혔다고 합니다"라고 대답했다.

이 말을 들은 노신사는 "1만 명이라고요! 내가 보기에 그 정도 숫자면 거의 군대 수준이군요. 당신들이 이렇게 수적으로 막강한 데도, 어떻게 해서 지레 겁을 먹고 원수들과 싸워볼 생각조차 못하게 된 것이오?"라고 물었다.

이에 그들이 답했다. "우리의 총사령관이 맨 먼저 도망을 간 게 화근이었던 것 같습니다." 집주인이 "그런 겁쟁이 사령관은 도대체 어떤 작자입니까?"라고 따져 묻자, 그들은 "그래도 그는 한때 인간영혼 마을의 시장이었습니다.[13] 부탁드립니다. 그를 겁쟁이 사령관이라고 말하지 말아 주십시오. 동쪽에서 서쪽 끝까지 있는 사람들 중에 우리의 왕인 디아볼루스를 위해 불신경보다 더 많이 봉사한 사람이 누구인지 누가 묻는다면, 이 어려운 질문에 당신은 아마 대답하지 못할 것입니다. 만약 원수들이 그를 사로잡았다면, 그들은 틀림없이 교수형에 처했을 것입니다. 분명히 말씀드리지만, 어떤 사람에게 교수형을 내린다는 것은 그가 매우 나쁜 일을 했다는 뜻입니다."

이 말을 들은 노신사는 "1만 명의 의심 병사들이 인간영혼 마을에서 제대로 무장하고, 내가 선두에 섰더라면, 잘해 낼 수 있었을 텐데"라고 했다. 그러자 그들은 큰 목소리로 다음과 같이 말했다. "예, 우리도 그렇게 되었으면 좋았을 것이라고 생각합니다. 하지만 애석하게도! 이 모든 바람들이 지금 무슨 소용이 있겠습니까?" 이들의 음성이 커지자, 악한 질문 노인은 "네, 알겠습니다. 하지만 너무 큰 소리로 말하지 않도록 주의해 주시오. 당신들이 여기서 지내는 동안은 조용히 입을 다물고 조신하게 처신해야 합니다. 그러지 않으면, 장담하건대 당신들은 쥐도 새도 모르게 잡혀갈 것입니다."

의심 병사들이 말하였다. "왜 그런가요?"

노신사는 "왜라니요? 임마누엘 왕자와 대신 경과 장군들과 병사들 모두가 지금 이 마을에 있기 때문이지요. 사실, 지금 마을은 이들로 인해 그 어느 때

13) 불신 경 — 역주

보다 초만원을 이루고 있습니다. 게다가 자유의지 경이라 불리는 자는 우리에게 가장 잔인한 원수인데, 임마누엘 왕자가 그 자로 하여금 마을 문들을 지키도록 하고 명을 내려, 어떤 모양으로든 디아볼루스에게 동조하는 무리들을 부지런히 끝까지 검문하고 수색하여 발본색원하도록 했습니다. 만약 그 자가 당신들을 찾아낸다면, 당신들이 황금으로 만든 머리를 가져서 목숨을 구하기 위해 많은 뇌물을 바친다 해도, 당신의 목숨은 장담하지 못할 것이오"라고 말하였다.

부지런함 씨가 그들의 말을 엿듣다

그런데 알고 보니 집 안에서 이런 대화를 나눌 때 하필이면 다음과 같은 일이 있었다. 즉, 자유의지 경의 충성스러운 부하인 부지런함 씨(Mr. Diligence)가 악한 질문의 집 처마 밑에서, 그 노인과 그 집 지붕 아래로 들어와 환대를 받은 의심 병사들 간에 주고받은 모든 이야기들을 다 들었던 것이다.

병사이기도 한 부지런함 씨는 자유의지 경으로부터 많은 신임을 받는 자로서, 그가 애지중지하는 자였다. 또한 그는 용맹함까지 겸비했을 뿐 아니라, 디아볼루스의 일당들을 수색하여 잡아들이는 일에서도 지칠 줄 몰랐다.

그런데, 앞서 말한 바대로 이 사람이 악한 질문 노인과 디아볼루스의 병사들 간에 주고받은 이야기들을 다 듣고 있었던 것이다. 아니나 다를까 부지런함 씨는 곧장 자유의지 경에게 가서, 그가 들은 말들을 전하였다.

자유의지 경이 "충성스러운 나의 종, 네가 들은 말들은 모두 사실이겠지?"라고 묻자, 부지런함 씨는 "예, 그렇습니다. 저와 함께 그 집으로 가신다면 제가 전한 이야기들이 사실임을 알게 될 것입니다"라고 대답하였다. 그러자 자유의지 경은 "그들이 지금도 거기에 있는가? 악한 질문이라면 나도 잘 알고 있다. 그와 나는 한때 임마누엘 왕자를 배도하는 시기에 한마음이 되어 큰 일을 했다. 하지만 지금 나는 그가 어디에 있는지 알지 못한다"라고 말했다. 이 말은 들은 부지런함 씨는 "제가 알고 있습니다. 경께서 가보기를 원하신다면, 그가 사는 소굴로 제가 인도하겠습니다"라고 말했다. 이에 자유의지 경은 "가보도록 하자. 나도 가겠다. 나의 종 부지런함이여, 나와 함께 가서 그들을 찾아보자."라고 말했다. 그리하여 자유의지 경과 부하인 부지 런함 씨는 악한 질문의 집을 찾아 함께 길을 나섰다. 부지런함 씨가 앞장서 나가면서 자유의지 경에게 길을 인도하였다. 드디어 그들은 악한 질문 노인 이 사는 집 담벼락에 이르렀다. 그러자 부지런함 씨는 "잘 들어보십시오! 이 노신사가 말하는 것을 들으면, 그의 목소리를 기억할 수 있으시겠습니까?" 라고 물었다. 자유의지 경은 "알고말고. 아주 잘 안다. 그를 오랫동안 보지 는 못했지만, 한 가지 사실만큼은 분명하게 알고 있다. 그는 교활한 사람이 다. 이번에는 그를 놓치지 않았으면 한다"라고 말했다.

이 말을 들은 그의 종인 부지런함 씨는 "그런 문제는 제게 맡겨 주십시오" 라고 대답했다. "그런데 이 집으로 들어가는 문을 어떻게 찾을 수 있겠는 가?"라고 자유의지 경이 묻자, "그 문제도 제게 맡겨 주십시오"라고 그가 대 답했다. 그리하여 부지런함 씨는 자유의지 경 옆에서 문으로 들어가는 길을

자유의지 경의 증거

인도했다.

이들이 사로잡혀, 투옥 명령이 내려지다

그러자 자유의지 경은 아무 어려움 없이 그 문을 부수어 열어젖히고는 집 안으로 돌진하여, 거기 있던 다섯 명을 모두 체포하였다. 그의 부하인 부지 런함 씨가 전한 그대로였다. 자유의지 경은 이들을 사로잡아 끌어내고는 간 수인 참된 사람 씨(Mr. True-man)의 손에 넘기면서, 이들을 옥에 가두어두도록 명하였다.[14]

다음날 아침 시장은 자유의지 경이 지난밤에 이런 일을 행한 것을 알게 되 었다. 여러 경들은 자유의지 경에 대한 소식을 듣고 아주 많이 기뻐하였다. 의심 병사들을 사로잡은 것도 기뻤지만, 특히 악한 질문이라는 노인을 체포 한 것으로 크게 기뻐하였다. 왜냐하면 이 노인은 인간영혼 마을에 아주 큰 고민거리였을 뿐 아니라, 시장 자신에게도 많은 해를 끼쳤기 때문이다. 시 장도 여러 번 그를 잡으려고 하였으나, 지금까지 그를 잡는데 도움을 준 자 들이 없었던 것이다.

이제 다음으로 해야 할 일은 자유의지 경이 사로잡은 다섯 명에 대해 재판 을 준비하는 것이었다. 그들은 간수인 참된 사람 씨의 수하에 있었다. 날이 밝자 법정이 열려 관계자들이 다 함께 나아왔고, 죄수들도 법정 안으로 불려 나왔다. 사실, 자유의지 경은 이들을 체포하자마자 별 다른 어려움 없이 그 들을 그 자리에서 죽일 수 있는 권한을 가지고 있었다. 그러나 그는 이들을 공개 재판 자리에 세우는 것이 임마누엘 왕자의 영광을 드높이고, 인간영혼 마을 사람들을 위로하며, 원수들의 사기를 떨어뜨리는 데 더 없이 좋은 기회 라고 생각하였다.

이들이 재판에 넘겨지다

14) 신자들은 전능한 은혜의 능력으로, 전에 자기를 사로잡던 자들을 사로잡을 힘을 얻게 된 다(사 14:2-3) — 원주

참된 사람 씨는 이들을 포승줄로 결박하여 마을 회관 안에 있는 법정으로 끌고 나왔다. 법정 상황을 간단히 설명하자면 다음과 같았다. 배심원들이 선정되고, 증인들의 선서로 죄수들의 목숨이 걸린 재판이 시작되었다. 배심원들은 예전에 비진리 씨(Mr. No-truth), 몰인정 씨(Mr. Pitiless), 오만 씨(Mr. Haughty)와 나머지 동료들을 재판할 때와 같았다.

먼저 악한 질문 노인이 법정에 섰다. 그는 이국(異國)에서 온 의심 병사들[15]을 집으로 받아들였을 뿐 아니라, 이들을 환대하고 위로까지 했다는 죄목으로 기소되었다. 당연히 피고는 자신의 죄목들을 듣고서 그에 대해 이의를 제기할 것이 있으면 말하도록 했다. 피고에게도 자신을 방어할 권리가 주어졌던 것이다. 이제 그에 대한 기소장이 낭독되었다. 기소장의 형식과 내용은 다음과 같았다.

"질문 씨, 피고는 인간영혼 마을의 침입자이며, 악한 질문이라는 이름으로 기소되었습니다. 피고는 태생적으로 디아볼루스에게 속한 자로서 임마누엘 왕자를 증오하며 인간영혼 마을의 멸망을 일삼던 자였습니다. 더구나 피고는 샤다이 왕의 원수들을 암묵적으로 묵인하고, 샤다이 왕이 제정한 건전한 법을 위반하며 그와 정반대로 행한 것 때문에 이 자리에 기소되었습니다. 그의 위법 행동은 다음과 같습니다. 첫째, 피고는 인간영혼 마을의 법과 규례가 진리인지를 의심하며 질문하였습니다. 둘째, 피고는 일만 명의 의심 병사들이 마을에 들어오기를 바랐습니다. 셋째, 피고는 디아볼루스의 군대에서 이탈한 인간영혼 마을의 원수들을 자기 집으로 받아들였을 뿐 아니라, 그들을 환대하고 격려하기까지 하였습니다. 피고는 이 기소에 대해 할 말이 있습니까? 피고는 유죄를 인정합니까? 그렇지 않습니까?"

이에 대해 악한 질문 씨가 말했다. "재판장님, 저는 이 기소장의 내용이 무슨 말인지 전혀 알지 못합니다. 저는 기소장과 전혀 관계가 없는 사람이기

---

15) 이들은 믿음, 소망, 사랑의 원수들이다. 인간 영혼은 타락하여 많은 의심과 불신의 두려움에 휩싸이게 되었다. 사실 이런 것들은 타락 이전의 아담에게는 매우 낯선 이국적인 것들이었다 — 원주

때문입니다. 지금 기소를 당해 피고인으로 재판장님 앞에 서 있는 이 사람
은 악한 질문(Evil-questioning)이라는 이름을 가진 것으로 다들 알고 계신 것 같
은데, 그것은 제 이름이 아닙니다. 사실 제 이름은 정직한 탐구(Honest-
inquiring)입니다.[16] 사실 이 두 이름은 서로 비슷하게 들리기도 합니다. 그러
나 재판장님도 알고 계시겠지만, 이 두 이름의 차이는 어마어마하다고 저는
생각합니다. 제 바람은 사람들이 아주 어려운 시기에도, 아주 악한 자들 가
운데서도, 죽음의 위험을 무릅써야 하는 상황에서도 모든 일을 정직하게 탐
구하는 것입니다."

　그러자 증인들 가운데 한 사람인 자유의지 경이 일어나 다음과 같이 말했
다. "재판정에 앉아 계신 존경하는 재판장님, 그리고 인간영혼 마을의 여러
배심원 여러분, 여러분은 기소장에 적힌 죄목들을 면해 볼 생각으로 이 죄수
가 법정에서 자신의 이름을 부인하는 온갖 이야기들을 두 귀로 똑똑히 들으
셨을 것입니다. 하지만 저는 이 고소장과 관련된 사람을 알고 있습니다. 빼
도 박도 못할 그의 이름은 바로 악한 질문입니다. 재판장님, 저는 이 사람을
삼십년 넘게 알아왔습니다. 제 입으로 이런 말을 하게 되어 미안하지만, 피
고와 저는 폭군 디아볼루스가 인간영혼 마을을 다스릴 때부터 친분이 두터
웠습니다. 본 증인은 다음과 같이 증언합니다. 피고는 태생적으로 디아볼루
스에게 속해 있으며, 우리 임마누엘 왕자의 원수이자, 복된 인간영혼 마을을

16) 악덕(惡德)이 미덕(美德)이라는 이름으로 얼마나 흔하게 자신을 변장하는지 모른다! '악
　한 질문'과 '정직한 탐구' 사이의 차이를 이해하는 것은 정말 중요하다. '정직한 탐구'는
　모든 그리스도인들의 본질적인 의무이다. 인간적인 도움들을 모두 버린 후, 구원을 갈망
　하는 우리의 소망은 우리를 인도해 주시는 성령님의 능력을 우리가 얼마나 추구하느냐에
　달려 있다. 우리는 이 성령의 능력을 추구함으로써 성경 말씀을 이해할 수 있게 된다. 그
　리고 오직 성경만을 기도하면서 부지런히 공부할 때 우리는 영적 진리로 인도를 받게 되
　고, 길과 진리와 생명이신 그분을 알고 순종하게 된다. 반면, '악한 질문'은 우리의 왜곡
　된 이성을 신뢰하는 것이다. 이 악한 질문으로 인해, 계시된 진리들을 우리의 타락한 능력
　으로 판단하면서 우리는 거만한 자들을 심판하는 법정에 서게 되며, 계시된 진리들을 비
　틀고 비난하면서 우리는 멸망의 길에 이르게 된다. 그리스도인인 탐구자들이여, 여러분
　의 의무는 아주 분명하다. 여러분은 마땅히 악한 질문이 아니라 정직한 탐구를 해야 할 것
　이다 — 원주

증오하는 자라고 말입니다. 재판장님, 피고는 디아볼루스가 이 마을을 통치하던 반란의 때에 저의 집에서 이십 일 이상을 함께 기거했던 적이 있습니다. 그 때 우리는 마을의 핵심적인 사안들에 관해 대화를 나누곤 했습니다. 그 때 나누었던 이야기의 주제들은 피고가 최근에 의심 병사들과 나눈 대화와 비슷합니다. 사실 저는 피고를 오랫동안 보지 못했습니다. 제 생각에 임마누엘 왕자가 인간영혼 마을에 오신 이후로 그는 거처를 바꿨던 것 같습니다. 기소를 당하자 자신의 이름마저 바꾼 것처럼 말입니다. 재판장님, 어쨌든 이 자는 기소장에 적힌 악한 질문이 맞습니다."

그러자 재판장이 그 노인에게 "피고는 더 할 말이 있습니까?"라고 물었다. 이에 악한 질문이 다음과 같이 대답하였다.

"네, 할 말이 있습니다. 지금까지 저에 대한 불리한 말들은 모두 한 사람의 증인의 입에서만 나온 것들입니다. 이 유명한 인간영혼 마을에서 단 한 사람의 증인에게서 나온 말로 어떤 사람을 사형에 처한다는 것은 불법입니다."

그러자 부지런함 씨(Mr. Diligence)가 일어서서 다음과 같이 증언하였다.

"존경하는 재판장님, 저는 어느 날 밤 이 마을의 악한 길(Bad Street) 어귀에서, 이 노신사의 집에서 투덜거리는 소리들을 우연히 듣게 되었습니다. 그래서 저는 이것이 대체 무슨 소리일까 생각하였습니다. 저는 혹시 이 소리들이 디아볼루스의 무리들이 모인 비밀집회(Conventicle)[17]에서 나는 소리가 아닐까 하는 생각이 들어서, 그 소리를 들어보기 위해 조심스럽게 그 집 옆으로 다가갔습니다. 제가 말한 바대로 저는 그 집에 더 가까이 다가가 벽에 바짝 붙어서 몸을 조금 일으켜 집 안을 살펴보았습니다. 그랬더니 그 집 안에는 이국에서 온 것 같은 사람들이 있었습니다. 비록 이국에서 온 자들이 하는 말이라 해도 저는 그들의 말을 잘 알아들을 수 있었습니다. 왜냐하면 저는 지금까지 많은 나라들을 두루 여행해 보았기 때문입니다. 이 노신사가

---

17) 함께 모이다라는 동사(convene)에서 나온 말로, 우리 주님과 사도들이 그러했던 것처럼 (눅 22:12; 행 1:13-14), 적그리스도 교회와의 연합을 거부하여 좀 더 사적인 방식으로 만나는 그리스도인들의 모임을 책망조로 비난하는 말이다 ― 원주

기거하는 곧 쓰러질 것 같은 오두막에서 나는 그 말소리들을 듣기 위해 저는 창문에 난 구멍 틈 사이로 제 귀를 바짝 갖다대었습니다. 그래서 저는 그들이 대화하는 말들을 들을 수 있었습니다. 그 내용은 다음과 같았습니다. 이 늙은 악한 질문 씨는 의심 병사들이 뭘 하는 자들인지, 그들의 출신지는 어디인지, 또 전체 부대에서 어떤 역할을 감당하는지 등을 물었습니다. 그러자 그들은 이 노인의 질문에 모두 대답했고, 그는 그들을 환대해 주었습니다. 그는 또한 의심 병사 군대의 병사 수가 얼마나 되는지를 물었고, 그들은 1만 명의 병사로 이루어져 있다고 말했습니다. 그가 왜 이번에는 병사들이 대장부답게 인간영혼 마을을 잘 공격하지 못했는지 물었습니다. 이에 그들은 그에게 자세한 이야기를 들려주었습니다. 그러자 악한 질문 노인은 그들의 총사령관이 디아볼루스를 위해 싸워야 했음에도 불고하고 전쟁 중에 도망친 것은 비겁한 행위라고 말하면서, 그를 겁쟁이라고 언급했습니다. 저는 이보다 더 기막힌 이야기도 들었습니다. 그것은 이 늙은 악한 질문의 바람이기도 했는데, 그는 1만 명이나 되는 의심 병사들이 모두 지금 인간영혼 마을에 있으면 좋겠으며, 자신이 그 병사들의 대장이 되었으면 좋겠다고 하는 말이었습니다. 이렇게 서로 대화를 나누다가 그는 갑자기 그들에게 너무 큰 소리로 말하지 않도록 주의할 것을 명하였습니다. 혹시라도 그들이 잡혀간다면, 그들이 황금으로 만든 머리를 가져서 자신들을 구하기에 충분히 많은 뇌물을 갖다 바친다 해도, 아무 소용도 없이 그들은 반드시 죽게 될 것이라고 말했습니다."

그러자 재판장이 말했다. "악한 질문 씨, 여기 있는 또 다른 증인도 당신에게 불리한 증언을 했습니다. 이 증인이 증언한 다음의 사실만으로도 기소 이유는 충분해 보입니다. 첫째, 증인이 맹세하고 말한 바에 따르면, 피고는 이 낯선 자들이 샤다이 왕의 원수인 디아볼루스의 무리라는 것을 알고도 이들을 피고의 집으로 받아들이고, 그들에게 먹을 것을 주었다고 합니다. 둘째, 증인은 또한 피고가 인간영혼 마을에 1만 명의 디아볼루스 병사들이 있었으면 좋겠다고 했다고 증언했습니다. 셋째, 피고는 이들이 샤다이 왕의 종들에게 사로잡히지 않도록 조신하게 있으라고 조언했다는 증언도 있었습니다. 이 모든 증언들은 피고가 디아볼루스의 무리 가운데 한 사람이라는 사실을 여실히 보여주고 있다고 판단됩니다. 만약 피고가 샤다이 왕의 친구였다면, 피고는 이들을 체포했을 것입니다."

이에 대해 악한 질문이 소명(疏明)하였다.

"증인이 증언으로 언급한 첫째 사안에 대해 말씀드리겠습니다. 제 집에 들어온 이들은 나그네들이었습니다. 그래서 저는 이들을 집 안으로 들인 것입니다. 사람이 나그네를 대접한 것이 인간영혼 마을에서는 이제 죄가 됩니까? 그리고 제가 이들에게 먹을 것을 준 것도 사실입니다. 제가 이들에게 자비를 베푼 것도 비난을 받아야하는 일입니까? 제가 인간영혼 마을에 1만 명의 디아볼루스 병사들이 있었으면 하고 바란 이유에 대해서는 아마 증인도 듣지 못했을 것입니다. 물론 그 이유에 대해서는 제 집에 들어온 병사들에게도 저는 말하지 않았습니다. 왜냐하면 저는 이들을 사로잡으려는 바람이 있었고, 그들을 사로잡는 것이 인간영혼 마을에 유익할 것이라고 생각했기 때문입니다. 물론 그런 생각에 대해서는 그 누구도 모르고 있었지만 말입니다. 또한 저는 인간영혼 마을 장군들의 손에 붙잡히지 않도록 그들에게 주의하라고 명했습니다. 왜냐하면 저는 그 누구도 칼날에 목숨을 잃는 것을 원하지 않았기 때문입니다. 샤다이 왕의 원수들이 잠잠히 숨어 있다가 도망치는 것을 원해서 그런 것이 아니었습니다."

그 때 시장이 대답하였다. "나그네를 대접하는 것은 미덕입니다. 하지만 샤다이 왕의 원수들을 대접하는 것은 반역행위입니다. 피고는 항변이랍시고 많은 말들을 떠벌렸습니다. 그러나 정작 피고는 자신의 말들로 이 위기를 모면하고, 자신에게 내려질 처형을 연기해 보고자 애쓰고 있을 따름입니다. 피고는 이국에서 온 디아볼루스의 무리들을 집 안으로 들이고, 그들에게 먹을 것을 주며, 그들의 필요를 제공하고, 은신처를 제공했습니다. 사실 이 원수들은 우리 인간영혼 마을을 끝장내고 멸하기 위해 아주 먼 곳에서 온 자들로서, 이런 자들은 나지 말았어야 했습니다. 바로 그런 사람들을 피고는 도와주었던 것입니다. 그를 기소하는 이유로 이보다 더 분명한 사실은 없습니다. 이런 사실만으로도 피고는 디아볼루스에게 속한 자라는 사실이 분명히 드러납니다. 입증된 이런 사실과 인간영혼 마을 법에 의해 피고에게 사형을 구형함이 마땅합니다."

다시, 악한 질문이 말하였다. "이런 장난이 어떻게 끝이 날지 제 눈에는 훤히 보입니다. 저는 제 이름과 제가 베푼 자비 때문에 틀림없이 죽게 될 것입니다." 그는 이 말을 끝으로 잠자코 있었다.

의심 병사들에 대한 재판

다음으로, 이국에서 온 의심 병사들이 법정 안으로 소환되었다. 병사들 가운데 처음으로 소환된 자는 택함 의심 병사였다. 그는 이국에서 왔기 때문에 기소장의 핵심 내용들을 통역을 통해서 전해 들었다.

기소장의 내용을 간단히 말하면 다음과 같았다. "피고는 임마누엘 왕자의 원수이며, 인간영혼 마을을 증오하는 자이자, 이 마을의 가장 건전한 교리를 부정하는 자로 기소되었다."[18]

재판장은 소명할 내용이 있는지 그에게 물었다. 그러자 그는 오로지 다음과 같은 말만 하였다. 자신은 택함 의심 병사이며, 택함 받음을 의심하는 것은 자신에게 일종의 종교이고, 지금까지 그런 배경에서 자신이 성장했음을 실토하였다. 게다가 만약 자신이 자신의 종교를 위해 죽게 된다면, 그것은 순교라고 생각할 것이기 때문에, 재판장이 어떤 판결을 내리든 자신은 아무 상관이 없다고 말했다.

그러자 재판장이 말했다. "택함 받은 것에 대해 의심하는 것은 복음의 중요한 가르침을 저버리는 것입니다. 다시 말해 하나님의 전능과 능력과 뜻을

---

18) 트집 잡기를 좋아하고 반대하는 것을 일삼는 무지한 자들인 우리도, 값없는 은혜로 말미암는 선택이야말로 성경 전체의 취지에 부합한다는 사실을 담대히 받아들인다. 다음 말씀과 더불어 이 교리는 우리의 마음을 편안하게 하는 교리이며, 감격하여 순종하게 하는 가르침이다. "우리가 사랑함은 그가 먼저 우리를 사랑하셨음이라"(요일 4:19) — 원주

저버리는 것이며, 하나님에게서 그의 피조물에 대한 자유를 박탈하는 것이고, 인간영혼 마을 사람들의 믿음을 실족하게 하는 일로서, 이런 의심은 은혜로 말미암는 구원이 아니라, 공로로 좌우되는 구원을 조장하게 됩니다. 또한 택함 받은 것을 의심하는 것은 하나님의 말씀을 거짓말로 만들며, 인간영혼 마을 사람들의 마음에 혼동을 줍니다. 그러므로 법에 따라 피고에게 사형을 구형함이 마땅합니다."

다음으로, 부르심 의심 병사가 소환되어 법정에 섰다. 그가 기소된 실체적인 내용은 다른 이들과 같지만, 그는 특별히 인간영혼 마을의 부르심을 부인하였다는 이유로 기소되었다.

재판장은 그에게도 소명할 내용이 있는지 물었다.

그러자 그는, 하나님께서 인간영혼 마을을 따로 구별하여 능력 있게 부르셨다는 그 어떤 특별함을 절대로 믿을 수 없다고 말하면서, 그와는 반대로 하나님의 말씀은 누구나 모든 사람을 부르시는 보편적인 음성이라고 주장하였다. 하나님의 부르심은 보편적인 부르심이기에, 이런 부르심으로 인해 사람들은 악한 행동을 삼가고 선한 일을 하는 것이며, 그렇게 하는 자야말로 약속된 행복을 받아 누리는 것이 합당하다는 말도 하였다.

이에 대해 재판장이 말하였다. "피고는 디아볼루스에게 속한 자로서, 인간영혼 마을을 다스리는 왕자께서 주신 가장 경험적인 진리들 가운데 하나인 부르심이라는 진리를 부인했습니다. 이것은 중요한 부분입니다. 왜냐하면 임마누엘 왕자는 이 마을을 부르셨고, 이 마을도 왕자가 부르시는 가장 분명하고 능력 있는 부르심을 들었기 때문입니다. 이 부르심으로 인해 인간영혼 마을은 깨어나 소생하게 되어 하늘의 은혜를 소유해서, 왕자와 교제하며 그분을 섬기고 그분의 뜻대로 행하며, 오직 그분만이 주시는 선한 기쁨과 행복을 갈망하게 되었습니다. 그런데도 피고는 이 선한 교리를 혐오하고 있으니, 피고에게 사형을 구형함이 마땅합니다."

다음으로, 은혜 의심 병사가 소환되어 법정에 섰다. 그의 기소장도 낭독되었다. 그러자 그는 다음과 같이 항변하였다.

"제가 비록 의심의 땅(land of Doubting)에서 왔지만, 저의 아버지는 바리새인의 후손이며, 아버지의 이웃들과 더불어 좋은 모습으로 잘 지내왔습니다. 저는 인간영혼 마을이 값없는 은혜로는 절대로 구원받지 못할 것이라는 아버지의 가르침을 받았으며, 저도 그렇게 믿고 있고 앞으로도 계속해서 그렇게 믿을 것입니다."

그러자 재판장이 말했다. "임마누엘 왕자께서 제정하신 법은 확실합니다. 첫째, 그 법을 부정의 방식으로 표현하자면, 인간의 구원은 행위가 아니라는 것입니다. 둘째, 그 법을 긍정의 방식으로 말하자면, 피고는 은혜로 구원받는 것입니다(롬 3; 엡 2). 피고의 신념은 육신의 행위를 의지하고 거기에 고착되어 있습니다. 왜냐하면 율법에 따른 행위가 곧 육신의 행위이기 때문입니다. 게다가 피고가 믿고 있다고 말한 그 신념은 하나님의 영광을 찬탈하여 죄인인 인간에게 그 영광을 돌릴 뿐 아니라, 그리스도께서 행하신 구속 사역의 필요성과 능력을 그분에게 돌리지 않고, 구속의 필요성과 능력, 이 두 가지를 육신의 행위로 돌리고 있습니다. 그리고 피고는 성령의 사역을 무시하고, 육신의 뜻과 율법 정신의 뜻만을 강조하고 있습니다. 그러므로 피고는 디아볼루스에게 속한 자, 즉 디아볼루스의 자녀가 분명합니다. 피고는 디아볼루스의 원칙을 고수하고 있는 것이 확실함으로 피고에게 사형을 구형함이 마땅합니다."

재판장은 여기까지 피고들에 대한 재판을 한 후에, 배심원을 재판정 밖으로 내보내 심의토록 하였다. 곧 배심원들은 합의하여 피고들에게 사형이 마땅하다는 판결을 가지고 왔다. 드디어 서기관이 일어서서 죄수들에게 다음과 같이 선포하였다.

병사들에게 사형이 선고되다

"본 법정에 소환된 죄수들은 기소장에 기재된 바와 같이 우리의 임마누엘 왕자를 대적하고, 유명한 인간영혼 마을의 안녕을 대적한 최고의 혐의가 사실로 입증되었습니다. 이 범죄들로 인해 여러분에게 사형을 언도합니다. 그러므로 여러분은 죽음으로써 이 사회에서 영원히 격리되어야 합니다."[19]

결국 이들에게는 십자가 형이 선고되었다. 형 집행 장소는 디아볼루스가 마지막으로 군대를 이끌고 와서 인간영혼 마을을 공격하던 곳이었다. 예외적으로 악한 질문 노인만 자기가 살던 집 바로 건너편인 악한 길(Bad Street) 어귀에서 교수형을 당했다.

---

19) 이렇게 하여 무거운 것과 얽매이기 쉬운 죄를 벗어 버리고(히 12:1), 또 하나님의 영광을 드높이지 못하게 하는 어떤 것이든 제거함으로써, 우리는 거룩한 믿음 생활의 발전을 꾀할 수 있다 ― 원주

제18장

백성들을 향한
임마누엘 왕자의 연설

내용 — 다른 디아볼루스 무리들도 재판을 받고 유죄 판결을 받다 — 감탄할 만한 임마누엘 왕자의 연설로 이 작품이 끝이 나다. 이 연설은 임마누엘 왕자가 행한 일들을 다시 언급하고, 휘황찬란한 영광 가운데 마을을 다시 세우려는 의도를 백성들에게 알리며, 다시 세워질 그 때까지 그들이 해야 할 합당한 행동들에 대해 권면하는 내용이 포함되어 있다

인간영혼 마을에서 원수들과 마을의 평화를 깨뜨리는 자들을 소탕하는 작업이 끝나자마자, 다음으로 자유의지 경과 부지런함 씨와 그의 사람들에게 다음과 같은 엄중한 명령이 내려졌다. 즉, 인간영혼 마을 안에는 여전히 디아볼루스의 잔당들이 살아 있는데, 이들을 철저히 색출하여 사로잡는 일에 혼신의 힘을 다하라는 명령이었다. 디아볼루스 잔당들의 이름은 다음과 같았다.

악한 질문의 자녀들과 그 외의 원수들을
사로잡기 위한 새로운 체포영장이 발부되다

바보 씨(Mr. Fooling), 선한 것에서 벗어나라 씨(Mr. Let-good-slip), 맹종하는 두려움 씨(Mr. Slavishfear), 사랑 없음 씨(Mr. No-love), 신뢰하지 않음 씨(Mr. Mistrust), 육신 씨(Mr. Flesh), 그리고 게으름 씨(Mr. Sloth) 등이었다. 자유의지 경이 받은

명령에는 악한 질문 씨의 사후에 남겨진 자녀들까지 체포하여, 이들이 자기 아버지의 집을 부수게 하라는 것도 포함되어 있었다. 악한 질문의 사후에 남겨진 자녀들의 이름은 다음과 같았다. 장남인 의심 씨(Mr. Doubt)를 비롯하여 아래로 율법적인 삶(Legallife), 불신앙(Unbelief), 그리스도에 대한 잘못된 생각들(Wrong-thoughts-of-Christ), 약속 위조(Clippromise), 감각적 쾌락(Carnal-sense), 감정에 이끌린 삶(Live-by-feeling), 자기 사랑(Selflove) 등이었다. 악한 질문은 이 모든 자녀를 한 명의 부인에게서 얻었다. 그녀의 이름은 소망 없음(No-hope)이었다. 그녀는 불신 노인(old Incredulity)의 친족 중 하나였다. 이 여인의 삼촌인 그는 그녀의 아버지인 흑암 노인(old Dark)이 죽자, 그녀를 데리고 와서 양육하였다. 그녀가 결혼할 나이가 되자, 불신은 악한 질문 노인에게 시집을 보냈다.

어쨌든 자유의지 경은 자기 사람인 위대한 부지런함 씨(Mr. Diligence)와 함께 받은 명령을 충실히 감당하였다.

체포영장을 집행하는 자유의지

그는 길거리에서 바보 씨(Mr. Fooling)를 붙잡아 그의 집 건너편에 있는 지혜 부족 오솔길(Want-wit-alley)에서 그를 교수형에 처했다. 바보 씨는 디아볼루스가 자기 병사들을 인간영혼 마을에서 철수시켰다면, 신뢰 장군이 그 마을을 디아볼루스의 손에 넘겼을 것이라는 바보 같은 생각을 하는 사람이었다.

어느 날 자유의지 경은 시장에서 바쁘게 일하던 선한 것에서 벗어나라 씨(Mr. Let-good-slip)도 사로잡아 법에 따라 그를 처형하였다.

한편 인간영혼 마을에는 정직한 사람이 하나 있었는데, 그의 이름은 묵상 씨(Mr. Meditation)로, 그는 과거 인간영혼 마을에 있었던 배도의 시대에는 전혀 인정을 받지 못한 자였으나, 지금은 마을에서 최고의 명성을 누리는 사람이었다. 그는 마을 사람들로부터 마음에서 우러나오는 특별한 사랑을 받고 있었다. 선한 것에서 벗어나라 씨는 지금까지 인간영혼 마을에서 아주 많은 재력을 가지고 있었다. 그러나 임마누엘 왕자가 마을에 재입성한 후로 그의 재산은 왕자의 처분으로 압류되었다가 마을 공동의 유익을 위해 묵상 씨에게 위탁되었고, 그가 죽은 후에는 아들인 잘 생각함 씨(Mr. Think-well)에게 맡겨졌다. 잘 생각함 씨는 묵상 씨가 그의 아내인 경건 부인(Mrs. Piety)에게서 얻은 아들이었다. 그리고 경건 부인은 양심 서기관(Mr. Recorder)의 딸이었다.

이 일이 있은 후, 자유의지 경은 약속 위조(Clippromise)를 사로잡았다. 그는 악명 높은 불한당으로서 샤다이 왕의 많은 돈을 횡령하였기 때문에, 그 죄를 일벌백계(一罰百戒)로 다스렸다. 그는 먼저 법정에 소환되어 죄의 여부가 가려진 다음, 형틀에 몸이 결박된 채로 인간영혼 마을에 있는 모든 어린 아이들과 종들에게까지 채찍을 맞은 후, 목숨이 끊어질 때까지 교수대에 달려 있었다.

어떤 사람들은 이 죄인이 받은 형벌이 너무 가혹한 것은 아닌지 의아하게 생각하기도 했지만, 인간영혼 마을의 정직한 상인들은, 비록 짧은 시간이라 해도, 일종의 약속인 계약을 위조하는 것이 인간영혼 마을에 얼마나 큰 해를 끼치는지 느끼고 있었다. 그의 이름과 삶이 보여준 모든 것으로 보건대, 나는 그가 이런 형벌을 받아 마땅하다고 판단한다.[1]

자유의지 경은 감각적 쾌락(Carnal-sense) 씨도 체포하여 감옥에 가두었다. 그런데 어떻게 이런 일이 일어났는지 잘 모르겠지만, 어쨌든 그는 감옥을 부수고 달아나 버렸다. 하지만 대범하고 나쁜 이 놈은 마을을 빠져 나가지는 못한 상태였기에, 낮에는 디아볼루스 무리들의 소굴에 숨어 있다가, 밤에는 유령처럼 정직한 사람들의 집에 출몰하였다. 그리하여 인간영혼 마을의 시장에는 한 장의 공고가 나붙었다. 누구든지 감각적 쾌락 씨를 발견하여 잡아 죽이는 자는 날마다 왕자의 식탁에 참여하는 것이 허락될 뿐만 아니라, 인

---

1) 이런 형벌의 잔인성은 저자가 살았던 시대정신을 반영하고 있다. 여기에 묘사된 형벌들에 대한 고통스런 감정들은 디아볼루스의 무리들이 행하는 죄악, 다시 말해 마땅히 근절되어야 할 죄악들에 대한 풍유라는 것을 염두에 둔다면 해소될 수 있을 것이다. 계약을 위조하는 것은 통용되고 있는 동전을 위조하는 것만큼이나 분명한 중범죄이다 — 원주

간영혼 마을의 보고(寶庫)를 지키는 일을 맡게 될 것이라는 내용이었다. 그래서 많은 사람들이 이 일에 온 힘을 쏟았다. 그는 몇 번 발견되기는 했어도, 정작 그를 사로잡거나 죽일 수 있는 사람은 없었다.

자유의지 경은 이번에는 그리스도에 대한 잘못된 생각들 씨(Mr. Wrong-thoughts-of-Christ)를 체포하였다. 그는 감옥에 투옥되었다가 거기서 죽었다. 왜냐하면 오래 전부터 앓아오던 결핵이 도졌기 때문이다.

자기 사랑(Self-love) 또한 체포되어 구금되었다. 그런데 인간영혼 마을에는 그와 연루된 자들이 많이 있었고, 그로 인해 그의 재판은 계속 연기되고 있었다. 마침내 자기 부인 장군(Captain Self-denial)이 일어나 말하였다. "이런 나쁜 놈들이 인간영혼 마을에서 비호된다면, 저는 제가 맡은 직을 내려놓겠습니다." 이 말을 마친 후 장군은 무리들 가운데 있는 그를 끌어내어, 병사들로 하여금 그를 둘러싸게 한 후, 그의 머리를 깨뜨려 죽였다. 이 일로 인간영혼 마을에 있는 어떤 사람들은 불만을 터뜨리기도 했지만, 확실하게 드러내놓고 말하는 사람은 한 명도 없었다. 왜냐하면 임마누엘 왕자가 그 마을 안에 있었기 때문이다. 용감한 자기 부인 장군이 행한 일은 왕자의 귀에까지 들렸다.

자기 부인 장군이 경이 되다

그러자 왕자는 그를 불러 인간영혼 마을의 경(卿, Lord)으로 임명하였다. 자유의지 경도 지금까지 인간영혼 마을을 위해 행한 일들로 인해 왕자로부터 큰 칭찬을 들었다.

이에 용기를 얻은 자기 부인 경은 자유의지 경과 함께 디아볼루스의 잔당들을 쫓기 시작하였다. 이 두 사람은 감정에 이끌린 삶(Live-by-feeling)과 율법적인 삶(Legallife)을 사로잡아 죽을 때까지 감옥에 가두었다. 불신앙 씨(Mr. Unbelief)는 행동이 아주 재빨랐기 때문에 여러 번 그를 붙잡을 기회가 있었지만, 결코 잡을 수는 없었다. 그래서 그를 포함하여 디아볼루스의 종족들 가운데 가장 악랄한 몇몇은, 인간영혼 마을이 우주라는 왕국에서 더 이상 사람

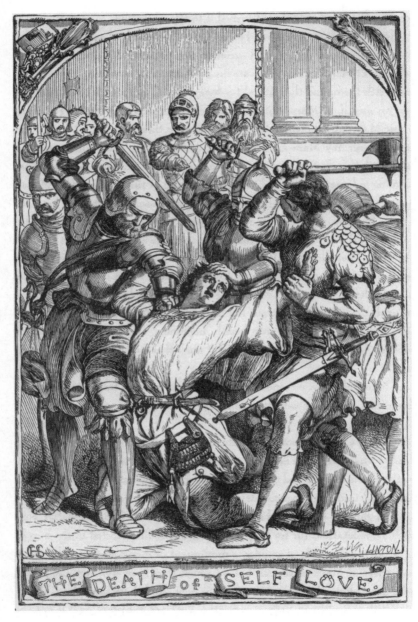

자기 사랑의 죽음

이 거주할 수 없는 곳이 되기까지 그대로 남아 있게 되었다.

그래서 자유의지 경과 자기 부인 경 두 사람은 그들의 소굴과 구렁텅이에서 그들이 절대 밖으로 나오지 못하게 하였다. 그럼에도 혹시 디아볼루스의 잔당들 가운데 하나가 인간영혼 마을의 거리에 출현하거나 우연히 발견되면, 마을 사람들 전체가 마치 도둑을 쫓는 것처럼, 무장한 채 격분하여 이들을 쫓았고, 심지어 어린아이들도 이들에게 돌을 던져 죽이려는 생각으로 소리를 치며 그들을 쫓아갔다. 그리하여 이제 인간영혼 마을은 어느 정도 평안과 안정을 되찾게 되었으며, 이들의 왕자 역시 마을의 경계선 안에 거했고, 장군들과 그 휘하의 병사들도 자기 임무에 충실하였다.

평안을 되찾게 되자, 교역에 마음 쏟는 인간영혼 마을

이제 인간영혼 마을은 먼 곳에 있는 나라들과 교역하는 일에 마음을 쏟았고, 교역할 물건들을 만드는 일로 분주하였다.[2]

인간영혼 마을을 대적하고 마을의 평안을 해치던 그 많은 원수들이 제거되자, 임마누엘 왕자는 그들에게 사신을 보내어, 정한 날이 이르면 왕자가 시장이 서는 장터에서 친히 마을 사람들 전체를 만나서, 몇몇 사안들에 대한 명령, 즉 이것을 준행하면 그들에게는 계속해서 안식과 평안이 임하고, 아직도 마을 내에 숨어 있는 디아볼루스 잔당들에게는 저주와 파멸이 임하는 명령을 그들에게 내릴 것이라고 말하였다. 드디어 정해진 날이 이르자, 마을 사람들이 모두 모였다. 임마누엘 왕자는 병거를 타고 내려오고, 그의 모든 장군들은 왕자를 받들어 좌우편에 도열하여 섰다. 무리들을 조용히 시키기 위한 "모두 정숙"이라는 말이 들리고, 서로 간에 사랑의 인사를 나눈 후, 왕

---

2) 사 33:17; 빌 3:20; 잠 31. '자기 부인'은 '자기 사랑'과 서로 대적하는 것이 분명하다. "너희가 육신대로 살면 반드시 죽을 것이로되 영으로써 몸의 행실을 죽이면 살리니"(롬 8:13)라는 말씀과, "영의 생각은 생명과 평안이니라"(롬 8:6)는 말씀을 인간 영혼 마을은 '자기 사랑'을 처형하자 기쁨으로 경험하게 되었다. 그럼에도 불구하고 모든 나쁜 놈들 가운데 가장 악랄한 불신앙은 인간영혼 안에 끝까지 은밀하게 숨어 있었다. 그러나 이 불신앙이 제 모습을 드러내려고 할 때마다 불신앙은 일제히 공격을 받게 된다 — 원주

자는 다음과 같이 말하기 시작했다.

인간영혼 마을을 향한 임마누엘 왕자의 연설

"내 마음 깊은 곳에서 사랑하는 나의 인간영혼 마을이여, 나는 지금까지 너희에게 큰 특권들을 많이 주었다. 나는 너희를 다른 민족들 가운데서 뽑아 택했는데, 그것은 너희가 그럴 만한 자격이 있어서가 아니라, 나를 위하여 너희를 택한 것이었다. 내 아버지가 주신 율법의 두려움에서 나는 너희를 건져 내었을 뿐 아니라, 디아볼루스의 손에서도 나는 너희를 건져 내었다. 내가 이렇게 한 것은 너희를 사랑하기 때문에, 다시 말해 너희에게 선을 행하기로 내가 이미 마음먹었기 때문이다. 너희는 지금까지 천국의 기쁨을 누리기 위해 길을 나섰으며, 나는 그 길에 방해될 만한 모든 것들을 치우거나 없애 놓았다. 이 또한 너희를 위한 것, 다시 말해 너희의 영혼이 충만한 만족을 얻도록 하기 위함이었다.

그리고 나는 나 자신을 주고 너희의 값을 지불했다. 그 값은 은이나 금 같이 썩어질 것으로 된 것이 아니라 나의 핏값으로 된 것으로, 나는 너희를 나의 소유로 삼고자 이 피를 아낌없이 땅에 흘렸다. 오, 나의 인간영혼이여, 나는 이렇게 해서 너희를 나의 아버지와 화해시켰으며, 내 아버지가 있는 왕의 도성에 준비된 집으로 너희를 초대하였다. 오, 나의 인간영혼이여, 그 왕의 도성에 있는 모든 것들은 너희 인간들의 눈으로는 지금까지 본 적도 없고, 인간의 마음으로는 상상조차 할 수 없는 대단한 것들이다.

오, 나의 인간영혼이여, 너희는 원수들의 손에서 내가 어떻게 너희를 건져 냈는지, 내가 이를 위해 지금까지 어떤 일들을 했는지 다 보았다. 너희는 나의 아버지를 근본에서부터 반역하였을 뿐만 아니라, 그 원수들의 소유가 된 것에 만족하며 스스로 멸망하는 것조차 만족하였다. 나는 너희를 깨우기 위해 처음에는 율법으로, 그 다음에는 복음으로, 마지막에는 영광으로 너희에게 다가갔다. 따라서 너희는 너희 자신이 어떤지, 즉 너희가 어떤 말을 했고 무슨 행동을 했는지, 그리고 내 아버지와 나를 얼마나 많이 반역했는지 잘 알고 있을 것이다. 너희가 보여준 이 모든 것들에도 불구하고, 나는 지금 너희가 보고 있는 바와 같이 너희를 떠나지 않았다. 오히려 나는 너희의 행태를 참았고 오직 나의 은혜와 호의로 너희를 끝까지 받아들임으로써, 예전처럼 너희가 나를 잃고 멸망하는 것을 결코 허락하지 않았다. 내가 너희 주위를 에워싸고 사방에서 너희를 괴롭혔다. 그것은 너희가 가는 길에서 지치게 하여 나를 찾게 하고, 그리하여 너희가 유익과 행복에 기꺼이 다가가도록 하기 위함이었다. 마침내 너희가 나를 온전히 의지했을 때, 나는 이 모든 고난이 너희의 유익이 되게 하였다.[3]

너희는 또한 내가 너희 마을의 경계에 거하면서 내 아버지의 군대와 나눈 교제를 보았을 것이다. 장군들과 통치자들, 병사들과 전사들은 물론이고, 원수들을 제압하고 멸하기 위한 무기들과 여러 전쟁용 도구들도 보았을 것이다. 오, 인간영혼이여, 너희는 이것들의 의미를 알 것이다. 이 모든 것들은 나의 종들이며, 인간영혼 너희도 나의 종들이다. 진실로 이 병사들과 더불어 너희도 나의 소유로 삼았다. 병사들 각자의 본래 성향은 나를 위해 너희가 받는 공격을 방어하고, 너희를 정결하게 하고 너희를 강하게 하여 아름답게 하기 위함이다. 오, 인간영혼이여, 그들과 함께 너희를 나의 것으로 삼은 이유는 너희가 내 아버지의 존전(尊前)에서 축복과 영광을 얻기에 합당한 자로 만들기 위함이다. 나의 인간영혼이여, 너희는 이것을 예비하기 위해 지음을 받았던 것이다.

나의 인간영혼이여, 너희는 내가 너희의 배도를 어떻게 대했으며, 너희를 어떻게 치유했는지도 보았을 것이다. 진실로 나는 너희에게 화가 났지만, 나는 그 화를 너희에게 돌리지 않았다. 왜냐하면 인간영혼이여, 나는 여전히 너희를 사랑하였기 때문이다. 나의 이 분노와 격분은 너희의 원수들이 멸망함으로써 진정되었다. 너희가 죄를 범함으로 나는 내 얼굴을 너희에게서 숨

3) 다음과 같은 말씀으로 인해 인간의 교만은 완전히 배제된다. "너희는 그 은혜에 의하여 믿음으로 말미암아 구원을 받았으니, 이것은 너희에게서 난 것이 아니요 하나님의 선물이라"(엡 2:8) — 원주

기고 멀리 떠나 있었지만, 너희의 선한 행위들로 인해 나는 다시 너희 곁으로 돌아왔다. 너희는 배도의 길을 갔으나, 너희가 거기에서 회복되는 길은 나의 길밖에 없기에, 나는 너희가 다시 돌아올 길을 마련해 냈다. 내가 기뻐하지 않는 것들로 너희가 돌아서기 시작할 때, 나는 울타리와 벽을 세워서 그 길을 막았다. 너희가 즐기던 달콤한 것들을 쓴 것으로 만들고, 너희의 낮을 밤으로 만들며, 너희가 가는 평탄한 길을 가시밭길로 만들고, 너희가 멸망을 향해 나아가던 그 모든 것들을 뒤죽박죽으로 만든 것도 내가 한 것이었다. 인간영혼 마을에서 하나님 경외 씨가 사역하도록 세운 것 역시 내가 한 것이었다. 너희가 비참할 정도로 엄청나게 타락했을 때, 너희의 양심과 이해 그리고 너희의 의지와 감정을 흔들어 깨운 것도 내가 한 것이었다. 오, 인간영혼이여, 너희에게 생명을 주어 나를 찾도록 했고, 너희가 나를 발견하도록 했으며, 너희가 나를 찾는 가운데 너희의 건강과 행복과 구원까지 발견하게 한 것도 내가 한 것이었다. 인간영혼 마을에서 디아볼루스의 무리들을 두 번씩이나 몰아낸 것도 바로 내가 한 것이었고, 이들을 무찔러 너희의 눈 앞에서 멸망시킨 것도 내가 한 것이었다.

　나의 인간영혼이여, 이제 나는 너희에게 평안을 주기 위해 다시 돌아왔기에, 나를 대적한 너희의 죄악들은 마치 지금까지 아무 일도 없었던 것처럼 될 것이다. 지금부터 나는 예전처럼 너희와 함께 할 것이며, 처음에 너희에게 한 일보다 더 나은 일들을 행할 것이다. 오, 나의 인간영혼이여, 너희가 몇 번의 시기를 겪고 나면, 나는 다음과 같은 일을 행할 것이다. 그러나 내가 이런 말을 한다고 해서 너희는 결코 걱정하지 마라. 그 때가 되면 나는 이 유명한 인간영혼 마을을 헐어 나무 토막 하나 돌 하나까지 지면에 흩을 것이다 (대상 29:30). 이 마을에 있는 돌들과 목재들과 성벽들과 흙들과 주민들까지 모두 내 자신의 나라, 내 아버지의 왕국으로 옮겨가서 그곳에 이 마을을 다시 세울 것이다. 마을이 다시 세워질 때의 능력과 영광은 지금 있는 왕국에서도 일찍이 보지 못했던 능력과 영광일 것이다. 내 아버지가 거하시도록 나는 이 마을을 기꺼이 그 왕국에 세울 것이다. 이 목적을 위해 이 마을은 처음부터 우주라는 왕국 안에 세워졌던 것이다. 거기 세워진 이 마을을 나는 경이로운 장관(壯觀), 은혜의 기념비, 그 은혜 자체이신 분을 경배하는 자로 만들 것이다. 거기서 인간영혼 마을의 토박이들은 지금까지 이곳에서 한 번도 보지 못했던 모든 것들을 볼 것이며, 지금까지 이곳에서 낮은 자리에 있었던 자들은 그곳에서 모두 똑같이 높은 자의 자리에 앉게 될 것이다. 오, 나의 인간영혼이여, 거기서 너희는 나와 내 아버지와 너희의 대신 경과 교제를 나눌 것인데, 그런 교제는 지금 이곳에서는 결코 누릴 수 없는 것이며, 설령 너희가 우주라는 공간 안에서 수천 년을 살아간다 해도 결코 누릴 수 없는 사귐일 것이다.

오, 나의 인간영혼이여, 그곳에서는 너희가 더 이상 살인자들을 두려워하지 않아도 될 것이다. 또한 디아볼루스의 무리와 그들의 위협도 더 이상 받지 않게 될 것이다. 그곳에서는 너희를 대적하는 음모와 계략과 술수도 더 이상 없을 것이다. 나의 인간영혼이여, 그곳에서는 나쁜 소문들이나 디아볼루스의 무리들이 시끄럽게 쳐대는 북소리를 더 이상 듣지 않아도 될 것이다. 또한 디아볼루스 군대의 깃발을 들고 있는 기수들과 디아볼루스가 자신의 깃발을 들고 있는 모습도 더 이상 보지 않게 될 것이다. 그곳에서는 디아볼루스의 무리들이 너희를 공격하기 위해 언덕을 쌓아 올리지도 않을 것이며, 디아볼루스의 무리들이 깃발을 펄럭이면서 너희를 두렵게 하는 일도 없을 것이다. 그곳에서는 장군이나 군사용 도구나 병사나 전사들이 더 이상 필요하지 않을 것이다. 그곳에서는 너희가 더 이상 슬퍼하거나 눈물을 흘릴 일도 없을 것이며, 디아볼루스의 무리들이 마을 성벽 가장자리로 기어들어오거나 땅굴을 파고 들어오는 일들도 다시, 아니 영원히 없을 것이며, 영원까지 이르는 모든 날 동안 너희의 경내에서 그런 일들은 보지 못할 것이다. 생명은 너희가 지금 이곳에서 바랄 수 있는 것보다 훨씬 오랫동안 지속될 것이며, 그 기간 동안 항상 아름답고 새로운 일들이 있을 것이며, 이를 가로막는 그 어떤 장애물도 영원히 생기지 않을 것이다.

오, 인간영혼이여, 그곳에서 너희는 너희와 같은 많은 자들을 만나게 될 것이다. 그들은 너희가 겪은 슬픔에 동참한 자들이며, 내가 택하고 구속하여 너희처럼 내 아버지의 궁궐과 도성에 합당한 자들로 따로 세운 자들이다. 그들 모두는 너희로 인해 기뻐할 것이며, 너희가 그들을 보았을 때, 너희도 그 마음에 기쁨이 충만할 것이다.

오, 인간영혼이여, 그곳에는 너희의 아버지와 내가 마련해 둔 여러 가지 것들이 있을 것이다. 그것들을 본 자는 태초로부터 지금까지 아무도 없으며, 그것들은 내 아버지께서 예비해 두신 것으로, 너희가 그것들을 누리기 위해 그곳에 올 때까지, 너희를 위해 그분의 보물로 봉인해 둔 것들이다. 내가 너희에게 앞서 말한 바와 같이, 나는 이 인간영혼 마을을 허물고 어딘가에 다시 마을을 세울 것인데, 내가 세울 그곳에는 너희를 사랑하는 자들만 있고, 지금처럼 너희로 인해 기뻐하는 자들만 있을 것이다. 너희가 높이 들려 존귀하게 되는 것을 그들이 볼 때, 그 기쁨이 얼마나 크겠는가? 그때가 되면 나의 아버지는 그들을 보내어 너희를 데리고 올 것이며, 그들의 가슴은 마차가 되어 너희를 품에 안고서 데리고 올 것이다. 오, 나의 인간영혼이여, 너희는 바람 날개를 탈 것이며, 그 바람 날개가 너희를 호송하고 인도하여 그곳으로 데리고 올 것이다. 그 때 너희는 지금까지 갈망하던 안식처 그 이상을 두 눈으로 똑똑히 보게 될 것이다(시 68:17).

오, 나의 인간영혼이여, 지금까지 나는 이후에 너희에게 일어날 일들을 보여주었다. 너희가 이 말들을 들을 수 있고 이해할 수 있다면, 진리의 성경 말씀에 이른 바와 같이, 내가 친히 너희를 데리러 올 때까지 너희의 임무이자 실천 과제로 삼고 지금부터 반드시 행해야 할 바를 너희에게 이르고자 한다.

먼저, 내가 너희에게 명령하는 바는, 지난번 내가 너희를 떠나기 전에 너희에게 준 옷을 이제부터는 더욱 깨끗이 해서 입도록 하라. 내가 말하는데, 꼭 그렇게 하도록 하라. 왜냐하면 그 옷이 너희의 지혜가 될 것이기 때문이다. 그 옷은 본래 흰 세마포로 된 것이지만, 그래도 너희는 그 옷을 희고 깨끗하게 해야 한다.[4] 이것은 너희의 지혜와 영광이 될 것이며, 내게도 큰 영광이 될 것이다. 너희의 옷이 깨끗할 때, 세상은 너희가 나에게 속한 줄 알

것이다. 또한 너희의 옷이 깨끗할 때, 나는 너희의 자세로 인해 기뻐할 것이
다. 그러면 너희의 오가는 모습은 번개 같은 섬광을 비추고, 너희와 같이 있
는 자들은 그 빛으로 인해 너희를 알아차리게 될 것이며 눈이 부시게 될 것
이다. 그러므로 너희는 내가 명한 대로 의복을 차려 입고, 너희의 발걸음 또
한 나의 법에 이른 바와 같이 곧게 하도록 하라. 그러면 너희의 왕이신 그분
도 너희의 아름다움으로 인해 크게 기뻐하실 것이다. 왜냐하면 그분은 너희
의 주님이시며, 너희는 그분에게 경배를 드리기 때문이다.[5]

내가 너희에게 명한 대로 너희는 그대로 행하라. 내가 앞서 너희에게 말한
바와 같이 나는 너희의 의복을 씻어 깨끗이 할 열린 샘을 너희를 위해 마련
해 두었다. 그러므로 너희는 스스로 살펴서, 내가 예비해 둔 샘에 가서 의복
을 깨끗이 하여, 더러워진 옷으로 다니지 않도록 주의하라. 더러운 옷을 입
은 채로 다니는 것은 내게 명예롭지 못한 일이며, 수치가 되는 일이다. 너희
가 더러운 옷으로 다닐 때 그것은 너희에게도 불편한 일이 될 것이다(슥 3:3-
4). 다시 말하지만, 나의 옷들과 너희의 옷들, 그리고 내가 너희에게 준 옷들
까지 모두 육체로 더럽혀지거나 때가 묻지 않도록 하라(유 23). 너희의 옷은
항상 희게 하고, 너희의 머리를 치장하는 기름도 부족함이 없게 하라.

나의 인간영혼이여, 나는 여러 번 디아볼루스의 음모와 계략과 시험과 작
당으로부터 너희를 구해 주었다. 내가 행한 이 모든 일에 대해 나는 아무것
도 너희에게 바라지 않는다. 너희는 내가 한 이 선한 일을 악으로 갚지 않도

4) 마음과 생활의 거룩함은 거룩한 예수님을 닮고자 하는 참된 제자들에게 절대적으로 필요
한 것이다. 이 거룩함은 우리를 의롭게 하는 것이 아니라, 영생으로 선택받은 우리에 대한
증거이기 때문이다. "오직 너희를 부르신 거룩한 이처럼 너희도 모든 행실에 거룩한 자가
되라"(벧전 1:15). 거룩하게 행하는 것은 우리의 의로움이자 능력인 우리 주님과 계속해
서 교제하는데 도움을 준다 ― 원주
5) 세상으로부터 때 묻지 않고 순결한 삶을 유지하는 자들은 얼마나 복된 자들인지 모른다!
이들은 천상의 도성으로 옮겨지기를 기다리는 쁠라의 땅에 거하는 자들이며, 혹시라도 자
신이 더럽혀졌다면 열린 샘으로 가서 더러워진 것을 씻어 깨끗이 하는 능력을 지닌 자들
이다. "이러한 백성은 복이 있나니 여호와를 자기 하나님으로 삼는 백성은 복이 있도
다"(시 144:15) ― 원주

록 하라. 너희는 내가 사랑하는 인간영혼에 행한 내 사랑과 지속적인 나의 자비를 마음에 간직하고, 이 사랑이 너희에게 끼친 유익한 분량에 따라 이 명령을 행하라. 예전에는 희생 제물들이 황금으로 만들어진 제단 뿔에 줄로 묶여 있었다. 오, 나의 인간영혼이여, 너희에게 이른 말이 무슨 뜻인지 생각하라.

오, 나의 인간영혼이여, 나는 너희를 위해 살다가 죽었고 다시 살았다. 이제 나는 너희를 위해 더 이상 죽지 않을 것이다. 내가 다시 살아난 것은 너희가 죽지 않도록 하기 위함이었다. 내가 살아 있기 때문에 너희도 살 것이다. 나는 내가 져야 할 십자가에서 피를 흘림으로써 너희를 내 아버지와 화해시켰으며, 그 화해로 인해 너희는 나로 말미암아 살게 될 것이다. 나는 너희를 위해 기도할 것이며, 너희를 위해 싸울 것이며, 너희에게 선을 베풀 것이다.

죄를 제외한 그 어떤 것도 너희를 해치지 못할 것이며, 죄를 제외한 그 어떤 것도 나를 슬프게 하지 못할 것이며, 죄를 제외한 그 어떤 것도 너희의 원수 앞에서 너희를 비굴하게 할 수 없을 것이다. 죄를 주의하라. 나의 인간영혼이여!

이제 너희는 내가 왜 처음에 디아볼루스의 무리들이 너희의 성벽 안에 거하게 하여 너희를 괴롭히게 했는지를 알 수 있겠는가? 내가 그렇게 한 것은, 너희가 깨어 있어서 너희의 사랑을 시험하고 너희가 주의하게 하며, 나의 충성스러운 장군들과 그 휘하의 병사들과 나의 자비를 너희가 찬양하게 하기 위해서였다.

또한 너희가 과거에 보여준 모습, 다시 말해 개탄스러울 정도로 비참했던 너희의 모습을 너희가 기억하게 하기 위해서였다. 게다가 나는 성벽뿐만 아니라, 너희의 성과 요새 안까지 거하던 무리들과 그 외 모든 무리들까지도 너희가 기억했으면 하는 생각이다.

오, 인간영혼이여, 만약 내가 마을 안에 있는 그들을 모두 죽였다 해도, 마을 밖에 있던 많은 원수들이 너희를 종으로 삼아 속박하였을 것이다. 다시 말해, 마을 안에 있는 자들이 모두 외부의 자기 세력과 단절된다 해도, 마을 밖에 있는 원수들은 너희가 잠자고 있는 틈을 이용해 한순간에 너희를 집어 삼켰을 것이다. 그래서 나는 원수들을 너희 곁에 남겨 두었다. 이는 그들이 너희에게 해가 되지 않고 유익하게 하려는 이유에서였다. 물론 너희가 원수들에게 순종하여 섬긴다면 해가 되겠지만, 너희가 그들을 경계하여 대적해 싸운다면, 원수들은 분명히 해로운 존재가 아니었을 것이다. 너희가 알아야 할 것은, 원수들이 아무리 너희를 괴롭힌다 해도, 내가 그것을 허용한 의도는 그들로 인해 너희가 나의 아버지에게서 멀어지게 하기 위함이 아니라, 오히려 아버지에게 더 가까이 가도록 하기 위함이었다. 또한 너희가 이 원수들과 싸우는 법을 알게 되고, 합당하게 탄원서를 보내며, 너희의 눈으로 너희 자신을 아무것도 아닌 미약한 존재로 보게 하기 위함이었다. 나의 인간 영혼이여, 너희는 내가 지금 이르는 말들을 부지런히 들으라.

나의 인간영혼이여, 너희는 나에 대한 사랑을 드러내 보여라. 너희의 성벽 안에 숨어 있는 원수들에게 너희 사랑을 보이지 말고, 너희 영혼을 구속한 그분에게서 사랑을 거두지 말라. 진실로 너희는 디아볼루스의 무리들을 보면, 나를 더욱더 사랑하도록 하라. 너희를 죽이기도 하는 독화살로부터 내가 너희를 구한 것이 한두 번이 아니었다. 나의 인간영혼이여, 디아볼루스의 무리들을 대적하고, 너희 친구인 나를 위해 굳게 서라. 그러면 나도 내 아버지 앞과 모든 왕궁 앞에서 너희를 위해 설 것이다. 시험에 들지 말고 나를 사랑하라. 그러면 너희의 병약함에도 불구하고, 나는 너희를 사랑할 것이다.

오, 나의 인간영혼이여, 나의 장군들과 병사들과 무기들이 너희를 위해 어떤 일을 행했는지 너희는 기억하라. 이 모든 것들이 너희를 위해 싸웠다. 이 모든 것들이 너희를 대신해 고통을 받았다. 이 모든 것들이 너희의 손에 많은 유익을 끼치기 위해 인내하였다. 오, 인간영혼이여, 이 모든 것들이 너희를 돕지 않았다면, 디아볼루스는 틀림없이 너희를 손으로 집어삼켰을 것이다. 그러므로 나의 인간영혼이여, 너희는 이 장군들과 병사들을 먹이라. 너희가 그들을 선하게 대접하면 그들도 선하게 잘 되겠지만, 너희가 그들을 악

하게 대접한다면 그들도 악하고 아프며 연약해질 것이다. 오, 인간영혼이여,
내 장군들을 아프게 하지 말라. 만약 이들이 연약해진다면 너희는 강해질 수
없으며, 만약 이들이 쇠약해진다면 너희 또한 너희의 왕을 위해 강인해지고
용맹해질 수 없을 것이다. 오, 인간영혼이여, 너희는 감정에 의지해 살아갈
생각을 하지 말고, 반드시 나의 말(Word)로 살아야 한다. 오, 나의 인간영혼
이여, 너희는 믿음으로 살아야 한다. 내가 너희에게서 멀리 있을 때도, 너희
를 향한 나의 사랑은 변함이 없으니, 너희는 내 마음을 영원히 간직하라.

오, 나의 인간영혼이여, 그러므로 너희는 나에게서 사랑을 받는 자들임을
기억하라. 이전에도 나는 너희에게 내 원수들을 대적하기 위해 깨어 싸우고
기도하며 전투를 벌이라고 가르쳤지만, 지금도 여전히 너희에게 명하니, 너
희를 향한 나의 사랑은 언제나 동일하다는 사실을 너희는 믿어라. 오, 나의
인간영혼이여, 너희를 향한 나의 사랑과 마음이 어느 정도인지 너희는 깨어
살펴보라. 나는 너희가 받고 있는 명령 외에 또 다른 명령을 지우지 않았다.
내가 올 때까지 너희는 그 명령을 굳게 붙들어라."[6]

6) 참으로 복음적인 이 말씀 가운데, 주 예수님은 자기 백성으로 삼은 영혼들에게 베풀어 주
신 자신의 은혜를 거듭해서 말하시는 분으로 묘사되고 있다. 구원은 아버지의 값없는 은
혜와 아들의 보혈을 믿는 것으로 설명되고 있다. 은혜를 입은 모든 영혼들은 진심으로 "여
호와여 영광을 우리에게 돌리지 마옵소서 우리에게 돌리지 마옵소서 오직 주는 인자하시
고 진실하시므로 주의 이름에만 영광을 돌리소서"(시 115:1)라고 말한다. 임마누엘은 현
재의 인간영혼 마을을 헐고서 더욱 영광스러운 방식으로, 즉 신자들을 영광 가운데 옮기
고, 죽을 운명인 인간의 몸을 영원한 영광과 행복 가운데 드높이신 후, 죄와 슬픔과 시험
을 더 이상 알 수 없는 곳에 다시 세우려는 의도를 그들에게 알려준다. 이런 일들이 일어
나기까지 그분은 백성들에게 명하여 희고 깨끗한 옷을 입도록 명하신다. 즉, 모든 형태의
대화와 믿음 생활 가운데 거룩하고 깨어 주의하면서 죄악을 대적하라는 것이다. 죄악이
야말로 그들에게 해를 끼칠 수 있는 유일한 것이기 때문이다. 그리고 마지막으로, 하나님
의 말씀을 믿는 믿음으로 거룩한 경건과 선행을 하며 날마다 살아갈 것을 명하신다 — 원
주

🔵 **독자 여러분들께 알립니다!**
'CH북스'는 기존 **'크리스천다이제스트'**의 영문명 앞 2글자와
도서를 의미하는 **'북스'**를 결합한 출판사의 새로운 이름입니다.

세계기독교고전 16

거룩한 전쟁

1판 1쇄 발행 2015년 7월 6일
1판 5쇄 발행 2022년 6월 9일

발행인 박명곤 **CEO** 박지성 **CFO** 김영은
기획편집 채대광, 김준원, 박일귀, 이은빈, 이지은
디자인 구경표, 한승주
마케팅 임우열, 유진선, 이호
펴낸곳 CH북스
출판등록 제406-1999-000038호
전화 070-4917-2074 **팩스** 0303-3444-2136
주소 서울시 강서구 마곡중앙6로 40, 장흥빌딩 10층
홈페이지 www.hdjisung.com **이메일** main@hdjisung.com
제작처 영신사

© CH북스 2015

'그리스도와 그의 나라를 위하여'
CH북스는 여러분의 의견 하나하나를 소중히 받고 있습니다.
원고 투고, 오탈자 제보, 제휴 제안은 main@hdjisung.com으로 보내 주세요.

"크리스천의 영적 성장을 돕는 고전"
세계기독교고전 목록